Themenseite:

Ein **Vorspann** weckt Ihr Interesse und bringt das Thema der Seite auf den Punkt.

UN-Mission Weltfrieden

„Nie wieder Krieg!" Das hatten Millionen Menschen 1918 gesagt, und sie sagten es 1945 wieder – denn offensichtlich hatte man aus der Geschichte nichts gelernt.

Q1 Skulptur einer Pistole mit verknotetem Lauf vor der Zentrale der Vereinten Nationen in New York. Foto, 2003

Völkerbund
Weltfriedensorganisation von 1920 bis 1946

UN (UNO)
United Nations (Organization) = Vereinte Nationen. 1945 gegründete Organisation zur Sicherung des Weltfriedens

Sicherheitsrat
wichtigstes Organ der UN, das über Friedenseinsätze entscheidet

Veto
(lat. = ich verbiete) Einspruch gegen ein Vorhaben, der nicht begründet werden muss und bindend ist

Lehren aus der Geschichte

Nach der Katastrophe des Ersten Weltkrieges mit Millionen Toten und Kriegsversehrten war 1919/20 der Völkerbund entstanden – eine internationale Organisation, in der die Staaten zukünftige Konflikte friedlich regeln sollten. Doch der Völkerbund hatte den Zweiten Weltkrieg nicht verhindern können.

Am 26. Juni 1945 gründeten daher 51 Staaten in San Francisco eine neue Weltgemeinschaft – die Vereinten Nationen (UN). Sie verpflichteten sich, den Weltfrieden zu sichern, die weltweite Achtung der Menschenrechte durchzusetzen und die Gleichberechtigung aller Staaten zu respektieren.

Die Verlierer des Zweiten Weltkrieges schloss man zunächst aus: Japan wurde 1956 aufgenommen, die Bundesrepublik Deutschland und die DDR konnten erst 1973 Mitglied der UN werden.

Die Generalversammlung der UN

193 Staaten gehören inzwischen den Vereinten Nationen an. Die UN haben ihren Sitz in New York. Die Vertreter der Mitgliedsstaaten treffen sich dort einmal im Jahr zu einer Vollversammlung. Bei Abstimmungen hat jedes Land eine Stimme. Der oberste Beamte der UN ist der Generalsekretär. Wenn es zu internationalen Konflikten kommt, reist der Generalsekretär in die Krisengebiete, führt mit den Konfliktparteien Gespräche und macht Vorschläge zur Lösung eines Konflikts.

Der Sicherheitsrat der UN

Der Sicherheitsrat ist das wichtigste Organ der Vereinten Nationen. Er hat die Aufgabe, den Weltfrieden zu erhalten. Der Sicherheitsrat kann gegen einen Staat Zwangsmaßnahmen anordnen, wenn dieser andere Staaten bedroht oder sie angreift. Die fünf ständigen Mitglieder können mit ihrem Veto aber Maßnahmen verhindern, die ihren Interessen widersprechen.

UN-Friedenseinsätze

Die UN unterscheiden friedenssichernde Einsätze und friedenserzwingende Einsätze. Von Friedenssicherung spricht man, wenn z. B. ein Waffenstillstand überwacht werden muss. Dann genügen leicht bewaffnete Truppen. Diese UN-Soldaten werden nach ihrer Kopfbedeckung „Blauhelme" genannt. Häufig werden sie von zivilen Helfern unterstützt, die Wahlen organisieren oder zerstörten Ländern beim Wiederaufbau helfen.

Bei friedenserzwingenden Einsätzen haben die UN-Soldaten einen Kampfauftrag. Das war zum Beispiel 1991 der Fall, als die USA und ihre Verbündeten im Auftrag der Vereinten Nationen irakische Truppen aus Kuwait vertrieben.

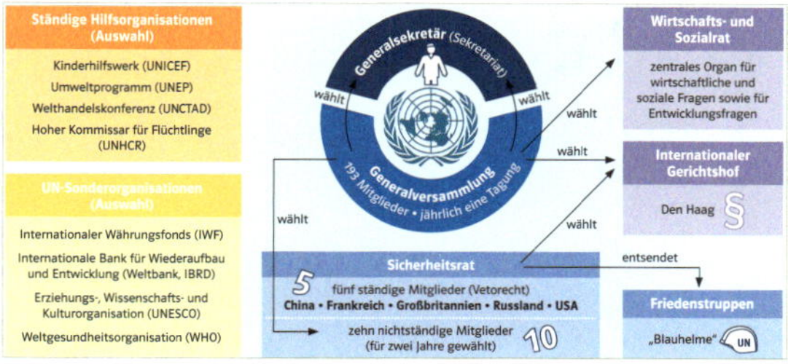

D1 Organisation der UN (Stand: 2018)

Q2 Aus der UN-Charta von 1945:

Artikel 41: Der Sicherheitsrat kann (...) die vollständige oder teilweise Unterbrechung der Wirtschaftsbeziehungen, des Eisenbahn-, See- und Luftverkehrs, der Post-, Telegrafen- und Funkverbindungen sowie sonstiger Verkehrsmöglichkeiten und den Abbruch der diplomatischen Beziehungen (beschließen).

Artikel 42: Ist der Sicherheitsrat der Auffassung, dass die in Artikel 41 vorgesehenen Maßnahmen unzulänglich sein würden oder sich als unzulänglich erwiesen haben, so kann er mit (...) Streitkräften, die zur Wahrung oder Wiederherstellung des Weltfriedens und der internationalen Sicherheit erforderlichen Maßnahmen durchführen.

1992–1994	Somalia
1995–2004	Bosnien-Herzegowina
2006	Kongo
2008–2016	Südsudan
seit 2013	Mali

D2 UN-Missionen der Bundeswehr (Auswahl)

Aufgaben

1. Arbeiten Sie aus Vorspann und VT1* heraus:
   a) Warum wurden 1919 und 1945 Friedensorganisationen gegründet?
   b) Listen Sie wichtige Aufgaben der UN auf.
2. Ein New Yorker Stadtführer erläutert Besuchern den Sinn der Skulptur Q1. Was könnte er sagen? Geben Sie der Skulptur Q1 einen passenden Titel.
3. Nennen Sie jeweils das UN-Organ (VT2, VT3, D1):
   a) tagt jährlich,
   b) oberster Beamter der UN,
   c) entscheidet über Zwangsmaßnahmen gegen Staaten.
4. Beurteilen Sie, ob die Maßnahmen der UN zur Erhaltung des Friedens wirkungsvoll sind (Q 2).
5. „Die UN können viele Kriege nicht verhindern, aber ohne ihr Eingreifen würde es in der Weltpolitik noch schlechter aussehen." Diskutieren Sie die Aussage (VT4).
6. Recherchieren Sie in Gruppen die Hintergründe der UN-Missionen der Bundeswehr (D2) und stellen Sie diese in einer Präsentation vor.

* VT1 bedeutet: Die Aufgabe bezieht sich auf den ersten Abschnitt des Verfassertextes (VT). Die Abschnitte ergeben sich durch die blauen Zwischenüberschriften.

Ein **Lexikon** klärt Begriffe.

Grundlegende Begriffe aus dem LehrplanPLUS sind **blau** hervorgehoben.

Die **Verfassertexte** stehen immer auf der linken Seite.

Grundlegende Daten und Begriffe aus dem Lehrplan-
PLUS sind **blau**
ben.

Quellentexte stehen immer auf der rechten Seite.

Die Materialien der Seite werden mit den **Aufgaben** bearbeitet.

zu den Aufgaben:

Es werden nur Anweisungen wie „Zählen Sie auf", „Fassen Sie zusammen", „Nehmen Sie Stellung", … benutzt, die auf Seite 174/175 erklärt werden. Sie können die Bedeutung dort jederzeit nachschlagen.

Dieses Schulbuch bietet viele kreative und handlungsorientierte Aufgaben, die verschiedene Lerntypen ansprechen.

Aufgaben

1 Zählen Sie Gründe auf, die zum Aufstand am 17. Juni führten (VT1).

2 Listen Sie die Forderungen der Arbeiter stichwortartig auf (VT2, Q2).

3 Fassen Sie zusammen, wie die DDR-Regierung auf den Aufstand reagierte und was das für Folgen hatte (VT2, VT3).

4 In den staatlichen Zeitungen der DDR wurde anschließend berichtet, dass westliche Spione den Aufstand angezettelt hätten. Nehmen Sie Stellung zu dieser Taktik der Regierung (VT3).

5 „Das Verhalten der DDR-Regierung am 17. Juni 1953 war der Anfang vom Ende der DDR." Nehmen Sie anhand von Q4 Stellung zu dieser Aussage.

6 Begründen Sie, warum der 17. Juni bis zum Ende der DDR in der Bundesrepublik als „Tag der Deutschen Einheit" gefeiert wurde.

7 Versetzen Sie sich in die Situation eines Beteiligten in Q1 oder Q3: Schreiben Sie eine Sprechblase mit seinen Gedanken während des Geschehens. Verfassen Sie aus seiner Sicht einen Tagebucheintrag am Abend des 17. Juni 1953.

Die Aufgaben beziehen sich auf einzelne Abschnitte (VT3 = dritter Abschnitt des Verfassertextes). So erschließen Sie den Text schrittweise.

Extra-Aufgaben, die über den Seitenschwerpunkt hinausgehen, sind mit einem Unterstrich gekennzeichnet.

Diese Abkürzungen und Symbole sollten Sie sich merken:

Q1 „Q" steht für Quellen: Texte und Gegenstände, die aus vergangenen Zeiten übrig geblieben sind.

D1 „D" bezeichnet Darstellungen von Geschichte: Berichte heutiger Forscher, Schaubilder oder Karten.

VT steht für Verfassertext. Er wurde von einem Autor dieses Schulbuches geschrieben und ist durch blaue Zwischenüberschriften in Abschnitte gegliedert (VT1, VT2, …).

Bei diesem Text handelt es sich um eine Geschichtserzählung, die sich der Autor ausgedacht hat. Die Geschichte könnte aber so ähnlich passiert sein.

zeitreise 10

Autorinnen und Autoren
Stephanie Harkcom
Maria Heiter
Klaus Leinen
Jörg Peter Müller
Dirk Zorbach (Aufgaben)
Dr. Hartmut Zückert

Regionalautoren
Markus Freundorfer, Rosenheim
Michael Gierl, Augsburg
Christian Kraus, Lindberg

Ernst Klett Verlag
Stuttgart · Leipzig · Dortmund

1. Auflage 1 5 4 3 2 1 | 26 25 24 23 22

Alle Drucke dieser Auflage sind unverändert und können im Unterricht nebeneinander verwendet werden.
Die letzte Zahl bezeichnet das Jahr des Druckes.

Autorinnen und Autoren: Markus Freundorfer, Michael Gierl, Stephanie Harkcom, Maria Heiter, Klaus Leinen, Christian Kraus, Jörg Peter Müller, Dirk Zorbach, Dr. Hartmut Zückert
mit Beiträgen von: Silke Bakenhus, Claus Gigl, Prof. Dr. Alfons Kenkmann, Heinrich Lübbert, Wolfgang Lüdtke, Lars Michalek, Dr. Peter Offergeld, Florian Schraud, Dr. Hans Steidle, Klaus Sturm, Sylvia Turger, Andreas Walther, Klaus Wilmes, Dr. Peter Witzmann, Dr. Antonius Wollschläger
fachliche Beratung S. 52/53: Dr. Dirk Sadowski, Dr. Matthias Springborn

Entstanden in Zusammenarbeit mit dem Projektteam des Verlages.
Externe Redaktion: Martin Fruhstorfer, Leipzig

Gesamtgestaltung: normaldesign, Jens-Peter Becker, Schwäbisch Gmünd
Umschlagfoto: National Media Museum/SSPL/Süddeutsche Zeitung Photo
Karten: Artalis, Mühlhausen/Felchta (Jacqueline Böttcher)
Satz und Layout: Typodienst (Markus Schmitz), Altenberge
Reproduktion: Meyle & Müller, Medien-Management, Pforzheim
Druck: PASSAVIA Druckservice GmbH & Co. KG, Passau

Printed in Germany
978-3-12-457050-5

9 783124 570505

Inhalt

1945 bis 1949

1

6 **Nachkriegszeit und politischer Neubeginn in Deutschland**

8 Flucht und Vertreibung
10 Jugend in Trümmern
12 **Nah dran:** Vier deutsche Besatzungszonen
14 Die Entnazifizierung
16 „Habenichtse“ aus dem Osten
18 Aus Vertriebenen werden Bayern
20 Aufbau nach sowjetischem Vorbild
22 Aufbau nach westlichem Vorbild
24 Gründung des Freistaats Bayern
26 Gründung von zwei deutschen Staaten
28 **Abschluss:** Nachkriegszeit und politischer Neubeginn in Deutschland

1949 bis 1990

2

30 **Die Teilung Deutschlands**

32 Ein oder zwei deutsche Staaten?
34 Markt- und Planwirtschaft
36 Wiederaufbau: Kultur in Ost und West
38 Aufstand in der DDR
40 Der Bau der Mauer
42 **Nah dran:** Die deutsch-deutsche Grenze
44 Die sozial-liberale Regierung in der Bundesrepublik Deutschland
46 „Was ist des Deutschen Vaterland?“
48 Der lange Schatten des Nationalsozialismus
50 „Wiedergutmachung“ und Annäherung
52 Jüdisches Leben in Deutschland
54 Überwachung und Einschüchterung
56 **Methode:** Historische Spielfilme analysieren
58 Zum Arbeiten nach Deutschland?
60 Lebenswelt DDR
62 Frauen emanzipieren sich
64 Protestieren für Veränderungen
66 **Methode:** Zeitzeugen befragen
68 **Abschluss:** Die Teilung Deutschlands

1945 bis 1992

3

70 Kalter Krieg, Entspannung und Neuorientierung in Europa und der Welt

72 Aus Verbündeten werden Gegner
74 Die Spaltung Europas und der Welt
76 Krisen im sozialistischen Lager
78 Kalter Krieg der Supermächte
80 Am Rande des Atomkrieges
82 Wenn ein Dominostein fällt …
84 **Rundblick:** Das Ende der Kolonialreiche
86 Entspannung und neue Konfrontation
88 Freundschaft und Aussöhnung
90 Bürger engagieren sich für den Frieden
92 Bleiben oder gehen?
94 **Nah dran:** „Für ein off'nes Land"
96 „Wir sind das Volk"
98 Aus zwei wird eins
100 „Aufbau Ost"
102 Das Ende des Kalten Krieges
104 Auf dem Weg zur Einigung Westeuropas
106 Die Europäische Union heute
108 **Abschluss:** Kalter Krieg, Entspannung und Neuorientierung in Europa und der Welt

1945 bis heute

4

110 Herausforderungen und Chancen globaler Entwicklungen der Gegenwart

112 UN-Mission Weltfrieden
114 Israel und Palästina
116 Streitfragen im Nahen Osten
118 Die Möglichkeiten von UN und EU
120 Globalisierung
122 Terrorismus – der Krieg des 21. Jahrhunderts
124 Terrorismus in Deutschland
126 **Rundblick:** Weltkonflikte heute
128 USA – die wankende Supermacht?
130 China – eine neue globale Supermacht?
132 Russland – vorwärts in die Vergangenheit?
134 **Abschluss:** Herausforderungen und Chancen globaler Entwicklungen der Gegenwart

um 1000 bis heute

5

Längsschnitt

136 Migration in der Geschichte

138 Neues Land im Osten
140 Glaubensflüchtlinge
142 Aus Deutschland nach Amerika
144 Amerika – Hoffnung und Wirklichkeit
146 Deutschland als Einwanderungsland
148 **Nah dran:** Die Bevölkerung Bayerns
150 **Rundblick:** Beispiele weltweiter Migration
152 **Abschluss:** Migration in der Geschichte

323 v. Chr. bis heute

6

Längsschnitt

154 Geschichtskultur – wie wir mit Geschichte umgehen

156 Mythos Alexander
158 Der schlafende Kaiser – ein deutscher Nationalmythos
160 **Nah dran:** Das Kyffhäuser-Denkmal
162 Legenden um Hitlers Wirtschaftspolitik
164 Die Mauer – ein „antifaschistischer Schutzwall"?
166 **Nah dran:** Die Völkerschlacht zu Leipzig
168 Der Schutz des kulturellen Erbes
170 Alles Verschwörung? Geschichte im Netz
172 **Abschluss:** Geschichtskultur – wie wir mit Geschichte umgehen

174 Anhang

174 Hinweise für das Lösen der Aufgaben
176 Methodenglossar
186 Begriffsglossar
200 Register
207 Textquellenverzeichnis
209 Abbildungsverzeichnis

1 1945 bis 1949

Nachkriegszeit und politischer Neubeginn in Deutschland

1945
Konferenz von Potsdam der drei Siegermächte

1945/46
Nürnberger Kriegsverbrecherprozesse

1946
Verfassung des Freistaats Bayern

1947
Marshall-Plan zum Wiederaufbau Europas

1948
Einführung der D-Mark in den Westzonen

1949
Gründung der Bundesrepublik Deutschland und der DDR

Berlin, in der Nacht auf den 9. Mai 1945: Das Oberkommando der Wehrmacht hat soeben bedingungslos kapituliert. Der sowjetische Marschall Schukow fordert die deutschen Generäle auf, den Saal zu verlassen. Das Schicksal der Deutschen liegt nicht mehr in ihren Händen. Die sowjetischen, amerikanischen und britischen Armeen haben Deutschland besetzt. Wie wird es weitergehen mit den Nationalsozialisten, die bisher in Staat, Militär und Wirtschaft das Sagen hatten? Was werden die Siegermächte über die Zukunft Deutschlands entscheiden?

D1 Dreharbeiten des Fernsehfilms „Kinder des Sturms" (Regie: Miguel Alexandre, 2009); Laienschauspieler spielen Flüchtlinge, die in den Jahren 1946/47 in Ostpreußen auf der Flucht Richtung Westen sind. Foto, 16. Juli 2008

Material zu dieser Themeneinheit
Zeitreise-Code: re536a

Flucht und Vertreibung

Ab dem 11. Jahrhundert waren deutschsprachige Siedler nach Osten gezogen, manche gar bis an den russischen Fluss Wolga. Ihre Nachfahren lebten und arbeiteten dort als deutsche Bevölkerung, doch nach 1944 änderte sich ihre Lage von Grund auf.

Q1 Flüchtlingstreck über das Eis des zugefrorenen Frischen Haffs an der Danziger Bucht. Die Flüchtenden mussten fast ihren ganzen Besitz zurücklassen. Tausende verhungerten oder erfroren. Foto, Januar/Februar 1945

Oder-Neiße-Linie
Beschlüsse auf der Konferenz von Potsdam (August 1945): Die deutschen Gebiete östlich der Flüsse Oder und Neiße werden „vorläufig" von Polen und der Sowjetunion verwaltet. Die deutsche Bevölkerung wird sofort vertrieben.

Flucht und Vertreibung
die seit 1944 einsetzende Massenflucht der deutschen Bevölkerung vor der sowjetischen Armee sowie die Ausweisung und Zwangsumsiedlung der Deutschen aus ehemals deutschen Siedlungsgebieten

Flucht vor der Roten Armee

Die deutsche Wehrmacht hatte im Osten einen Vernichtungskrieg gegen die Bevölkerung geführt. Als im Herbst 1944 die Truppen der Sowjetunion auf ihrem Vormarsch die deutsche Ostgrenze erreichten, wendete sich das Blatt. Die deutsche Bevölkerung befürchtete, die Sowjetsoldaten würden sich für die Morde an der sowjetischen Zivilbevölkerung rächen. Den Deutschen blieb die Flucht nach Westen. Doch die NS-Regierung verbot die Vorbereitungen zur Flucht. Als die Sowjets im Januar 1945 bis zur Ostsee vorstießen, war Ostpreußen vom übrigen Reich abgetrennt. Für die Eingeschlossenen gab es nur einen Ausweg: Sie mussten über eine zugefrorene Meeresbucht flüchten, um die rettenden deutschen Häfen zu erreichen. Das Eis aber wurde zur Falle: Ohne Schutz waren die Flüchtlinge ein leichtes Ziel für die sowjetischen Tiefflieger.

Vertreibung der Deutschen

Die sowjetischen Soldaten töteten bei ihrem Vormarsch auch Zivilisten, vergewaltigten Frauen und verschleppten Menschen zur Zwangsarbeit in die Sowjetunion. Als der Krieg 1945 endete, annektierte die Sowjetunion Ostpolen. Dafür verschob sie die Westgrenze Polens nach Deutschland hinein bis an die Oder und Neiße. Auf der Konferenz von Potsdam (siehe S. 12–15) bestätigten die anderen Siegermächte die neue Westgrenze Polens. Sie beschlossen auch die „ordnungsgemäße Überführung" der Deutschen aus den ehemaligen deutschen Gebieten. Doch Flucht und Zwangsumsiedlungen hatten längst begonnen. Die Rote Armee und Polen vertrieben zusammen sieben Millionen Deutsche aus Ostpreußen, Hinterpommern und Schlesien. Sie gingen anfangs planlos und mit Gewalt vor, ab November 1945 wurde die Zwangsumsiedlung stärker organisiert. Aber auch 1,5 Millionen Polen mussten die von der Sowjetunion annektierten Gebiete Ostpolens verlassen.

Ausweisung der „Sudetendeutschen"

Mit dem Kriegsende begann die Vertreibung der deutschen Bevölkerung aus der Tschechoslowakei. Diese Deutschen lebten vor allem im Sudetenland (siehe D1). Der Hass, den die deutsche Besatzung bei den Tschechen geschürt hatte, richtete sich nun gegen die Sudetendeutschen. Die Regierung der Tschechoslowakei forderte ihre sofortige Ausweisung. Damit wollte sie Fakten schaffen, damit Deutsche nie wieder Gebietsansprüche im Sudetenland erheben konnten. Die Betroffenen wurden aus ihren Häusern getrieben, gedemütigt, misshandelt und auch ermordet. Zu Fuß oder in Massentransporten schob man sie über die Grenze ab.

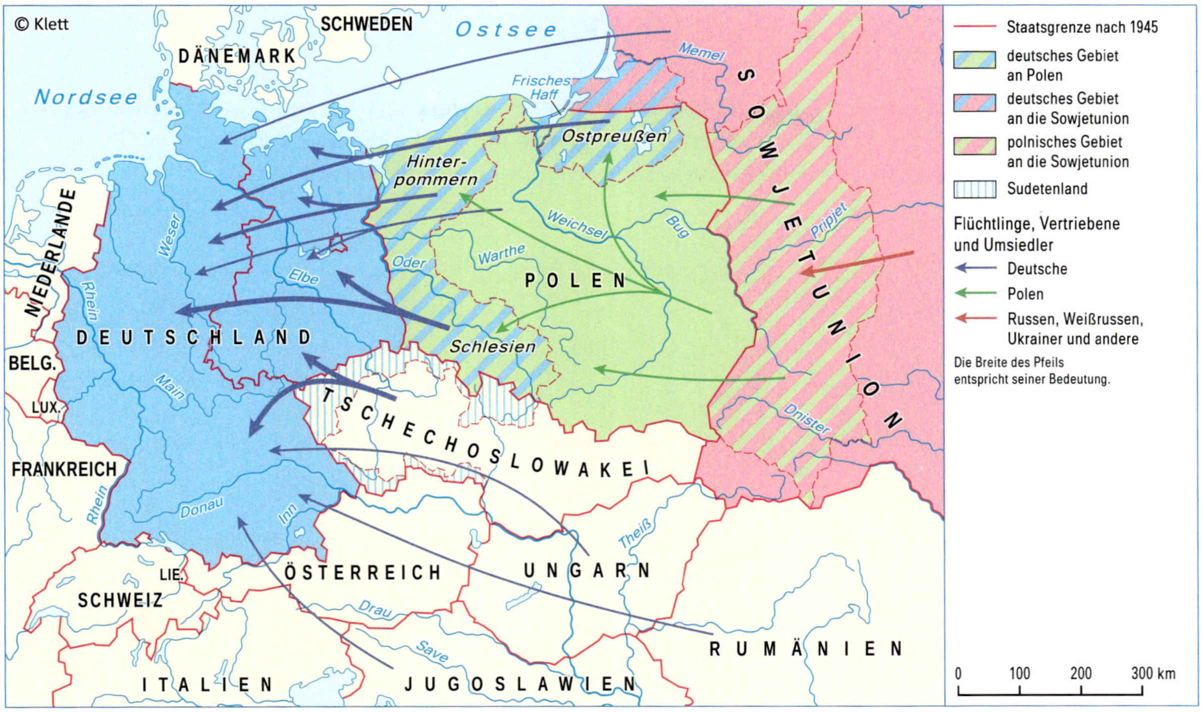

D1 **Flucht, Vertreibung und Umsiedlung in Europa als Folge des Zweiten Weltkriegs bis 1950**

Q2 Eine Frau berichtet über ihre Vertreibung aus dem Sudetenland:

Am 26. Juli 1945 kamen plötzlich drei bewaffnete tschechische Soldaten und ein Polizist in meine Wohnung, und ich musste dieselbe binnen einer halben Stunde verlassen. Ich durfte gar nichts mitnehmen. Wir wurden auf einen Sammelplatz getrieben. (...) Gegen Abend wurden wir unter grässlichen Beschimpfungen und Peitschenschlägen aus dem Heimatort fortgeführt. Nach sechsstündigem Fußmarsch mussten wir im Freien übernachten. (...) Es wurde uns (...) nicht gesagt, was mit uns geschehen soll, bis wir am 2.8.1945 zum Bahnhof mussten und auf offene Kohlenwagen verladen wurden. Während der Fahrt regnete es in Strömen. (...) Die Kinder wurden krank, und ich wusste vor Verzweiflung keinen Rat. Nach zwei Tagen wurden wir in Tetschen (heute Děčín) ausgeladen. Wir waren hungrig und erschöpft und mussten in diesem Zustand den Weg bis zur Reichsgrenze zu Fuß antreten.

Aufgaben

1. Nennen Sie die Gründe, aus denen Menschen aus den deutschen Ostgebieten flohen (VT1, VT2).
2. Sie haben die Flucht aus Ostpreußen im Januar 1945 miterlebt. Schreiben Sie einen Tagebucheintrag zu Q1.
3. Untersuchen Sie D1. Beschreiben Sie, welche Volksgruppen nach Kriegsende von wo nach wo fliehen mussten. Nennen Sie auch die Fluchtgründe (VT).
4. Erklären Sie, warum die Sudetendeutschen gewaltsam vertrieben wurden (VT3, Q2).
5. Erläutern Sie die Folgen, die der Krieg für die Bevölkerungen und Staaten in Mittel- und Osteuropa hatte. Erklären Sie dabei den Begriff „Westverschiebung“ Polens (VT2, D1).
6. Recherchieren Sie im Internet, wann aus der Oder-Neiße-Linie die endgültige Grenze zwischen Deutschland und Polen wurde.

* VT1 bedeutet: Die Aufgabe bezieht sich auf den ersten Abschnitt des Verfassertextes (VT). Die Abschnitte ergeben sich durch die blauen Zwischenüberschriften.

Jugend in Trümmern

Die Not nach dem Krieg zwang die Jugendlichen, früh erwachsen zu werden. Die Besatzungssoldaten brachten etwas mit, das diese Jugend noch nicht kannte – das Gefühl der Freiheit. Zwei Jugendliche hätten in dieser Zeit folgendes Gespräch führen können:

Q1 Jugend in den Trümmern. Undatiertes Foto

Kriegsgefangenschaft bezeichnet die Inhaftierung feindlicher Soldaten. Kriegsgefangene werden oft mit Zwangsarbeit ausgebeutet. Etwa 11 Millionen Soldaten der deutschen Wehrmacht und der SS waren oft einige Jahre lang in Kriegsgefangenschaft. Frankreich, Großbritannien und die USA entließen ihre Kriegsgefangenen bis 1948, die Sowjetunion bis 1955.

Zigaretten und andere Währungen

Hans (H): „Guck mal, was ich hier habe."
Grete (G): „Rauchst du neuerdings, Hans?"
(H): „I wo! Zigaretten sind die neue Währung. Die Reichsmark ist nichts mehr wert, dafür kannste nichts kaufen."
(G): „Du bezahlst mit Zigaretten?"
(H): „Ja, 'ne Zigarette ist wie'n Geldstück, 'ne Packung wie'n Geldschein."
(G): „Wie biste an die rangekommen, Hans?"
(H): „Ich hab' in den Trümmern ein kaputtes Moped gefunden. Ich hab's auf dem Schwarzmarkt angeboten. Da war einer, der es reparieren kann. Der hat's mir abgekauft. Bezahlt hat er mit Zigaretten."
(G): „Schwarzmarkt?"
(H): „Ja, da treffen sich alle, die was zu tauschen haben. Hinten in der Hitler-Straße …"
(G): „Hans, die heißt nicht mehr Adolf-Hitler-Straße. Die heißt wieder Walter-Rathenau-Straße! Wie vor 1933."
(H): „Ja, meinetwegen. Jedenfalls: Der Schwarzmarkt ist eigentlich verboten, aber die Amis sehen nicht so genau hin."
(G): „Und was machste mit den Zigaretten?"
(H): „Damit kauf' ich mir was zu essen. Oder was zum Anziehen … Hier, mein Mantel. Ist komplett in Zigarettenwährung bezahlt. Der nächste Winter kommt bestimmt."
(G): „Meine große Schwester Sophie raucht sogar Zigaretten. Die hat sie von amerikanischen Soldaten. Sie geht am Wochenende in so 'nen Tanzschuppen mit Jazz-Musik. Da treffen sich die GIs – so nennen sich die amerikanischen Soldaten.
(H): „Weiß' ich doch."
(G): „Die geben ihr Zigaretten, Kaugummis – und manchmal sogar Nylonstrümpfe."
(H): „Ja, die GIs sind schon okay. Mir hat mal 'n schwarzer Soldat Schokolade geschenkt."
(G): „Da solltest du mal unseren Nachbarn hören. Für den ist meine Schwester unten durch, weil sie mit Schwarzen tanzt. Der sagt immer: ‚Bei Adolf hätte es so was nicht gegeben.'"
(H): „Den Spruch kenn' ich von meinem Vater."
(G): „Dein Vater ist zurück aus dem Krieg?"
(H): „Ja. Aber er ist nicht der Alte … Hat an der Front seinen rechten Arm verloren. Kann nicht mehr arbeiten. Mutter und ich müssen für alles sorgen. Ist schwierig zu Hause. Vater kommt damit nicht klar … Und bei dir?"
(G): „Mein Vater ist vermisst. Wir wissen nicht, ob er im Krieg gefallen oder in Gefangenschaft ist. Diese Ungewissheit macht Mutter zu schaffen."

(H): „Habt ihr denn mittlerweile ein Dach über dem Kopf?"
(G): „Ach, Hans … In unserer ausgebombten Wohnung konnten wir nicht mehr leben, weißt du ja. Wir wohnen jetzt eine Straße weiter in einer Ruine."
(H): „Habt ihr zu essen?"
(G): „Mutter schickt uns zum Hamstern aufs Land. Da holen wir heimlich Kartoffeln vom Acker. Ich hab' bei einem Bauern auch schon 'ne Goldbrosche meiner Mutter gegen 'nen Schinken eingetauscht."
(H): „Auch 'ne Art Währung."

Q2 Hannelore König, geboren 1935, erinnert sich an ihre Kindheit 1945:

Meine Mutter hatte für uns eine eigene Wohnung organisiert, die der Frau des Lehrers gehörte. Sie ist in eine Einzimmerwohnung gezogen und wir haben ihr dafür Brot, Mohrrüben, Butter und Zucker geschenkt. Die Hausbesitzerin mussten wir ebenfalls mit Naturalien bestechen. Wir sind eingezogen und hatten erstmals ein Dach über dem Kopf, Säcke vor den Türen und ein Bett. Wir hausten alle zusammen in der Küche. Mutter musste als Trümmerfrau arbeiten. Wir gingen manchmal mit, um Holz aus den Trümmern zu holen. Das war sehr gefährlich, aber wir hatten ja nichts zu heizen. Nachts sind wir, und das haben alle gemacht, Kohlen klauen gegangen am Bahnhof.

Q3 Amerikanische Soldaten beim Tanz mit deutschen Frauen in einer Bar in Frankfurt am Main, die mit amerikanischen Fähnchen dekoriert ist. Foto, zwischen 1945 und 1948

Q4 Jimmy Hartwig als HSV-Spieler mit der Meisterschale. Foto, 1982
Etwa 200 000 „Besatzungskinder" wurden zwischen 1945 und 1955 geboren, die eine deutsche Mutter und einen alliierten Soldaten zum Vater hatten. In der Schule wurden sie diskriminiert. So erging es auch William „Jimmy" Hartwig. Der frühere Fußball-Nationalspieler berichtet heute über seine Erfahrungen mit Rassismus während seiner Karriere. Er engagiert sich u.a. als DFB-Integrationsbotschafter gegen Rassismus.

Aufgaben

1 Listen Sie die Schwierigkeiten auf, mit denen Familien nach dem Krieg zurechtkommen mussten (VT1, Q2).

2 Erklären Sie die Ausdrücke Hamstern, Schwarzmarkt und Zigarettenwährung und beschreiben Sie, wie die Zigarettenwährung funktionierte (VT1).

3 a) Erklären Sie Q1–Q3 mithilfe der Informationen aus VT1. Nutzen Sie auch weitere Quellen (Internet).
b) Was könnten die Personen in Q1 und Q3 sagen oder denken? Zeichnen Sie Sprechblasen und füllen Sie diese aus.

4 Die Jugendlichen in Q1 unterhalten sich: Wie ist es, ohne Vater aufzuwachsen? Welche Aufgaben mussten Mädchen und Jungen übernehmen, wenn der Vater nicht oder mit körperlichen Einschränkungen aus der Kriegsgefangenschaft zurückkam? Schreiben Sie das Gespräch auf.

5 Wieso wurden „Besatzungskinder" diskriminiert? Suchen Sie nach Erklärungen und nehmen Sie Stellung (Q4).

6 Vergleichen Sie in Partnerarbeit das Leben der Jugendlichen nach dem Krieg mit Ihrem Leben. Stellen Sie Ihre Ergebnisse auf einem Plakat dar.

Vier deutsche Besatzungszonen

Konferenz von Potsdam
Konferenz der Siegermächte Großbritannien, USA und Sowjetunion vom 17. Juli bis zum 2. August 1945 bei Potsdam. Zentrale Beschlüsse waren u. a. die Teilung Deutschlands in vier Besatzungszonen, die Festlegung der Oder-Neiße-Linie als deutsche Ostgrenze sowie die Demokratisierung und Neuordnung Deutschlands, die Forderung nach Reparationen, die Entmilitarisierung und der Umgang mit deutschen Kriegsverbrechern (siehe S. 14).

Transitwege
Sie verbanden die Bundesrepublik und Westberlin und liefen über das Gebiet der DDR. Nur auf diesen Wegen durften Personen und Waren von der Bundesrepublik nach Berlin gebracht werden (und umgekehrt).

Q1 Karte der Besatzungszonen. Farbdruck (30 × 42 cm), 1945

Die Alliierten verwalten Deutschland

Die Staatschefs der USA, Großbritanniens und der Sowjetunion vereinbarten 1945 auf der Konferenz von Jalta und nach Kriegsende auf der **Konferenz von Potsdam**:
- Die deutschen Gebiete östlich von Oder und Neiße werden unter polnische bzw. sowjetische Verwaltung gestellt.
- Das übrige Deutschland wird in vier Besatzungszonen aufgeteilt.
- Berlin wird in vier Teile (Sektoren) geteilt.

Die sowjetischen Truppen zogen sich aus dem Westteil Berlins in den Ostteil zurück. Die britischen und US-Truppen verließen die Gebiete westlich der Elbe. Die Oberbefehlshaber der vier Besatzungsmächte bildeten den Alliierten Kontrollrat und übten die oberste Regierungsgewalt in Deutschland aus.

Die Trizone

Sowohl die Westalliierten als auch die Sowjetunion entwickelten die Besatzungszonen jeweils nach ihrem Gesellschaftmodell: dem Kapitalismus einerseits, dem Kommunismus andererseits (S. 20–23). Die Spannungen wuchsen, im geteilten Berlin wurde das besonders spürbar. Im Januar 1947 wurde aus der amerikanischen und der britischen Zone ein „Vereinigtes Wirtschaftsgebiet" („Bizone"), 1948 trat die französische Zone bei („Trizone"). Im Juni 1948 führten die Westmächte in der Trizone und im Westteil Berlins die Deutsche Mark als neue Währung ein. Daraufhin blockierte die Sowjetunion am 24. Juni 1948 die Zufahrtswege von der Trizone nach Westberlin. Die USA und Großbritannien versorgten Westberlin mithilfe von Flugzeugen (Luftbrücke). Nach dem Ende der Blockade 1949 wurden Transitwege nach Westberlin festgelegt: Luftkorridore, Eisenbahnstrecken, Wasserwege, Autobahnen und eine Landstraße.

D1 Transitwege nach Westberlin nach 1949.

Aufgaben

1 Beschreiben Sie die Karte (Q1). Beantworten Sie dabei folgende Fragen: Woher stammt sie? Zu welchem Zweck wurde sie erstellt? Warum gibt es Einträge in mehreren Sprachen?

2 Erläutern Sie die Bestimmungen der Konferenzen von Jalta und Potsdam anhand der Karte (Q1).

3 Erklären Sie die Begriffe Bizone und Trizone und begründen Sie, warum die Trizone ein wichtiger Schritt auf dem Weg zur Bildung eines westdeutschen Staates war (VT2).

4 Listen Sie die Ereignisse des Jahres 1948 auf und erläutern Sie die Folgen (VT2).

5 „Die Entwicklung zwischen der Trizone und der sowjetischen Besatzungszone in den Jahren 1948/49 musste unausweichlich zu einer Teilung Deutschlands führen." Nehmen Sie Stellung zu dieser Aussage eines Historikers.

6 Werten Sie die Karte D1 mithilfe der Methode „Geschichtskarten auswerten" (S. 176) aus und bereiten Sie einen Kurzvortrag vor.

Die Entnazifizierung

Auf der Konferenz von Potsdam treffen die Siegermächte USA, Großbritannien und die Sowjetunion weitreichende Beschlüsse. Sie verkünden dabei: „Der deutsche Militarismus und der Nazismus werden ausgerottet." Folgende Maßnahmen werden getroffen (D1):

- Die NSDAP und alle ihre Organisationen werden verboten, ihre Mitglieder aus den Ämtern entlassen.
- Deutschland wird komplett entwaffnet und die Rüstungsindustrie abgebaut.
- Deutschland zahlt Kriegsentschädigungen, u.a. durch Abbau von Industrieanlagen.
- Schrittweise sollen sich die Deutschen demokratisch selbst organisieren.
- Um Machtmissbrauch zu verhindern, soll es keinen Zentralstaat mehr geben, sondern aus Bundesländern ein Bundesstaat gebildet werden.

D1 Punkte aus dem Potsdamer Abkommen (Zusammenfassung)

Entnazifizierung
Maßnahmen der Besatzungsmächte zur Beseitigung des Nationalsozialismus, u.a. ein Verbot der NSDAP und ihrer Organisationen, die Strafverfolgung führender Kriegsverbrecher sowie massenhafte „Entnazifizierungsverfahren" vor eigens eingerichteten Spruchkammern, die über die nationalsozialistische Belastung von Deutschen urteilten

Die Nürnberger Prozesse

Der führende NS-Politiker Hermann Göring wurde von den Alliierten gefasst – im Gegensatz zu Hitler, Goebbels und Himmler, die Selbstmord begangen hatten. Die Siegermächte stellten ihn zusammen mit 21 anderen Hauptkriegsverbrechern vor einen Internationalen Militärgerichtshof, den sie in Nürnberg eingerichtet hatten. Die drei Anklagepunkte lauteten: Verbrechen gegen den Frieden (Führung eines Angriffskrieges), Kriegsverbrechen (Mord, Misshandlung oder Verschleppung der Zivilbevölkerung), Verbrechen gegen die Menschlichkeit (Verfolgung aus politischen, rassischen oder religiösen Gründen). Verhängt wurden zwölf Todesurteile, drei lebenslängliche und vier langjährige Freiheitsstrafen. Es gab drei Freisprüche. Göring beging vor der Vollstreckung des Urteils Selbstmord. Weitere Prozesse gegen Militärs, Wirtschaftsführer, Angehörige der SS und KZ-Wächter folgten.

Ferner standen die Siegermächte vor der Herausforderung, die vielen Nationalsozialisten aus ihren Ämtern zu entfernen. Dabei gingen sie unterschiedlich vor.

Entnazifizierung in der SBZ

Die Entnazifizierung in der Sowjetischen Besatzungszone (SBZ) wurde konsequent durchgeführt. 390 000 NSDAP-Mitglieder wurden entlassen, Polizisten, Lehrer, Professoren, Richter. Die sowjetischen Besatzer bildeten in Schnellkursen neues Personal aus. Sie inhaftierten insgesamt 123 000 Menschen in sogenannten „Speziallagern". 43 000 Menschen kamen in diesen Lagern ums Leben, darunter nicht nur Nationalsozialisten, sondern auch Gegner der sowjetischen Besatzungsmacht.

Entnazifizierung in den Westzonen

US-Amerikaner, Briten und Franzosen hatten ebenfalls vor, ihre Besatzungszonen umfassend zu entnazifizieren. Spruchkammern, die mit NS-Gegnern besetzt wurden, entschieden über die sechs Millionen Mitglieder von NS-Organisationen. Dabei versuchten sie, zwischen „Hauptschuldigen", „Belasteten", „Minderbelasteten", „Mitläufern" und „Entlasteten" zu unterscheiden. Vielen Nationalsozialisten aber gelang es, sich durch falsche Angaben oder manipulierte Zeugenaussagen „reinzuwaschen". So wurden z. B. etliche Täter als „Mitläufer" eingestuft. Wer aus seinem Amt entfernt wurde, durfte bald zurückkehren, weil Personal fehlte. Der Wiederaufbau wurde als wichtiger angesehen.

Q1 Nürnberger Hauptkriegsverbrecherprozess. Wilhelm Keitel (rechts), Chef des Oberkommandos der Wehrmacht, wird am 1. Oktober 1946 zum Tode verurteilt und wenige Tage später hingerichtet. Neben ihm (von rechts nach links) Göring, Reichsjugendführer von Schirach (20 Jahre Haft) und Außenminister von Ribbentrop (Todesurteil).

Q2 Ein Bericht in der US-Armeezeitung „Stars and Stripes" vom 15. April 1945:

Sie benehmen sich alle gleich, wenn man sie verhaften will. Sie sagen, sie hätten niemals ernsthaft an den Nationalsozialismus geglaubt. Sie sagen, sie hätten nichts getan. (…) Sie haben die unglaublichsten Entschuldigungen für ihr Verhalten. Es spielt keine Rolle, ob sie 1927 oder 1939 in die Partei (NSDAP) eintraten. Alle sagen, sie seien aus geschäftlichen Gründen zum Eintritt gezwungen gewesen – selbst jene, die bereits 1927 eintraten. (…) Fragt man sie nach den Juden (…) oder ihren Verbindungen zu hohen Parteistellen, so sagen sie: Wer? Ich? Wenn sie erkennen, dass wir alle erforderlichen Beweise in der Hand haben, sagen sie, sie seien „gezwungen" worden, diese Dinge zu tun.

Q3 Der Bewerber „So, Schicklgruber heißen Sie? – Ja, dann steht Ihrer Bewerbung bei uns nichts im Wege."
Karikatur von Fritz Mainhard aus der Stuttgarter Zeitung, 1961.
Der Geburtsname von Hitlers Vater lautete Alois Schicklgruber.

Aufgaben

1 Man spricht bei den Beschlüssen der Siegermächte von den „Fünf Ds": Demilitarisierung, Demokratisierung, Demontage, Denazifizierung, Dezentralisierung. Ordnen Sie die Maßnahmen von D1 diesen „Fünf Ds" zu.

2 Fassen Sie die Anklagepunkte der Nürnberger Prozesse zusammen (VT1) und nennen Sie konkrete Beispiele. Erinnern Sie sich an das, was Sie im Geschichtsunterricht in Klasse 9 erfahren haben.

3 Schreiben Sie einen Kommentar mit der Überschrift: „Bringen die Nürnberger Prozesse Gerechtigkeit?" (VT1, Q1).

4 Beschreiben Sie die Entnazifizierung in der sowjetischen Besatzungszone und bewerten Sie das Vorgehen (VT2).

5 Fassen Sie den Ablauf der Entnazifizierung in den Westzonen zusammen und bewerten Sie die Folgen (VT3, Q2).

6 Untersuchen Sie die Karikatur Q3 und erklären ihre Aussage.

„Habenichtse“ aus dem Osten

Den Preis für die Kriegsniederlage hatte auf deutscher Seite vor allem eine Gruppe zu tragen: die Vertriebenen (S. 8). Erst verloren sie Heimat und Besitz, dann trafen sie in Mittel- und Westdeutschland als die „Habenichtse aus dem Osten“ ein.

Q1 Ankunft von vertriebenen Sudetendeutschen mit Güterwaggons im Grenzdurchgangslager Furth im Wald. Foto, 1945

Integration
Eingliederung von Zuwanderern in das Leben ihrer neuen Heimat

Bevölkerungsbewegung

Die Bevölkerung war nach Kriegsende in Bewegung: Zwangsarbeiter gingen selbst oder wurden von den Siegermächten zurück in ihre Heimat gebracht. Jüdische Überlebende wollten oftmals Deutschland verlassen. Viele gingen nach Palästina, wo wenig später der Staat Israel gegründet wurde (S. 114).

In Deutschland gab es zehn Millionen Menschen, die wegen der Bombenangriffe aufs Land geflohen waren – und nun wieder in die Städte zurückkehrten. Elf Millionen deutsche Soldaten kehrten aus den Kriegsgefangenenlagern zu ihren Familien zurück. Hinzu kamen zwölf Millionen deutsche Flüchtlinge und Vertriebene aus den Gebieten östlich von Oder und Neiße und dem Sudetenland. Sie wurden vor allem auf dem Land untergebracht, da es hier mehr zu essen gab und die Städte zerstört waren.

Die Bevölkerungszahl von Bayern stieg zwischen 1939 und 1950 von 7,1 auf 9,2 Millionen.

Integration in Ost und West

Die Integration der Flüchtlinge und Vertriebenen war eine Herausforderung. Die Flüchtlinge wurden zunächst in Barackenlagern oder bei Familien einquartiert. Sie galten bald als „Habenichtse aus dem Osten“. Die sowjetische Besatzungsmacht ließ Brot verteilen, um die erste Not zu lindern. 1950 erließ die DDR-Regierung ein Umsiedlergesetz: Sie vergab günstige Kredite und teilte den Vertriebenen enteignetes Land zu. In der Bundesrepublik konnten Flüchtlinge und Vertriebene seit 1952 Entschädigungen für ihr verlorenes Vermögen erhalten – wenn auch oft in geringer Höhe. Doch das „Wirtschaftswunder“ der 1950er-Jahre half, die Vertriebenen in die Gesellschaft und die Arbeitswelt zu integrieren. Die Fachkräfte unter den Vertriebenen trugen zudem dazu bei, dass es in der Bundesrepublik wirtschaftlich rasch bergauf ging.

Flüchtlinge – Vertriebene – Umsiedler?

Der Zuzug von Millionen Menschen aus den ehemaligen Ostgebieten war eine Folge des Zweiten Weltkriegs. Im geteilten Deutschland ging man mit der Aufarbeitung von Krieg, Flucht und Vertreibung unterschiedlich um. Die Sowjetunion ordnete 1945 an, dass in ihrer Besatzungszone nur von „Umsiedlern“ gesprochen werden dürfe. Die Bezeichnungen „Flüchtlinge“ und „Vertriebene“ waren tabu.

Die Erlebnisse der Vertreibung oder Erinnerungen an die verlorene Heimat wurden in der DDR nicht thematisiert.

Ganz anders im Westen Deutschlands: Seit 1948 gründeten sich Vertriebenenverbände und Landsmannschaften, die ihre Traditionen pflegten und die Rückgabe der „Ostgebiete“ forderten. In der Bundesrepublik nannte man die Flüchtlinge offiziell „Heimatvertriebene“.

Q2 Der achtjährige Norbert Mieck flüchtete im März 1945 mit seiner Mutter und den Geschwistern von Pommern aus nach Westen. Er berichtete später über seine neue Heimat:

Wir trugen schlechte Kleidung, gingen im Sommer barfuß zur Schule, hatten so gut wie kein Spielzeug (meine Mutter hatte aus Lumpen Bälle zum Spielen zusammengeschustert) und wurden gelegentlich auch von Klassenkameraden gehänselt. Ich erinnere mich, dass ich nicht nur einmal mit „Polacke" beschimpft wurde. Ich trumpfte zwar dagegen auf und sagte: „Ich komme nicht aus Polen, sondern aus Pommern", aber das Gefühl der Schmach, der Minderwertigkeit blieb. Auch der Bauer, in dessen Haus wir untergebracht waren, ging wortlos an uns vorüber.

Q3 Ein einheimischer Bürger aus dem Kreis Ludwigsburg erinnert sich:

Als ich 1945 mit 23 Jahren aus dem Krieg zurückkehrte, waren 28 Gebäude im Dorf beschädigt oder zerstört. Die Obdachlosen lebten bei anderen Familien. Eines Tages hielt bei der Kirche ein Lastwagen mit Flüchtlingen. Eine dieser Familien, Eltern, Großeltern und drei Kinder, wurden in unser Haus eingewiesen. Wir hatten (...) selbst wenig Wohnraum. Unsere Stube mussten wir durch eine Trennwand teilen, damit die Flüchtlinge einen Schlafraum erhielten. Die Küche benutzten wir gemeinsam. Abends, wenn wir von der Feldarbeit müde und hungrig heimkehrten, wollte Mutter ein warmes Essen machen, gerade da kamen auch die Männer der anderen Familie nach Hause, die den Tag über in der Fabrik gearbeitet und mittags nur Brot gegessen hatten. Das war sehr schwer für beide Teile, es gab manchmal Streit. Wir ärgerten uns auch, wenn die Kinder das Obst schon unreif von den Bäumen rissen. Und doch haben wir viele Jahre miteinander gelebt.

Q4 Elternlose Kinder auf der Straße.
Foto 1945
Zehntausende Kinder und Jugendliche waren im Nachkriegsdeutschland unterwegs – allein. Sie hatten ihre Eltern im Krieg verloren, waren auf der Flucht von ihnen getrennt worden, oder ihre Eltern waren im Konzentrationslager ermordet worden. Insgesamt 500 000 Kinder lebten von ihren Eltern getrennt. Elternlos, heimatlos wanderten sie umher auf der Suche nach einer Unterkunft und etwas zu essen.

Aufgaben

1 Nennen Sie die Bevölkerungsgruppen, die auf der Suche nach einer neuen Heimat waren (VT1, Q4).

2 Fassen Sie die Situation für die Vertriebenen zusammen. Unterscheiden Sie dabei zwischen Stadt und Land (VT1).

3 Arbeiten Sie heraus, welche Schwierigkeiten die Vertriebenen in ihrer neuen Heimat erwarteten (VT1, VT2, Q2).

4 Im Jahr 1946 unterhalten sich zwei Kinder. Das eine stammt aus den ehemaligen Ostgebieten und wohnt in einer Baracke, das andere ist ein Bauernkind aus dem Dorf. Spielen Sie das Gespräch nach (VT2, Q3).

5 Begründen Sie mithilfe von S. 8/9, warum in der sowjetischen Besatzungszone der Begriff „Umsiedler" benutzt werden musste, warum man aber in der Bundesrepublik von „Heimatvertriebenen" sprach (VT3).

6 Welche Gemeinsamkeiten und Unterschiede gibt es zu heutigen Flüchtlingen? Recherchieren Sie im Internet und erstellen Sie eine digitale Präsentation.

7 Recherchieren Sie, welche Straßennamen in Ihrer Heimatstadt auf Regionen und Städte hinweisen, aus denen Vertriebene stammten.

Aus Vertriebenen werden Bayern

Nach dem Zweiten Weltkrieg suchten viele Vertriebene in Bayern eine neue Heimat. Die meisten von ihnen kamen aus den ehemals deutschen Gebieten im Osten – wie wurden sie aufgenommen?

Q1 Die Vertriebenenstadt Neugablonz. 1946 wurden auf dem Gelände einer ehemaligen Sprengstofffabrik bei Kaufbeuren 17 Familien von sudetendeutschen Vertriebenen aus Gablonz angesiedelt und die Gemeinde Neugablonz gegründet. Mit den Fachkräften aus der Schmuckherstellung im nunmehr tschechoslowakischen Gablonz führten sie in Neugablonz ihre Schmuckindustrie fort, Foto, 1961

Neubürger für Bayern

1939 hatte Bayern etwa sieben Millionen Einwohner. Wenige Jahre nach dem Zweiten Weltkrieg waren es über neun Millionen: Als Flüchtlinge und Vertriebene aus dem Osten waren fast zwei Millionen Menschen nach Bayern gekommen. Über 20 Prozent der bayerischen Bevölkerung waren nun solche Neubürger. Die meisten wurden den Regionen Niederbayern, Oberfranken und Schwaben zugewiesen.

Da in den kriegszerstörten Städten der Wohnraum knapp war, wurden die Flüchtlinge – meist ältere Menschen, jüngere Frauen und Kinder – in Bayern zunächst in Turnhallen, Wirtshäusern, Schulen oder ehemaligen Kasernen untergebracht. Viele dieser Flüchtlingslager bestanden bis 1952. Aus einigen entstanden sogar neue Städte wie Geretsried, Neutraubling, Traunreut, Waldkraiburg oder Neugablonz bei Kaufbeuren. Doch die Neuankömmlinge fanden oft keine Arbeit und waren auch in der einheimischen Bevölkerung nicht sehr willkommen, da diese Wohnraum abgeben mussten. Oft wurden sie als „Fresser“, „Habenichtse“ und „Faulpelze“ beschimpft.

Eine neue Heimat

Nach 1945 wurde eine eigene Flüchtlingsverwaltung eingerichtet, mit zahlreichen über das ganze Land verstreuten Flüchtlingsämtern. Etwa 15 Jahre lang unterstützten diese Ämter die Heimatvertriebenen bei der Suche nach Arbeit und Wohnungen. 1950 entstand in der Bundesrepublik und damit auch in Bayern der BHE (Bund der Heimatvertriebenen und Entrechteten). In Bayern konnte diese „Flüchtlingspartei“ sogar einen besonderen Einfluss ausüben, da sie von 1950–1962 an der Regierung beteiligt war. Sie stellte zeitweilig den Arbeitsminister, zu dessen Zuständigkeiten die Flüchtlingsverwaltung gehörte. Bayern machte deutlich, dass es sich den über einer Million Vertriebenen aus dem Sudentenland besonders verpflichtet fühlte, indem es 1954 die Schirmherrschaft für sie übernahm. Die Sudetendeutschen ihrerseits leisteten als gut qualifizierte Arbeitskräfte aus einer auch industriell geprägten Gegend einen wichtigen Beitrag zum Aufschwung des damals noch sehr landwirtschaftlichen Freistaats Bayern.

Mitte der 1960er-Jahre konnte die Eingliederung der Sudetendeutschen und anderer Heimatvertriebener in Bayern als abgeschlossen angesehen werden. Ihr Wunsch nach Wiedergewinnung der alten Heimat und nach Rückkehr dorthin wurde immer schwächer. Sie hatten in Bayern eine neue Heimat gefunden.

Q2 2016 beschreibt der Journalist Paul Kreiner mit der Geschichtsprofessorin Marita Krauss, warum die Integration der Heimatvertriebenen in Bayern gelang:

„Aber tüchtig waren's scho", zitiert (die Geschichtsprofessorin) Krauss eine bayerische Bäuerin, die sie bei ihren Forschungen interviewt hat. Diese Erkenntnis markiert den Wandel in der Betrachtungsweise von damals: „Je mehr man die Vertriebenen Person für Person kennenlernte (...), umso stärker hat man auch ihre menschlichen Qualitäten erkannt und schätzen gelernt", sagt Krauss. „Die Vertriebenen waren von einem unglaublichen starken Wunsch erfüllt, aus ihrem Elend herauszukommen." (...) durch Arbeit, durch ein Sich-Abrackern beim Hausbau (...), durch das Gründen zahlreicher Firmen, durch das Schaffen von Arbeitsplätzen. Und die Einheimischen sahen immer deutlicher die Vorteile der „Neuen" für das gemeinsame Ziel: den Wiederaufbau. (...) Zuerst, nach dem Krieg, zählte ausschließlich der wirtschaftliche Wiederaufbau; da ging es um das Aufholen einer industriellen Rückständigkeit, um die Modernisierung Bayerns auch in Kultur und Bildung. Für all diese Zukunftsbereiche, sagt Marita Krauss, hätten sich die Vertriebenen als „zentraler Faktor" und als „Motor" erwiesen (...). Der gesellschaftliche Coup (Nutzen) der Integration bestand in der Tat darin, die Sudetendeutschen, die Egerländer, die Schlesier, die Mährer kurzerhand zu Bayerns „Viertem Stamm" zu erklären – neben den klassischen drei der Altbayern, der Franken und der Schwaben (...). Über das Modell des „Vierten Stammes", so Krauss, „war es möglich, eine eigenständige kulturelle Tradition offiziell zu fördern und zu präsentieren. Einem eigenen Stamm standen eigene Traditionen zu. (...) Man hat eine Kultur nicht abgeschnitten, sondern mitgenommen in eine neue Zeit."

Q3 Im August 1950 veröffentlichten die Vertreter der Vertriebenen eine feierliche Erklärung. In dieser „Charta der deutschen Heimatvertriebenen" heißt es:

1. Wir Heimatvertriebenen verzichten auf Rache und Vergeltung. Dieser Entschluss ist uns ernst und heilig im Gedenken an das unendliche Leid, welches im Besonderen das letzte Jahrzehnt über die Menschheit gebracht hat.

2. Wir werden jedes Beginnen mit aller Kraft unterstützen, das auf die Schaffung eines geeinigten Europas gerichtet ist, in dem die Völker ohne Furcht und Zwang leben können.

3. Wir werden durch harte, unermüdliche Arbeit teilnehmen am Wiederaufbau Deutschlands und Europas.

Wir haben unsere Heimat verloren. Heimatlose sind Fremdlinge auf dieser Erde. Gott hat die Menschen in ihre Heimat hineingestellt. Den Menschen mit Zwang von seiner Heimat zu trennen, bedeutet, ihn im Geist zu töten.

Wir haben dieses Schicksal erlitten und erlebt. Daher fühlen wir uns berufen zu verlangen, dass das Recht auf Heimat als eines der von Gott geschenkten Grundrechte anerkannt und verwirklicht wird.

Aufgaben

1 Fassen Sie die Schwierigkeiten und Probleme bei der Aufnahme und Eingliederung der Flüchtlinge und Vertriebenen in Bayern zusammen (VT1, VT2, Q1).

2 Geben Sie in eigenen Worten den Inhalt der Charta der deutschen Heimatvertriebenen wieder (Q3).

3 Diskutieren Sie, ob in Bayern die Integration der Heimatvertriebenen geglückt ist (VT3, Q2).

4 Auch heute gibt es viele Flüchtlinge auf der Welt. In der Charta der deutschen Heimatvertriebenen wird „ein Recht auf Heimat" gefordert. Diskutieren Sie, ob diese Forderung in der heutigen Zeit aktuell ist.

5 Erkundigen Sie sich, wer von Ihrer Familie oder Ihren Nachbarn von Flucht oder Vertreibung betroffen war: Woher kamen die Menschen, was erlebten sie und wie integrierten sie sich in ihrer neuen Heimat? Stellen Sie die Ergebnisse vor.

Aufbau nach sowjetischem Vorbild

Ab 1933 waren viele KPD-Mitglieder vor den Nationalsozialisten in die Sowjetunion geflohen. Dort bereiteten sie sich auf eine Umgestaltung Deutschlands vor. Im April 1945 war es so weit.

Q1 Werbeplakat zur Bodenreform in der SBZ von Alfred Stiller, 1945. Mit „Junkerland" – abgeleitet von „Land der preußischen Junker" – ist das Land der Großgrundbesitzer gemeint.

SED
Sozialistische Einheitspartei Deutschlands, 1946 entstanden aus dem erzwungenen Zusammenschluss von SPD (SBZ) und KPD. In den Westzonen schlossen sich KPD und SPD nicht zusammen.

Blockparteien
Parteien in der DDR, die 1945 in der SBZ unter der Führung der KPD (ab 1946 SED) zum „antifaschistischen Parteienblock" zusammengeschlossen worden waren. Die Blockparteien durften keine eigenständige Politik betreiben, sondern vollzogen die Politik der SED nach.

Aufbau nach sowjetischem Vorbild

Am 30. April 1945 erreichte der 24-jährige Wolfgang Leonhard das zerstörte Berlin. Er hatte es 1933 als Sohn einer Kommunistin verlassen müssen. In der Sowjetunion war er mit anderen Deutschen geschult worden, um nach dem Krieg ein sozialistisches Deutschland aufzubauen. Denn der Diktator Stalin wollte Deutschland nach dem sowjetischen Vorbild umgestalten. Leonhard gehörte zur „Gruppe Ulbricht". Unter der Führung von Walter Ulbricht und Wilhelm Pieck gründeten sie im Juni 1945 die KPD. Die sowjetische Regierung erlaubte in der SBZ auch die Gründung anderer Parteien: SPD, CDU (Christlich-Demokratische Union) und LDPD (Liberaldemokratische Partei Deutschlands). Sie mussten sich aber als „Blockparteien" mit der KPD zu einem „antifaschistischen Parteienblock" zusammenschließen. Dadurch wurde ihre Entwicklung von den Parteigründungen in den Westzonen abgekoppelt (siehe S. 22).

Gesellschaftliche Ziele

Alle Parteien hatten in den Jahren 1945 und 1946 die Schlagworte „Entnazifizierung" und „Sozialismus" in ihre Programme aufgenommen. Schließlich hatte die Privatwirtschaft mit den Nationalsozialisten zusammengearbeitet und den Krieg gefördert. Die Neugestaltung der Gesellschaft in der SBZ legten die sowjetischen Besatzer jedoch allein in die Hände der KPD. Nach sowjetischem Vorbild führte sie im Herbst 1945 eine Bodenreform durch: Unter der Parole „Junkerland in Bauernhand!" wurden Großgrundbesitzer mit Betrieben über 100 Hektar enteignet. Das Land erhielten Kleinbauern, Flüchtlinge, besitzlose Landarbeiter – oder es fiel an den Staat. Ebenso radikal enteigneten die Kommunisten die Industriellen. Unter der Parole „Enteignung der Naziaktivisten und Kriegsverbrecher" überführten sie praktisch alle Großbetriebe in volkseigene Betriebe (siehe S. 34).

Der Weg in die Diktatur

Die KPD verstand die Maßnahmen als notwendig für den Aufbau des Kommunismus. Sie sah sich als führende Kraft, um die Gesellschaft im kommunistischen Sinn zu verändern. Deshalb setzte sie ihre Vorstellungen mit Gewalt durch, auch wenn die politischen Gegner die Mehrheit hatten. Da es ihr nicht gelang, bei Wahlen die stärkste Kraft zu werden, erzwang sie im April 1946 die Vereinigung der KPD mit der SPD zur SED (Sozialistischen Einheitspartei Deutschlands). Die SBZ wurde zu einer Diktatur, die durch die sowjetischen Besatzer von Stalin gelenkt wurde. Immer mehr Menschen verließen die SBZ und flohen in die Westzonen. Auch Wolfgang Leonhard, erst KPD- und dann SED-Mitglied, entschied sich 1949 gegen den stalinistischen Aufbau des Sozialismus und floh.

Q2 Wilhelm Pieck (KPD) und Otto Grotewohl (SPD-SBZ) reichen sich die Hände bei der Vereinigung zur SED. Der Händedruck wird das Symbol der SED. Rechts vorne: Walter Ulbricht. Foto, 21. April 1946

Antifaschismus
Gegnerschaft zum Nationalsozialismus in Verbindung mit dem Kapitalismus. Die DDR bezeichnete sich selbst als „antifaschistischen Staat". Doch oft nutzte sie den Antifaschismus nur als Vorwand, um Zwangsmaßnahmen zu rechtfertigen. So bezeichnete die DDR z.B. die Mauer als „antifaschistischen Schutzwall" (siehe S. 42/43).

Q3 Wolfgang Leonhard, damals Mitglied der KPD, beschrieb 1957, wie die Kommunisten die Verwaltung in Berlin neu organisierten:

Ulbricht erklärte uns: „Die Bezirksverwaltungen müssen politisch richtig zusammengestellt werden. Kommunisten als Bürgermeister können wir nicht brauchen. (…) Die Bürgermeister sollen in den Arbeiterbezirken in der Regel Sozialdemokraten sein. In den bürgerlichen Vierteln (…) müssen wir an die Spitze einen bürgerlichen Mann stellen. (…) Am besten, wenn er ein Doktor ist (…) und ein Mann, mit dem wir gut zusammenarbeiten können. (…) Der erste stellvertretende Bürgermeister, der Dezernent für Personalfragen und der Dezernent für Volksbildung – das müssen unsere Leute sein. Dann müsst ihr noch einen ganz zuverlässigen Genossen in jedem Bezirk ausfindig machen, den wir für den Aufbau der Polizei brauchen. (…) Es muss demokratisch aussehen, aber wir müssen alles in der Hand haben."

Q4 Parteizeichen der SED

Aufgaben

1. Geben Sie das Vorgehen der Sowjets und der KPD in der SBZ wieder (VT1).
2. Beschreiben Sie die Bodenreform in der SBZ (Q1, VT2).
3. Erklären Sie das Vorgehen der KPD beim Zusammenschluss mit der SPD und der Besetzung politischer Ämter (VT3, Q2–Q4).
4. Bewerten Sie das Vorgehen der KPD gegen die Großgrundbesitzer (VT2, VT3, Q1).
5. Bewerten Sie das Zitat Walter Ulbrichts in Q3: „Es muss demokratisch aussehen, aber wir müssen alles in der Hand haben."
6. Beurteilen Sie, ob sich die Deutschen in der SBZ nach dem Ende der NS-Zeit befreit fühlen konnten (VT3).

Aufbau nach westlichem Vorbild

Wie die Sowjetunion in der SBZ, so konnten auch die westlichen Besatzer die Entwicklung in ihren Zonen frei bestimmen. Sie wollten die Demokratie einführen. Das politische und wirtschaftliche Leben sollte schnell wieder in Schwung kommen.

Marshall-Plan
finanzielles Hilfsprogramm der USA zum Wiederaufbau der europäischen Länder, benannt nach dem Außenminister der USA, George C. Marshall. Es führte zur schnellen wirtschaftlichen Erholung Westeuropas. Die Sowjetunion verbot den osteuropäischen Staaten und der SBZ/DDR die Teilnahme.

Rückgabe von Grundrechten

Die West-Alliierten setzten auf eine freie Presse und erlaubten die Gründung von Zeitungen und Rundfunksendern. Sie erarbeiteten Pläne zur demokratischen Erziehung und Bildung der Bevölkerung. Erwachsene sollten z. B. in Volkshochschulen erzogen werden. Parallel dazu setzten sie unbelastete Deutsche zum Aufbau Nachkriegsdeutschlands ein. Die Amerikaner machten den Deutschen deutlich, dass sie auf die Dauer wieder ein freiheitlicher Staat werden könnten.

Politischer Neubeginn

Die Alliierten setzten als Bürgermeister oft Mitglieder der Parteien ein, die von den Nationalsozialisten verboten worden waren. Ab Sommer 1945 wurde regional die Gründung von politischen Parteien erlaubt. Die SPD knüpfte an ihre Ziele vor 1933 an. Nach der Zwangsvereinigung von SPD (SBZ) und KPD sah sie sich als Sprachrohr aller Sozialdemokraten in Deutschland. Die CDU (Christlich-Demokratische Union) wollte als bürgerliche Partei die Interessen der evangelischen und katholischen Christen vertreten. Die liberalen Strömungen schlossen sich zur FDP (Freie Demokratische Partei) zusammen. Während die zentral gegründete KPD auch in den Westzonen aktiv wurde, grenzten sich die anderen Parteien von den sowjetisch beeinflussten Blockparteien (siehe S. 20) ab.

Q1 Wahlplakat der CDU zur Kommunalwahl in Nordrhein-Westfalen am 13. Juni 1946

Q2 Wahlplakat der SPD

Gründung der deutschen Länder

Nach den schlechten Erfahrungen im Nationalsozialismus setzten die Siegermächte auf einen dezentralen Staat, in dem die Macht verteilt ist. So wurden die deutschen Länder gegründet. Bayern verlor dabei die linksrheinische Pfalz. Mit der Neugründung von Nordrhein-Westfalen, Niedersachsen, Schleswig-Holstein, Mecklenburg, Brandenburg und Sachsen-Anhalt wurde das Land Preußen aufgelöst – es galt als besonders militaristisch und nationalistisch.

Wirtschaftshilfe für die Westzonen

Die Amerikaner unterstützten die Deutschen auch wirtschaftlich. Ab 1945 lieferten sie Lebensmittel und verbesserten die medizinische Versorgung. 1947 entwickelte ihr Außenminister Marshall einen Plan, nach dem Westeuropa wirtschaftlich wieder aufgebaut werden sollte. Dabei spielten für die USA auch machtpolitische Gründe eine Rolle: Ein marktwirtschaftlich erfolgreiches Westeuropa sollte eine Ausbreitung des Kommunismus verhindern. Die Westzonen profitierten enorm vom Marshall-Plan. Er legte die Grundlage für den wirtschaftlichen Aufstieg Westdeutschlands.

Q3 Der amerikanische Außenminister Byrnes in seiner Rede am 6. September 1946 in Stuttgart:

Die Vereinigten Staaten können Deutschland die Leiden nicht abnehmen, die ihm der von seinen Führern angefangene Krieg zugefügt hat. Aber die Vereinigten Staaten haben nicht den Wunsch, diese Leiden zu vermehren oder dem deutschen Volk die Gelegenheit zu verweigern, sich aus diesen Nöten herauszuarbeiten, solange es menschliche Freiheit achtet und vom Wege des Friedens nicht abweicht. (…) Das amerikanische Volk will dem deutschen Volk helfen, zurückzufinden zu seinem ehrenvollen Platz unter den freien und friedliebenden Nationen der Welt.

Q4 Über die Bedeutung des Marshall-Plans. George C. Marshall im Juni 1947:

Unsere Politik richtet sich weder gegen ein anderes Land noch gegen eine politische Doktrin (Grundsatz), sondern gegen Hunger, Armut, Verzweiflung und Chaos. Die Wiederherstellung einer funktionsfähigen Weltwirtschaft zur Schaffung von politischen und sozialen Verhältnissen, unter denen freiheitliche Einrichtungen gedeihen können, muss künftig die Aufgabe unserer Außenpolitik sein.

Q5 Plakat für den Marshall-Plan, um 1948

Aufgaben

1. Listen Sie auf, welche Maßnahmen die westlichen Alliierten zur Demokratisierung durchführten (VT1–VT3).

2. Erläutern Sie, warum für die Umsetzung der Ziele der Alliierten die Vermittlung von politischer Bildung wichtig war (VT1).

3. Zwei Zuhörer unterhalten sich nach der Rede Q3. Der eine hat die Rede nicht richtig verstanden. Der andere erklärt ihm, was Byrnes mit den Deutschen vorhat. Spielen Sie das Gespräch nach.

4. Vergleichen Sie die Entwicklung in den Westzonen mit dem Vorgehen in der SBZ (siehe S. 20/21). Wo wird den Bürgern mehr Verantwortung und Freiheit übertragen?

5. Erklären Sie den Marshall-Plan (VT4, Q4, Q5).

6. Beurteilen Sie die machtpolitischen Hintergründe des Marshall-Plans (VT4, Q3, Q4).

Gründung des Freistaats Bayern

In der amerikanischen Zone sollte das politische Leben bald wieder beginnen. Deshalb wurden hier schon am 19. September 1945 die Länder Hessen, Württemberg-Baden (heute ein Teil von Baden-Württemberg) und Bayern wiedergegründet.

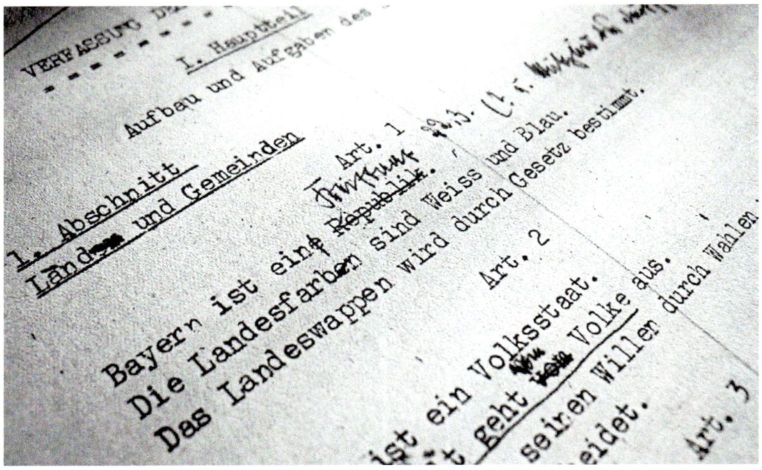

Q1 Der erste Entwurf der bayerischen Staatsverfassung, von Wilhelm Hoegner getippt, von Hans Ehard handschriftlich geändert

Freistaat
andere Bezeichnung für Republik. Nach der Abschaffung der Monarchie in Deutschland bezeichneten sich 1918 einige deutsche Länder, darunter auch Bayern, als Freistaat.

Das Land Bayern

Bereits am 28. Mai 1945 setzte die US-Militärregierung Fritz Schäffer (Bayerische Volkpartei, BVP) als Ministerpräsidenten ein. Da er die ehemaligen NS-Parteimitglieder nicht konsequent genug aus der Verwaltung entfernte, wurde er bereits vier Monate später wieder entlassen und durch Wilhelm Hoegner (SPD) ersetzt. Die bayerische Regierung musste sich strikt an die Anweisungen der US-Militärregierung halten. Dabei stand sie vor zwei fast nicht lösbaren Problemen: Zum einen war die Versorgung der Bevölkerung nicht sichergestellt. So litten die Menschen vor allem in den Städten unter Hunger, Kälte und Wohnungsnot. Zum anderen gab es keine funktionierende öffentliche Verwaltung.

Parteien in Bayern

Bei der Demokratisierung Deutschlands wurden ab Herbst 1945 wieder Parteien zugelassen, zuerst auf kommunaler, dann auf regionaler Ebene, schließlich landesweit. Schon im November 1945 bekam die vom nationalsozialistischen Regime einst verbotene KPD die Zulassung für ganz Bayern. Anfang 1946 folgten die SPD, die CSU, die FDP und die Wirtschaftliche Aufbauvereinigung (WAV).

Die neue Verfassung

Am 1. Dezember 1946 wurde der bayerische Verfassungsentwurf in einer Volksabstimmung angenommen. Besonders bedeutsam daran war, dass die Bevölkerung wie in der Weimarer Reichsverfassung die Möglichkeit erhielt, auch direkt über Gesetze abzustimmen. Dafür mussten 10 Prozent der Wahlberechtigten diesen Entscheid fordern. Als erste deutsche Länderverfassung nach dem Zweiten Weltkrieg trat die bayerische Verfassung am 8. Dezember 1946 in Kraft.

Die erste Landtagswahl

Nach der Vorstellung der Amerikaner sollte die Demokratie von unten her aufgebaut werden. Im Laufe des Jahres 1946 wurden Wahlen auf kommunaler und auf regionaler Ebene abgehalten. Bei der Wahl zum ersten bayerischen Landtag am 1. Dezember 1946 erhielt die CSU 52,3 Prozent, die SPD 28,6 Prozent der gültigen Stimmen. Die FDP kam auf 5,6 Prozent, die KPD auf 6,1 Prozent und die WAV auf 7,4 Prozent der Stimmen.

Mit Hans Ehard stellte die CSU den Ministerpräsidenten. Um die großen Aufgaben wie den Wiederaufbau der Städte und die Versorgung der Bevölkerung lösen zu können, bildete Ehard eine Koalitionsregierung. Dazu gehörte auch die SPD, deren Vorsitzender Hoegner jetzt stellvertretender Ministerpräsident wurde. Diese Koalition hatte jedoch nur bis zum 15. September 1946 Bestand, danach stellte die CSU alleine die Regierung des Freistaats Bayern.

Q2 Über den Zustand Deutschlands und Bayerns sagt Ministerpräsident Wilhelm Hoegner am 25. November 1946:

Ein Deutsches Reich besteht heute kaum mehr, wohl aber wieder ein bayerischer Staat, den wir aufbauen müssen, bevor wir wieder an ein Reich denken können. Ich rede keinem bayerischen Separatismus (Unabhängigkeitsbestreben) das Wort, davon bin ich weit entfernt, aber wir sollten es durch eine föderalistische Gliederung des Reiches, durch Bildung starker Länder nach menschlichem Ermessen verhindern, dass je wieder Millionen von Deutschen auf Befehl eines Tyrannen sich bis ans Ende der Welt treiben lassen. Ein freiwillig eingegangener Bund freier deutscher Länder, das scheint mir nach der Verschiedenheit der deutschen Stämme und ihrer Geschichte die natürliche und beste Lösung der deutschen Frage zu sein. Wir wissen nicht, was aus Deutschland wird, aber den bayerischen Staat wollen wir so einrichten, dass sich auch der ärmste bayerische Arbeiter und Bauer darin heimisch fühlen kann. Unser Verstand sagt aus vielerlei Gründen Deutschland, aber mein Herz gehört Bayern, unserem engeren Vaterland.

Q3 Die Verfassung des Freistaats Bayern in der Fassung von 1946 besagt unter anderem:

Artikel 1 (1) Bayern ist ein Freistaat. (2) Die Landesfarben sind Weiß und Blau. (3) Das Landeswappen wird durch Gesetz bestimmt.

Artikel 2 (1) Bayern ist ein Volksstaat. Träger der Staatsgewalt ist das Volk. (2) Das Volk tut seinen Willen durch Wahlen und Abstimmung kund. Mehrheit entscheidet.

(...)

Artikel 5 (1) Die gesetzgebende Gewalt steht ausschließlich dem Volk und der Volksvertretung zu. (2) Die vollziehende Gewalt liegt in den Händen der Staatsregierung und der nachgeordneten Vollzugsbehörden. (3) Die richterliche Gewalt wird durch unabhängige Richter ausgeübt.

(...)

Artikel 100 Die Würde der menschlichen Persönlichkeit ist in Gesetzgebung, Verwaltung und Rechtspflege zu achten.

Artikel 101 Jedermann hat die Freiheit, innerhalb der Schranken der Gesetze und der guten Sitten alles zu tun, was anderen nicht schadet.

(...)

Artikel 118 (1) Vor dem Gesetz sind alle gleich. Die Gesetze verpflichten jeden in gleicher Weise und jeder genießt auf gleiche Weise den Schutz der Gesetze. (2) Männer und Frauen haben grundsätzlich dieselben staatsbürgerlichen Rechte und Pflichten. (...)

Aufgaben

1 Die US-Militärregierung wollte in Bayern einen demokratischen Staat errichten. Nennen Sie die Schritte und die Maßnahmen, die sie dafür ergriffen hat (VT).

2 Erklären Sie den Begriff „Freistaat" mit eigenen Worten und bewerten Sie seine Bedeutung für Bayern (Q1, Q3, Lexikonbegriff).

3 Erläutern Sie, welche Rolle Bayern in Deutschland laut Hoegner einnehmen sollte (Q2).

4 Geben Sie mit eigenen Worten wieder, was in den abgedruckten Artikeln der Bayerischen Verfassung von 1946 geregelt wird.

5 Recherchieren Sie das Grundgesetz der Bundesrepublik Deutschland und vergleichen Sie Artikel 100, 101 und 118 der Bayerischen Verfassung von 1946 mit Artikel 1–3 des Grundgesetzes.

6 Artikel 100 und 118 der Bayerischen Verfassung von 1946 wurden 2003 bzw. 1998 geändert. Recherchieren Sie die aktuelle Fassung, vergleichen Sie sie mit der von 1946 und bewerten Sie die Änderungen.

Gründung von zwei deutschen Staaten

Die drei Westalliierten unterstützten den Wiederaufbau in den Westzonen und die Sowjetunion bestimmte die Entwicklung der SBZ. Eine Teilung Deutschlands zeichnete sich ab.

Die Gründung der Bundesrepublik

Die Vertreter der Bundesländer bildeten 1948 einen Parlamentarischen Rat. Er arbeitete eine vorläufige Verfassung für einen westdeutschen Teilstaat aus, die den Namen **Grundgesetz** bekam. Das Grundgesetz sollte so lange gelten, bis es eine Verfassung für ganz Deutschland geben würde.

Grundgesetz
Politische Grundordnung der Bundesrepublik. Das Grundgesetz trat 1949 in Westdeutschland in Kraft. Im Jahr 1990 wurde es zur gesamtdeutschen Verfassung.

Die Verkündung des Grundgesetzes am 23. Mai **1949** bedeutete praktisch die **Gründung der Bundesrepublik Deutschland**. Die Bundeshauptstadt wurde Bonn. Das erste westdeutsche Parlament, der Deutsche Bundestag, wurde im August 1949 gewählt. Bundespräsident wurde Theodor Heuss, Bundeskanzler Konrad Adenauer (CDU).

Das Grundgesetz der Bundesrepublik

Im Grundgesetz wurde festgelegt, dass die Bundesrepublik eine parlamentarische Demokratie mit Gewaltenteilung ist. Die Grundrechte der Menschen sind besonders geschützt. Außerdem wurden Schwächen aus der Weimarer Reichsverfassung beseitigt. Deshalb ist die Macht des Bundespräsidenten eingeschränkt und die des Bundeskanzlers erweitert.

Die Gründung der DDR

In der SBZ erarbeitete ein Volksrat ebenfalls eine Verfassung. Sie galt für den neuen Staat auf dem Gebiet der SBZ: für die Deutsche Demokratische Republik (DDR). Ihre Hauptstadt wurde der Ostteil von Berlin. Das Parlament der DDR, die Volkskammer, setzte am 7. Oktober **1949** die Verfassung in Kraft und verkündete damit die **Gründung der DDR**. Sie entsprach äußerlich den Anforderungen einer parlamentarischen Demokratie. Die Vorherrschaft einer Partei, der SED, wurde jedoch weiter ausgebaut. Die SED sollte die Entwicklung der DDR als sozialistischer Staat vorantreiben. Wilhelm Pieck wurde Staatspräsident, Otto Grotewohl Ministerpräsident. Walter Ulbricht wurde 1950 SED-Generalsekretär und damit der mächtigste Mann der DDR. 1952 wurde der Bruch mit der Vergangenheit auch bei der regionalen Ordnung vollzogen: Die Länder Brandenburg, Mecklenburg, Sachsen, Sachsen-Anhalt und Thüringen wurden aufgelöst und stattdessen 14 Bezirke eingerichtet.

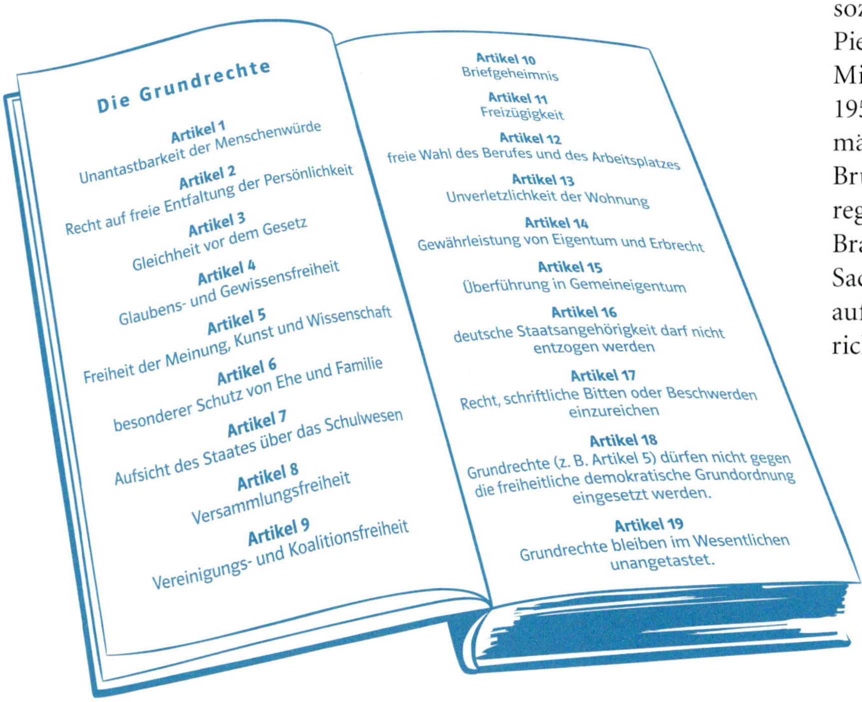

D1 **Die Grundrechte** im Grundgesetz der Bundesrepublik Deutschland

D2 Deutschland 1949–1990

Aufgaben

1 Stellen Sie die Namen der beiden deutschen Staaten, ihre Hauptstädte und ihr Gründungsjahr gegenüber (D2).

2 Erläutern Sie die Entstehung der Bundesrepublik und der DDR (VT1, VT3 und S. 13, VT2).

3 Beschreiben Sie die Gründung der DDR und erläutern Sie das Vorgehen der SED (VT3).

4 Begründen Sie, warum die Grundrechte für die Bundesrepublik so wichtig sind (VT2, D1).

5 Bewerten Sie die Bedeutung der Geltung des Grundgesetzes ab 1949 und ab 1990 (VT2, Lexikon).

6 Wählen Sie aus D1 drei Artikel der Grundrechte aus, die Sie als besonders wichtig ansehen. Recherchieren Sie den vollständigen Text im Grundgesetz und erläutern Sie die Bedeutung der drei Grundrechte.

Nachkriegszeit und politischer Neubeginn in Deutschland

1

Die grundlegenden Daten und Begriffe kann ich erklären!

a) Flucht und Vertreibung (S. 8)

b) Konferenz von Potsdam (S. 12)

c) Entnazifizierung (S. 14)

d) Grundgesetz (S. 26)

e) 1946 Verfassung des Freistaats Bayern (S. 24)

f) 1949 Gründung der beiden deutschen Staaten (S. 26)

2

Diese Fragen kann ich beantworten!

a) Wieso wurden Deutsche 1945 aus ihrer Heimat vertrieben?

b) Was war die Trizone?

c) Wie lief die Entnazifizierung in den Westzonen ab?

d) Was war die SED?

e) Vor welchen Problemen stand die bayerische Landesregierung 1945?

f) Welche deutschen Staaten wurden 1949 gegründet?

3

Die Daten auf der Zeitleiste kann ich erklären!

4

Ich kann zeigen, dass Geschichte erzählte Geschichte ist!

a) Ich kann einen Kommentar zu den Folgen der Nürnberger Prozesse verfassen.

b) Ich kann ein Gespräch zwischen einem Vertriebenenkind und einem Bauernkind nachspielen.

5

Zu diesen Fragen habe ich eine Meinung und kann sie begründen!

a) Waren die US-Soldaten in Bayern ab 1945 Besatzer oder Befreier?

b) War die Bayerische Verfassung von 1946 fortschrittlich?

c) Waren die Bundesrepublik und die DDR demokratische Staaten?

6

Ich kann mich in Geschichte und Gegenwart orientieren!

a) Ich kann zeigen, wie es Bayern ab 1945 gelungen ist, Millionen von Vertriebenen zu integrieren.

b) Ich kann Gemeinsamkeiten und Unterschiede zwischen den Flüchtlingen und Vertriebenen damals und heute aufzeigen.

1945	1945/46	1946	1947	1948	1949

Portfolio und Üben siehe Zeitreise-Code, S. 7

Q1 Austausch von Straßenschildern. Foto, 1945, Ort unbekannt

D1 Straßenumbenennung in Leipzig

Die Geschichte von Straßenumbenennungen lässt sich am Beispiel der Stadt Leipzig verdeutlichen: 1933 wurden in der Leipziger Südvorstadt zwei Straßen zusammengelegt und Adolf-Hitler-Straße genannt. Am 18. Mai 1945 wurde sie unter amerikanischer Besatzung wieder in Südstraße umbenannt. Am 1. August 1945 erhielt die Straße unter nun sowjetischer Besatzung nach dem Leipziger KPD-Mitbegründer Karl Liebknecht ihren heutigen Namen Karl-Liebknecht-Straße.

Aufgaben

1 Beschreiben Sie, was auf dem Foto Q1 zu sehen ist.

2 Geben Sie die Ereignisse von D1 mit eigenen Worten wieder und bewerten Sie das Vorgehen der sowjetischen Besatzer.

3 Diskutieren Sie, was durch die Umbenennung von Straßen erreicht werden soll und kann. Recherchieren Sie dafür auch aktuelle Beispiele.

2 1949 bis 1990

Die Teilung Deutschlands

17. Juni 1953
Volks- und Arbeiteraufstand in der DDR

1955	13. August 1961	1968	1969	1972
Mit den Pariser Verträgen wird die Bundesrepublik Mitglied in den westlichen Bündnissen.	Beginn des Baus der Mauer zwischen Ost- und Westberlin	Studenten protestieren in der Bundesrepublik	Sozial-liberale Regierung unter Willy Brandt	Grundlagenvertrag zwischen der Bundesrepublik und der DDR

Mit der Gründung der Deutschen Demokratischen Republik im Oktober 1949 waren die Weichen für die Teilung Deutschlands endgültig gestellt. Von da an gab es zwei deutsche Staaten, die Bundesrepublik Deutschland und die DDR.
Das Verhältnis zueinander veränderte sich auch aufgrund der Zugehörigkeit der beiden Staaten zu unterschiedlichen ideologischen Blöcken.
Die deutsch-deutsche Grenze verlief nicht nur zwischen Bundesrepublik und DDR, sondern war auch die Trennlinie zwischen dem freiheitlich-demokratischen Westen und dem kommunistischen Osten.
Die deutsche Frage nach der Einheit Deutschlands war wieder offen. Gab es noch Hoffnung, sie zu lösen?

D1 Reste der Berliner Mauer am Dokumentationszentrum Berliner Mauer an der Bernauer Straße in Berlin. Foto, 2012

Material zu dieser Themeneinheit
Zeitreise-Code: 5cg2gq

Ein oder zwei deutsche Staaten?

Bundeskanzler Adenauer verankerte die Bundesrepublik fest im westlichen Bündnis. Sie gewann dadurch schnell Ansehen und Einfluss in der westlichen Welt. Doch rückte die Wiedervereinigung der beiden deutschen Staaten so nicht in weite Ferne?

Q1 Plakat für die Westintegration.
Bundesrepublik 1952

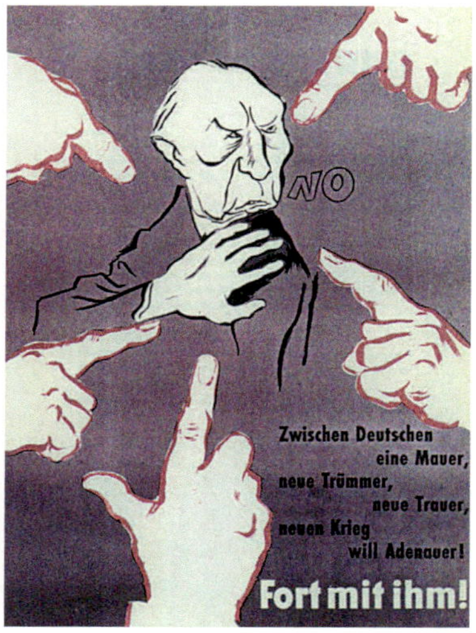

Q2 Plakat gegen die Westintegration.
DDR 1951/1952

Westintegration
Prozess der Einbindung der Bundesrepublik Deutschland in das politische, militärische und wirtschaftliche System der westlichen Staatengemeinschaft durch verschiedene Verträge

Pariser Verträge
1954 geschlossene Abkommen über die Stellung der Bundesrepublik innerhalb der westlichen Staatengemeinschaft. Vereinbart wurden das Ende der Besatzungszeit, die Stationierung fremder Streitkräfte in der Bundesrepublik und der Beitritt Westdeutschlands zur NATO.

Westintegration

Nach der Spaltung Deutschlands war die Mehrheit der Westdeutschen zunächst gegen eine rasche Wiedervereinigung. Bundeskanzler Konrad **Adenauer** war der gleichen Meinung. Er wollte die Bundesrepublik eng an den Westen binden. So wollte er eine Ausbreitung des kommunistischen Einflusses auf Westdeutschland verhindern. Folglich lehnten sowohl die Westmächte als auch die Bundesrepublik 1952 einen Vorschlag Stalins ab, Verhandlungen über „die Errichtung eines wiedervereinigten demokratischen und neutralen Deutschlands" aufzunehmen. Meinte Stalin diesen Vorschlag ernst? Oder trieb er nur taktische Spielchen, um den Prozess der Westbindung zu stören? Diese Frage ist unter Historikern bis heute umstritten.

Auf dem Weg zur Souveränität

Adenauers Ziel war es, die volle Unabhängigkeit der Bundesrepublik zu erreichen und sie in die Gemeinschaft der westlichen Staaten einzugliedern. Dies gelang in mehreren Schritten: Im Deutschlandvertrag 1952 erhielt die Bundesrepublik weitgehende außenpolitische Handlungsfreiheit. Nach dem Inkrafttreten der Pariser Verträge am 5. Mai 1955 wurde sie gleichberechtigtes und souveränes Mitglied der westlichen Staatengemeinschaft und trat deren Militärbündnis, dem Nordatlantikpakt (NATO), bei. 1955 wurden auch die ersten Freiwilligen der Bundeswehr vereidigt, ein Jahr später beschloss der Bundestag die allgemeine Wehrpflicht. Nicht alle Westdeutschen unterstützten die Politik Adenauers. Es kam zu heftigen Demonstrationen gegen die Wiederbewaffnung. Die SPD griff Adenauers Politik scharf an. Sie befürchtete, die enge Bindung an den Westen lasse eine Wiedervereinigung Deutschlands in weite Ferne rücken.

Zweistaatentheorie

Bis 1954 verfolgten DDR und Sowjetunion das Ziel, einen deutschen Staat zu schaffen. Beide waren aber nicht bereit, gemeinsame freie Wahlen zuzulassen. Stalins Nachfolger Chruschtschow verkündete 1955 eine Neuorientierung in der Deutschlandpolitik durch die „Zweistaatentheorie". Die Sowjetunion und die DDR akzeptierten das Bestehen zweier unabhängiger deutscher Staaten. Die DDR wurde als Staat aufgewertet und erhielt – wenigstens formal – ihre volle Souveränität zurück. Über eine Wiedervereinigung sollten nach dem Willen Chruschtschows allein die beiden deutschen Staaten entscheiden. Allerdings müsse sich vorher die Bundesrepublik an die DDR angleichen. Dass dies nicht sehr wahrscheinlich war, wusste auch Chruschtschow. Eine baldige Wiedervereinigung war damit auf absehbare Zeit unmöglich.

Q3 Aus der Regierungserklärung von Bundeskanzler Konrad Adenauer am 15. Dezember 1954 zu den Pariser Verträgen:

Das Vertragswerk macht die Bundesrepublik erst fähig, die Spaltung Deutschlands zu beseitigen und die sich mit der Wiedervereinigung stellenden Aufgaben zu bewältigen. (…) Die großen Mächte werden sich entsprechend ihren vertraglichen Verpflichtungen bei kommenden Verhandlungen für unsere Wiedervereinigung solidarisch einsetzen. (…) Sie erklären also, dass die Schaffung eines völlig freien und vereinigten Deutschlands durch friedliche Mittel ein grundlegendes Ziel ihrer Politik ist. Ich sehe nicht, (…) wie heute eine bessere Basis für die Wiedervereinigung Deutschlands gewonnen werden könnte.

Q4 Aus der Antwort des Oppositionsführers Erich Ollenhauer (SPD):

In Paris ist (…) festgelegt worden, dass neue Verhandlungen mit der Sowjetunion über das Problem der deutschen Wiedervereinigung erst nach der Ratifizierung (Anerkennung) der Verträge ins Auge gefasst werden sollen. Der Herr Bundeskanzler hat sich diese These (…) zu eigen gemacht (…). Damit ist eindeutig der Aufrüstung der Bundesrepublik der Vorrang vor der Wiedervereinigung gegeben worden. Diese Politik basiert auf der Annahme, dass ohne die Einheit des Westens erfolgreiche Verhandlungen mit der Sowjetunion nicht möglich seien (…).

Die Interessen der Sowjetunion sind nicht identisch mit unseren deutschen Interessen, und ihre Argumente sind nicht unsere Argumente. Aber vergessen wir nie, die Sowjetunion ist eine der vier Besatzungsmächte, und ohne ihre Zustimmung und ohne ihre Mitwirkung ist eine Wiedervereinigung Deutschlands ebenso unmöglich wie ohne die Zustimmung und Mitwirkung der Westmächte.

Souveränität
bedeutet die rechtliche Unabhängigkeit eines Staates. Ein souveräner Staat beansprucht, dass sich niemand in seine inneren Angelegenheiten einmischt und er seine Außenpolitik selbst gestaltet.

Q5 Konrad Adenauer (1876–1967). Deutscher Politiker und erster Bundeskanzler der Bundesrepublik Deutschland (1949–1963). Als Oberbürgermeister von Köln (1917–1933) verweigerte Adenauer die Zusammenarbeit mit den Nationalsozialisten, die ihn daraufhin abgesetzten. Nach dem Zweiten Weltkrieg war Adenauer Mitbegründer der CDU in der britischen Besatzungszone und übernahm deren Vorsitz 1946. Foto, 1962

Aufgaben

1. Arbeiten Sie heraus, warum viele Westdeutsche gegen eine rasche Wiedervereinigung waren (VT1*).
2. Nennen Sie die Ziele von Bundeskanzler Adenauer (VT1, VT2).
3. Geben Sie den Inhalt der Pariser Verträge wieder (VT2).
4. Konrad Adenauer und Erich Ollenhauer kommen ins Gespräch über ihre Sicht auf die Wiedervereinigung. Arbeiten Sie aus Q3, Q4 und dem VT die beiden Positionen heraus und schreiben Sie das Streitgespräch auf.
5. Begründen Sie, warum viele Westdeutsche 1954/55 gegen die Wiederbewaffnung waren (Q4, Q5).
6. Nehmen Sie Stellung zum Vorgehen der Sowjetunion 1952 und zu Chruschtschows Forderungen nach einer Wiedervereinigung (VT1, VT3).
7. Vergleichen Sie die Sicht auf Adenauers Politik in Q1 und Q2. Nutzen Sie dazu die Arbeitsschritte auf S. 183.
8. Beurteilen Sie die Folgen der Westintegration aus Sicht der 1950er-Jahre und aus heutiger Sicht.

* VT1 bedeutet: Die Aufgabe bezieht sich auf den ersten Abschnitt des Verfassertextes (VT). Die Abschnitte ergeben sich durch die blauen Zwischenüberschriften.

Markt- und Planwirtschaft

Die beiden deutschen Staaten entwickelten sich sehr unterschiedlich – auch in der Wirtschaft. In der DDR hieß es: „Wirtschaften nach Plan!" In der Bundesrepublik regierte der freie Markt. Hier sprach man bald von einem „Wirtschaftswunder".

Q1 Symbol für das Wirtschaftswunder. In Wolfsburg wird der einmillionste VW-Käfer fertig gestellt. Foto, 5. August 1955 (nachträglich koloriert)

Soziale Marktwirtschaft
Ihre Merkmale sind: Privateigentum, freie Berufswahl sowie der freie Wettbewerb (Angebot und Nachfrage). Bei der sozialen Marktwirtschaft korrigiert der Staat negative Auswirkungen des Wettbewerbs mit sozialen Hilfen.

Planwirtschaft
Wirtschaftssystem, in dem staatliche Stellen Planvorgaben für die Wirtschaft erarbeiten. Produktion, Verteilung der Waren und Preisfestlegung werden zentral geregelt.

Planwirtschaft im Osten

In der DDR wurde die Wirtschaft vom Staat gelenkt. In zentralen Plänen stand, was und wie viel die Betriebe produzieren mussten, was die Bevölkerung davon kaufen durfte und was exportiert werden sollte. In der sozialistischen **Planwirtschaft** waren Produktionsmittel wie Gebäude oder Maschinen meist staatliches oder genossenschaftliches Eigentum. Seit Beginn der 1950er-Jahre wurden immer mehr private Betriebe enteignet und in Volkseigene Betriebe (VEB) überführt, die dem Staat gehörten. Parallel dazu mussten die Bauern in Landwirtschaftliche Produktionsgenossenschaften (LPGs) eintreten. In diesen sollten sie jetzt gemeinschaftlich größere Flächen bewirtschaften. 1961 gab es in der DDR keine Bauern mehr. Auch Handwerker mussten sich zu Genossenschaften zusammenschließen. Trotz einiger Fortschritte in der Produktion und im Lebensstandard zeigte sich bald, dass die Planwirtschaft weniger leistungsfähig war als die Marktwirtschaft.

Soziale Marktwirtschaft im Westen

In der Bundesrepublik regelte der Markt die Wirtschaft. Das weitgehend freie Zusammenspiel von Angebot und Nachfrage bestimmte, was und wie viel produziert wurde und zu welchem Preis. Wirtschaftsminister Ludwig Erhard entwickelte dieses Prinzip zur **Sozialen Marktwirtschaft** weiter. Dabei sollten die Menschen gegen wichtige Risiken des Lebens (z. B. Alter, Arbeitslosigkeit, Krankheit) abgesichert werden. Mit sozialen Maßnahmen gelang es, die Bevölkerung für den wirtschaftlichen Wiederaufbau nach dem Krieg zu motivieren. Flüchtlinge und Vertriebene erhielten mit dem „Lastenausgleich" eine Entschädigung für ihr verlorenes Eigentum. Die Altersrenten stiegen und ab den 1970er-Jahren gab es neue Sozialleistungen für Familien und Studenten. Der Lebensstandard stieg deutlich an.

Wirtschaftsboom

In den 1950er-Jahren setzte in der Bundesrepublik ein beispielloser wirtschaftlicher Aufschwung ein. Rasch sprach man von einem „Wirtschaftswunder". Für den Boom gab es viele Gründe: Die Gelder des Marshall-Planes ermöglichten den Unternehmern, moderne Maschinen anzuschaffen, was eine gewaltige Steigerung der Produktion zur Folge hatte. Die Nachfrage nach hochwertigen Industrieprodukten auf dem Weltmarkt nahm Anfang der 1950er-Jahre sprunghaft zu, nachdem viele Industrienationen gezwungen waren, Rüstungsgüter für den Koreakrieg herzustellen. Dieser sogenannte Korea-Boom förderte den Export deutscher Unternehmen. Hinzu kam ein Überangebot an gut ausgebildeten, leistungswilligen Arbeitern in der Bundesrepublik. Dieses Überangebot resultierte auch daraus, dass ständig qualifizierte Arbeiter und Unternehmer aus der DDR in den Westen flohen.

Q2 Christoph Pollmer erinnerte sich 2010:

Ende 1977 habe ich einen Trabant bestellt. Das war damals Routine. Ich glaube, dass es zu jeder Zeit von jedem DDR-Bürger eine solche Bestellung gab – oder sogar mehrere –, weil jeder wusste, dass die Realisierung Jahre dauern würde. So konnte auch ich als Berufseinsteiger ohne finanzielle Polster es mir leisten, ein Auto zu bestellen, obwohl es keine Kredite für solche Konsumgüter gab. Die rund 10 000 DDR-Mark für den Trabant würden im Laufe der Zeit schon zusammenkommen. Und tatsächlich: Die Zeitspanne bis zur Auslieferung verlängerte sich von Jahr zu Jahr, ich habe den Trabant nie bekommen. Dreizehn Jahre waren eben nicht genug, um das Fahrzeug für mich zu produzieren.

Q3 Die DDR zieht nach: Ab 1957 sollen jährlich 12 000 Trabant gebaut werden. Auf einen bestellten „Trabi“ musste man allerdings etwa zwölf Jahre warten. Automobilproduktion in Zwickau, Foto, 1978

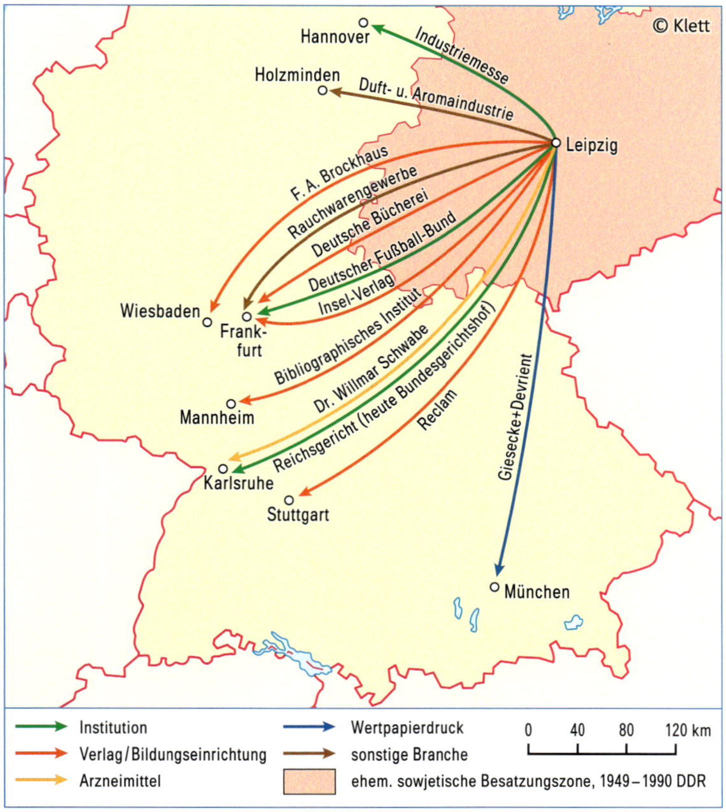

D1 Abwanderung von Ost nach West am Beispiel Leipzigs. Nach 1945 verließen Zehntausende Institutionen, Unternehmen und Gewerbebetriebe die sowjetische Besatzungszone/DDR und wurden im Westen wieder aufgebaut. Unternehmen wie Siemens, BMW, Audi, Wella oder die Deutsche Bank und die Dresdner Bank haben dort ganz oder teilweise ihre Wurzeln. Besonders sichtbar ist der Weggang ganzer Branchen in der Stadt Leipzig. Die Abwanderung von Ost nach West über Jahrzehnte ist ein Grund dafür, dass Ostdeutschland auch Jahrzehnte nach der Deutschen Einheit wirtschaftlich schwächer dasteht als Westdeutschland.

Aufgaben

1. Listen Sie Merkmale der Wirtschaft in der DDR und der Bundesrepublik auf (VT1, VT2, Lexikon).
2. Vergleichen Sie die Rolle der Regierung bei Markt- und Planwirtschaft (VT1, VT2).
3. Beschreiben Sie die Verbindung von Marktwirtschaft und sozialen Maßnahmen (VT3, Lexikon).
4. Erläutern Sie die Auswirkungen der Wirtschaftssysteme in der DDR und der Bundesrepublik bis in die 1980er-Jahre hinein (Q1, Q2, Q4).
5. Begründen Sie, warum man bei der wirtschaftlichen Entwicklung im Westen in den 1950er-Jahren von einem „Wunder“ sprach (VT3, Q1).
6. „Die Ostdeutschen legten die Grundlage für den Wohlstand im Westen.“ Nehmen Sie Stellung zu dieser Aussage (VT3, D1).

Wiederaufbau: Kultur in Ost und West

Im nationalsozialistischen Deutschland bestimmte der Staat, was Künstler produzieren oder veröffentlichen durften. Kulturelle und künstlerische Darbietungen mussten seinen Vorstellungen entsprechen. Doch wie war dies im geteilten Deutschland in den 1950er-Jahren?

Q1 Titelblatt der ersten Ausgabe der Zeitschrift „BRAVO“ vom 26. August 1956. Heute ist die „BRAVO“ als Jugendzeitschrift bekannt. Zu ihren Anfängen war sie eine „Zeitschrift für Film und Fernsehen“.

Gruppe 47
Die Gruppe war ein loser Zusammenschluss von Autorinnen und Autoren, die sich ab 1947 regelmäßig zu Lesungen und Diskussionen trafen und die westdeutsche Nachkriegsliteratur prägten. Zu ihr gehörten u. a. Ingeborg Bachmann, Heinrich Böll, Paul Celan und Siegfried Lenz.

Kultur im Dienste der Staatsideologie

Auch in der DDR gab es eine Kunst- und Kulturpolitik, die geleitet war von der Staatsideologie. Kulturschaffende sollten sich einzig und allein am Konzept des Sozialistischen Realismus orientieren. Kennzeichen dieses Prinzips waren Volksverbundenheit, Tradition und die Deutungshoheit der SED.

Diesen Vorgaben entsprach in der Kunst in erster Linie die gegenständliche Malerei: Personen und Gegenstände wurden realitätsgetreu abgebildet. In der Literatur bevorzugte man neben ideologisch passenden Schriften einer „Aufbauliteratur“ deutsche Klassiker wie Friedrich Schiller. Filme wurden in der DDR vom staatseigenen Unternehmen Deutsche Film AG, kurz DEFA, produziert und dienten dazu, sich propagandistisch mit den Erfolgen des sozialistischen Aufbaus und dem ideologischen Gegner im Westen auseinanderzusetzen.

Mit den Radiosendern der Besatzungsmächte kam der Rock 'n' Roll auch nach Ostdeutschland. Die SED aber versuchte, über das staatseigene Plattenlabel AMIGA der Jugend Alternativen zu den westlichen Trends zu präsentieren.

Die Atmosphäre zwischen Staat und Kulturschaffenden war stets geprägt durch großes Misstrauen. Der Staat verdächtigte Künstler, die nicht dem „Sozialistischen Realismus“ folgten, staatsfeindliche Ideen zu verbreiten. Die Kulturschaffenden ihrerseits fühlten sich vom Staat in ihrer künstlerischen Freiheit stark eingeengt.

Der Drang nach Freiheit in der Kultur

In der Bundesrepublik versuchte man in den 1950er-Jahren, an künstlerische Traditionen aus der Weimarer Republik anzuknüpfen. Kultur sollte vor allem massentauglich sein. Das Zentrum dieser Massenkultur bildete der Rundfunk. Durch Radiosendungen wurde zunächst Musik verbreitet. Dabei handelte es sich anfangs um deutsche Schlagermusik, die sich thematisch mit Liebe, Treue und Heimat beschäftigte. Mitte der 1950er-Jahre allerdings kam es zu einem Generationsbruch: Die jungen Menschen hörten nun vor allem Rock 'n' Roll aus den USA. Der Buchhandel begann zu expandieren. Es wurden deutsche Klassiker wie Goethe, aber auch Trivialliteratur – oft in Form von Heftchenromanen – gelesen. Autoren der Gruppe 47 setzten sich für eine Erneuerung der Literatur ein.

Um den Sorgen der Nachkriegszeit zu entkommen, gingen die Menschen ins Kino, vor allem in Filme, die eine sorgenfreie, heile Welt zeigten. So entstanden viele Musik- und Heimatfilme.

In der Kunst bestimmte die abstrakte Kunst die Zeit. Sie wurde als Gegenbewegung zum sozialistischen Realismus und als Symbol für die westliche Freiheit gesehen.

Q2 „Der neue Anfang". Gemälde, von Heinrich Witz, 1959

Q3 Ohne Titel. Malerei auf Karton von Karl Otto Götz, 1952

Q4 Aus dem Beschluss des Zentralkomitees der SED vom 17. März 1951:

Um eine realistische Kunst zu entwickeln, orientieren wir uns am Beispiel der großen sozialistischen Sowjetunion, die die fortschrittlichste Kultur der Welt geschaffen hat. (…)

Dabei muss die wahrheitsgetreue und historisch konkrete künstlerische Darstellung mit der Aufgabe verbunden werden, die werktätigen Menschen im Geiste des Sozialismus ideologisch umzuformen und zu erziehen. Das ist die Methode, die wir in der schönen Literatur und in der Literaturkritik als die Methode des sozialistischen Realismus bezeichnen. (…)

Entsprechend dieser Verhältnisse muss die wahrheitsgetreue, historisch konkrete künstlerische Darstellung mit der Aufgabe verbunden werden, die Menschen im Geiste des Kampfes für ein einheitliches, demokratisches, friedliebendes und unabhängiges Deutschland, für die Erfüllung des Fünfjahrplans, zum Kampf für den Frieden zu erziehen.

Die realistische Kunst vermittelt die Erkenntnisse der Wirklichkeit und erweckt in den Menschen Bestrebungen, die geeignet sind, sich in einer fortschrittlichen, schöpferischen Tätigkeit im Sinne der Lösung der Lebensfragen unseres Volkes zu verkörpern.

Aufgaben

1 Erstellen Sie eine Tabelle und tragen Sie die Entwicklungen in den verschiedenen Bereichen in den beiden deutschen Staaten ein (VT1, VT2, Q2, Q3).

	Bundesrepublik	DDR
Literatur		
Musik		
Film		
Kunst		

2 Verfassen Sie einen Lexikoneintrag zum Begriff „Sozialistischer Realismus" (VT1, Q2, Q4).

3 Arbeiten Sie die negativen Aspekte des Sozialistischen Realismus für die Künstler heraus (VT1, Q3, Q4).

4 Erläutern Sie, welche Rolle der Rundfunk bei der Verbreitung von Kultur in der Bundesrepublik spielte (VT2, Q1).

5 Vergleichen Sie die Bilder Q2 und Q3 und bewerten Sie sie.

Aufstand in der DDR

Am Morgen des 16. Juni 1953 beginnen Bauarbeiter in Ost-Berlin zu streiken. Zusammen mit 4000 Menschen ziehen sie vor das Haus der Regierung. Am nächsten Tag gehen Hunderttausende überall in der DDR auf die Straße.

Arbeiterproteste

In der Bevölkerung der DDR wuchs die Unzufriedenheit. Die SED hatte ihre Alleinherrschaft diktatorisch ausgebaut und beschränkte die persönliche Freiheit der Bürger. Im Juli 1952 verkündete SED-Parteichef Walter Ulbricht den „beschleunigten Aufbau des Sozialismus". Dieser zog weitere Enteignungen nach sich, doch die Versorgungslage blieb schlecht. Um die Mangelwirtschaft zu beheben, erhöhte der SED-Staat Ende Mai 1953 die Arbeitsnormen. Für die Arbeiter bedeutete das: mehr Arbeit für gleichen Lohn. Am 16. Juni machten sie ihrem Ärger Luft und forderten die Rücknahme der Normen, bessere Arbeitsbedingungen und Mitbestimmung in den Betrieben.

Vom Streik zum Volksaufstand

Doch beim Streik der Arbeiter in Ost-Berlin blieb es nicht. In der ganzen DDR wollten die Menschen Veränderungen.

Q1 Arbeiteraufstand in Ost-Berlin. Menschen flüchten vor den Schüssen der Volkspolizei in den sicheren britischen Sektor. Foto vom Potsdamer Platz, 17. Juni 1953

Am **17. Juni 1953** kam es zum **Aufstand gegen das DDR-Regime.** In zahlreichen Städten der DDR demonstrierten die Menschen. Sie forderten anstelle der Scheinwahlen mit nur einer Wahlliste freie Wahlen mit unterschiedlichen Parteien, außerdem Meinungsfreiheit, den Rücktritt der SED-Regierung und die Entlassung politischer Häftlinge. Die Volkspolizei (Polizei der DDR) stand den aufgebrachten Massen machtlos gegenüber. Vereinzelt weigerten sich Polizisten, den Befehl „Knüppel frei" auszuführen. Da holten sich die schockierten SED-Politiker Hilfe bei den sowjetischen Besatzern. Soldaten der Roten Armee schlugen den Aufstand mit Panzern innerhalb von zwei Tagen blutig nieder. Rote Armee und Volkspolizei erschossen 34 Demonstranten, sieben wurden anschließend hingerichtet, Tausende verhaftet. Insgesamt forderte der 17. Juni mindestens 55 Todesopfer.

Die Folgen

Durch die Aufstände war deutlich geworden, dass die angebliche Arbeiterregierung der SED nicht die Interessen der Arbeiter vertrat. Statt die unterschiedlichen Interessen zu verhandeln, erhöhte sie den Druck und die Kontrolle. Den Aufstand selbst deutete die SED in einen „faschistischen Putschversuch" um. Die SED trieb den Aufbau einer Nationalen Volksarmee (NVA) voran, die parallel zur Bundeswehr 1956 gegründet wurde. Indessen zogen sich die Bürger enttäuscht zurück: Weil sie auf die Entwicklung ihrer Gesellschaft zu wenig Einfluss nehmen konnten, flohen zwischen 1955 und 1961 rund 1,5 Millionen Menschen (von durchschnittlich 17 Millionen Einwohnern) nach West-Berlin oder in die Bundesrepublik.

Q2 Forderungen von Teilnehmern des Aufstandes vom 17. Juni 1953 an die DDR-Regierung:

Wir Werktätigen des Kreises Bitterfeld fordern von Ihnen:

1. Rücktritt der sogenannten Deutschen Demokratischen Regierung, die sich durch Wahlmanöver an die Macht gebracht hat.
2. Bildung einer provisorischen Regierung aus den fortschrittlichen Werktätigen.
3. Zulassung sämtlicher großer demokratischer Parteien Westdeutschlands.
4. Freie, geheime, direkte Wahlen in vier Monaten.
5. Freilassung sämtlicher politischer Gefangener (direkt politischer, sogenannter Wirtschaftsverbrecher und konfessionell Verfolgter).
6. Sofortige Abschaffung der Zonengrenze und Zurückziehung der Vopo (Volkspolizei).
7. Sofortige Normalisierung des sozialen Lebensstandards.
8. Sofortige Ablösung der sogenannten Nationalarmee (Nationalen Volksarmee).
9. Keine Repressalien gegen einen Streikenden.

Q3 Demonstration in Dresden am 17. Juni 1953.
An über 500 Orten der DDR wurde protestiert.

Q4 Der Arbeiter und SPD-Aktivist Siegfried Berger erinnerte sich 1998 an den 17. Juni:

Der Zug von mehr als 2000 Teilnehmern verlief ruhig und diszipliniert. (... Auf der Warschauer Straße) kam uns eine größere Zahl von Volkspolizisten (Vopo) mit ihren Gewehren im Anschlag entgegen. Wir in der ersten Reihe hakten uns gegenseitig ein und versuchten, den Zug zu stoppen, was natürlich sehr schwer gelang. Als die Polizisten uns ihre Gewehrläufe auf die Brust drückten und riefen: „Zurück, oder wir schießen!", kam der Zug langsam zum Halten. Ich erklärte den Vopos, dass wir Arbeiter aus Köpenick wären, aber sie sagten, wenn wir nicht zurückgingen, hätten sie Befehl zu schießen. Langsam bewegte sich die Masse hinter uns zurück. Als die Entfernung zur Polizistenkette etwa gut 50 Meter betrug, schossen sie doch. Wir hatten etwa drei bis fünf Verletzte (...). Dies war das Ende unseres über fünf Stunden dauernden Protestmarsches.

Aufgaben

1 Zählen Sie Gründe auf, die zum Aufstand am 17. Juni führten (VT1).

2 Listen Sie die Forderungen der Arbeiter stichwortartig auf (VT2, Q2).

3 Fassen Sie zusammen, wie die DDR-Regierung auf den Aufstand reagierte und was das für Folgen hatte (VT2, VT3).

4 In den staatlichen Zeitungen der DDR wurde anschließend berichtet, dass westliche Spione den Aufstand angezettelt hätten. Nehmen Sie Stellung zu dieser Taktik der Regierung (VT3).

5 „Das Verhalten der DDR-Regierung am 17. Juni 1953 war der Anfang vom Ende der DDR." Nehmen Sie anhand von Q4 Stellung zu dieser Aussage.

6 Begründen Sie, warum der 17. Juni bis zum Ende der DDR in der Bundesrepublik als „Tag der Deutschen Einheit" gefeiert wurde.

7 Versetzen Sie sich in die Situation eines Beteiligten in Q1 oder Q3: Schreiben Sie eine Sprechblase mit seinen Gedanken während des Geschehens. Verfassen Sie aus seiner Sicht einen Tagebucheintrag am Abend des 17. Juni 1953.

Der Bau der Mauer

Ständig wanderten Arbeitskräfte aus der DDR ab. Das fügte ihrer Wirtschaft großen Schaden zu. Im Sommer 1961 spitzte sich die Lage zu. Täglich verließen fast 2000 Flüchtlinge das Land, die meisten durch das „Schlupfloch" Berlin.

Q1 Mauerbau in Berlin, August 1961 (links der Mauer: Ost-Berlin, rechts: West-Berlin)

Mauerbau
Am 13. August 1961 wurde damit begonnen, an der innerdeutschen Grenze in Berlin eine Mauer, ansonsten einen Grenzzaun zu errichten. Von der DDR-Führung wurden diese militärisch gesicherten Grenzanlagen als „antifaschistischer Schutzwall" bezeichnet.

Der Bau der Mauer im August 1961

Zwischen 1955 und 1961 flohen 1,5 Millionen Menschen vor allem über Berlin in den Westen. Die Abwanderung fügte der Wirtschaft der DDR großen Schaden zu. Als im Sommer 1961 täglich fast 2000 Flüchtlinge ihr Land verließen, riegelten am 13. August Soldaten der Nationalen Volksarmee (NVA) und bewaffnete Arbeiter der sogenannten Kampftruppen mit Stacheldraht und Straßensperren die Grenze zu West-Berlin ab. Der regierende Bürgermeister West-Berlins Willy Brandt protestierte sofort deutlich und drei Tage später kamen etwa 300 000 Menschen zu einer Demonstration gegen den Mauerbau zusammen. Die Westalliierten dagegen sahen ihre Besatzungsrechte nicht verletzt und reagierten nur schwach mit diplomatischen Schreiben an die Sowjetunion.

In den folgenden Wochen wurde die Grenze zu West-Berlin und zur Bundesrepublik mit einer Betonmauer, Grenzzäunen, Todesstreifen und Wachtürmen fast unüberwindbar gemacht. Bald installierte die DDR auch Minen, ab 1970 sogar Selbstschussanlagen.

Die Regierung der DDR argumentierte, dass der **Mauerbau** notwendig sei, um die Bevölkerung der DDR zu schützen und den Aufbau der sozialistischen deutschen Gesellschaft nicht zu gefährden. Die Grenzsoldaten der DDR bekamen den Befehl, auf Flüchtlinge zu schießen. Bis zur Öffnung der Mauer 1989 gab es immer wieder Tote (siehe S. 42).

Nach der Vereinigung von Bundesrepublik und DDR 1990 fanden mehrere Prozesse gegen die „Mauerschützen" statt. In der Öffentlichkeit wurde über die Schuldfähigkeit der Soldaten kontrovers diskutiert. Viele forderten, vor allem diejenigen zu bestrafen, die den Befehl zum Schießen gegeben hatten.

Q2 Klaus W. erinnerte sich im Jahre 1999:

Wir sind 1961 im September nach Glienicke gezogen, also genau nach der Zeit, als die Mauer gebaut wurde. Unser Grundstück lag genau an der Mauer. (...) Die Nachbarn auf der Westseite kannten wir nicht mehr. Man konnte zwar rübergucken und auch mit Steinen schmeißen, kennen gelernt haben wir sie aber erst nach dreißig Jahren. (...) Meine ganze Kindheit und Jugend habe ich also an der Mauer verbracht. Das war nicht immer einfach, wir durften zum Beispiel keine Kinder mit nach Hause bringen, mein eigener Kumpel, mein Klassenkamerad, konnte mich nicht besuchen, weil unser Haus im Grenzgebiet lag. (...) Die Verwandtschaft musste, wenn Geburtstag oder Ähnliches war, vier bis sechs Wochen vorher einen Antrag stellen. (...) Die Grenzer sind sogar jeden Sonnabend gekommen, um im Keller die Wände abzuklopfen, ob irgendwo ein Tunnel gegraben wurde.

Q3 Im Jahr 1963 äußerte sich ein Mitglied des SED-Zentralkomitees vor Grenzsoldaten:

Ich sage, jeder Schuss aus der Maschinenpistole eines unserer Grenzsicherungspolizisten zur Abwehr solcher Verbrechen (gemeint ist die Flucht aus der DDR) rettet in der Konsequenz Hunderte von Kameraden, rettet Tausenden Bürgern der DDR das Leben und sichert Millionenwerte an Volksvermögen. Ihr schießt nicht auf Brüder und Schwestern, wenn ihr mit der Waffe den Grenzverletzer zum Halten bringt. Wie kann das euer Bruder sein, der die Republik verrät, der die Macht des Volkes antastet!

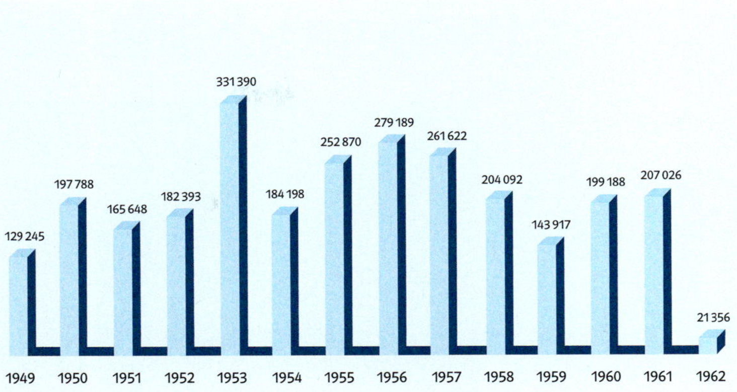

D1 DDR-Flüchtlinge in die Bundesrepublik und nach West-Berlin 1949–1962

Q4 Sprung in die Freiheit? Der 19-jährige Volkspolizist Conrad Schumann flüchtet nach West-Berlin. Dieses Foto vom 15. August 1961 wurde weltberühmt als Symbol einer geglückten Flucht. Doch unbeschwert glücklich wurde Schumann nicht. Lange Jahre fürchtete er die Rache der Staatssicherheit (siehe S. 54), deren Einfluss bis in die Bundesrepublik und nach West-Berlin reichte.

Aufgaben

1. Nennen Sie Ursachen des Mauerbaus (VT, D1).
2. Erläutern Sie D1, insbesondere „1954" und „1962".
3. Beschreiben Sie die Folgen des Mauerbaus für Ost- und Westdeutsche (VT, Q1, Q2).
4. Stellen Sie sich vor, Sie hätten den August 1961 in Ost-Berlin erlebt. Verfassen Sie einen Brief an Verwandte in der Bundesrepublik, in dem Sie schildern, was passiert ist.
5. In der DDR hieß die Mauer „antifaschistischer Schutzwall". Erklären Sie, was dadurch ausgedrückt werden sollte (VT, Q3).
6. Diskutieren Sie, ob die „Mauerschützen" zu bestrafen sind bzw. wer die Verantwortung für die Toten an der Mauer trägt (VT, siehe auch S. 42, VT2).

Die deutsch-deutsche Grenze

„Republikflucht“
DDR-Bezeichnung für einen „ungesetzlichen Grenzübertritt“, der in der DDR unter Strafe stand. Der Begriff ging auch in den Sprachgebrauch der Bundesrepublik ein.

Die Grenzanlagen der DDR

Nichts verkörperte die deutsche Teilung so sehr wie die Grenzanlagen der DDR. Sie verliefen auf 1378 Kilometern zwischen beiden deutschen Staaten und auf 165 Kilometern um West-Berlin herum. Etwa 50 000 Soldaten sicherten die Grenzanlagen und durchkämmten die angrenzende Sperrzone auf mögliche „Schlupflöcher“. Nur wenige Flüchtlinge aus der DDR entkamen trotzdem noch in den Westen.

„Mauertote“

Hunderte „Republikflüchtlinge“ wurden beim Versuch, die Grenze zu überwinden, getötet. Für die Berliner Mauer haben Forscher allein 138 „Mauertote“ ermittelt. Weitere Menschen starben bei Grenzkontrollen, z. B. durch Herzinfarkte. Für die gesamte deutsch-deutsche Grenze kommen Forscher auf eine Zahl von 327 Todesopfern (Stand: 2017).

D1 Die deutsch-deutsche Grenze war bis zu 500 Meter breit.
Computerrekonstruktion (s. Zeitreise-Code, S. 31)
① DDR-Grenzsäule
② Grenzhinweisschild unmittelbar vor dem Grenzverlauf, der durch Grenzsteine markiert war
③ Grenzmauer aus Beton (3,40 Meter hoch)
④ Metallgitterzaun (3,20 Meter hoch), stand außerhalb von Orten
⑤ Durchlasstor mit Stahlhöckern als Kfz-Hindernis
⑥ Erdstreifen zur Erkennung von Fußspuren (sechs Meter breit), zum Teil vermint
⑦ Grenzfahrzeug auf dem betonierten Kolonnenweg
⑧ Lichttrasse
⑨ Beobachtungsturm, dauerhaft besetzte Leitstelle
⑩ Beobachtungsbunker
⑪ Hundelaufanlage
⑫ Grenzsperrzaun (zwei bis drei Meter hoch) mit Signaldrähten, die bei Berührung Alarm auslösten
⑬ Kontrollgebäude am Beginn der Sperrzone.
Die Darstellung ist gerafft, in Wirklichkeit war die Sperrzone fünf Kilometer breit.

Aufgaben

1 Beschreiben Sie den Aufbau der Grenzanlagen.

2 Begründen Sie, warum man vom Westen bis unmittelbar an die Grenzanlagen herankam, im Osten aber ein mehrere Kilometer breites Sperrgebiet davorlag.

3 Zeichnen Sie in eine Deutschlandkarte den Verlauf der deutsch-deutschen Grenze ein.

4 „Ein Staat, der solch eine Grenzanlage baut, zeigt doch eigentlich nur die eigene Hilflosigkeit.“ Nehmen Sie Stellung zu dieser Aussage.

5 Informieren Sie sich über Fluchtversuche an der Berliner Mauer (z. B. Fluchttunnel) und stellen Sie die Geschichten dazu in der Klasse vor.

Die sozial-liberale Regierung in der Bundesrepublik Deutschland

Ab 1949 stellte die CDU 20 Jahre lang den Bundeskanzler. 1969 kam es dann zu einem Machtwechsel – änderte sich damit auch die Politik der Regierung?

WESTFALEN-BLATT WESTFALEN-BLATT WESTFALEN-BLATT

Herforder Kreisblatt
Bünder Zeitung
Engerscher Anzeiger
Löhner Zeitung

Extrablatt

Westfälisches Volksblatt
Lippische Rundschau
Lübbecker Kreiszeitung
Anzeiger & Tageblatt

Dienstag, 7. Mai 1974 — Kostenlos

Willy Brandt zurückgetreten

Der Kanzler stürzt über DDR-Spion

Koalition bleibt Jetzt Schmidt?

Bonn (WB). Auf dem Höhepunkt der Spionageaffäre um den Referenten im Bundeskanzleramt, Günter Guillaume, ist Bundeskanzler Willy Brandt in der vergangenen Nacht zurückgetreten. Wie heute morgen um 0.30 Uhr offiziell bestätigt wurde, hat der Regierungschef „die politische Verantwortung für Fahrlässigkeiten" im Zusammenhang mit der Agentenaffäre übernommen.

Der Kanzler und sein Schatten: Die Spionageaffäre Guillaume führte zum Rücktritt.

Der Wortlaut des Brandt-Briefs

Ein Tag in Bonn voller Dramatik

Erste Anzeichen schon am Vormittag

Q1 Das Extrablatt der Zeitung Westfalen-Blatt vom 7. Mai 1974 meldet, dass Willy Brandt zurückgetreten ist, nachdem bekannt geworden war, dass Günther Guillaume (im Bild hinter Brandt), ein enger Mitarbeiter und Berater Brandts, ein Offizier und Agent in Diensten des DDR-Geheimdienstes war.

Notstandsgesetze
Sie erlauben es, in der Bundesrepublik im Verteidigungsfall, im Katastrophenfall oder bei einer inneren Notlage des Staates demokratische Grundrechte außer Kraft zu setzen. Die Gesetze wurden 1968 in Kraft gesetzt.

Reformen der sozial-liberalen Koalition
Bezeichnung für eine Vielzahl von Reformen in verschiedenen gesellschaftspolitischen Bereichen wie der Ehe-, Familien- oder Bildungspolitik, die von der Regierungskoalition aus SPD und FDP in den 1970er-Jahren beschlossen wurden

Machtwechsel

Ende der 1960er-Jahre befand sich die Bundesrepublik Deutschland mit dem Westbündnis außenpolitisch im Kalten Krieg mit dem Ostblock. Um im Kriegsfall handlungsfähig zu sein, verabschiedete die Große Koalition aus CDU/CSU und SPD die Notstandsgesetze. Doch die Gesellschaft war politisch engagierter geworden und protestierte gegen diese mögliche Einschränkung der Grundrechte. So kam es bei der Bundestagswahl 1969 zu einem Machtwechsel: Eine sozial-liberale Koalition aus SPD und FDP mit Willy Brandt (SPD) als Bundeskanzler und Walter Scheel (FDP) als Außenminister übernahm die Regierung.

Außenpolitik: „Wandel durch Annäherung"

Noch in der Wahlnacht verkündete Brandt sein wichtigstes außenpolitisches Ziel: Verständigung mit den osteuropäischen Nachbarn und der DDR. Zwischen 1970 und 1973 entstanden nach langen Verhandlungen die Ostverträge, unter anderem mit der Sowjetunion und Polen. Der Moskauer Vertrag hielt die Unverletzlichkeit der Grenzen und einen gegenseitigen Gewaltverzicht fest. Im Warschauer Vertrag von 1970 erkannte die Bundesregierung ebenfalls die Grenzen an und versprach, keine Gebietsansprüche zu stellen. Dies bedeutete den endgültigen Verzicht auf die ehemaligen deutschen Ostgebiete.

Auch mit der DDR-Regierung führte die sozial-liberale Regierung Gespräche. Die Regierungsvertreter konnten sich 1971 auf ein Transitabkommen einigen, das den Durchgangsverkehr zwischen Westberlin und der Bundesrepublik auf dem Gebiet der DDR regeln sollte. Am 21. Dezember 1972 unterzeichneten sie außerdem den Grundlagenvertrag, in dem beide Staaten sich auf „normal gutnachbarliche Beziehungen zueinander" einigten. Da die Bundesrepublik die DDR mit diesem Vertrag völkerrechtlich anerkannte, regte sich großer Widerstand in den Reihen der Opposition, die damit die deutsche Wiedervereinigung in Gefahr sah.

Innenpolitik: „Mehr Demokratie wagen"

Die sozial-liberale Regierung setzte den bereits in der Großen Koalition begonnenen Reformkurs fort und stieß neue Reformen an. Unter Brandts Schlagwort „Mehr Demokratie wagen" folgten zahlreiche **Reformen der sozial-liberalen Koalition**, die den Bürgern mehr Mitbestimmung und Teilhabe bieten sollten. Die Gesellschaft sowie auch der Staat sollten demokratisiert werden.

Viele der Reformvorhaben konnte noch die Regierung Brandts durchsetzen, manche wurden erst ab 1974 unter Brandts Nachfolger Helmut Schmidt verwirklicht.

Q2 Bundeskanzler Willy Brandt in seiner Regierungserklärung vom 28. Oktober 1969:

Unser Volk braucht, wie jedes andere, seine innere Ordnung. In den 70er Jahren werden wir aber in diesem Lande nur so viel Ordnung haben, wie wir an Mitverantwortung ermutigen. (…)

Wir wollen mehr Demokratie wagen. (…) Wir werden dem Hohen Hause (Bundestag) ein Gesetz unterbreiten, wodurch das aktive Wahlalter von 21 auf 18, das passive von 25 auf 21 Jahre herabgesetzt wird. Wir werden auch die Volljährigkeitsgrenze überprüfen.

Mitbestimmung, Mitverantwortung in den verschiedenen Bereichen unserer Gesellschaft wird eine bewegende Kraft der kommenden Jahre sein. Wir können nicht die perfekte Demokratie schaffen. Wir wollen eine Gesellschaft, die mehr Freiheit bietet und mehr Mitverantwortung fordert.

Q3 Gemeinsam mit der Unterzeichnung des Grundlagenvertrages am 21. Dezember 1972 übergab man der DDR-Regierung auch den „Brief zur deutschen Einheit“:

Im Zusammenhang mit der heutigen Unterzeichnung des Vertrages über die Grundlagen der Beziehungen zwischen der Bundesrepublik Deutschland und der Deutschen Demokratischen Republik beehrt sich die Regierung der Bundesrepublik Deutschland festzustellen, dass dieser Vertrag nicht im Widerspruch zu dem politischen Ziel (…) steht, auf einen Zustand des Friedens in Europa hinzuwirken, in dem das deutsche Volk in freier Selbstbestimmung seine Einheit wiedererlangt.

Q4 Menschliche Erleichterungen. Karikatur von 1973

D1 Reformgesetze der sozial-liberalen Regierungen 1969–1978:

31. Juli 1970	Änderung des Grundgesetzes zur Herabsetzung des Wahlalters	Herabsetzung des Wahlalters von 21 auf 18 Jahre
16. Dezember 1970	Änderung des Bundeskindergeldgesetzes	Erweiterung der finanziellen Unterstützung für Familien mit Kindern
26. August 1971	Bundesausbildungsförderungsgesetz (BAföG)	Finanzielle Unterstützung für den Besuch von weiterführenden Schulen und Hochschulen
15. Januar 1972	Neufassung des Betriebsverfassungsgesetzes	Mitwirkung und Mitbestimmung von Arbeitnehmern in Betrieben
31. Juli 1974	Gesetz zur Neuregelung des Volljährigkeitsalters	Herabsetzung der Volljährigkeit von 21 auf 18 Jahre
4. Mai 1976	Mitbestimmungsgesetz	Festlegung von Mitbestimmungsrechten der Arbeitnehmer in Betrieben
14. Juni 1976	Reform des Ehe- und Familienrechts	Einführung des Partnerschaftsprinzips (Frauen werden gleichberechtigte Partner) und Erneuerung des Scheidungsrechts

Aufgaben

1. Nennen Sie die innen- und außenpolitische Lage der Bundesrepublik Deutschland am Ende der 1960er-Jahre (VT1).
2. Legen Sie eine Tabelle zu den Ostverträgen an, in der Sie die Namen der Verträge, die Länder, mit denen diese Verträge geschlossen wurden, und die Vertragsinhalte auflisten (VT2).
3. Erklären Sie anhand von D1, welche seiner Vorhaben Brandt umgesetzt hat (D1, Q2).
4. Erläutern Sie, warum die Regierung der Bundesrepublik der DDR den „Brief zur deutschen Einheit“ übergab (VT2, Q3).
5. Erläutern Sie, was die Karikatur Q4 kritisiert. Nehmen Sie Stellung dazu.
6. Beurteilen Sie den Rücktritt Willy Brandts (VT3, Q1).
7. Bewerten Sie die Maßnahmen der sozialliberalen Regierung.

„Was ist des Deutschen Vaterland?"

Diese Frage – der Titel eines politischen Liedes des Dichters Ernst Moritz Arndt aus dem Jahre 1813 – beschäftigte als die deutsche Frage die deutsche Bevölkerung und die Politiker nahezu zwei Jahrhunderte lang. Ist sie heute beantwortet?

deutsche Frage
das zwischen 1806 und 1990 immer wieder auftretende Problem, in welcher Form es einen deutschen Nationalstaat geben kann und welche Gebiete er umfassen soll

Alleinvertretungsanspruch
1949–1969 vertrat die Bundesrepublik die Ansicht, dass nur ihre Regierung demokratisch legitimiert sei und diese allein für das gesamte deutsche Volk sprechen könne.

Der Deutsche Bund

Nach der Auflösung des Heiligen Römischen Reiches 1806 standen die deutschen Länder unter der Vorherrschaft Napoleons. Gemeinsam aber besiegten sie ihn in den Befreiungskriegen. Diese Verbundenheit ließ zum ersten Mal ein deutsches Nationalbewusstsein entstehen. Vor allem Vertreter des Bürgertums forderten daher einen deutschen Nationalstaat. Auf dem Wiener Kongress 1814/15 wurde die Hoffnung auf ein geeintes Deutschland jedoch enttäuscht. Statt einem deutschen Nationalstaat wurde auf Betreiben der Fürsten der Deutsche Bund gegründet, ein loser Staatenbund mittelgroßer Länder.

Mit oder ohne Österreich?

Die Nationalbewegung blieb im Deutschen Bund jedoch bestehen und führte 1848/49 zur Revolution. Die Abgeordneten der Nationalversammlung in der Paulskirche in Frankfurt am Main einigten sich auf eine kleindeutsche Lösung, also einen deutschen Nationalstaat ohne Österreich, das mit dem Königreich Ungarn eine eigene Großmacht war. Der preußische König lehnte die ihm angebotene Kaiserkrone jedoch ab, sodass der Deutsche Bund erhalten blieb. Erst 1871 erfüllte sich der Wunsch nach einem Nationalstaat. Nach mehreren Kriegen wurde das Deutsche Reich als Kaiserreich gegründet – ohne Österreich. Die deutsche Frage schien gelöst zu sein.

Deutschland nach dem Ersten Weltkrieg

Nach der Niederlage im Ersten Weltkrieg musste Deutschland gemäß den Bestimmungen des Vertrages von Versailles Gebiete abtreten. Das Deutsche Reich der Weimarer Republik hatte nun ein kleineres Staatsgebiet; die neuerliche Idee, einen großdeutschen Staat mit dem deutschsprachigen Österreich zu gründen, zerschlug sich durch das Verbot der Alliierten.

Den Traum eines „Großdeutschen Reiches" verwirklichte das nationalsozialistische Regime mit der Annexion Österreichs und des Sudetenlandes. Diese Expansionspolitik führte zum Zweiten Weltkrieg. Nach der bedingungslosen Kapitulation 1945 musste Deutschland vor allem im Osten erneut Gebiete abtreten.

Deutschland nach dem Zweiten Weltkrieg

Nach dem Krieg erfolgte zunächst die Aufteilung in vier Besatzungszonen und schließlich die Teilung in zwei deutsche Staaten (siehe Karte S. 27). Die Menschen in Ost- und Westdeutschland sahen sich aber weiterhin als eine Nation an. Auch die Alliierten gingen zunächst von der Einheit Deutschlands aus, doch nach der Westintegration der Bundesrepublik wertete die Sowjetunion ihrerseits die DDR auf und gliederte sie als Partnerstaat in den Ostblock ein. Eine Wiedervereinigung war zu diesem Zeitpunkt in weite Ferne gerückt.

Durch die Öffnung nach Osten und den Grundlagenvertrag mit der DDR erkannte die sozial-liberale Regierung der Bundesrepublik unter Bundeskanzler Willy Brandt die DDR völkerrechtlich an und gab den Alleinvertretungsanspruch auf. Für immer schienen nun zwei deutsche Staaten zu bestehen. Doch 1989 stürzte das SED-Regime der DDR und so kam es 1990 zur Wiedervereinigung der beiden deutschen Staaten (siehe S. 98). Seitdem gilt die deutsche Frage unter Historikern als gelöst.

Q1 Am 9. Oktober 1949, zwei Tage nach Gründung der DDR, erklärt Bundeskanzler Konrad Adenauer:

Und nun, meine Freunde, das (...) Ereignis, das in den jüngsten Tagen eingetreten ist und das selbstverständlich vor allem die Bundesregierung sehr ernst nimmt: Das sind die Vorgänge in der Ostzone. (...) Wir haben also das an sich äußerst traurige und jeden Deutschen im Innersten ergreifende Schauspiel, dass nunmehr zwei Regierungen bestehen, von denen die eine im Osten behauptet, dass sie zuständig sei für ganz Deutschland (...).

Und dabei haben die Herrschaften drüben jetzt nicht einmal ihrer eigenen Verfassung entsprechend gehandelt, denn sonst hätten erst freie Wahlen stattfinden müssen. Aber Sie wissen genau, dass man drüben wirklich freie Wahlen nicht kennt und nach Belieben schaltet und waltet. (...)

Und so kann dieser (westdeutsche) Bundestag mit Fug und Recht vor dem deutschen Volke und vor der ganzen Weltöffentlichkeit für sich in Anspruch nehmen, dass er durch freie, gleiche, geheime Wahl zustande gekommen ist und dass er daher wirklich den Willen des deutschen Volkes repräsentiert.

Q2 1955 äußert sich Nikita Chruschtschow, Staatsoberhaupt der Sowjetunion, in einer Rede zur deutschen Frage:

Wir haben in Genf aufrichtig erklärt, dass unter den Bedingungen, dass auf dem Gebiet Deutschlands zwei Staaten mit verschiedener gesellschaftlicher und wirtschaftlicher Ordnung entstanden sind, dass Westdeutschland Teilnehmer des Nordatlantikpaktes und der westeuropäischen Union ist, die Lösung des deutschen Problems eine schwierige Angelegenheit ist. (...)

Man kann nicht umhin zu berücksichtigen, dass jetzt in Europa neue Verhältnisse entstanden sind und dass wir auf der Suche nach Wegen zur Vereinigung Deutschlands diese Verhältnisse in Rechnung stellen müssen. Ist denn nicht klar, dass die (...) Vereinigung beider Teile Deutschlands, die sich in verschiedenen Richtungen entwickeln, eine unreale Sache ist?

D1 Deutsche Staaten zwischen 1806 und 1990

Aufgaben

1 Erstellen Sie eine Zeitleiste. Nennen Sie Namen der deutschen Staaten und die jeweilige Staatsform von 1806 bis 1990 (VT).

2 Erläutern Sie, warum man erst ab 1871 von einem deutschen Nationalstaat sprechen kann (VT1–VT3).

3 Untersuchen Sie die Karte D1 mithilfe der Arbeitsschritte auf S. 177.

4 Vergleichen Sie die Reden Q1 und Q2 und arbeiten Sie die Standpunkte zur deutschen Frage heraus.

5 Diskutieren Sie in der Klasse, ob die deutsche Frage mit der Wiedervereinigung gelöst ist.

Der lange Schatten des Nationalsozialismus

Im November 1968 ohrfeigte Beate Klarsfeld den Bundeskanzler Kurt Georg Kiesinger auf einem CDU-Parteitag. Der damalige Skandal ging weltweit durch alle Zeitungen. Denn die Tat machte auf ungeheures Unrecht aufmerksam.

Q1 Unruhe im Bundestag. Beate Klarsfeld wird von einem Saaldiener aus dem Bundestag entfernt, nachdem sie während einer Rede von Bundeskanzler Kiesinger mehrmals gerufen hatte: „Nazi-Kiesinger abtreten". Foto, 2. April 1968

Amnestie
Erlass oder Verminderung einer Strafe

Im Schatten der Geschichte

Beate Klarsfeld lebte in Paris und arbeitete für das Deutsch-Französische Jugendwerk. Dort wurde ihr 1967 gekündigt, weil sie in Frankreich einen Artikel gegen die Kandidatur Kiesingers als Kanzler der Bundesrepublik veröffentlicht hatte. Darin hatte sie auf Kiesingers Mitgliedschaft in der NSDAP und seine leitende Stellung in der Auslandpropaganda angespielt. Klarsfeld entschloss sich, ihre Kündigung nicht hinzunehmen und Kiesingers Vergangenheit in die Öffentlichkeit zu tragen. Belastendes Material bekam sie von der DDR-Regierung. Diese half gerne, die Politiker der Bundesrepublik als alte Nazis zu enttarnen. Und Nationalsozialisten in wichtigen Ämtern gab es mehr als genug – in Ost und West.

Verdrängung im Westen

Nach ihrer Gründung 1949 hatte die Bundesrepublik mehrere Amnestien erlassen, die Tätern zugute kamen. Belastete Deutsche waren in ihre Stellen zurückgekehrt (siehe S. 14). Die Bundesrepublik leistete Wiedergutmachung gegenüber Israel, im Übrigen schwieg man und verdrängte die Zeit des Nationalsozialismus; im Geschichtsunterricht der Schulen kam sie zum Beispiel nicht vor. Auch in der Justiz fand eine systematische Verfolgung der Täter in den 1950er-Jahren nicht statt. Hinzu kam, dass viele Richter selbst belastet waren und die Täter dementsprechend milde behandelten. Erst Ende der 1950er-Jahre wurden Stimmen laut, die die ungenügende Strafverfolgung kritisierten. 1963 kam es zum ersten großen Prozess in der Bundesrepublik, dem „Auschwitzprozess" (Q3), weitere folgten. Mit den Prozessen begann – wenn auch gegen große Widerstände – die gesellschaftliche Auseinandersetzung mit der Zeit des Nationalsozialismus und damit der eigenen Vergangenheit.

Der Antifaschismus der DDR

Die DDR verdrängte ihre Vergangenheit ebenfalls – wenn auch auf andere Weise. Zwar erinnerte sie permanent an den kommunistischen Widerstand während der nationalsozialistischen Diktatur, doch die DDR sah nur die Bundesrepublik als Nachfolgestaat des nationalsozialistischen Deutschlands an. Sie selbst verstand sich als „antifaschistischen" Staat, also als eine Art Gegenentwurf zum Nationalsozialismus. Somit lehnte sie jede Verantwortung für die Verbrechen der Nationalsozialisten ab. Dabei fanden sich auch in ihren eigenen Reihen ehemalige Nationalsozialisten. Außerdem waren hohe Offiziere der Wehrmacht in die Nationale Volksarmee übernommen worden. Die DDR beließ es bei wenigen Schauprozessen gegen NS-Verbrecher, die im Übrigen nicht nach rechtstaatlichen Grundsätzen verliefen.

Q2 **Barbara Just-Dahlmann arbeitete in der „Zentralen Stelle" in Ludwigsburg, die 1958 gegründet wurde, um Prozesse gegen die Verantwortlichen der nationalsozialistischen Verbrechen vorzubereiten. Doch viele Täter wurden gar nicht oder nur milde bestraft. 1961 kritisierte Just-Dahlmann:**

Ein Mann, der des Mordes an 12 000 Personen dringend verdächtig ist, wird gegen eine Kaution von 12 000 DM aus der Untersuchungshaft entlassen. (...) Der Mann, der seinerzeit den technischen Einsatz der Vergasungsautos geleitet hat, war bis vor einem Jahr polizeilicher Abteilungsleiter in einem bundesdeutschen Regierungspräsidium, obgleich eine ihn eindeutig überführende Urkunde seit dem Nürnberger Prozess bekannt war und in der Nürnberger Dokumentensammlung veröffentlicht ist. (...)

Wenn man die Presse aufmerksam verfolgt, dann wundert man sich hier und da über die unverhältnismäßig niedrigen Strafen bei festgestelltem Mord oder Beihilfe dazu. Ein Beispiel für andere: Ein Kinderarzt (früher Gutsbesitzer) tötet – ohne Befehl – mit seiner zivilen Reiter-SS 200 zusammengetriebene Juden. Strafe: sechs Jahre. Die Ludwigsburger Staatsanwälte haben eine Gleichung aufgestellt, die nicht wörtlich und nicht mathematisch zu nehmen ist und die sie in Zeiten der Resignation gebrauchen: „Ein Toter gleich zehn Minuten Gefängnis."

Q3 **Generalstaatsanwalt Fritz Bauer.** Er bereitete den Prozess gegen die Lagermannschaft des Vernichtungslagers Auschwitz („Auschwitzprozess") vor und setzte sich dafür ein, die Täter zu verfolgen und zu verurteilen. Dafür wurde er in Juristenkreisen angefeindet. Foto, 1961

Aufgaben

1. Arbeiten Sie heraus, wie man in der Bundesrepublik mit Tätern aus der Zeit des Nationalsozialismus umging (VT2).
2. Erläutern Sie, warum in der DDR kaum Auseinandersetzungen mit den nationalsozialistischen Verbrechen stattfanden (VT3).
3. Fassen Sie die Kritik von Just-Dahlmann mit Ihren Worten zusammen (Q2).
4. Erläutern Sie die Reaktionen der Kollegen von Fritz Bauer (VT2, Q3).
5. Nach dem Angriff auf den Bundeskanzler wird Klarsfeld von zwei Polizisten verhört. Wie begründet sie ihre Tat? Schreiben Sie das Gespräch auf (VT1, VT2, Q1).
6. War Klarsfelds Verhalten angemessen? Nehmen Sie Stellung (Vorspann, Q1, Zeitreise-Code, S. 31).
7. Informieren Sie sich im Internet über die Aktivitäten von Klarsfeld. Bereiten Sie Ihre Ergebnisse auf, indem Sie ein fiktives Interview mit Klarsfeld verfassen.
8. Beurteilen Sie die Forderung, dass kein Schlussstrich unter die Zeit des Nationalsozialismus gezogen werden kann (VT2).
9. Begründen Sie, warum man vom „langen Schatten des Nationalsozialismus" spricht (Überschrift).

„Wiedergutmachung“ und Annäherung

Viele Juden Europas waren in den 1930er- und 1940er-Jahren nach Palästina ausgewandert und lebten im Staat Israel, der dort 1948 gegründet worden war. Das Verhältnis zu den Deutschen war durch den Völkermord schwer belastet – Schritt für Schritt gelang eine Annäherung.

Diplomatische Beziehungen offizielle Beziehungen zwischen zwei Staaten

Schwierige Annäherung

Als der Staat Israel 1948 gegründet wurde (siehe S. 114), stammte die Mehrheit der jüdischen Bevölkerung aus Europa: Viele waren vor Beginn des Zweiten Weltkrieges aus Europa geflohen. Sie waren der Judenverfolgung entkommen, ihre Familienangehörigen aber oftmals von deutschen Tätern ermordet worden. Eine Annäherung zwischen Deutschland und Israel war deshalb sehr schwierig.

Luxemburger Abkommen

Israel verhandelte Anfang der 1950er-Jahre mit westdeutschen Regierungsvertretern über Entschädigungszahlungen. Die Verhandlungen verliefen weitgehend geheim, weil offizielle Kontakte zu Deutschland in Israel heftig umstritten waren. Viele Überlebende der Shoah fühlten sich in ihrer Würde verletzt. Das Ergebnis der Verhandlungen war das Luxemburger Abkommen, das von beiden Seiten am 10. September 1952 unterzeichnet wurde. Die Bundesrepublik Deutschland verpflichtete sich darin, über einen Zeitraum von 14 Jahren Entschädigung im Umfang von 3,2 Milliarden DM an Israel zu leisten. Das Geld und die Warenlieferungen (vor allem Stahl und Eisen, landwirtschaftliche Geräte und Eisenbahnen) halfen beim Aufbau des jungen Staates Israel.

Q1 Demonstration gegen das Luxemburger „Wiedergutmachungsabkommen“ in Tel Aviv. Auf den Transparenten ist u. a. von der „Schande der Verhandlungen“ mit den „Mördern unserer Kinder“ die Rede. Foto, 1952

Israel und die Bundesrepublik

Im Frühjahr 1965 nahmen die Bundesrepublik und Israel diplomatische Beziehungen auf. Beide Seiten hielten dies für notwendig: Israel wollte seine Existenz im Nahen Osten absichern, die Bundesrepublik wollte als junger Staat international Vertrauen gewinnen und anerkannt werden. Die Bundesrepublik entsandte ihren ersten Botschafter nach Israel – ausgerechnet einen ehemaligen Wehrmachtsoffizier. Trotzdem näherten sich die Bundesrepublik und Israel weiter an. Die Bundesrepublik brach z. B. ihre diplomatischen Beziehungen mit den arabischen Staaten ab, die den Staat Israel ablehnten.

Israel und die DDR

Die DDR sah sich nicht als Nachfolgestaat des nationalsozialistischen Deutschlands, sondern als neuen antifaschistischen Staat (siehe S. 48). Aus diesem Grund fühlte sich die DDR nicht für die Folgen der nationalsozialistischen Verbrechen verantwortlich. Sie erkannte Israel offiziell nie an und war nicht bereit, Entschädigungen zu zahlen. Die DDR stand politisch in allen Konflikten auf der Seite der arabischen Staaten.

Q2 Aus Umfragen in der Bundesrepublik:

Frage: „Glauben Sie, dass Deutschland gegenüber den noch lebenden Juden die Pflicht zur Wiedergutmachung hat?" (August 1949) Ja: 54%, Nein: 31%, Unentschieden: 15% (...)

Frage: „Was meinen Sie nun? Sollte Deutschland an Israel als Wiedergutmachung drei Milliarden Mark in Waren bezahlen, oder halten Sie das für überflüssig?" (August 1952) Ist überflüssig: 44%, zustimmende Äußerungen (aber die Summe sei zu groß): 24%, zustimmende Äußerungen: 11%, unentschieden: 21%

Q3 Der israelische Filmemacher und Shoa-Überlebende Rolf Kneller erinnert sich, 1992:

Eines Tages kam ein Kameraassistent an mich heran, und sagte mir: „Ja, aber ihr habt doch Wiedergutmachung bekommen." Sag ich: „Stimmt. Weißt du, was Wiedergutmachung ist?" – „Ja: Deutschland hat euch bezahlt." Sag ich: „Stimmt. Ich will dir mal sagen, was Wiedergutmachung ist. Bist du verheiratet, Hans?" – „Ja." – „Wie viel Kinder hast du?" – „Zwei." – „Wie alt sind die?" – „Fünf und zwei Jahre." – „Jetzt will ich dir sagen: Du sag mir, wie viel Wiedergutmachung ich dir bezahlen muss, damit ich deine Kinder ermorden kann. Sag mir den Preis. Und dann ermorde ich deine Kinder dafür und du nimm das Geld." Dann sagte er zu mir: „Mensch Rolf, ich glaube, das ist das erste Mal, dass ich verstehe, was Wiedergutmachung ist." Sag ich: „Ja."

Q4 Bundeskanzlerin Angela Merkel vor dem israelischen Parlament, 2008:

Wir sagen oft: Deutschland und Israel verbinden besondere, einzigartige Beziehungen. Was aber ist damit genau gemeint „einzigartige Beziehungen"? Ist sich gerade mein Land dieser Worte bewusst und zwar nicht nur in Reden und Festveranstaltungen (...)? Das Bewusstsein für die historische Verantwortung und das Eintreten für unsere gemeinsamen Werte, das bildet das Fundament der deutsch-israelischen Beziehungen von ihren Anfängen bis heute.

Q5 Teilnehmer eines Festivals zur Förderung von Start-up-Unternehmen in Tel Aviv. Foto, 2017
Der Großraum von Tel Aviv zählt zu den fünf bedeutendsten Hightech-Regionen der Welt – möglich wurde dies durch militärische Forschung und staatliche Unterstützung. Heute sind israelische Start-ups z. B. führend in der Entwicklung von Softwareprogrammen zur Bekämpfung von Cyberkriminalität, auf dem Versuchsfeld der Drohnentechnologie und in der Erstellung von Apps zum Sprachenerwerb.

Aufgaben

1. Nennen Sie Gründe, warum die Annäherung zwischen Deutschland und Israel schwierig war (VT1).
2. Verfassen Sie einen kurzen Zeitungsartikel zum Luxemburger Abkommen (VT2). Gehen Sie dabei auch auf die Stimmen dazu in Israel und in der Bundesrepublik ein (Q1, Q2).
3. Begründen Sie, warum der Begriff „Wiedergutmachung" vor allem in Israel kritisch gesehen wurde (Q3).
4. Nennen Sie die Motive der Bundesrepublik und Israels, diplomatische Beziehungen aufzunehmen (VT3).
5. Nehmen Sie Stellung zur Haltung der DDR, den Staat Israel offiziell nicht anzuerkennen (VT4).
6. Deutschland und Israel verbinden „einzigartige Beziehungen". Stellen Sie Vermutungen an, welche historische Verantwortung und welche gemeinsamen Werte Bundeskanzlerin Merkel hier meint (Q4).
7. Israel wird in den Medien heute fast ausschließlich im Zusammenhang mit Krieg und Gewalt gezeigt. Prüfen Sie mit einer Internet-Recherche, ob diese Darstellung vollständig ist (Q5).

Jüdisches Leben in Deutschland

Heute leben etwa 225 000 Jüdinnen und Juden in Deutschland. Das erschien 1945 nach dem Holocaust undenkbar. Wie kam es dazu, dass Juden wieder „im Land der Täter" leben? Und wie sah und sieht ihr Leben in Deutschland aus?

Q1 Wimpel der Dachorganisation der jüdischen Turn- und Sportvereine Makkabi Deutschland. Seit 2018 hat Makkabi den Davidstern und die Farben Schwarz-Rot-Gold in seinem Logo. Foto, 2021

Displaced Persons (DPs) (engl.) So bezeichneten die Alliierten seit dem Zweiten Weltkrieg Zivilisten, die sich außerhalb ihrer Heimatstaaten aufhielten, z. B. Zwangsarbeiter, Kriegsgefangene, ehemalige KZ-Häftlinge oder Geflüchtete aus Osteuropa.

Leben im „Wartesaal"

Vor Beginn der NS-Diktatur hatten etwa eine halbe Million Jüdinnen und Juden in Deutschland gelebt. Nur einige Tausend überlebten den Holocaust. Sie kehrten 1945 oft in ihre Heimatorte zurück. Auch ein kleiner Teil derjenigen, die vor den Nationalsozialisten fliehen konnten, kam zurück, zum Beispiel Kommunisten, die in der sowjetischen Besatzungszone eine neue Heimat suchten.

Außerdem waren etwa 250 000 osteuropäische Jüdinnen und Juden als staatenlose Displaced Persons (DPs) im besetzten Deutschland gestrandet: befreite jüdische Häftlinge aus den Konzentrationslagern, vor allem aber polnische Juden, die in der Sowjetunion überlebt hatten und nun in die amerikanische Zone flohen. Die meisten wollten aber nicht in Deutschland bleiben, sondern bereiteten sich auf die Auswanderung vor, vor allem nach Palästina. Nach der Staatsgründung Israels 1948 wanderten Zehntausende dorthin aus.

„Wer ein Haus baut, will bleiben"

Doch nicht alle Juden in Deutschland konnten oder wollten gehen. Sie begannen, sich wieder eine wirtschaftliche Existenz zu schaffen und Gemeinden aufzubauen. In der Bundesrepublik sollten eigene Organisationen ihre Interessen gegenüber dem neuen Staat vertreten und für die Überlebenden des Holocaust sowie die Geflüchteten aus Osteuropa sorgen. 1950 gründeten deshalb Vertreter der westdeutschen jüdischen Gemeinden den „Zentralrat der Juden in Deutschland", der sich zunächst vor allem für die „Wiedergutmachung" (siehe S. 50/51), die Wiedereingliederung der jüdischen Bürgerinnen und Bürger und den Wiederaufbau der Gemeinden einsetzte. 1959 gab es bereits 80 jüdische Gemeinden mit mehr als 40 neuen Synagogen und Betsälen. Viele der jüngeren, in der Bundesrepublik geborenen Jüdinnen und Juden engagierten sich auch zunehmend in politischen und gesellschaftlichen Fragen. In der DDR dagegen gab es kaum jüdisches Leben: Wegen der politischen Unterdrückung waren die meisten jüdischen Bürgerinnen und Bürger schon vor dem Mauerbau geflohen. 1989 verzeichnete die DDR nur noch wenige hundert jüdische Gemeindemitglieder.

In der Bundesrepublik lebten bis 1989 weniger als 30 000 jüdische Bürgerinnen und Bürger. Das änderte sich 1990, als die Bundesregierung den Zuzug von Juden aus der ehemaligen Sowjetunion erleichterte. Bis 2005 kamen mehr als 200 000 nach Deutschland. Nur ein Teil von ihnen ist in Gemeinden aktiv, dennoch ist durch sie das jüdische Leben in Deutschland sichtbarer und vielfältiger geworden. Das zeigen z.B. neue Gemeindezentren und Synagogen, aber auch jüdische Kindergärten, Schulen, Krankenhäuser oder Seniorenheime. Doch die Zahl der Gemeindemitglieder sinkt seit Jahren – eine schwierige Perspektive gerade für kleine Gemeinden …

„Im Land der Täter"

Trotz der Fortschritte konnten sich Jüdinnen und Juden in Deutschland nie ganz sicher fühlen. Denn in einem Teil der Bevölkerung hielten sich auch nach 1945 antisemitische Einstellungen. Seit 1959 zeigte sich der Antisemitismus offen in Schmierereien an Synagogen und auf jüdischen Friedhöfen, seit den 1970er-Jahren in Bomben- und Brandanschlägen auf jüdische Einrichtungen, die seitdem dauerhaft geschützt werden müssen. Und auch heute bedrohen Übergriffe in Schulen, auf der Straße sowie rechtsterroristische Angriffe jüdisches Leben in Deutschland (siehe S. 124/125).

Q2 Das Makkabi-Fußballteam im DP-Lager Föhrenwald bei Wolfratshausen. Foto vermutlich 1947. Neben Bildung und Ausbildung sollte der Sport die jüdischen DPs auf die Auswanderung nach Palästina vorbereiten.

Q3 Jüdische Bürgerinnen und Bürger feiern ihr Neujahrsfest Rosch ha-Schana vor der Ohel-Jakob-Synagoge in München. In der Mitte stehen die beiden Kantoren (Chasanim) der Gemeinde, die den Gottesdienst leiten. Das Münchener Gemeindezentrum gehört neben der Neuen Synagoge in Dresden und dem Jüdischen Museum in Berlin zu den repräsentativen Bauten der 2000er-Jahre. Foto, 20. September 2020.

Q4 Die Schriftstellerin Lena Gorelik schreibt über jüdisches Leben und Kultur in Deutschland, 2021:

Es gibt wieder jüdische Kultur in den Gemeinden wie in der nichtjüdischen Öffentlichkeit. Künstler jeder Sparte, Kulturtage, jüdische Kindergärten und Schulen, an Hohen Feiertagen gar überfüllte Gottesdienste (…), es gibt das, was das Jüdische nicht zuletzt ausmacht: die Lust am Disput, unterschiedliche Gruppierungen, Vorstellungen, religiöse Strömungen und Politiken. (…) Das ist es, das jüdische blühende Leben, das in allen Regenbogenfarben strahlt.

Aufgaben

1. Beschreiben Sie, wo jüdisches Leben in Deutschland sichtbar wird (Q1, Q3).
2. Erklären Sie die Überschrift von VT1. Nutzen Sie dabei auch Q2: a) Für wen war das Leben in Deutschland ein „Wartesaal"? b) Worauf „warteten" die Menschen?
3. Erläutern Sie, wie sich jüdisches Leben in der Bundesrepublik und der DDR entwickelte (VT2).
4. Begründen Sie, inwiefern das jüdische Leben durch die Zuwanderung vielfältiger geworden ist (VT2, Q3, Q4).
5. „Jüdinnen und Juden sind in Deutschland nicht sicher." Nehmen Sie Stellung zu dieser Aussage (VT3).
6. In Deutschland gibt es 16 allgemeinbildende jüdische Schulen (Stand: 2021); sie nehmen meistens auch Nicht-Juden auf. Formulieren Sie Fragen, die Sie den Lehrkräften oder Schülerinnen und Schülern stellen möchten.
7. Informieren Sie sich über die jüdischen Feste (z. B. Rosch ha-Schana, Schabbat, Jom Kippur, Pessach, Chanukka, Purim) und stellen Sie sie in Kurzvorträgen vor.

Überwachung und Einschüchterung

Stasi-Beamter auf der Straße: „Wie beurteilen Sie die politische Lage?" – Passant: „Ich denke ..." – Stasi-Beamter: „Das genügt – Sie sind verhaftet!" Witze dieser Art erzählte man sich heimlich in der DDR. Die Begegnung mit der Stasi war allerdings kein Vergnügen.

Q1 Die Akten der Staatssicherheit heute. Bis 1989 wurden Akten über bestimmte Personen geführt. Auf sie konnte die Stasi immer wieder zurückgreifen, um diese Personen weiter zu verfolgen. Heute können Betroffene die Akten einsehen. Für Historiker sind die Stasi-Akten eine wichtige Quelle.

Staatssicherheit
Behörde, die im Geheimen den Staat vor Gefahren, meist aus dem Inneren, beschützt. In der DDR wurde der Begriff, neben dem Kurzwort „Stasi", umgangssprachlich für das Ministerium für Staatssicherheit (MfS) verwendet. Dies war eine 1950 in der DDR gegründete Behörde, die es sich neben der Auslandsspionage zur Aufgabe machte, mit einem flächendeckenden Netz von Spitzeln das private und öffentliche Leben der eigenen Bevölkerung auszuspionieren, um „staatsfeindliche" Aktivitäten aufdecken zu können.

Das Ministerium für Staatssicherheit

1950 wurde das Ministerium für Staatssicherheit (MfS) gegründet – besser bekannt als Stasi. Dabei handelte es sich um den DDR-Geheimdienst. Er überwachte die eigene Bevölkerung, um Proteste und Widerstand zu bekämpfen. Sein Auftrag war es, die Bevölkerung einzuschüchtern, um die SED an der Macht zu halten.

Die DDR-Staatssicherheit interessierte sich besonders für Personen, die dem Staat kritisch gegenüberstanden. Dazu zählten Künstler, Umweltschützer, Christen, Pazifisten oder Personen, die einen Ausreiseantrag gestellt hatten. Der Geheimdienst kontrollierte ihre Post und Wohnungen, hörte Telefongespräche ab, fotografierte und filmte sie heimlich.

Inoffizielle Mitarbeiter

Zur Bespitzelung warb der DDR-Geheimdienst sogenannte Inoffizielle Mitarbeiter (IM) an. Sie wurden meist schriftlich zur Zusammenarbeit mit der Staatssicherheit verpflichtet. Die IM hatten die Aufgabe, Berichte über Arbeitskollegen, Freunde, Mitschüler und Familienmitglieder anzufertigen. Sie erhielten Decknamen, damit ihre Tätigkeit vertraulich blieb. Bei heimlichen Treffen übergaben die IM den hauptamtlichen Geheimdienst-Mitarbeitern die Berichte, im Gegenzug bekamen sie manchmal Geld oder Geschenke. So sammelte die Staatssicherheit Material, um Menschen wegen „staatsfeindlicher Hetze" oder „Staatsverleumdung" anzuklagen. Nach dem Zusammenbruch der DDR stellte man fest, dass etwa 91 000 Mitarbeiter hauptamtlich für das MfS gearbeitet hatten. Zusätzlich gab es im Herbst 1989 ca. 173 000 IM in der DDR. Damit waren etwa zwei Prozent der Menschen im Alter zwischen 16 und 80 Jahren für die Staatssicherheit tätig.

Tätigkeit im Westen

Neben der Kontrolle der eigenen Bevölkerung wirkte das Ministerium für Staatssicherheit auch außerhalb der DDR: Es sammelte Informationen über die Bundesrepublik und schleuste dazu Spitzel ein. So war beispielsweise ein enger Mitarbeiter von Bundeskanzler Brandt ein Stasi-Spion, der wichtige Informationen an die DDR weitergab. Als der Spion aufflog, trat Brandt als Bundeskanzler zurück.

Das Erbe der „Stasi"

Als sich das Ende der DDR abzeichnete, begann die Staatssicherheit mit der Vernichtung ihrer Akten. Im Winter 1989 stürmten Oppositionelle die Stasi-Gebäude in verschiedenen Städten und sicherten die verbliebenen Akten. 1990 wurde eine Behörde gegründet, bei der Stasi-Opfer ihre Akten einsehen können. Sie trägt den langen Namen „Bundesbeauftragter für die Unterlagen des Staatssicherheitsdienstes der ehemaligen DDR" (BStU).

Q2 Blick in den Zellentrakt eines ehemaligen Gefängnisses des Ministeriums für Staatssicherheit in Berlin-Hohenschönhausen. Dort ist heute eine Gedenkstätte eingerichtet. Foto, 2009

Q3 Geruchsprobe. Während eines Treffens oder eines Verhörs nahmen MfS-Mitarbeiter heimlich Geruchsproben von der Kleidung der verdächtigen Person. Die Proben wurden in Einmachgläsern aufbewahrt. So konnten Spürhunde auf die Person angesetzt werden.

Q4 Aus einer Richtlinie des MfS zur „Zersetzung" der Persönlichkeit politischer Gegner von 1976:

Systematische Diskreditierung (Zerstörung) des öffentlichen Rufes, des Ansehens und des Prestiges auf der Grundlage miteinander verbundener wahrer, überprüfbarer und diskreditierender, sowie unwahrer, glaubhafter, nicht widerlegbarer und damit ebenfalls diskreditierender Angaben; systematische Organisierung beruflicher und gesellschaftlicher Misserfolge zur Untergrabung des Selbstvertrauens einzelner Personen; (…) Erzeugung von Zweifeln an der persönlichen Perspektive; Erzeugen von Misstrauen und gegenseitigen Verdächtigungen innerhalb von Gruppen (…); örtliches und zeitliches Unterbinden beziehungsweise Einschränken der gegenseitigen Beziehungen der Mitglieder einer Gruppe (…) zum Beispiel durch (…) Zuweisung örtlich entfernt liegender Arbeitsplätze.

Aufgaben

1. Nennen Sie die Aufgaben des Ministeriums für Staatssicherheit (VT1, Q4).
2. Erläutern Sie den Witz aus dem Vorspann.
3. Arbeiten Sie heraus, wer alles von der Staatssicherheit überwacht wurde, und begründen Sie diese Auswahl (VT1).
4. Erklären Sie den Begriff „Inoffizieller Mitarbeiter" (VT2).
5. Begründen Sie, warum Menschen für die Staatssicherheit tätig waren (VT2, VT3).
6. Erläutern Sie, welche konkreten Maßnahmen man aus Q4 ableiten könnte, und beurteilen Sie dieses Vorgehen.
7. Diskutieren Sie, welche Folgen der Staatssicherheitsapparat für Menschen in der Bundesrepublik und der DDR hatte (VT2–VT4).
8. Nehmen Sie Stellung dazu, dass eine eigene Behörde für die Stasi-Akten eingerichtet wurde, obwohl doch 1989 alle Akten vernichtet werden sollten (VT4, Q1).

Historische Spielfilme analysieren

Der Film „Das Leben der Anderen" gilt bis heute als einer der besten deutschen historischen Spielfilme. Im Jahr 2007 gewann er sogar einen Oscar. Die Filmemacher behaupten, die Arbeit der Staatssicherheit realistisch dargestellt zu haben. Doch manche DDR-Historiker sehen das anders.

D1 MfS-Mitarbeiter Wiesler (gespielt von Ulrich Mühe) im Film „Das Leben der Anderen", 2006. Regisseur Florian Henckel von Donnersmarck recherchierte mehr als vier Jahre lang. Er befragte Täter sowie Opfer und besuchte Originalschauplätze. Die im Film gezeigten Abhörgeräte sind echt.

Fakten und Fiktion

Im Film scheinen wir alles genau so zu sehen, wie es wirklich war. Doch ein historischer Spielfilm zeigt nicht die Wirklichkeit, sondern das Bild des Filmemachers von der Wirklichkeit. Spielfilme werden nicht für Historiker gedreht, sondern für ein breites Publikum. Sie sollen unterhalten. Deshalb werden die historischen Fakten in Filmen oft mit fiktiven (ausgedachten) Inhalten verbunden, z. B. mit einer Liebesgeschichte.

Die Handlung

Der Film „Das Leben der Anderen" spielt 1984 in Ost-Berlin. Das Künstlerpaar Christa-Maria Sieland und Georg Dreymann wird von dem MfS-Mitarbeiter Gerd Wiesler heimlich abgehört. Das MfS will Dreymann und seinen Freunden eine kritische Haltung gegenüber der DDR nachweisen. Sieland gibt schließlich als IM Informationen über ihren Partner an das MfS weiter. Nach der Maueröffnung 1989 sieht Dreymann seine Stasi-Akte ein. Dabei entdeckt er, dass MfS-Mitarbeiter Wiesler ihn geschützt hat: Die Protokolle sind so abgefasst, dass Dreymann in einem guten Licht erscheint.

Der Film bekam für seine realistische Darstellung viel Lob. Doch gab es wirklich MfS-Mitarbeiter, die ihre Opfer beschützten? Historiker halten dagegen, dass kein einziger vergleichbarer Fall bekannt sei.

Kameraeinstellung	Totale, Nah-, Groß-, Detailaufnahme
Kameraperspektive	Zentral-, Vogel- (von oben: Aufsicht), Froschperspektive (von unten: Untersicht)
Kameraführung	ruhig, schnelle Schwenke, Schnitt, Zoom
Ton	Musik, Geräusche, Stimme (On/Off-Ton)
Parallelmontage	Mehrere Handlungen werden zeitgleich dargestellt.
Insert	Aufnahme eines Gegenstandes wird hineingeschnitten, um Bedeutung hervorzuheben
Licht	Licht kann kalt als auch warm dargestellt werden. Unterschiedliche Lichtquellen unterstreichen die jeweilige Situation.

D2 Filmische Mittel (Auswahl)

00:17:29–00:18:00	Georg Dreymann wird beim Fußballspielen auf der Straße mit Nachbarskindern von Gerd Wiesler beobachtet.
00:18:00–00:18:45	Christa-Maria Sieland steigt abends spät aus dem Auto. Sie wird ebenfalls von Gerd Wiesler beobachtet, der sich Notizen macht.
00:18:46–00:21:28	Am nächsten Tag verlässt Georg Dreymann seine Wohnung. Gerd Wiesler und seine Kollegen gehen ins Haus und verwanzen es. Auf dem Dachboden richtet das MfS eine Abhörzentrale ein.
00:21:29–00:22:00	Eine Nachbarin beobachtet die Arbeit des MfS heimlich. Sie wird entdeckt und mit einer Drohung zur Verschwiegenheit verpflichtet.
00:22:00–00:33:00	Christa-Maria Sieland und Georg Dreymann bereiten sich abends auf ihre Party vor. Streit zwischen zwei Partygästen: Paul Hauser beschuldigt Regisseur Schwalber, für die Stasi zu arbeiten. Wiesler hört auf dem Dachboden alles mit. Die Party geht weiter.
00:33:00–00:34:00	Schichtwechsel auf dem Dachboden: ein Gespräch unter „Stasi"- Kollegen.

D3 Ausschnitt aus Kapitel 3 des Films

Historische Spielfilme analysieren

Beschreiben

1 Schauen Sie sich den gesamten Film an. Notieren Sie Ihre Eindrücke.

2 Notieren Sie in Stichworten, wann, wo und in welchem geschichtlichen Zusammenhang der Film spielt.

3 Nennen Sie die Hauptpersonen und fassen Sie die Handlung des Films in wenigen Sätzen zusammen.

Untersuchen

4 Legen Sie eine Tabelle mit drei Spalten an. Listen Sie in der ersten Spalte einzelne inhaltliche Sequenzen auf.

5 Schauen Sie sich jede Sequenz noch einmal an, am besten mehrmals. Stellen Sie in der zweiten Tabellenspalte zu jeder Sequenz die filmischen Mittel zusammen: Kameraeinstellung, Perspektive, Beleuchtung, Geräusche, Musik …

6 Arbeiten Sie heraus, welche Wirkung mit den jeweiligen filmischen Mitteln erzielt werden soll. Notieren Sie Ihre Ergebnisse in der dritten Spalte.

Deuten

7 Erläutern Sie, welches Ziel der Produzent mit dem Spielfilm erreichen wollte.

8 Überprüfen Sie anhand anderer Quellen oder Darstellungen (z. B. in diesem Geschichtsbuch), welches Bild von der Geschichte/der Epoche der Film vermittelt.

Arbeitsblatt siehe Zeitreise-Code S. 31

Aufgaben

1 Die Materialziffer zu dem Filmfoto links oben lautet „D1". Erklären Sie, warum dort nicht „Q1" steht (VT1).

2 Sehen Sie sich den Beginn des Filmes an und machen Sie sich Notizen zu den Arbeitsschritten 1 bis 3 (VT2).

3 Untersuchen Sie die ersten drei Szenen aus D3 mit den Arbeitsschritten 4 bis 6. Nutzen Sie dazu D2.

4 Erklären Sie den Filmtitel „Das Leben der Anderen" und stellen Sie Vermutungen an, von wem der Satz stammen könnte.

5 Deuten Sie den Film, indem Sie die Arbeitsschritte 7 und 8 beantworten (D1, VT1, VT3). Überprüfen Sie mit S. 54/55, ob der Film ein realistisches Bild der DDR-Geschichte vermittelt.

6 Sollten heutige Schüler sich diesen Film anschauen? Bewerten Sie den Film in einer kurzen Filmkritik.

Zum Arbeiten nach Deutschland?

In Deutschland herrscht vielerorts Fachkräftemangel. Wirtschaftsverbände fordern, die Lücken durch Arbeitskräfte aus anderen Ländern zu schließen. Das ist keine neue Idee.

„Gastarbeiter" wurden die Menschen genannt, die in den 1950er- und 1960er-Jahren aufgrund des Arbeitskräftemangels von der Regierung der Bundesrepublik Deutschland angeworben wurden. Die Bezeichnung „Gastarbeiter" deutet an, dass sie nach ihrem Aufenthalt in ihr Heimatland zurückkehren sollten.

„Gastarbeiter" in der Bundesrepublik

In den 1950er-Jahren ging es wirtschaftlich in der Bundesrepublik aufwärts. Als deutsche Arbeitskräfte knapp wurden, warb die Bundesregierung zwischen 1955 und 1968 in anderen Ländern Arbeitskräfte an. Die Arbeiter sollten zeitlich befristet ins Land kommen. Diese sogenannten Gastarbeiter kamen aus Italien, Spanien, Griechenland, der Türkei, Marokko, Portugal, Tunesien und Jugoslawien. Einige Jahre profitierten alle davon: Die Unternehmen machten Gewinne, die Deutschen mussten nicht mehr in so anstrengenden Berufen arbeiten, die Arbeiter verdienten im Vergleich zu ihren Herkunftsländern viel Geld und konnten damit ihre Familien unterstützen. Doch dann begann eine Wirtschaftskrise, Arbeitsplätze wurden abgebaut. 1973 beschloss die Bundesregierung einen Anwerbestopp.

Q1 Begrüßung des Portugiesen Armando Rodrigues de Sá als millionster „Gastarbeiter" in der Bundesrepublik. Die Arbeitgeberverbände empfingen Armando Rodrigues de Sá auf dem Bahnsteig in Köln mit Blumen und Musik – und mit einem Moped als Geschenk. Für einen kurzen Moment stand er im Mittelpunkt der Kameras – dann begann sein Alltag als „Gastarbeiter". Er arbeitete bei einer Stuttgarter Baufirma, später in anderen Städten. Rodrigues de Sá wohnte in Baracken, lebte sparsam, verbrachte die Freizeit mit seinen Landsleuten. Fast den gesamten Lohn überwies er an seine Familie in Portugal. 1970 erkrankte er schwer. Rodrigues de Sá kehrte er in seine Heimat zurück. Niemand hatte ihm gesagt, dass er in Deutschland Anspruch auf Krankengeld hatte. Foto, 10. September 1964

Einwanderer und Mehrheitsgesellschaft

Für die Arbeiter war die Eingewöhnung im fremden Land schwer. Die Arbeit war hart, ihre Lebensbedingungen bescheiden. Viele Deutsche reagierten gleichgültig bis ablehnend auf die neuen Kollegen. Sowohl die Arbeiter als auch die bundesdeutsche Gesellschaft gingen davon aus, dass sie bald zurückkehrten. Daher gab es von beiden Seiten wenig Interesse an einer Integration. Viele Arbeiter blieben aber in der Bundesrepublik und holten ihre Familien nach. Erst mit den Kindern der Einwanderer intensivierten sich die Kontakte. Viele haben heute die deutsche Staatsbürgerschaft. Das Zusammenleben verschiedener Kulturen normalisierte sich. Es war aber immer auch von gegenseitigem Unverständnis geprägt. Teile der bundesdeutschen Bevölkerung begegneten Migranten oder deren Kindern mit Misstrauen.

Vertragsarbeiter in der DDR

Auch in der DDR fehlten Arbeitskräfte. Daher warb die Regierung ab den 1980er-Jahren Vertragsarbeiter aus anderen sozialistischen Staaten an, vor allem aus Vietnam, Kuba, Mosambik, Polen und Angola. Die Aufenthaltsdauer war auf zwei bis fünf Jahre begrenzt. Doch die Ausländer mussten vor allem als billige und belastbare Arbeitskräfte die DDR-Wirtschaft unterstützen, ein Teil ihres Lohnes wurde direkt an den Heimatstaat überwiesen. Die Vertragsarbeiter in der DDR lebten in speziellen Wohnheimen, Kontakte zu Bürgern mussten genehmigt werden. Eine Integration der Vertragsarbeiter in die DDR-Gesellschaft war nicht erwünscht.

Q2 **Nermin Özdil kam 1973 als „Gastarbeiterin" aus der Türkei in die Bundesrepublik. 2003 berichtet sie:**

Ich wohnte in der ersten Zeit in einem Dorf in der Nähe des Betriebs, in einem kleinen Raum mit zwei jungen Mädchen. Wir waren die einzigen Türkinnen im Ort. (…) Wir arbeiteten Schicht. Eine ging frühmorgens, eine nachmittags und eine um Mitternacht in die Fabrik. Wir konnten nie zusammen zur Arbeit gehen oder zusammen nach Hause kommen. Das war der Firmenleitung völlig egal, obwohl eine andere Einteilung möglich gewesen wäre. Wir hätten dann wenigstens zusammen kochen können. Obwohl – der Ofen funktionierte ja nicht. (…)

Wir produzierten Autostoßdämpfer. Das war eine schwere Arbeit – für uns. Die Deutschen durften rumsitzen und Kleinigkeiten machen, und wir Türken mussten die Schwerarbeit machen. (…) Ich konnte kein Wort Deutsch, es gab weder eine Einführung noch eine Erklärung. Es hieß nur, „Mach das!" – So sind sie mit uns umgesprungen. (…)

Ursprünglich wollte ich nur ein Jahr bleiben, um mir alles anzuschauen und auch um Geld zu verdienen. Ich hatte ja drei kleine Kinder. Ich weinte in dieser Zeit viel, weil ich meine Kinder allein gelassen hatte. (…) Seit dreißig Jahren lebe ich inzwischen in Deutschland, mein halbes Leben habe ich in diesem Land verbracht.

Q3 **Vietnamesische Vertragsarbeiter** bei der Ausbildung in einem Betrieb für Mess-Elektronik in Dresden. Foto, Januar 1970

Q4 **Die Vietnamesin Hoang Kim Oanh kam als Vertragsarbeiterin in die DDR. Sie lebt bis heute in Deutschland. 2005 berichtet sie:**

Also heiraten durften wir nicht. Also, das brauchte ich nicht, aber sehr viele junge Mädchen waren hier. Kinder haben, also schwanger sein, war untersagt. (…) Wenn ich im Urlaub nach Hause wollte, ging das leider nicht. Du musstest erst einmal zwei oder drei Jahre arbeiten und dann durftest du erst einmal nach Hause.

Aufgaben

1 Arbeiten Sie heraus, warum in der Bundesrepublik und in der DDR Arbeitskräfte angeworben wurden (VT1, VT3).

2 Erläutern Sie die Lage von a) „Gastarbeitern" in der Bundesrepublik (VT1, VT2, Q1, Q2) und b) Vertragsarbeitern in der DDR (VT3, Q4).

3 Listen Sie auf, warum „Gastarbeiter" bzw. Vertragsarbeiter ihre Heimat verließen (VT1, Q2).

4 Überprüfen Sie, inwiefern Q1 und Q3 eine realistische Vorstellung vom Leben ausländischer Arbeiterinnen und Arbeitern in Bundesrepublik und DDR abgeben.

5 „Man hat Arbeitskräfte gerufen, und es kommen Menschen", sagte der Schriftsteller Max Frisch 1965. Interpretieren Sie diese Aussage.

6 Versetzen Sie sich in die Lage eines „Gastarbeiters" und schreiben Sie darüber einen Brief in die Heimat.

7 Könnten Sie sich vorstellen, zum Arbeiten ins Ausland zu gehen? Schreiben Sie Argumente auf, die dafür und dagegen sprechen.

Lebenswelt DDR

Immer wieder ist das Schlagwort „Ostalgie" zu hören für die Sehnsucht nach Konsumgütern, die in der DDR zum Alltag gehörten und heute oft „Kult" sind, wie der liebevoll „Trabi" genannte Kleinwagen. Doch wie sah dieser Alltag überhaupt aus?

Q1 Schlangestehen. Einkaufen in Weimar 1983. Foto

Kollektiv
Bezeichnung für eine Gruppe, in der Personen zu einem Ganzen zusammengefasst werden

Arbeit für jeden

Die DDR-Verfassung legte fest, dass Arbeit „Recht und Pflicht jedes Bürgers" sei. Tatsächlich lag die Quote der Erwerbstätigen mit 90 Prozent weit über dem europäischen Durchschnitt, und bedeutete für Männer wie für Frauen eine Arbeitsplatzgarantie. Allerdings hatte nicht jeder Bürger die Möglichkeit, seinen Arbeitsplatz bzw. seinen Ausbildungsberuf frei zu wählen.

Für fast alle Werktätigen war das Kollektiv der Arbeitsstätte nach der Familie die wichtigste Gemeinschaft. Es herrschte zwar für alle Arbeiter in der DDR eine Zwangsmitgliedschaft im Freien Deutschen Gewerkschaftsbund (FDGB), doch übernahm der FDGB, die Vermittlung von Urlaubsreisen, die Bereitstellung von betriebseigenen Wohnungen und die Organisation von Freizeitaktivitäten. Die staatliche Kontrolle, die im „Arbeitskollektiv" daher herrschte, wurde von vielen nicht als schlimm empfunden: Man war zwar fremdbestimmt, aber doch versorgt.

Mangelwirtschaft

Durch die Vernachlässigung der Konsumgüterindustrie entstand in der DDR eine Mangelwirtschaft, in der die einfachsten Alltagsgegenstände nicht ausreichend produziert wurden. Man kaufte, was vorhanden war, und versuchte zu tauschen, was man benötigte. Auf technische Güter musste man mit langen Wartezeiten rechnen, auf einen „Trabant", das Standardauto in der DDR, sogar zwölf Jahre, und ein Telefon war für einen Privathaushalt fast nicht zu bekommen. Eine große Erleichterung waren die „Westpakete" von Verwandten und Bekannten aus der Bundesrepublik. Seit den 1960er-Jahren wurden monatlich etwa 1,5 Millionen Pakete in die DDR verschickt, die von den DDR-Behörden streng kontrolliert wurden. In diesen Paketen befanden sich viele Produkte, mit denen die Versorgungslücken geschlossen werden konnten.

DDR-Bürger, die höherwertige Produkte kaufen wollten, konnten in „Exquisit"- und „Delikat"-Läden zu stark erhöhten Preisen Qualitätswaren erstehen. Ab den 1980er-Jahren konnten DDR-Bürger zudem mit westdeutscher D-Mark in „Intershops" Westprodukte einkaufen.

Die Mangelwirtschaft war aber auch Folge der finanziellen Notlage der DDR, die Ende der 1980er-Jahre vor dem Staatsbankrott stand. Alle exportfähigen Produkte wurden gegen Devisen ins Ausland verkauft und standen so der eigenen Bevölkerung nicht zur Verfügung.

Q2 Kleingartenanlage in Ost-Berlin in der Nähe des S-Bahnhofs Friedrichsfelde. Zur Selbstversorgung und um der Überwachung und der Kontrolle durch den Staat zu entgehen, zogen sich in der DDR viele Menschen in Kleingartensiedlungen und ihre Gartenlaube, die sogenannte Datsche, zurück. Foto, 1988

D1 Konsumgüter in Ost und West

Konsumgut	Bundesrepublik				DDR			
	1962	1973	1983	1988	1960	1970	1983	1988
Pkw	27	55	65	68	3	16	42	52
Waschmaschine[1]	23	75	83	86	6	54	87	66
Gefrierschrank	3	28	65	70	0	1	29[2]	43
Telefon	14	51	88	93	–[3]	6	12	16
Farbfernsehgerät	0	15	73	87	0	0	38[2]	52

Alle Angaben sind Prozentangaben und geben die Anzahl der Konsumgüter je 100 Haushalte an.
1 West Waschvollautomat. Ost 1970 und 1983 auch andere Waschmaschinen
2 1985
3 keine Angaben

Q3 Ein Chemieingenieur aus der DDR schreibt 1969 in einem Brief an einen Freund, der 1957 in den Westen gegangen war:

Ich gäbe einige Jahre meines Lebens, wenn ich wüsste, wie bei Telefunken (ein westdeutsches Unternehmen für Funk- und Nachrichtentechnik), wo ja unter anderem die gleichen Anlagen wie in unserem Betrieb produziert werden, die Arbeit abläuft. Ich möchte einmal die Arbeit, wie ich sie selbst verrichte, unter kapitalistischen Bedingungen durchführen. Ich kann mir nicht vorstellen, wie ein kapitalistischer Betrieb Gewinne machen will, wenn er so arbeitet wie wir. Um die gesamte sozialistische Wirtschaft lahmzulegen, bedarf es nicht mal mehr eines Streiks. Ein „Dienst nach Vorschrift", wie er zum Teil bei Euch angewendet wird, hätte hier katastrophale Folgen. (...) Ich schätze, dass ca. 20 % der Arbeit nach Plan verläuft, der Rest ist „operative" Arbeit, d.h. Arbeit, bei der irgendetwas verpfuscht wurde, und die nun auf die Schnelle erledigt werden muss. Dabei werden Fehler immer wieder gemacht, doch keiner zieht die Lehren daraus; jeder weiß, dass niemand bestraft wird. Im Gegenteil, wenn alles wieder schön vertuscht ist, wird lauthals von sozialistischer Gemeinschaftsarbeit geschrien.

Aufgaben

1. Stellen Sie positive und negative Aspekte des Arbeitsalltags in der DDR in Tabellenform zusammen (VT1, Q2, Q3).
2. Nennen Sie Maßnahmen, wie die DDR-Regierung versuchte, die Produktion anzukurbeln (VT1).
3. Erklären Sie, warum viele Menschen in der DDR einen Schrebergarten hatten (VT1, Q2).
4. Erklären Sie die Aussage der Statistik D1.
5. Erläutern Sie, wie sich die Mangelwirtschaft der DDR auf den Alltag der Menschen auswirkte (VT1, Q1, Q3, D1).
6. Nennen Sie Möglichkeiten, wie DDR-Bürger durch die eigene Wirtschaft entstandene Versorgungslücken schließen konnten (VT2, Q2).
7. Sie leben in der DDR. Verfassen Sie einen Brief an Verwandte in Westdeutschland und schildern Sie Ihren Alltag.

Frauen emanzipieren sich

Laut Grundgesetz sind Frauen und Männer in der Bundesrepublik Deutschland gleichberechtigt. Auch in der DDR sollten Frauen und Männer gleichgestellt sein. Aber die Praxis sah ganz anders aus.

Frauenbewegung
gemeinsamer Einsatz von Frauen für die Gleichstellung in der Gesellschaft

Frauenquote
Regelung, wonach Posten in Politik oder Wirtschaft zu einem bestimmten Prozentsatz von Frauen besetzt werden müssen

Die westdeutsche Frauenbewegung

Westdeutsche Frauen waren in nahezu allen Bereichen des Lebens benachteiligt. Wollte eine verheiratete Frau berufstätig sein, so musste der Ehemann zustimmen. Den Arbeitsvertrag durfte er jederzeit kündigen. Wenn der Mann meinte, dass sie nicht genug für ihn da sei, konnte er die Scheidung einreichen. Es war außerdem allein Sache der Mütter, die Kinder zu betreuen. Nur vormittags gingen diese in den Kindergarten oder die Schule und waren zum Mittagessen wieder zu Hause.

Ab Ende der 1960er-Jahre protestierten Frauen gegen die Benachteiligungen. Sie erkannten, dass Selbstbestimmung stark von ihrer Bildung und ihren finanziellen Möglichkeiten abhing. Eine neue Frauenbewegung entstand. Die Frauen demonstrierten für die Bestrafung von Gewalt in der Ehe, für das Recht, eine Schwangerschaft zu verhüten oder abzubrechen, und für die Vereinbarkeit von Familie und Beruf. Die Zahl der Mädchen, die weiterführende Schulen und Universitäten besuchten, stieg in den 1970er-Jahren. Auch wuchs die Zahl der Frauen in Betrieben und politischen Ämtern. In vielen Städten wurden in den 1980er-Jahren Frauenbüros eingerichtet, die den Kampf um Gleichberechtigung unterstützten.

Q1 Schluss mit der Benachteiligung der Frau. Plakat der westdeutschen Frauenbewegung aus den 1970er-Jahren

Frauen in der DDR

Die Politik in der DDR bezog Frauen von Anfang an in das Berufsleben ein. Zum einen war die Gleichstellung der Frau ein wichtiger Punkt der sozialistischen Lehre. Zum anderen brauchte die Wirtschaft die Frauen dringend als Arbeitskräfte, weil nach dem Krieg Männer fehlten und viele in den Westen abgewandert waren. Schließlich verdiente man in der DDR so wenig, dass das Einkommen des Mannes nicht ausreichte. Somit waren 90 Prozent der Frauen berufstätig. Die Mehrzahl arbeitete in typischen „Frauenberufen“, zum Beispiel im Handel, bei der Post, in der Landwirtschaft, in der Textilindustrie, in der Verwaltung oder als Lehrerinnen. In Führungspositionen stiegen mehr Männer als Frauen auf. Damit trotz Frauenarbeit genug Kinder geboren wurden, entlastete der Staat die Mütter in der Erziehungs- und Hausarbeit. So wurden Kinder in Krippen, Kindergärten und Schulhorten betreut und erzogen. Auch wurden Frauen in Studium und Berufsausbildung mit „Förderungsplänen“ unterstützt.

Gleichstellung der Frauen in der DDR?

Eine Gleichstellung der Frau mit dem Mann gab es im Alltag trotzdem nicht. Meistens war es die Frau, die neben dem Beruf auch noch den Haushalt führte. Eine von Staat und Partei unabhängige Frauenbewegung gab es nicht.

Q2 „Da wird sich Vati freuen …“ Westdeutsches Werbeplakat, 1950er-Jahre

Q3 Titelblatt der Zeitschrift „Für Dich“. Ost-Berlin 1978

Aufgaben

1 Beschreiben Sie die traditionelle Rolle der Frau (VT1, Q2).

2 Vergleichen Sie die Rolle der Frau in Ost und West (VT1, VT2).

3 Erläutern Sie die jeweiligen Hintergründe zu den Plakaten Q1–Q3.

4 Drei junge Frauen diskutieren über ihren Alltag und ihre Rolle in der Familie. Die eine ist überzeugte Hausfrau, die zweite lebt die Ideale der Frauenbewegung, die dritte wünscht sich eine Familienpolitik ähnlich wie in der DDR. Spielen Sie das Gespräch nach und diskutieren Sie, welche Position Sie selbst vertreten würden.

5 Erklären Sie mit eigenen Worten den Begriff „Frauenquote“ (Lexikon). Recherchieren Sie nach Beispielen, wo die Quote angewendet wird.

6 Braucht es eine Quote, um Frauen in Führungspositionen zu bringen? Nehmen Sie Stellung und begründen Sie Ihre Meinung (Lexikon).

7 Sind die Chancen für Jungen und Mädchen in Schule, Beruf und Gesellschaft heute gleich? Gibt es feste Rollen? Stellen Sie Ihre Erfahrungen und Meinungen in der Klasse zusammen.

8 Erstellen Sie eine Zeitleiste (Collage) mit „Frauenbildern“ im Abstand von immer zehn Jahren von 1938 bis 1988. Wählen Sie Bilder, die die jeweilige Situation der Frauen darstellen (VT1).

Protestieren für Veränderungen

1966 schlossen CDU und SPD eine Große Koalition. Die kleine Opposition im Parlament konnte nichts ausrichten. Die Unzufriedenheit der Bürger mit der Politik verlagerte sich auf die Straße. Die Bundesrepublik stand am Beginn großer Veränderungen – im Gegensatz zur DDR.

Q1 Studentendemonstration am 18. Februar 1968 in West-Berlin

1968er-Bewegung
Junge Erwachsene in den 1960er-Jahren, die in den USA und in Europa gegen Kapitalismus und Krieg protestierten. In der Bundesrepublik kritisierten sie außerdem die Verdrängung der nationalsozialistischen Vergangenheit.

RAF
(Rote Armee Fraktion) terroristische Gruppe in der Bundesrepublik, die die Ziele der APO mit Gewalt weiter verfolgte

Eine außerparlamentarische Opposition

Bundesdeutsche Studenten und Bürger protestierten als außerparlamentarische Opposition (APO) „gegen die herrschende politische Klasse". Sie wollten mehr Mitbestimmung in den Schulen und Universitäten. An ihre Eltern richteten sie kritische Fragen, wie z. B.: „Was habt ihr in der Nazi-Zeit getan?" Die APO demonstrierte gegen die „Notstandsgesetze" der Großen Koalition, die sie an die Gesetzgebung der Nationalsozialisten erinnerte. Als **1968er-Bewegung** kritisierten sie den westlichen Kapitalismus und das Vorgehen der USA im Vietnamkrieg (siehe S. 82/83).

Die Studentenproteste heizten das innenpolitische Klima auf. Nicht selten mündeten die Demonstrationen in Straßenschlachten mit der Polizei. Höhepunkt der Auseinandersetzungen war das Attentat eines Rechtsextremen auf den Studentenführer Rudi Dutschke, das zu schweren Krawallen führte.

Die RAF

1969 wurde der Sozialdemokrat Willy Brandt deutscher Bundeskanzler. Er versuchte mit seinem Slogan „Mehr Demokratie wagen", die Forderungen der Studentenbewegung aufzunehmen, und leitete Reformen ein. Die Gesellschaft der Bundesrepublik wurde im Laufe der Zeit liberaler und sozialer. Doch einer Minderheit der Protestbewegung reichte das nicht: Sie wollte durch Terror die Gesellschaft verändern. 1970 entstand die Rote Armee Fraktion (RAF). Sie verübte Entführungen und Mordanschläge und spaltete die Gesellschaft in Befürworter und Gegner. Ein Höhepunkt des Terrors war die Entführung und Ermordung des damaligen Arbeitgeberpräsidenten Hanns-Martin Schleyer 1977. Erst 1998 löste sich die RAF auf.

Widerstand in der DDR

In der DDR richtete sich die Unzufriedenheit der Bürger in den 1970er-Jahren gegen die Einschränkung von Bürger- und Menschenrechten wie Meinungsfreiheit, Reisefreiheit, Berufsverbot und Überwachung durch das Ministerium für Staatssicherheit. Aktiver Widerstand war allerdings gefährlich und endete oft mit Haftstrafen oder Abschiebungen in den Westen. So erging es auch Künstlern, die sich kritisch mit ihrer Gesellschaft auseinandersetzten. Dem DDR-Staat gelang es nicht, auf der Grundlage der Kritik Reformen zu entwickeln.

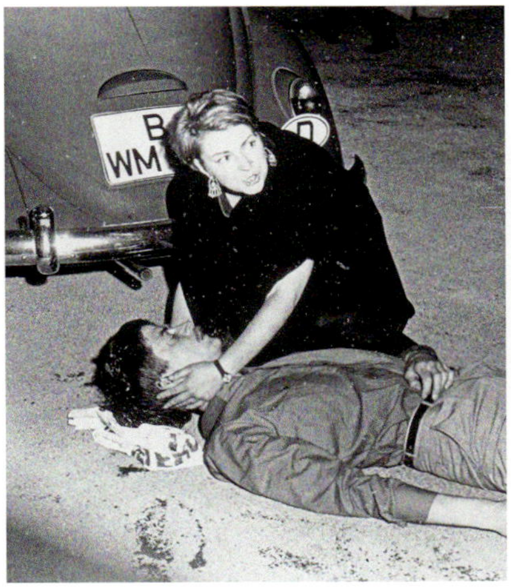

Q2 Ein Schuss mit Folgen. Der Student Benno Ohnesorg nach dem tödlichen Schuss des Kriminalbeamten Kurras. Die Tötung eines Demonstranten durch eine Polizeikugel ließ die Proteste radikaler werden. Heute weiß man: Kurras war Inoffizieller Mitarbeiter der DDR-Staatssicherheit. Den Schuss gab er aber nicht in deren Auftrag ab. Foto, 6. Februar 1967

Q4 Justizvollzugsanstalt Stuttgart-Stammheim. Im Hochsicherheitstrakt waren seit 1972 die Anführer der RAF inhaftiert. 1975 begann der Prozess: Den Angeklagten Andreas Baader, Ulrike Meinhof, Gudrun Ensslin und Jan-Carl Raspe wurde Mord in vier Fällen und versuchter Mord in 54 Fällen vorgeworfen. Sie nahmen sich 1976/1977 in der Haft das Leben. Foto, Mai 1975

Q5 Ausbürgerung nach einem Konzert in Köln. Der bekannte Liedermacher Wolf Biermann kritisierte Missstände in der DDR und durfte nach dem Konzert wegen feindlicher Propaganda nicht wieder in die DDR zurückreisen. Foto, 13. November 1976

Q3 Gründungsaufruf der RAF vom 5. Juni 1970 in der Zeitschrift „Agit 883“:

Sitzt nicht auf dem hausdurchsuchten Sofa herum und zählt eure Lieben, wie kleinkarierte Krämerseelen. Baut den richtigen Verteilerapparat auf, lasst die Hosenscheißer liegen, die Rotkohlfresser, die Sozialarbeiter, die sich doch nur anbiedern, dies Lumpenpack. Kriegt raus, wo die Heime sind und die kinderreichen Familien und das Subproletariat und die proletarischen Frauen, die nur darauf warten, den Richtigen in die Fresse zu schlagen. Die werden die Führung übernehmen. (…)

Die Klassenkämpfe entfalten. Das Proletariat organisieren. Mit dem bewaffneten Widerstand beginnen! Die Rote Armee aufbauen!

Aufgaben

1. Beschreiben Sie in eigenen Worten die Entstehung der APO (Vorspann, VT1).
2. Erstellen Sie Flugblätter oder Demonstrationsplakate mit Forderungen der Studenten bzw. der APO (VT1, Q1).
3. Erklären Sie die Entstehung der RAF (VT2, Q3).
4. Erläutern Sie die Maßnahmen der DDR-Regierung gegen die Opposition (VT3, Q5).
5. Vergleichen Sie die Stimmung und Forderungen in der Bundesrepublik und in der DDR sowie die Reaktion der jeweiligen Regierung (VT1, VT3, Q2, Q5). Beurteilen Sie dann die Folgen für den jeweiligen Staat.
6. „Studenten, die den Staat und die Politik angreifen und alles in Frage stellen, gehören eingesperrt!“ Nehmen Sie Stellung zu dieser Meinung, die 1968 oft zu hören war.
7. Bereiten Sie ein Kurzreferat über die „erste Generation“ der RAF vor (VT2, Q3, Q4). Recherchieren Sie zu diesen Themen: Mitglieder der Gruppe, Ziele, Taten, Haft, Prozess.

Zeitzeugen befragen

Q1 Zeitzeugeninterview einer Schülerin der 10. Klasse mit Christiane N.

Eine persönliche Sicht

Zeitzeugen sind Personen, die Ereignisse selbst erlebt haben oder von ihnen betroffen waren. Sie haben ihre persönliche Sicht auf die Vergangenheit. Weil Zeitzeugen viele Details berichten können, wird Vergangenes für uns heute besser vorstellbar. Allerdings liegen zwischen dem Ereignis und der Erinnerung oft viele Jahre. Das kann die Erinnerung verändern. Vielleicht gerät manches in Vergessenheit. Oder der Zeitzeuge bewertet ein Ereignis heute ganz anders als damals. Das müssen wir bei der Auswertung der Interviews berücksichtigen. Die Aussage eines Zeitzeugen ist für uns also eine Quelle, die ausgewertet werden muss. Eine Zeitzeugenbefragung muss daher gut vorbereitet sein.

Q2 Interview mit Christiane N.:

Christiane N. wurde 1967 in Karl-Marx-Stadt (heute: Chemnitz) in der DDR geboren. Ihre Eltern erzogen ihre Kinder nicht im sozialistischen Sinne. Christiane trat aus der FDJ aus und nahm nicht an der Jugendweihe teil.

Was bedeutete es, als Kind oder Jugendlicher nicht in die FDJ zu gehen?

Man war von den außerschulischen Aktivitäten, die fast ausnahmslos durch die FDJ organisiert wurden, ausgeschlossen. Auch sonst wurde man als Außenseiter und „Klassenfeind" eingestuft.

Was bedeutete das für Ihre Freizeit?

Als Leistungsturnerin bekam ich es in den Trainingsbedingungen zu spüren, dass ich nicht mit der Meinung des DDR-Staates konform ging. 1976, am Ende der dritten Klasse, ging es um den Übergang vom Trainingszentrum (TZ) zur Kinder- und Jugendsportschule (KJS). In der KJS konnte man unter den besten Bedingungen bis hin zur Teilnahme an der Olympiade trainieren. Aber es wurden verschiedene Kriterien bewertet: sportliche Leistung, schulische Leistung, medizinische Eignung, gesellschaftliche Einstellung. Die gesellschaftliche Einstellung wurde bemängelt, weil meine Eltern sich weigerten, den Kontakt zu unseren Verwandten in Westdeutschland abzubrechen. Ich wurde deshalb aus dem TZ ausgeschlossen und konnte nur noch unter schlechteren Bedingungen trainieren.

Die FDJ war eine Jugendorganisation, wieso hatte das Auswirkungen auf Ihre schulischen und beruflichen Möglichkeiten?

Dadurch, dass man gleich als Regime-Gegner galt, wenn man nicht in der FDJ war oder nicht an der Jugendweihe teilgenommen hatte, war es schwer, an der Erweiterten Oberschule (Oberstufe mit dem Ziel Abitur) aufgenommen zu werden. Man konnte dann nicht studieren. Die gesellschaftliche Einstellung wurde höher bewertet als die schulische Leistung.

Was hat Sie in der DDR am meisten gestört?

- Der Umgang mit der eigenen Meinung, immer aufpassen, was man sagte, fehlende Meinungs- und Religionsfreiheit.
- Einschränkung der Informationsmöglichkeiten, z. B. sich selber mal ein Urteil zu bilden, indem man in den Westen fährt.
- Sich nicht selbst aussuchen können, mit wem man Kontakte pflegt.

Was bedeutet es für Sie heute, ihre Jugendzeit in der DDR erlebt zu haben?

Ich habe gelernt, auch mal unangepasst zu sein und mich nicht zu verbiegen.

Kader
planmäßig von der FDJ herangebildeter Stamm von Nachwuchskräften; heute: die von Sportverbänden geförderten Sportler

Jugendweihe
Staatliches Ritual in der DDR ab 1954: Jugendliche bekannten sich am Ende der 8. Klasse zum Sozialismus. In den 1980er-Jahren nahmen an der Jugendweihe 97 Prozent der Jugendlichen teil.

Q3 Frau N.s Vater führte ein Tagebuch für seine Tochter (damals 4. Klasse). Hier zwei Einträge:

12.10.76 Aussprache mit stellv.(ertretendem) Dir.(ektor) d.(er) KJS Herrn K.

4 Kriterien, sportliche Leistung, schulische Leistung, medizinische Eignung, gesellschaftliche Einstellung wurden uns genannt. Das Letzte wurde nicht erfüllt, weil wir Kontakte zur Verwandtschaft nicht abbrechen und weiter halten wollen (…).

19.11.76 Ex-TZ-Kader Christiane

Heute nun wurde Christiane mit einem Buch vom TZ aus der Trainingsgruppe „ausdelegiert“ – hinauskomplimentiert. Entgegen den Ergebnissen des Gesprächs mit Herrn K. von der KJS am 2.10.76. Ein schriftlicher Bescheid ist uns nicht zugestellt worden. Nur Mutti bekam am vergangenen Montag von Frau P. (TZ-Leiterin) den telefonischen Bescheid, dass Christiane ihr Training nicht mehr im TZ fortsetzen darf. Das ist sozialistische Sport- und Jugendpolitik. Die Kinder sind keine Kinder, sondern Kader. Da hat nun Christiane so viele Medaillen errungen und die von uns nicht abbrechbaren Kontakte zur Verwandtschaft in der Bundesrepublik reichen aus, um nicht mal das Sportjahr zu Ende zu trainieren.

Zeitzeugen befragen

Beschreiben

1 Finden Sie heraus, welche Person geeignet ist, Ihnen Auskunft zu dem gewählten Thema zu geben.

2 Erarbeiten Sie sich einen Leitfaden aus Fragen und Schwerpunkten für das Interview.

3 Erklären Sie dem Zeitzeugen/der Zeitzeugin, was Sie möchten, und vereinbaren Sie einen passenden Termin.

Untersuchen

4 Schaffen Sie eine vertrauliche Atmosphäre für das Gespräch. Es kann sein, dass die Person von den Ereignissen berührt ist und es ihr nicht leicht fällt, darüber zu sprechen.

5 Teilen Sie der Person mit, dass Sie sich Stichworte zu dem Gespräch machen wollen, bzw. fragen Sie nach, ob Sie das Gespräch aufzeichnen dürfen.

Deuten

6 Nehmen Sie sich nach dem Gespräch Zeit, Ihre Notizen zu vervollständigen. Verschriftlichen Sie wichtige Stellen des Interviews.

7 Werten Sie das Interview aus, indem Sie die Antworten auf Ihre Fragen zusammenfassen und mit Informationen zu dem historischen Ereignis vergleichen.

8 Schätzen Sie die Verlässlichkeit der Aussagen Ihres Zeitzeugens/Ihrer Zeitzeugin ein und beurteilen Sie das Ergebnis Ihrer Befragung.

Arbeitsblatt siehe Zeitreise-Code S. 31

Aufgaben

1 Fassen Sie die zentralen Aussagen aus dem Interview Q2 zusammen.

2 Erläutern Sie, inwieweit Q3 die Erinnerung von Frau N. bestätigt.

3 Beurteilen Sie, welche persönliche Sicht durch die Erfahrungen von Frau N. zum Thema Jugend in der DDR deutlich wird.

4 Verfassen Sie einen Brief an Frau N., in dem Sie ihr schildern, was Ihnen ihre Geschichte bedeutet.

5 Entscheiden Sie sich für eine eigene Zeitzeugenbefragung und bereiten Sie sie allein oder in Partnerarbeit vor.

6 Präsentieren Sie Ihre Zeitzeugenbefragung in Ihrem Portfolio, in einem Projekt oder in der Klasse.

7 „Ein Zeitzeuge ist die beste Quelle über die Vergangenheit, schließlich war er ja dabei!“ Nehmen Sie Stellung zu dieser Aussage.

Die Teilung Deutschlands

1

Die grundlegenden Daten und Begriffe kann ich erklären!

a) Westintegration (S. 32)
b) Adenauer (S. 33)
c) Planwirtschaft (S. 34)
d) Soziale Marktwirtschaft (S. 34)
e) Mauerbau (S. 40)
f) deutsche Frage (S. 46)
g) „Staatssicherheit" (S. 54)
h) „Gastarbeiter" (S. 58)
i) 1968er-Bewegung (S. 64)
j) 17. Juni 1953 Aufstand gegen das DDR-Regime (S. 38)
k) Reformen der sozialliberalen Koalition (S. 44)
l) 1972 Grundlagenvertrag (S. 44)

2

Diese Methode kann ich anwenden!

Historische Spielfilme analysieren:

a) Ich kann die Hauptpersonen und die Handlung des Films in wenigen Worten zusammenfassen.
b) Ich kann beschreiben, welche Wirkung in bestimmten Szenen mit filmischen Mitteln erreicht werden soll.
c) Ich kann anhand von Quellen überprüfen, welches Bild der historischen Realität der Film vermitteln will.

3

Ich kann zeigen, dass Geschichte erzählte Geschichte ist!

a) Ich kann einen Tagebucheintrag aus Sicht eines Beteiligten am Volksaufstand in der DDR am 17. Juni 1953 verfassen.
b) Ich kann einen Brief verfassen, in dem ein „Gastarbeiter" seine Lage beschreibt.

4

Diese Fragen kann ich beantworten!

a) Wie sah in den 1950er-Jahren die wirtschaftliche Entwicklung in der Bundesrepublik und in der DDR aus?
b) Wie ging man mit den Tätern des Nationalsozialismus in den beiden deutschen Staaten um?
c) Warum wurde in Berlin die Mauer gebaut?
d) Warum wurden in der Bundesrepublik und in der DDR Arbeitskräfte angeworben?
e) Welche Forderungen hatten die Studenten der 1968er-Bewegung?

5

Zu diesen Fragen habe ich eine Meinung und kann sie begründen!

a) War das System der Planwirtschaft dem der Sozialen Marktwirtschaft überlegen?
b) War der Neuanfang der Kultur in Ost- und Westdeutschland gleich?

6

Ich kann mich in Geschichte und Gegenwart orientieren!

a) Ich kann die Folgen der deutschen Teilung erklären.
b) Ich kann die Bedeutung der Reformen der sozialliberalen Koalition für die heutige Gesellschaft erkennen.

7

Die Daten auf der Zeitleiste kann ich erklären!

17. Juni 1953	1955	13. August 1961	1968	1969	1972

Portfolio und Üben siehe Zeitreise-Code, S. 31

D1 Der Rote Kakadu: Inhalt

Der Film spielt im Jahr 1961. Der 20-jährige Siggi zieht nach Dresden und lernt dort die Dichterin Luise und ihren nicht immer treuen Ehemann Wolle kennen. Siggi verliebt sich in Luise und geht in das Tanzlokal „Der Rote Kakadu", da die beiden dort häufig anzutreffen sind. Dort tanzt man zu westlichem Rock 'n' Roll und steht der Staatsmacht kritisch gegenüber. Als bekannt wird, dass Wolle von der Staatssicherheit verhaftet werden soll, versucht das Pärchen mit Siggis Hilfe erfolglos zu fliehen. Wolle wird dabei verhaftet. Im Laufe der Zeit wird auch der „Rote Kakadu" geschlossen und eine Gerichtsverhandlung gegen Besitzer, Musiker und Besucher vorbereitet. Siggi, der noch immer in Luise verliebt ist, lässt ihr als Geschenk illegal ein Exemplar ihrer gesammelten Gedichte drucken. Da die „dekadenten" Gedichte nicht der Staatsideologie entsprechen, wird Luise verhaftet. Siggi rettet Luise und nimmt die Verantwortung auf sich. Beim „Kakadu"-Prozess versucht Wolle zu fliehen und wird niedergeschossen. Siggi flieht daraufhin nach West-Berlin. Luise verspricht Siggi nachzukommen. Doch dann schließen sich die Sektorengrenzen und der Bau der Mauer beginnt.

Q1 Plakat des Films „Der Rote Kakadu"; Regie: Dominik Graf, 2006. Die Dreiecksbeziehung der drei Hauptfiguren – von links nach rechts: Wolle (gespielt von Ronald Zehrfeld), Siggi (Max Riemelt) und Luise (Jessica Schwarz) – spielt innerhalb von vier Monaten. Die Geschichte beginnt mit der Mission der sowjetischen Raumkapsel Wostok 1 am 12. April 1961 und endet mit dem Mauerbau am 13. August 1961.

Aufgaben

1. Sehen Sie sich die „Parkszene" (ca. 5 Minuten), in der sich Siggi, Luise und Wolle zum ersten Mal begegnen, an. Legen Sie ein Szenenprotokoll an (siehe D3 auf S. 55) und untersuchen Sie die Szene nach den Arbeitsschritten 4–6 zur Filmanalyse auf S. 55.
2. Bearbeiten Sie die restlichen Arbeitsschritte für den gesamten Film.
3. Diskutieren Sie, ob der Film die Lebenswirklichkeit in der DDR des Jahres 1961 angemessen wiedergibt.

3 1945 bis 1992

Kalter Krieg, Entspannung und Neuorientierung in Europa und der Welt

1961/62
Kubakrise: Ein Atomkrieg der Supermächte USA und Sowjetunion droht.

1963
Der deutsch-französis Freundschaftsvertrag beendet die Feindsch zwischen Deutschlanc und Frankreich.

1989/90
Der Reformprozess in der Sowjetunion führt zum Umbruch und schließlich zur Auflösung des Warschauer Pakts.

9. November 1989
Die Öffnung der innerdeutschen Grenze und der Fall der Berliner Mauer leiten das Ende des Ost-West-Konflikts ein.

3. Oktober 1990
Die Vereinigung der beiden deutschen Staaten beendet die Teilung Deutschlands.

1992
Mit dem Vertrag von Maastricht wird die Bildung der Europäischen Union beschlossen.

Als am 9. November 1989 die Schlagbäume an der innerdeutschen Grenze in Berlin aufgingen und die Bürger in der DDR nach 40 Jahren nach Westberlin durften, schaute die ganze Welt auf die geteilte Stadt. Der „Eiserne Vorhang" trennte nicht nur Deutschland, sondern Europa in West und Ost. Der Gegensatz der beiden Blöcke mit den jeweils führenden Supermächten USA und Sowjetunion schien unüberwindlich. Der Kalte Krieg mit all seinen Konflikten und dem Wettrüsten bis an die Schwelle eines Atomkriegs hatte jede Hoffnung auf Annäherung erstickt.

So erscheint die Öffnung der Grenze in Berlin in dieser Nacht bis heute unfassbar und im Nachhinein gleichzeitig folgerichtig – war sie doch der Beginn der deutschen Wiedervereinigung und der Anfang einer Neuordnung Europas.

D1 Konfrontation der Supermächte. Im Oktober 1961 standen sich an der Grenze zwischen Ost- und Westberlin amerikanische und sowjetische Panzer kampfbereit gegenüber. Eine Open-Air-Ausstellung in Berlin erinnert heute an die dramatischen Stunden.

Material zu dieser Themeneinheit
Zeitreise-Code: **pd5b8h**

Aus Verbündeten werden Gegner

April 1945: Mitten in Deutschland reichen sich amerikanische und sowjetische Soldaten die Hände. Ihr Ziel, Hitlers Armeen zu schlagen, ist erreicht. Doch wird das Bündnis zweier so gegensätzlicher Staaten auch im Frieden halten?

Q1 Der Handschlag von Torgau. Die sowjetische Armee von Osten und die US-Armee von Westen kommend trafen im April 1945 an der Elbe zusammen. Am 25. April begegnete eine US-Patrouille sowjetischen Soldaten, die sie freudig begrüßten. Der Handschlag auf der beschädigten Elbbrücke bei Torgau wurde am folgenden Tag für die Fotografen nachgestellt. Und die Regierungen in Washington und Moskau bekräftigten in gleichlautenden Presseerklärungen ihren gemeinsamen Willen zur vollständigen Vernichtung des nationalsozialistischen deutschen-Staates. Foto, April 1945

Zwei gegensätzliche Systeme

Die Anti-Hitler-Koalition hatte ihr Hauptziel erreicht: Deutschland und Japan konnten den Weltfrieden nicht mehr gefährden. Deutschland sollte für längere Zeit besetzt bleiben, dazu waren vier Besatzungszonen eingerichtet worden. Der Alliierte Kontrollrat (siehe S. 13) sollte für eine gemeinsame Deutschlandpolitik der Siegermächte sorgen. Viele zweifelten aber daran, ob das dauerhaft möglich wäre. Denn bald wurde deutlich, dass ein alter Konflikt nur unterbrochen worden war: der zwischen dem kapitalistischen System, wie es sich vor allem in den USA entwickelt hatte, und dem kommunistischen System in der Sowjetunion. Es entstand ein Ost-West-Konflikt, der die Weltpolitik der folgenden Jahrzehnte bestimmte.

Weltmacht USA

Die Vereinigten Staaten von Amerika waren 1945 die stärkste Militärmacht. Sie hatten eine gewaltige Rüstungsindustrie aufgebaut, die auch Großbritannien, die Sowjetunion und andere Verbündete während des Krieges mit Waffen und Munition versorgt hatte. Außerdem verfügten die USA über die Atombombe. Damit konnten sie jeden Gegner vernichten. Die US-Industrie war 1945 so überlegen wie nie zuvor. Die deutschen und japanischen Fabriken waren zerstört, auch die britische Industrie hatte im Krieg gelitten. Fast 60 Prozent der weltweit hergestellten Industriegüter kamen nun aus amerikanischer Produktion. Um ihre Produkte überall verkaufen zu können, waren die USA an einem freien Welthandel interessiert. Sie wollten aber auch ihre Vorstellungen von Freiheit, Demokratie und Menschenrechten durchsetzen.

Weltmacht Sowjetunion

In der Sowjetunion hatte die deutsche Wehrmacht Tausende von Städten und Dörfern zerstört und auf ihrem Rückzug planmäßig Brücken, Schienen und Fabriken in die Luft gesprengt. Der Krieg hatte dort mehr als 20 Millionen Menschen das Leben gekostet. Der sowjetische Staatschef Stalin befürchtete, dass die USA und Großbritannien die Schwäche seines Landes ausnutzen könnten. Er wollte verhindern, dass die kapitalistischen Staaten die Diktatur der kommunistischen Partei und damit auch seine eigene Herrschaft beseitigten. Darum sollten die Staaten Osteuropas den Sozialismus übernehmen. Dieser Schutzgürtel befreundeter Staaten sollte die Sowjetunion vor einem erneuten Angriff aus dem Westen schützen.

1941: Atlantik-Charta

Noch vor dem Kriegseintritt der USA treffen der amerikanische Präsident Roosevelt und der britische Premierminister Churchill auf einem Kriegsschiff im Atlantik zusammen. Als gemeinsame Ziele legen sie fest: Verzicht auf Eroberungen, Selbstbestimmungsrecht der Völker, freien Welthandel, Gleichberechtigung aller Völker, ein System der weltweiten Friedenssicherung.

Februar 1945: Konferenz von Jalta (Stadt auf der Halbinsel Krim)

Churchill, Roosevelt und der sowjetische Staatschef Stalin legen ihre gemeinsame Nachkriegspolitik fest: Deutschland wird in vier Besatzungszonen aufgeteilt und erhält einen Alliierten Kontrollrat als Militärregierung. Der Osten Deutschlands wird Polen gegeben, als Entschädigung für jene Gebiete, die 1939 durch den Hitler-Stalin-Pakt an die Sowjetunion gefallen waren.

Juli/August 1945: Konferenz von Potsdam

Roosevelts Nachfolger, US-Präsident Truman, ordnet den Test der ersten Atombombe bewusst für den 16. Juli 1945 an. An diesem Tag beginnt die Konferenz. Doch Stalin lässt sich mit der neuen Superwaffe nicht einschüchtern. Er macht keine bindenden Zusagen über die Behandlung der Staaten Osteuropas, in denen noch die Rote Armee steht. Truman verschiebt die Entscheidung über einen sowjetischen Kreditantrag zum Wiederaufbau des Landes.

D1 Konferenzen der Alliierten

Q2 Komplizierte Gemengelage. Zu sehen sind US-Präsident Roosevelt (links), der sowjetische Staatschef Stalin (Mitte) sowie der britische Premierminister Churchill. Zeitgenössische Karikatur zur Konferenz von Jalta, im Original erschienen unter dem Titel „Mischmasch-Potch“

Q3 „Entwurf für ein Siegerdenkmal“. Links Stalin (Sowjetunion), rechts Roosevelt (USA) und Churchill (Großbritannien). Auf dem Pferd links Hammer und Sichel, rechts Dollar- und Pfund-Zeichen. Die Schlange hat das Gesicht Hitlers. Schweizer Karikatur, April 1945

Aufgaben

1 Listen Sie die Vorstellungen der Alliierten auf:
a) zur Behandlung Deutschlands (VT1*, D1),
b) zur Neuordnung der Welt (D1).

2 Stellen Sie in einer Tabelle die beiden Weltmächte des Jahres 1945 gegenüber. Unterscheiden Sie wirtschaftliche und militärische Macht sowie politische Ziele (VT2, VT3, D1).

3 Untersuchen Sie Q1 und beurteilen Sie, inwieweit es sich dabei um Propaganda handelt.

4 Erläutern Sie anhand von Q2 den beginnenden Konflikt der Alliierten. Nehmen Sie dafür auch die Darstellung der Konferenzen D1 zu Hilfe (VT1–V3).

5 Deuten Sie die Karikatur Q3 anhand von VT2 und VT3.

6 Diskutieren Sie, ob die Konfrontation der Weltmächte vermeidbar war.

* VT1 bedeutet: Die Aufgabe bezieht sich auf den ersten Abschnitt des Verfassertextes (VT). Die Abschnitte ergeben sich durch die blauen Zwischenüberschriften.

Die Spaltung Europas und der Welt

Im März 1946 sprach Winston Churchill von einem „Eisernen Vorhang" zwischen dem östlichen und dem westlichen Europa. In der Sowjetunion hieß es ein Jahr später, die Welt sei in „zwei Lager" geteilt. Stand ein dritter Weltkrieg bevor?

Q1 Der Nordatlantikpakt aus sowjetischer Sicht. Karikatur aus der sowjetischen Zeitschrift „Krokodil" vom 4. April 1949. Am selben Tag unterzeichneten die Außenminister der USA, Kanadas und zehn europäischer Staaten den Nordatlantikpakt. Das Dokument trägt den Schriftzug „Nordatlantischer Pakt". Die dargestellten Personen sind: Uncle Sam als Symbol für die USA ①, die Außenminister Großbritanniens ②, Frankreichs ③, Belgiens ④, der Niederlande ⑤ und Luxemburgs ⑥.

Osteuropa wird kommunistisch

Die sowjetischen Armeen hatten gegen Ende des Zweiten Weltkrieges die Länder Osteuropas von der deutschen Wehrmacht befreit. Für diese Staaten forderten die Westmächte (USA, Großbritannien, Frankreich) nun freie Wahlen. Die osteuropäischen Völker sollten nach dem Willen der Westmächte selbst über ihr weiteres politisches Schicksal entscheiden können.

Doch der sowjetische Diktator Stalin zog seine Soldaten nicht aus Osteuropa zurück. Sie blieben als Besatzer. Sowjetische Offiziere sorgten dafür, dass überall kommunistische Parteien an die Macht kamen. Wer sich dagegen stellte, musste damit rechnen, verhaftet oder sogar ermordet zu werden. Die neuen Staaten nannten sich Volksdemokratien. In Wirklichkeit waren sie kommunistische Diktaturen nach sowjetischem Vorbild.

Die Antwort der Westmächte

Die Menschen in Westeuropa fühlten sich bedroht. Sie fürchteten, dass Stalin seine Macht auch auf ihre Länder ausdehnen wollte. Wer in Europa hätte ihn daran hindern können? Deutschland war entwaffnet. Frankreich und Großbritannien hatte der Zweite Weltkrieg so sehr geschwächt, dass sie kein wirkliches Gegengewicht bildeten.

Um Westeuropa militärisch zu schützen, war die Hilfe der USA nötig. Der amerikanische Präsident Truman entschied sich 1947 zur offenen Konfrontation gegenüber der Sowjetunion. Nicht nur in Europa, sondern überall in der Welt wollte Truman den Einfluss des Kommunismus eindämmen.

Zwei feindliche Militärblöcke

Im Jahr 1949 gründeten die USA zusammen mit Kanada und einigen westeuropäischen Staaten den Nordatlantischen Verteidigungspakt – die **NATO**. Weitere Bündnisse in Asien und im pazifischen Raum folgten.

Aus sowjetischer Sicht war die Politik des „Westens" darauf ausgerichtet, die Sowjetunion zu schwächen und überall die kommunistischen Herrschaften zu stürzen. Um nicht völlig isoliert zu werden, wollte die Sowjetunion die neuen Volksdemokratien dauerhaft an sich binden. Darum gründete sie 1955 ein Gegenbündnis zur NATO – den Warschauer Pakt.

NATO
(„North Atlantic Treaty Organization" = Nordatlantikpakt) militärisch-politisches Bündnis westlicher Staaten, das 1949 unter Führung der USA gegründet wurde

Warschauer Pakt
militärisch-politisches Bündnis des Ostblocks, das 1955 unter Führung der Sowjetunion gegründet wurde

Antiimperialismus
kommunistische Sicht: Imperialismus = letzte Stufe des Kapitalismus vor der sozialistischen Revolution; Antiimperialismus = Kampf gegen kapitalistische Staaten

Q2 Aus einer Rede von US-Präsident Truman im März 1947:

Zum gegenwärtigen Zeitpunkt der Weltgeschichte muss jede Nation zwischen alternativen Lebensformen wählen. Nur zu oft ist diese Wahl nicht frei.

Die eine Lebensweise gründet sich auf den Willen der Mehrheit und ist gekennzeichnet durch freie Institutionen, repräsentative Regierungsformen, freie Wahlen, Garantien der persönlichen Freiheit, Rede- und Religionsfreiheit und Freiheit von politischer Unterdrückung. Die andere Lebensform gründet sich auf den Willen einer Minderheit, den diese der Mehrheit gewaltsam aufzwingt. Sie stützt sich auf Terror und Unterdrückung, auf die Zensur von Presse und Rundfunk, auf manipulierte Wahlen und auf den Entzug der persönlichen Freiheiten. Ich glaube, es muss die Politik der Vereinigten Staaten sein, freien Völkern beizustehen.

Q3 Ein enger Mitarbeiter Stalins schrieb im September 1947:

So sind zwei Lager entstanden: das imperialistische, antidemokratische Lager, dessen Hauptziel darin besteht, die Weltvormachtstellung des amerikanischen Imperialismus zu erreichen und die Demokratie zu zerstören, und das antiimperialistische Lager, dessen Hauptziel es ist, den Imperialismus zu überwinden, die Demokratie zu konsolidieren (festigen) und die Überreste des Faschismus zu beseitigen.

D1 Ausdehnung des sowjetischen Machtbereiches seit dem Zweiten Weltkrieg

Aufgaben

1. Listen Sie anhand von D1 alle Staaten auf, die zwischen 1939 und 1945 Gebiete an die Sowjetunion abtreten mussten oder ganz annektiert wurden, b) seit 1945 dauerhaft unter sowjetische Kontrolle gerieten.

2. Erklären Sie, was Churchill mit dem Begriff „Eiserner Vorhang" meinte (Vorspann, VT1, Lexikon, D1).

3. Erläutern Sie, worin Stalin und andere kommunistische Führer eine Gefahr sahen (VT3).

4. Listen Sie in einer Tabelle auf, mit welchen Begriffen Truman (Q2) und Stalin (Q3) jeweils das eigene und andere „Lager" beschreiben.

5. Prüfen Sie, ob das in VT1 dargestellte Vorgehen Stalins zur Aussage Q2 passt.

6. Formulieren Sie die Aussage von Q1 in eigenen Worten.

7. Beurteilen Sie, ob das Vorgehen der Weltmächte zur Spaltung Europas führen musste.

Krisen im sozialistischen Lager

Noch 1944 und 1945 hatten viele Osteuropäer die Soldaten der Roten Armee als Befreier begrüßt. Doch bald mussten sie feststellen, dass sie die deutsche Vorherrschaft nur gegen die russische eingetauscht hatten.

Q1 Soldaten der Roten Armee beim Einmarsch in die Tschechoslowakei. Tschechoslowakisches Plakat, August 1968

Prager Frühling
Demokratisierungsprozess in der Tschechoslowakei von Januar bis August 1968 unter Führung des KP-Funktionärs Alexander Dubček. Das Ziel war ein „Sozialismus mit menschlichem Antlitz". Dieser Demokratisierungsprozess wurde durch den Einmarsch sowjetischer Truppen beendet.

Breschnew-Doktrin
Erklärung des sowjetischen Parteichefs Breschnew (sprich: Breschnjew) nach dem Einmarsch in die Tschechoslowakei 1968. Danach sei es keinem Land des Ostblocks erlaubt, einen eigenen Weg zum Sozialismus zu gehen.

Volksaufstand in Ungarn

Nirgends ließ Stalin die Völker selbst entscheiden, wie ihr politisches System aussehen sollte. Es gab nur einen Weg: eine Parteidiktatur nach sowjetischem Vorbild.

In Ungarn wurde 1955 der beliebte Ministerpräsident Imre Nagy (sprich: Nodsch) abgesetzt und aus der kommunistischen Partei ausgeschlossen, weil er politische Reformen anstrebte. Eine Protestbewegung erzwang 1956 seine Rückkehr ins Amt des Ministerpräsidenten. Imre Nagy legte freie Wahlen fest, erklärte Ungarn zu einem neutralen Staat und gab den Austritt seines Landes aus dem Warschauer Pakt bekannt. Das ließen sich die Sowjets nicht gefallen: Sowjetische Truppen marschierten in Ungarn ein, eroberten die Hauptstadt und setzten eine neue Regierung ein. Imre Nagy und viele andere Oppositionelle wurden verhaftet und hingerichtet.

Prager Frühling

In der Tschechoslowakei wollten 1968 Reformer innerhalb der Kommunistischen Partei den Sozialismus demokratischer und menschlicher machen. Aber die Parteiführer in den Ostblockstaaten fürchteten um ihre Macht: Sie ließen Truppen des Warschauer Paktes in die Tschechoslowakei einmarschieren. Doch überall stellten sich den Panzern Menschen entgegen.

In der erregten Menschenmenge auf dem Prager Karlsplatz befinden sich auch die beiden Arbeiter Marek und Jakub. Ihr Gespräch könnte so verlaufen sein:

Jakub: „Schau sie dir nur an, Marek, wie ratlos diese jungen Russen von ihren Panzern herunterschauen. Die wissen doch selbst nicht, wozu sie hier sind."

Marek: „Du hast Recht, Jakub. Denen hat man doch Märchen erzählt: von bösen Agenten aus dem Westen, die den Sozialismus beseitigen wollen. Jetzt sehen sie, dass hier nur Arbeiter stehen, Menschen wie du und ich."

Jakub: „Wie sollen diese blutjungen Kerle auch kapieren, dass Sozialismus nicht gleichbedeutend mit Diktatur sein muss? Wir haben ja nichts gegen den Sozialismus, aber wir wollen nicht bevormundet werden – weder von den Russen noch von unseren eigenen Parteibonzen."

Marek: „Der Breschnew in Moskau und die anderen Parteiführer in unseren sozialistischen Bruderländern …"

Jakub: „Bruderländer? Dass ich nicht lache! Das wollen Kommunisten sein? Verlogene Angsthasen sind sie, Panzer gegen Arbeiter, so stelle ich mir Sozialismus nicht vor!"

Marek: „Also, der Breschnew und die anderen Bonzen wissen genau, dass ihre Tage gezählt sind, wenn wir in der Tschechoslowakei zeigen, dass Sozialismus auch ein freundliches Gesicht haben kann."

Jakub: „Schon möglich Marek, aber ich fürchte, die werden nicht aufgeben. Warte ab, der Breschnew lässt unsere Reformer kaltstellen. Und dann kommen die Moskautreuen wieder an die Macht …"

Q2 Sturz eines Denkmals. Am 23. Oktober 1956 stürzten Aufständische das Stalin-Denkmal in der ungarischen Hauptstadt Budapest. Ein junger Mann bespuckt die Überreste des Denkmals. Foto, 1. Dezember 1956

Q4 Ende des „Prager Frühlings". Junge Menschen in Prag beschimpfen sowjetische Panzersoldaten als Besatzer. Sie werfen ihnen vor, sich widerrechtlich in die inneren Angelegenheiten der Tschechoslowakei einzumischen. Foto, August 1968

Q3 Aus dem Programm der protestierenden Budapester Studenten, 22. Oktober 1956:

1. Wir fordern den alsbaldigen Abzug aller Sowjettruppen nach den Bestimmungen des Friedensvertrages. (…)

5. Wir fordern, dass im ganzen Land allgemeine und geheime Wahlen abgehalten werden, an denen alle politischen Parteien teilnehmen, um eine neue Nationalversammlung zu wählen. Wir fordern, dass das Recht der Arbeiter auf Streik anerkannt wird. (…)

12. Wir fordern bedingungslose Meinungs- und Redefreiheit sowie die Freiheit für Presse und Rundfunk. (…)

13. Wir fordern, dass das Stalindenkmal, Symbol der stalinistischen Tyrannei und politischen Unterdrückung, so schnell wie möglich entfernt (…) wird.

Q5 Aktionsprogramm der Kommunistischen Partei der Tschechoslowakei, 5. April 1968:

Die Kommunistische Partei stützt sich auf die freiwillige Unterstützung durch die Menschen. Sie verwirklicht ihre führende Rolle nicht dadurch, dass sie die Gesellschaft beherrscht. (…) Die Politik der Partei darf nicht dazu führen, dass die nichtkommunistischen Bürger das Gefühl haben, in ihren Rechten und Freiheiten durch die Partei eingeschränkt zu werden. (…) Einem werktätigen Volk kann man nicht (…) vorschreiben, worüber es informiert sein darf und worüber nicht, welche Ansichten es öffentlich aussprechen darf und welche nicht. (…) Die gesetzmäßige Freizügigkeit der Bürger muss garantiert werden, besonders Reisen ins Ausland.

Aufgaben

1 Beschreiben Sie die Rolle der Roten Armee in der Tschechoslowakei 1945 und 1968 (Q1).

2 Listen Sie politische Veränderungen auf, die a) Imre Nagys Anhänger in Ungarn verwirklichen wollten (VT1, Q3) und b) Alexander Dubčeks Anhänger in der Tschechoslowakei verwirklichen wollten (VT2, Q5).

3 Erklären Sie, warum die kommunistischen Parteiführer der übrigen Ostblockstaaten die Reformen in Ungarn und in der Tschechoslowakei als gefährlich ansahen (VT1, VT2, Q3, Q5).

4 Beurteilen Sie die Bedeutung von 1956 und 1968 für das Verhältnis zwischen USA und Sowjetunion.

Kalter Krieg der Supermächte

Während des Kalten Krieges funktionierte in Europa die Abschreckung mit Atomwaffen: Keiner wagte es, die andere Seite anzugreifen – aus Angst vor der eigenen Vernichtung.

Q1 Der russische Kosmonaut Juri Gagarin war der erste Mensch im Weltall. 1961 umrundete er in einer Kapsel einmal die Erde. Damit übernahm die Sowjetunion die Führung in der Weltraumtechnik. Foto, 1961

Kalter Krieg
Zustand gegenseitiger militärischer Bedrohung zwischen den Supermächten. Der Kalte Krieg begann kurz nach dem Zweiten Weltkrieg und endete 1989 bis 1991. Man spricht von „kalt", weil es nie zu einem direkten militärischen Konflikt zwischen den Supermächten gekommen ist.

Die Supermächte

Die USA hatten die Atombombe entwickelt und durch ihren Einsatz 1945 den Krieg gegen Japan beendet. Der Sowjetunion gelang es 1949, eine Atombombe zu bauen. Nun begann ein Wettlauf um immer stärkere Bomben.

Doch keine der beiden Seiten hat es je gewagt, den Gegner mit atomaren Waffen anzugreifen. Es hätte einen verheerenden Gegenschlag zur Folge gehabt. Jede Supermacht verfügte ja über Tausende von Atomwaffen, die an verschiedenen Orten stationiert waren: an Bord von Langstreckenbombern, auf Atom-U-Booten, auf Abschussrampen in Wäldern, in Betonbunkern unter der Erde. Es war unmöglich, sie alle auf einmal durch einen Erstschlag zu vernichten. Daher hieß es im Kalten Krieg: „Wer als Erster schießt, stirbt als Zweiter." Das nannte man das Gleichgewicht des Schreckens.

Der Wettlauf im All

Im Jahr 1957 schossen sowjetische Techniker einen Satelliten ins All – den „Sputnik". Die Sowjetunion bewies damit ihren Vorsprung in der Raketen- und Weltraumtechnik.
Für die Menschen in der westlichen Welt war das ein Schock. Sie hatten sich bisher in allen Krisen auf die Überlegenheit der Amerikaner verlassen. Wer aber – wie die Russen – in der Lage war, einen Satelliten ins All zu schießen, der konnte auch jeden Ort auf der Erde mit seinen Atomraketen treffen. Die Folge des „Sputnikschocks" war, dass die USA ein teures Weltraumprogramm starteten. Nun wetteiferten Amerikaner und Russen darum, wer die stärksten Raketen bauen konnte.

Heißer Krieg im Kalten Krieg

Der Warschauer Pakt hatte in Europa mehr Soldaten, Panzer und Flugzeuge stationiert. Trotzdem bestand nie die Gefahr, dass der Warschauer Pakt seine Überlegenheit ausnutzen würde. Die USA drohten nämlich, bei einem Angriff sofort alle Mittel einzusetzen, auch die atomaren Waffen. So blieb es beim Kalten Krieg zwischen den Supermächten. In anderen Teilen der Welt führten sie aber Krieg: Sie griffen in Bürgerkriege ein, lieferten Waffen und Munition an „Freiheitskämpfer", schickten „Militärberater" oder ließen durch Geheimdienste Menschen töten.

D1 Atommächte
mit Jahr der ersten Zündung

1945	USA
1949	Sowjetunion/Russland
1952	Großbritannien
1954	Frankreich
1960	China
1974	Indien
1979	Pakistan
2006	Nordkorea

Q2 US-Präsident Jimmy Carter beschrieb in seiner Abschiedsrede am 14. Januar 1981 die Folgen eines Krieges mit Nuklearwaffen:

In einem weltweiten Nuklearkrieg würde mehr Zerstörungskraft als im gesamten Zweiten Weltkrieg freigesetzt werden, und zwar in jeder Sekunde des langen Nachmittags, den man für den Abschuss und Abwurf aller Raketen und Bomben benötigen würde: Jede Sekunde würde ein Zweiter Weltkrieg stattfinden, und in den ersten Stunden würden mehr Menschen getötet als in allen Kriegen der Geschichte zusammen. Die Überlebenden – wenn es überhaupt welche geben würde – würden in Verzweiflung leben inmitten der vergifteten Ruinen einer Zivilisation, die Selbstmord begangen hätte.

Q3 Das Gleichgewicht des Schreckens. „Es wird dauernd von Frieden gesprochen – meine Herren, der Friede bin ich!" Karikatur aus der Zeitschrift „Simplicissimus", 1956

Q4 Edwin Aldrin – der zweite Mensch auf dem Mond. Der Kommandant der Raumfähre, Neil Armstrong, hatte die Oberfläche des Mondes als Erster betreten. Foto, 20. Juli 1969

	NATO	Warschauer Pakt
Interkontinentalraketen	1646	2348
Atomsprengköpfe	9000	9000
Kampfflugzeuge	11 900	12 000
U-Boote	224	258
Kriegsschiffe	368	207
Kampfpanzer	25 000	60 000
Soldaten	5 200 000	5 700 000

D2 Waffenarsenale in NATO und Warschauer Pakt (Stand: Anfang 1982). Die Zahlen geben jeweils den Gesamtbestand aller Bündnispartner wieder.

Aufgaben

1. Arbeiten Sie heraus, warum man die USA und die Sowjetunion als Supermächte bezeichnete (VT1).
2. Erläutern Sie, auf welchen Gebieten die USA und die Sowjetunion Rivalen waren (VT2, VT3, D1, D2, Q1, Q4).
3. Begründen Sie, warum beide Supermächte sehr viel Geld in Weltraumprojekte steckten (VT2, Q1, Q4).
4. Erklären Sie, warum es im Kalten Krieg nie zu einem Einsatz von Atomwaffen kam (Vorspann, VT1, Q2, Q3).
5. Bewerten Sie das Verhältnis der militärischen Stärke von NATO und Warschauer Pakt (D2).
6. Schreiben Sie einen Zeitungskommentar zum Begriff „Gleichgewicht des Schreckens" (Vorspann, VT1, D1, Q3).

Am Rande des Atomkrieges

Kuba ist ein kleiner Inselstaat im Karibischen Meer. Doch 1962 kam es wegen der kleinen Insel zum großen Streit zwischen den Supermächten – sogar ein Atomkrieg schien möglich.

Heißer Draht
direkte Telefonverbindung zwischen den Hauptstädten der beiden Supermächte. Der heiße Draht wurde unmittelbar nach der Kubakrise eingerichtet, weil sich herausgestellt hatte, dass die Regierungen oft Stunden brauchten, um die Gegenseite zu informieren.

H-Bombe
nach dem chemischen Zeichen für Wasserstoff die Bezeichnung für die Wasserstoffbombe, eine Weiterentwicklung der Atombombe mit noch größerer Sprengkraft

Eine Revolution in der Karibik

Kuba wurde seit seiner Unabhängigkeit 1898 von den USA politisch und wirtschaftlich unterstützt – jedenfalls solange, wie die kubanische Regierung die Geschäfte der US-Konzerne nicht behinderte. Fidel Castro kam 1959 durch eine Revolution auf Kuba an die Macht. Castro arbeitete mit Kommunisten zusammen und ließ Großgrundbesitzer und ausländische Unternehmen enteignen. Die US-Regierung versuchte vergeblich, Castro zu stürzen oder durch den Geheimdienst ermorden zu lassen. Auch der Versuch, Kuba durch einen Handelsboykott wirtschaftlich zu ruinieren, scheiterte, weil Castro die Sowjetunion um Wirtschaftshilfe und Schutz bat. Als Gegenleistung durften die Sowjets Atomraketen auf der Insel stationieren. Von dort konnten sie in wenigen Minuten amerikanische Großstädte erreichen und vernichten. Das führte **1961/62** zur **Kubakrise**, der gefährlichsten Krise im Kalten Krieg.

Q1 „Einverstanden, Herr Präsident, wir wollen verhandeln ...". Englische Karikatur vom 29. Oktober 1962 mit dem sowjetischen Staats- und Parteichef Chruschtschow und US-Präsident Kennedy in der Kubakrise

Die Kubakrise

US-Präsident John F. Kennedy teilte am 22. Oktober 1962 in einer Fernsehansprache mit, dass die USA auf Kuba Abschussrampen für Raketen entdeckt hätten. Amerikanische Kriegsschiffe würden daher eine Seeblockade errichten: Alle Schiffe auf dem Weg nach Kuba sollten aufgehalten, durchsucht, und, falls Angriffswaffen an Bord wären, zurückgeschickt werden. Notfalls nähme man sogar einen Atomkrieg in Kauf. Es folgten dramatische Tage: Was würde geschehen, wenn sowjetische Schiffe versuchten, die Seeblockade zu durchbrechen? Doch kurz vor Erreichen der Blockade-Linie drehten die russischen Schiffe ab. Der sowjetische Partei-und Regierungschef Nikita Chruschtschow erklärte, die Sowjetunion ziehe ihre Raketen aus Kuba ab. Im Jahr darauf bauten die USA ihre auf die Sowjetunion gerichteten Raketen in der Türkei ab. Dies ging auf eine geheime Absprache zur Lösung der Kubakrise zurück.

Ein Umdenken beginnt

Auf dem Höhepunkt der Krise waren etwa 3000 Atomwaffen der USA gegen die Ostblockstaaten und die Sowjetunion gerichtet – einsatzbereit binnen Minuten. Umgekehrt sah es ähnlich aus. Die Politiker beider Seiten erschraken, als ihnen bewusst wurde, wie nah man vor der gegenseitigen Vernichtung gestanden hatte. Eine solche Katastrophe musste in Zukunft vermieden werden. Noch 1962 wurde zwischen Washington und Moskau der „heiße Draht" eingerichtet. Diese direkte Telefonverbindung sollte im Krisenfall einen ungewollten Kriegsausbruch verhindern. Außerdem begrenzten die Supermächte in Verträgen die Zahl der Kernwaffenversuche und der weitreichenden Atomraketen.

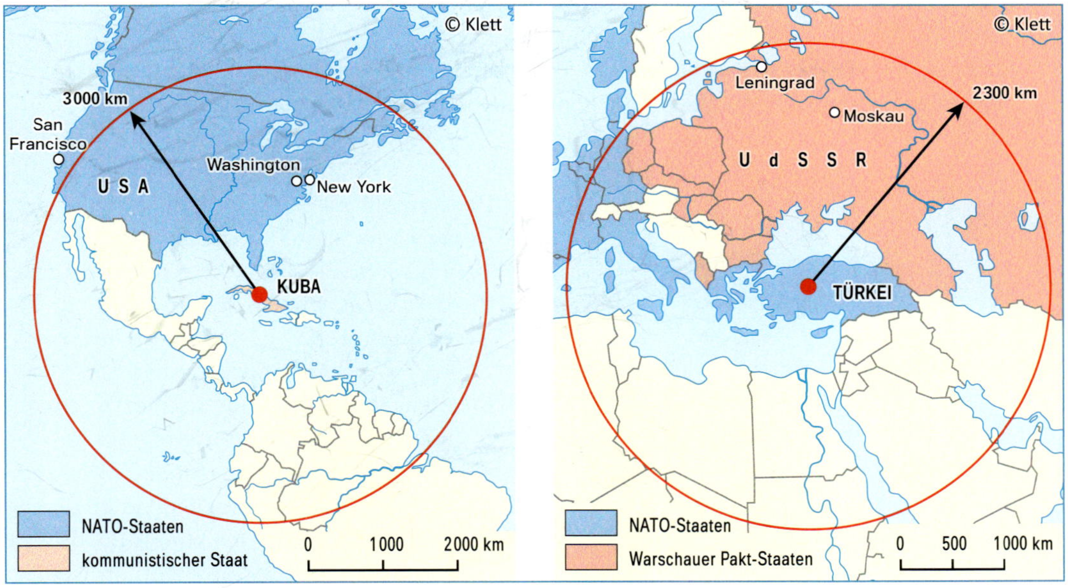

D1 Reichweite sowjetischer (links) und amerikanischer Atomraketen (rechts) im Jahr 1962

Q2 Aus der Fernsehansprache des US-Präsidenten Kennedy vom 22. Oktober 1962:

Im Laufe der letzten Wochen haben eindeutige Beweise die Tatsache erhärtet, dass derzeit auf dieser unterdrückten Insel mehrere Anlagen für Angriffsraketen errichtet werden. Der Zweck der Anlage kann nur darin bestehen, die Möglichkeit eines Atomschlags gegen die westliche Hemisphäre (Erdhalbkugel) zu schaffen. (…) Wir werden nicht verfrüht oder unnötigerweise einen weltweiten Kernwaffenkrieg riskieren (…). Aber wir werden vor diesem Risiko auch nicht zurückschrecken, wenn wir ihm gegenüberstehen.

Q3 Aus einem Brief Chruschtschows an Kennedy vom 27. Oktober 1962:

Sie sind beunruhigt über Kuba. Sie sagen, das beunruhigt Sie, weil es nur 150 Kilometer vor der Küste der Vereinigten Staaten von Amerika liegt. Aber die Türkei grenzt an unser Land; unsere Wachtposten patrouillieren hin und her und können einander sehen. Meinen Sie, Sie hätten das Recht, Sicherheit für Ihr Land zu verlangen und Abzug der Waffen zu fordern, die Sie offensiv nennen, uns aber dasselbe Recht nicht zuzugestehen? Sie haben vernichtende Raketenwaffen, die Sie offensiv nennen, in der Türkei stationiert.

Aufgaben

1. Stellen Sie die US-Politik gegenüber Kuba dar und erläutern Sie dabei die Rolle der Sowjetunion (VT1).
2. Erläutern Sie die konkrete Bedrohung, mit der Kennedy und Chruschtschow ihre Länder 1962 konfrontiert sahen (D1, VT2, Q1–Q3).
3. Bewerten Sie das Vorgehen Kennedys und Chruschtschows in der Kubakrise (VT2, Q2, Q3).
4. Diskutieren Sie, inwiefern die Kubakrise zu einer Entspannung zwischen den Supermächten führte (VT2, VT3).
5. Schreiben Sie einen Zeitungsartikel unter der Überschrift: „Kubakrise – die Welt am Abgrund?“
6. Sehen Sie sich gemeinsam den US-amerikanischen Spielfilm "Thirteen Days" (2000) an und untersuchen Sie ihn mithilfe der Arbeitsschritte von S. 57.

Wenn ein Dominostein fällt ...

Wie eine Reihe Dominosteine sahen US-Politiker und Militärs die Staaten Südostasiens. Sie warnten: „Wenn einer umkippt und kommunistisch wird, fallen alle anderen".

D1 Der Koreakrieg (1950–1953)

D2 Der Vietnamkrieg (1964–1973/75)

Dominotheorie
Vorstellung westlicher Politiker, die zur Begründung für das militärische Eingreifen in Vietnam wurde

Napalm
Brandwaffe, die schlecht heilende Verletzungen der Haut verursacht

In China siegen die Kommunisten

Im Jahr 1949 endete ein jahrelanger Bürgerkrieg in China mit dem Sieg der Kommunisten. Damit wurde das bevölkerungsreichste Land der Erde Teil des kommunistischen Lagers. Die Staaten des Westens sahen darin eine Katastrophe: Würden nun auch andere Völker Asiens dem Beispiel Chinas folgen? Die Amerikaner waren fest entschlossen, eine weitere Ausbreitung der kommunistischen Macht zu stoppen. Es kam zum Krieg: zuerst auf der Halbinsel Korea, dann in Vietnam.

Der Koreakrieg

Korea war eine Kolonie Japans gewesen. 1945 besetzte die Sowjetunion den Norden, die USA besetzten den Süden. Beide Besatzungsmächte sorgten dafür, dass in ihrem Teil Koreas eine Regierung an die Macht kam, die ihre Interessen verfolgte. Im Jahr 1950 griff das kommunistische Nordkorea den Nachbarstaat Südkorea an. Beide Kriegsparteien erhielten Unterstützung: Nordkorea von den kommunistischen Staaten China und der Sowjetunion, Südkorea von den kapitalistischen USA und ihren Verbündeten. Der Krieg endete 1953 mit einem Waffenstillstand; ein Friedensvertrag wurde bis heute nicht geschlossen.

Der Vietnamkrieg

Auch Vietnam war seit 1954 ein geteiltes Land: Der Norden wurde kommunistisch regiert, der Süden war von den USA abhängig. Allerdings kämpfte in Südvietnam eine kommunistische Organisation gegen die Regierung und für die Interessen der Kleinbauern und Arbeiter. Der sogenannte Vietcong wollte die kommunistische Herrschaft in ganz Vietnam durchsetzen.

Die USA griffen 1964 an der Seite Südvietnams in den Krieg ein. Obwohl die amerikanischen Soldaten den Kämpfern des Vietcongs technologisch überlegen waren, konnten sie den Krieg nicht gewinnen. Die USA zogen sich 1973 zurück. Bis 1975 eroberte der Vietcong zusammen mit den Truppen Nordvietnams den Süden des Landes. Das wiedervereinigte Vietnam wurde ein Verbündeter der Sowjetunion. Die USA hatten den Vormarsch des Kommunismus nicht stoppen können. Außerdem wurden sie wegen ihrer brutalen Kriegsführung weltweit kritisiert, u. a. für den Einsatz von Napalm bei ihren Luftangriffen.

Q1 Kinder auf der Flucht nach einem Napalm-Angriff auf ihr Dorf
links: Beschnittene Version des Fotos. Die New York Times und andere Medien veröffentlichten das Foto in diesem Ausschnitt. Es wurde weltberühmt.
rechts: Unbeschnittenes Originalfoto vom 8. Juni 1972

D3 Das Foto des Vietnamkriegs

Fotos sind längst nicht so eindeutig, wie wir glauben. Wichtig ist, dass die Entstehungsgeschichte eines Fotos beachtet wird. Das zeigt sich an dem berühmten Anti-Kriegsfoto des Fotografen Nick Út (Q1 links), das viele Preise gewann und zu einer Anklage gegen die Rolle der USA im Vietnamkrieg wurde. Doch zeigt das Foto wirklich die Opfer eines US-Angriffs?

Das Originalfoto (Q1 rechts) wurde zu einem Zeitpunkt aufgenommen, als die USA ihren Rückzug aus Vietnam eingeleitet hatten. Im Süden kämpfte überwiegend die südvietnamesische Armee. Zu sehen sind die Folgen eines Napalm-Angriffs der südvietnamesischen Luftwaffe. Er galt nordvietnamesischen Kämpfern, die sich in einem südvietnamesischen Dorf verschanzt hatten. Im Dorf befanden sich zum Zeitpunkt des Angriffs aber noch Kinder. Die verletzten Kinder laufen auf Kriegsreporter zu, die vor dem Dorf auf den Angriff gewartet hatten, um Fotos zu schießen. Unter den Kindern ist die neunjährige Kim Phuc. Sie hatte zuvor ihre brennende Kleidung vom Körper gerissen. Die Soldaten im Hintergrund sind Südvietnamesen, die sich ebenfalls aus dem Dorf in Sicherheit bringen. Der Fotograf Nick Út brachte Kim Phuc in ein Krankenhaus. Unzählige Operationen folgten.

Q2 Kim Phuc setzt sich heute als UNESCO-Botschafterin für den Frieden ein. Foto, 2. Juni 2012

Aufgaben

1 Fassen Sie zusammen, wie auf der Halbinsel Korea zwei Staaten entstanden (VT1, VT2, D1).

2 Nennen Sie die wichtigsten Etappen des Vietnamkriegs. Tragen Sie dazu auf einer Zeitleiste 1954, 1964, 1973, 1975 ein und ergänzen Sie die Ereignisse (VT3, D2).

3 Erklären Sie das Ziel der USA, mit dem sie in Korea und Vietnam Krieg führten (Vorspann, VT1–VT3).

4 Das Bild Q1 links löste weltweit Proteste gegen die Kriegsführung der USA aus. Formulieren Sie Schlagzeilen dazu.

5 Arbeiten Sie heraus, warum das Foto Q1 rechts später beschnitten wurde und in welcher Rolle die Soldaten in Q1 links im Unterschied zu Q1 rechts erscheinen.

6 Nehmen Sie Stellung zu folgender Aussage: „Nichts schadete dem Ansehen der USA so sehr wie das Foto Q1 links, obwohl der Angriff nicht durch die USA erfolgt war“ (D3).

7 Recherchieren Sie zum Leben der Vietnamesin Kim Phuc und stellen Sie Ergebnisse auf einem Plakat vor (Q2).

Das Ende der Kolonialreiche

Die Europäer sprachen viel von Demokratie und Freiheit. Doch wenn es um ihre Kolonien ging, galt das nicht. Diesen Widerspruch akzeptierten die Kolonialvölker nach 1945 nicht mehr. Sie forderten Entkolonialisierung und Unabhängigkeit.

Q1 Niederlage der Kolonialmacht Frankreich gegen die kommunistischen Freiheitsbewegung in Vietnam unter der Führung von Hồ Chí Minh (Bildmitte). Die Kolonialkriege in Vietnam (1946–1954) und Algerien (1954–1962) schwächten die Großmacht Frankreich entscheidend. Foto, 1950

Q2 Unabhängigkeit der afrikanischen Kolonien von Portugal, der letzten großen Kolonialmacht, im Jahr 1975. Doch neue Konflikte entstanden: In Angola begann ein Bürgerkrieg, der 27 Jahre dauerte. Die Sowjetunion und Kuba unterstützten die sozialistische Regierung, die USA und Südafrika die Rebellenarmee. Foto von Regierungstruppen, 1993

Entkolonialisierung
die Loslösung und Befreiung der afrikanischen und asiatischen Staaten von der Kolonialherrschaft der Europäer unter Berufung auf das Selbstbestimmungsrecht der Völker seit Ende des Zweiten Weltkriegs

Q3 Unabhängigkeitskampf in Indien. Mahatma Gandhi forderte die Inder dazu auf, keine Steuern mehr an Großbritannien zu zahlen und keine englischen Stoffe zu kaufen. Gandhi und seine Anhänger führten einen gewaltlosen und erfolgreichen Protest. 1947 entstanden aus Britisch-Indien Pakistan und Indien. Bis heute gibt es Konflikte zwischen beiden Staaten. Foto, 1946

Q4 Rückgabe Hongkongs an China. China musste Hongkong nach einem Krieg 1842 an Großbritannien abtreten. Die Stadt wurde zum Stützpunkt für den britischen Handel mit China. Nach dem Zweiten Weltkrieg war Hongkong ein günstiger Produktionsstandort, seit den 1980er-Jahren ein Handels- und Finanzzentrum. Das Foto zeigt den britisch-chinesischen Flaggenwechsel nach 156 Jahren Kolonialherrschaft. Foto, 1. Juli 1997

Entspannung und neue Konfrontation

Die Ostblockstaaten schlugen dem Westen ein Geschäft vor: Er solle endlich die bestehenden Grenzen und damit den „Eisernen Vorhang" anerkennen. Im Gegenzug wolle man erklären, die Menschenrechte zu beachten. Der Osten sah sich als Gewinner des Deals – ein Irrtum.

Q1 August 1975: DDR-Staatschef Erich Honecker unterzeichnet die KSZE-Schlussakte von Helsinki. Bundeskanzler Helmut Schmidt (links) hat das Dokument bereits unterschrieben, die Regierungschefs der USA, Österreichs und Belgiens sind als Nächste an der Reihe.

KSZE
Die „Konferenz über Sicherheit und Zusammenarbeit in Europa" wurde 1973 gegründet. Sie diente dem Austausch zwischen Ost und West zur Förderung von Sicherheit und Menschenrechten. Die KSZE trug zur Beendigung des Ost-West-Konflikts bei. Nach 1990 wurde sie in eine ständige internationale Organisation (OSZE) mit Sitz in Wien umgewandelt.

Die Schlussakte von Helsinki

Am 1. August 1975 kamen in der finnischen Hauptstadt die Vertreter von 33 europäischen Staaten sowie der USA und Kanadas zusammen. Sie unterzeichneten die sogenannte Schlussakte von Helsinki. Damit endete nach zwei Jahren Verhandlungszeit die „Konferenz über Sicherheit und Zusammenarbeit in Europa" (KSZE).

Die Teilnehmer einigten sich darauf, die bestehenden Grenzen anzuerkennen, sich nicht in die inneren Angelegenheiten anderer Staaten einzumischen und Streitfälle friedlich zu lösen. In den Bereichen Sport, Kultur, Wirtschaft und Wissenschaft wollten sie die Begegnung und den Austausch der Menschen über die Systemgrenzen hinweg fördern. Journalisten sollten in anderen Ländern leichter arbeiten können. Und man versprach, die Menschenrechte zu achten. Die Schlussakte sollte in ihrem gesamten Wortlaut in allen Teilnehmerstaaten veröffentlicht werden. Daran hielten sich auch die Ostblockstaaten.

Die Sprengkraft der Menschenrechte

Die Machthaber des Ostblocks glaubten, ihre Bürger würden es nicht wagen, Freiheitsrechte tatsächlich einzufordern. Doch sie irrten: Überall bildeten sich Gruppen, die genau das taten. Sie konnten sich auf die Helsinki-Erklärung stützen, zu der sich die Mächtigen selbst verpflichtet hatten. Systemkritiker wurden zwar weiterhin wie Verbrecher behandelt und teilweise in Straflager gesperrt, doch die Machthaber mussten vorsichtiger sein als früher, weil sich die Bürgerrechtler leichter an westliche Medien wenden konnten.

Es gab immer mehr Kontakte zwischen Ost und West. Dadurch erfuhren die Menschen in Osteuropa, um wie viel besser der Lebensstandard auf der anderen Seite des „Eisernen Vorhangs" war. An eine bessere Welt im Sozialismus glaubten immer weniger Osteuropäer.

Nachrüstung: Die Angst kehrt wieder

Ende der 1970er-Jahre begann eine neue Phase der Konfrontation. Die Sowjetunion ersetzte veraltete Mittelstreckenraketen in Osteuropa durch SS-20-Raketen. Sie hatten eine größere Reichweite und konnten mit ihren Atomsprengköpfen fast ganz Westeuropa bedrohen. Darauf reagierte die NATO mit einem Doppelbeschluss (siehe S. 90): Die Sowjets sollten über eine Begrenzung der Raketen in Ost und West verhandeln. Sollten sie sich darauf nicht einlassen, würde die NATO ebenfalls mit modernsten Raketen nachrüsten.
Die Verhandlungen scheiterten. Ab 1983 stationierte die NATO neue Pershing-II-Mittelstreckenraketen als Gegengewicht. Das neue Wettrüsten überforderte die Wirtschaft der Sowjetunion, zumal diese seit 1979 einen teuren Krieg in Afghanistan führte.

Q2 Lech Wałęsa, der spätere Führer der polnischen Gewerkschaft Solidarność, spricht während eines Streiks der Danziger Werftarbeiter, Foto, 21. Mai 1980.
Im September 1980 gründete sich aus der Streikbewegung die freie Gewerkschaft „Solidarność“ (poln. = Solidarität), weil sich die Arbeiterinnen und Arbeiter von der kommunistischen Einheitsgewerkschaft nicht vertreten fühlten. Solidarność berief sich auf die Garantie der Menschenrechte durch die KSZE. Sie entwickelte sich zu einer Massenbewegung mit zehn Millionen Mitgliedern. Obwohl ab 1981 verboten, blieb die Gewerkschaft Solidarność für die Machthaber des Ostblocks der gefährlichste Gegner. Sie hat wie keine andere Kraft die Revolutionen des Jahres 1989 angestoßen. Lech Wałęsa wurde 1990 Staatsoberhaupt Polens.

Q3 In der Tschechoslowakei berief sich 1977 eine Bürgerrechtsgruppe auf die Beschlüsse der KSZE. Der Aufruf wurde als „Charta 77“ bekannt. Darin hieß es:

Das Recht auf freie Meinungsäußerung wird Zehntausenden von Bürgern verwehrt. Sie werden benachteiligt und schikaniert, nur weil sie Ansichten vertreten, die sich von der offiziellen Meinung unterscheiden.

Hunderttausenden wird die Freiheit von Furcht verweigert, weil sie gezwungen werden, in beständiger Gefahr zu leben, Arbeitsplatz und Verdienst zu verlieren, wenn sie ihre Meinung äußern.

Unzählige Bürger müssen in Furcht leben, dass sie selbst oder ihre Kinder das Recht auf Bildung verlieren und die Schule oder Hochschule verlassen müssen, falls sie ihre Überzeugung offen aussprechen.

Aufgaben

1 Listen Sie auf, was die Vertreter von 35 Staaten in Helsinki vereinbart haben (VT1).

2 Geben Sie wieder, wieso die Machthaber in den Ostblockstaaten zunächst mit den Ergebnissen von Helsinki zufrieden waren (VT1, Q1).

3 Erläutern Sie, warum sich ab 1976 in der Sowjetunion und anderen Ostblockstaaten Bürgerrechtsbewegungen entwickeln konnten (VT1, VT2).

4 Finden Sie Gemeinsamkeiten zwischen den Bürgerrechtsbewegungen in der Tschechoslowakei und in Polen heraus (VT2, Q2, Q3).

5 Begründen Sie, warum die NATO-Staaten ab 1983 bei den Mittelstreckenraketen in Europa nachrüsteten (VT3).

6 Diskutieren Sie zu zweit die Frage: War die Konferenz von Helsinki ein Erfolg (VT2, VT3)?

7 Verfassen Sie arbeitsteilig Zeitungsberichte mit Schlagzeilen über die Ergebnisse von Helsinki
a) in einer westlichen Zeitung,
b) in einer östlichen Zeitung.
Vergleichen Sie Ergebnisse.

8 Informieren Sie sich über aktuelle Aufgaben der OSZE (so heißt die KSZE seit 1995). Fertigen Sie dazu ein Plakat an.

Freundschaft und Aussöhnung

Die Beziehungen der Deutschen zu ihren Nachbarn waren durch den Zweiten Weltkrieg und die NS-Verbrechen schwer belastet. Das gute Verhältnis zu Frankreich und Polen heute ist das Ergebnis einer Politik der schrittweisen Aussöhnung. Es war ein Weg mit vielen Hindernissen.

Q1 Mit einer Umarmung besiegeln Charles de Gaulle und Konrad Adenauer am 22. Januar 1963 den deutsch-französischen Freundschaftsvertrag in Paris.

Ostverträge
Unter Bundeskanzler Willy Brandt (SPD) 1970 bis 1973 abgeschlossene Verträge der Bundesrepublik mit der Sowjetunion, Polen und der Tschechoslowakei. Darin erkannte die Bundesrepublik u. a. die bestehenden Grenzen in Osteuropa an.

Aus „Erbfeinden“ werden Freunde

Die Bundesrepublik Deutschland und Frankreich waren in der westlichen Staatengemeinschaft zu gleichberechtigten Bündnispartnern geworden. Jetzt gab es eine Chance, die Jahrhunderte lange „Erbfeindschaft“ zu beenden. Die Verständigung zwischen Deutschen und Franzosen war zugleich eine wichtige Voraussetzung für den Aufbau einer europäischen Staatengemeinschaft. In Gesprächen mit dem französischen Staatspräsidenten Charles de Gaulle bereitete Bundeskanzler Adenauer die Aussöhnung vor. Am 22. Januar **1963** unterzeichneten beide Staatsmänner den **deutsch-französischen Freundschaftsvertrag**. Dieser Vertrag war die Grundlage für vielfältige Begegnungen zwischen Deutschen und Franzosen. Jugendaustausch und Städtepartnerschaften halfen dabei, Vorurteile abzubauen. Der Gedankenaustausch zwischen deutschen und französischen Regierungen zu wichtigen politischen Fragen ist mittlerweile eine Selbstverständlichkeit.

Aus Gegnern werden Partner

Die Beziehungen der Deutschen zu den osteuropäischen Völkern waren zunächst durch die NS-Verbrechen sowie die Grenzziehungen nach dem Zweiten Weltkrieg belastet. Im Potsdamer Abkommen hatten die Siegermächte die Oder-Neiße-Linie als Westgrenze Polens bestimmt. Als Strafe dafür, dass Deutschland einen Vernichtungskrieg angefangen hatte, waren Deutschland Gebiete weggenommen worden. Endgültig sollte die Frage der Grenzziehung in einem späteren Friedensvertrag geklärt werden. Vertriebene und Flüchtlinge aus den ehemaligen deutschen Ostgebieten verlangten eine Rückgabe der Gebiete. Die Regierung von Bundeskanzler Willy Brandt schloss zwischen 1970 und 1973 nach langen Verhandlungen Verträge mit der Sowjetunion, Polen und der Tschechoslowakei. Darin erkannte sie die bestehenden Grenzen an und versicherte, keine Gebietsansprüche mehr zu stellen. Wie Adenauers Politik gegenüber dem Westen sollten diese Verträge eine Verständigung mit den Nachbarn im Osten erreichen. Die Verträge waren innenpolitisch jedoch umstritten. Sie wurden insbesondere von den Heimatvertriebenen heftig kritisiert, bedeuteten sie doch einen endgültigen Verzicht auf die ehemaligen Ostgebiete.

Neue Bündnispartner

Nach dem Zerfall des Ostblocks verbesserten sich die Beziehungen zwischen dem wiedervereinten Deutschland und den osteuropäischen Staaten noch einmal deutlich. Polen, die Tschechische Republik und Ungarn sind seit 1999 Mitglieder der NATO. Im Mai 2004 traten diese drei Staaten sowie die Slowakei, Slowenien, Litauen, Lettland und Estland der Europäischen Union bei.

Q2 Zum Warschauer Vertrag: Bundeskanzler Brandt (SPD) in einer Fernsehansprache am 20. November 1970:

Ich bin für den Vertrag mit der Volksrepublik Polen, weil er das Fundament für eine friedliche Zukunft schafft. Er gibt uns die Möglichkeit der Verständigung und Zusammenarbeit. Dem polnischen Volk gibt der Vertrag die Gewissheit, dass es in gesicherten Grenzen leben kann. (...) Der Vertrag bedeutet selbstverständlich nicht, dass Unrecht nachträglich legitimiert wird. Er bedeutet also auch keine Rechtfertigung der Vertreibung. Worum es geht, ist der ernste Versuch, ein Vierteljahrhundert nach dem Krieg der Kette des Unrechts politisch ein Ende zu setzen. Auch für die Westgrenze Polens gilt: Es gibt weder Entspannung noch gesicherten Frieden in Europa, wenn wir nicht ausgehen von der Lage, wie sie ist. (...) Unserem Volk wird nicht heute, aus heiterem Himmel, ein Opfer abverlangt. Dies hat längst gebracht werden müssen als Ergebnis der Verbrechen Hitlers.

Q3 In einem Entschließungsantrag formulierte die CDU/CSU-Fraktion 1970 ihre Bedenken zum Warschauer Vertrag:

Der Deutsche Bundestag bittet das polnische Volk und alle europäischen Nachbarn um Verständnis für seine Pflicht und Entschlossenheit, uneingeschränkt an dem Recht des deutschen Volkes auf freie Selbstbestimmung und auf eine frei vereinbarte friedensvertragliche Regelung für ganz Deutschland festzuhalten.

Die endgültige Festlegung der deutschen Grenzen kann nur im Zusammenhang mit dieser friedensvertraglichen Regelung geschehen. Ihre Grundlage muss das Recht der Polen auf gesicherte Grenzen und das Recht der Deutschen auf gesicherte Freiheit und Einheit sein.

Q4 Bundeskanzler Willy Brandt vor dem Mahnmal der Opfer des Warschauer Ghettos, 1970. Diese Geste als Ausdruck der Achtung vor den Opfern, der Betroffenheit und des Versöhnungswillens erregte weltweites Aufsehen. In der deutschen Öffentlichkeit war sie umstritten, wie dieser Titel des „Spiegel" zeigt.

Q5 Logo des Deutsch-Polnischen Jugendwerks (Polsko-Niemiecka Współpraca Młodzieży). Es fördert Kontakte zwischen jungen Deutschen und Polen.

Aufgaben

1. Arbeiten Sie Hintergründe und Inhalte des deutsch-französischen Freundschaftsvertrages heraus (VT1, Q1).
2. Arbeiten Sie Hintergründe und Inhalte der Ostverträge heraus (VT2).
3. Begründen Sie, warum die Aussöhnung mit den östlichen Nachbarn sich schwieriger gestaltete als im Westen (VT2, Q3).
4. Stellen Sie Argumente für und gegen den Warschauer Vertrag gegenüber (VT2, Q2, Q3).
5. Vergleichen Sie die Argumente aus Aufgabe 4 und nehmen Sie Stellung dazu.
6. Beschreiben Sie die Geste Willy Brandts und erklären Sie sein Verhalten (Q4).
7. Erklären Sie die Aufregung um Brandts Geste und nehmen Sie selbst Stellung zu der Frage auf Q4: „Durfte Brandt knien?"
8. Recherchieren Sie die Aktivitäten des Deutsch-Polnischen-Jugendwerkes. Stellen Sie diese in einer digitalen Präsentation dar.

Bürger engagieren sich für den Frieden

Anfang der 1980er-Jahre hatten sich die meisten Deutschen mit der Teilung abgefunden. Doch viele Menschen in Ost und West beschäftigten dieselben Fragen: Wie kann der Frieden gesichert und wie können Umwelt und Menschenrechte geschützt werden?

Q1 Demonstration in Bonn für Frieden und Abrüstung und gegen den NATO-Doppelbeschluss mit 150 000 Bürgern. Foto, 1983

Tschernobyl
Kernkraftwerk, das 1986 in der heutigen Ukraine außer Kontrolle geriet. Zwei Explosionen des Reaktors setzten eine große Menge an radioaktiven Stoffen frei, die Richtung Westen auch Teile Bayerns erreichten.

NATO-Doppelbeschluss
Die NATO bot 1979 dem Wahrschauer Pakt Abrüstungsverhandlungen an. Gleichzeitig kündigte sie die Stationierung neuer Atomwaffen an, falls die Verhandlungen scheitern sollten. Letzteres erfolgte 1983.

Gegen Atomraketen und Umweltzerstörung

Im Kalten Krieg rüsteten die USA und die Sowjetunion ihre Atomwaffen so weit auf, dass sich beide Seiten hundertfach gegenseitig vernichten konnten. Die Hochrüstungspolitik war extrem teuer und gefährlich – das fand jedenfalls die Friedensbewegung. 1983 gingen rund 500 000 Menschen in Bonn gegen die Politik des NATO-Doppelbeschlusses auf die Straße, mit dem die NATO auf die Stationierung sowjetischer SS-20-Raketen reagiert hatte. Auch die friedliche Nutzung der Atomkraft geriet nach der Reaktorkatastrophe von Tschernobyl 1986 zunehmend in die Kritik. Immer mehr Menschen engagierten sich in Bürgerinitiativen für Frieden, für mehr Gerechtigkeit gegenüber armen Ländern, für Frauenrechte und Umweltschutz. Eine neue politische Partei entstand aus dieser Bewegung: Die Grünen.

„Schwerter zu Pflugscharen“

Auch in der DDR regte sich Anfang der 1980er-Jahre Widerstand gegen die Politik der Hochrüstung. Die Menschen konnten jedoch nicht frei demonstrieren wie im Westen. Deshalb fand sich die Friedensbewegung unter dem Dach der Evangelischen Kirche zusammen. Ein Zitat aus der Bibel wurde zum Zeichen des Protests: „Schwerter zu Pflugscharen“. Obwohl den Trägern des Zeichens Strafen drohten, wuchs die Bewegung. 1981 wurden in Leipzig die ersten Friedensgebete ins Leben gerufen, die Jahre später zum Zusammenbruch der DDR beitrugen. Unter dem Dach der Kirche tauschten sich kritische Bürger auch über Menschenrechtsverletzungen in der DDR aus. Gehör fanden dort ebenfalls Umweltschützer, die die Umweltzerstörung durch die völlig maroden DDR-Industrieanlagen kritisierten.

Veränderungen in West – und Ost?

Die Auseinandersetzungen um die militärische und friedliche Nutzung der Atomkraft trugen 1982 dazu bei, dass die SPD/FDP-Koalition unter Bundeskanzler Helmut Schmidt (SPD) zerbrach. Neuwahlen ergaben veränderte Mehrheiten: Die neue Regierung aus CDU/CSU und FDP unter Bundeskanzler Helmut Kohl unterstützte den NATO-Doppelbeschluss uneingeschränkt. Weil die SPD in den Fragen der Nachrüstung und der Umweltpolitik gespalten war, entstand Platz für eine neue Partei: 1983 zogen erstmals die Grünen in den Bundestag ein. Mit ihren Themen veränderten sie die Bundespolitik dauerhaft.

Auch im Osten gab es Veränderungen: Die Sowjetunion war durch das massive Aufrüsten wirtschaftlich so geschwächt, dass der neue Generalsekretär Michail Gorbatschow 1985 Reformen einleiten musste. Er befürwortete auch die Abrüstung. Die SED stand Gorbatschows Reformen skeptisch gegenüber. Trotz aller Schikanen entwickelte sich eine Opposition, die 1989 schließlich das Ende der DDR herbeiführte.

Q2 Forderungen der Grünen auf einem Plakat zur Bundestagswahl 1983

Q4 Der Umgang mit Zuwanderern ist in der Bundesrepublik in den 1980er-Jahren ein großes gesellschaftliches Thema. Aktion der Gewerkschaften gegen Ausländerfeindlichkeit, 1986

Q5 Aufnäher, der zum Symbol der DDR-Friedensbewegung wurde

Q3 Der damalige Rostocker Pfarrer Joachim Gauck schrieb in seinen Erinnerungen über die 1980er-Jahre:

Immer mehr nahm sich die Kirche der Themen an, die von staatlicher Seite ausgeklammert oder sogar tabuisiert wurden. Wir setzten uns kritisch auseinander mit der Militarisierung im Schulbereich, der Atomenergie, insbesondere nach dem Desaster von Tschernobyl, mit den zahlreichen Ökologieproblemen (Umweltproblemen), mit den Menschen- und Bürgerrechten und mit der Friedensfrage. Wir forschten nach jüdischen Gräbern und hielten am 9. November, dem Jahrestag der „Reichskristallnacht", auf einem Rostocker Friedhof ein Gedenken ab, das von der Stasi observiert (beobachtet) wurde, da keine staatliche Instanz (Einrichtung) Derartiges angeordnet hatte.

Aufgaben

1. Führen Sie ein Interview mit einem Demonstranten auf Q1 über seine Ziele (VT1).
2. Nennen Sie Themen, für die sich Menschen in der DDR engagierten (VT2, Q5).
3. Erläutern Sie, welche Folgen das Engagement der Bürger in beiden Staaten hatte.
4. Erläutern Sie, warum es zur Gründung der Grünen kam (VT1, VT3).
5. Ein Mitglied der Grünen macht zur Bundestagswahl 1983 Werbung für seine Partei. Verfassen Sie eine kurze Rede (VT3, Q2).
6. Arbeiten Sie heraus, warum es zu Reformen in der Sowjetunion kam (VT3).
7. Auf dem Kirchentag 1988 rief Joachim Gauck der DDR-Regierung öffentlich zu: „Wir werden bleiben, wenn wir gehen dürfen!" Erläutern Sie diese Aussage und nehmen Sie Stellung dazu.
8. Erläutern Sie das Motto vieler Bürgerbewegungen seit den 1980er-Jahren: „Think global, act local!"
9. Nehmen Sie Stellung dazu, was das Motto für Ihr Handeln bedeuten könnte.

Bleiben oder gehen?

Im Sommer 1989 öffnete der ungarische Staat seine Grenze nach Österreich (siehe S. 102, Q1). Nachdem den ersten DDR-Bürgern die Flucht in die Bundesrepublik gelungen war, stellte sich für viele die Frage: „Bleiben oder jetzt auch gehen?"

„Hier kannst du nur abhauen!"

August 1989, das West-Fernsehen berichtet über DDR-Bürger, die über die ungarische Grenze den Westen erreicht haben. Die Magdeburgerin Katharina (25) hat den Bericht gesehen und berichtet ihrem Mann Frank, der gerade zur Tür hereinkommt:

Katharina: „Mensch Frank, das gibt es nicht! Über 1000 Leute von uns sind einfach rüber in den Westen."

Frank: „Wie? Was?"

Katharina: „Ja, kam gerade in den West-Nachrichten. Über Ungarn. Die haben sich einfach in die Wälder geschlagen und sind über die grüne Grenze nach Österreich rüber."

Frank: „Das ist ja ein Ding! Das ist doch gefährlich. Wenn die von den ungarischen Grenztruppen erwischt werden, kriegen die einen Vermerk in ihren Pass. Dann müssen sie bei ihrer Rückkehr in die DDR wegen Republikflucht in den Bau. Denk dran, wie es Martin ergangen ist."

Katharina: „Nein, die Ungarn tragen keinen Vermerk mehr ein. Hat mir eine Kollegin erzählt. Ihr Schwager ist vor der Grenze von den Ungarn abgefangen worden, aber ohne weitere Folgen. So einfach war die Flucht noch nie. Mensch Frank, das ist DIE Chance. Lass uns abhauen. Wer weiß, wie lange die Grenze auf ist."

Frank: „Katharina, du bist verrückt! Wir können doch nicht einfach abhauen."

Katharina: „Warum denn nicht, Frank? Wir sind jung und haben das Leben noch vor uns."

Frank: „Und die Kinder?"

Katharina: „Nehmen wir mit."

Frank: „Kannst du das verantworten? Wenn wir getrennt werden?"

Katharina: „Wir müssen halt aufpassen."

Frank: „Und Mama und Papa? Wir können doch nicht die Familie einfach im Stich lassen. Denk an Mamas Gesundheit, die würde krank vor Kummer."

Katharina: „Frank, ich weiß … Vielleicht können Mama und Papa nachkommen. Irgendwie. Sie würden es bestimmt verstehen, wenn wir gehen – hoffe ich …"

Frank: „Wir leben doch ganz gut hier. Wir haben beide Arbeit, wer weiß, was uns im Westen erwartet."

Katharina: „Wir leben hier gut? Ich habe es satt, hier zu leben. Diese ewige Bevormundung. Ich will reisen, wohin ich will. Ich will sagen, was ich will. Ich will frei atmen – verstehst du?"

Frank: „Vielleicht bewegt sich ja doch was. Immerhin haben die Bürger im Mai mal aufgemuckt, als die Wahlen gefälscht wurden. Wenn jetzt alle abhauen, fallen wir den Leuten doch in den Rücken, die hier etwas ändern wollen."

Katharina: „Dieser Staat ist nicht zu ändern – hier kannst du nur abhauen."

Q1 Abstimmung mit den Füßen Karikatur von Joachim Kohlbrenner, Die Tageszeitung, September 1989

Q2 Protestdemonstration in Ost-Berlin gegen die Fälschung der Ergebnisse bei den Kommunalwahlen 1989. Foto, 7. Juni 1989

Q3 Aus einem Bericht der Staatssicherheit vom 9. September 1989 über die Motive der DDR-Flüchtlinge:

Als wesentliche Gründe/Anlässe für Bestrebungen zur ständigen Ausreise bzw. das ungesetzliche Verlassen der DDR – die auch in Übereinstimmung mit einer Vielzahl von Eingaben an zentrale und örtliche Organe/Einrichtungen stehen – werden angeführt:

- Unzufriedenheit über die Versorgungslage
- Verärgerung über unzureichende Dienstleistungen
- Unverständnis für Mängel in der medizinischen Betreuung und Versorgung
- Eingeschränkte Reisemöglichkeiten innerhalb der DDR und nach dem Ausland
- Unbefriedigende Arbeitsbedingungen und Diskontinuität (Schwierigkeiten) im Produktionsablauf
- Unzulänglichkeiten/Inkonsequenz bei der Anwendung/Durchsetzung des Leistungsprinzips sowie Unzufriedenheit über die Entwicklung der Löhne und Gehälter
- Verärgerung über bürokratisches Verhalten (…) sowie über Herzlosigkeit im Umgang mit den Bürgern
- Unverständnis über die Medienpolitik der DDR

Aufgaben

1 Arbeiten Sie heraus, was sich im Sommer 1989 an der ungarischen Grenze geändert hat (VT).

2 Erklären Sie, warum Frank zögert (VT).

3 Prüfen Sie, ob sich Katharinas Einschätzung (VT) mit dem Bericht Q3 deckt.

4 Frank spricht mit seinem Vater über Katharinas Pläne (VT). Wie reagiert er? Schreiben Sie das Gespräch auf.

5 Analysieren Sie Q1. Worüber wird hier eigentlich „abgestimmt"?

6 Katharina und Frank sind nach Ungarn gereist und treffen kurz vor der Grenze nach Österreich auf ein weiteres Paar aus der DDR. Sie diskutieren, ob sie nun endgültig den Schritt in den Westen wagen sollen. Spielen Sie die Szene nach und diskutieren Sie dann in der Klasse, wie Sie sich verhalten hätten.

„Für ein off'nes Land"

Q1 Die erste Montagsdemonstration in Leipzig am 4. September 1989. Die Bürgerrechtlerinnen Gesine Oltmanns (links) und Katrin Hattenhauer (rechts) setzen sich trotz drohender Strafen für politische Reformen ein. Foto, 1989

Friedliche Revolution
Bezeichnung für den politischen Umsturz im Herbst 1989 in der DDR. Mittlerweile hat sich der Begriff auch in der Wissenschaft und bei offiziellen Anlässen durchgesetzt.

Bürgerrechtler gehen auf die Straße

Leipzig, 4. September 1989, 17.00 Uhr: Nach dem Friedensgebet in der Nikolaikirche versammeln sich über 1 000 Menschen auf dem Vorplatz, um friedlich für Reise-, Presse- und Versammlungsfreiheit zu protestieren. „Wir wollen raus!" rufen die Menschen, aber auch „Wir bleiben hier!" – ein Ausdruck ihres Wunsches nach politischen Reformen. Dann entrollen die Bürgerrechtler heimlich mitgebrachte Protestplakate. Ein paar Sekunden später greifen Mitarbeiter des Staatssicherheitsdienstes ein, die sich unter die Demonstranten gemischt haben. Mit Gewalt entreißen sie den Bürgerrechtlern ihre Transparente. Da am Vortag die Leipziger Herbstmesse eröffnet worden ist, halten sich viele westdeutsche Medienvertreter in der Stadt auf und zeichnen das Geschehen auf. Zwei Stunden später sind die Bilder im westdeutschen Fernsehen zu sehen. Damit haben die Bürgerrechtler erreicht, dass auch außerhalb der DDR viele Menschen auf die politischen Missstände aufmerksam werden.

Q2 Mitarbeiter der Staatssicherheit entreißen den beiden jungen Frauen das Transparent mit Gewalt. Im Vordergrund ist Katrin Hattenhauer zu sehen. Wenige Tage später wird sie verhaftet. Foto, 1989

Q3 Demonstration gegen die islamfeindliche Bürgerinitiative „Legida" in Leipzig. Diese Geste als Ausdruck der Achtung vor den Opfern, der Betroffenheit und des Versöhnungswillens erregte weltweites Aufsehen. In der deutschen Öffentlichkeit war sie umstritten. Foto, 19. Januar 2015

Aufgaben

1. Bleiben oder gehen? Zwei Teilnehmer der Montagsdemonstration unterhalten sich über ihre Ziele. Schreiben Sie ihr Gespräch auf (VT1).

2. Beschreiben Sie, mit welchen Folgen die Teilnehmer der Montagsdemonstrationen rechnen mussten (Q2).

3. Verfassen Sie zu zweit je einen Bericht für eine westdeutsche und für eine ostdeutsche Zeitung zu Q1. Vergleichen Sie die Perspektiven.

4. Erläutern Sie, wie sich die Forderungen der Demonstranten in Q1 und Q3 unterscheiden.

5. Erläutern Sie, wofür Sie auf die Straße gehen würden und wie sich Ihre Möglichkeiten von denen der Bürgerrechtler in der DDR unterscheiden.

6. Schreiben Sie einen Steckbrief zu einem Bürgerrechtler. Wählen Sie eine der genannten Frauen aus oder recherchieren Sie nach anderen Bürgerrechtlern.

„Wir sind das Volk“

Die SED unter der Führung Erich Honeckers weigerte sich auch noch 1989, demokratische Reformen in der DDR einzuleiten. Aber immer mehr Bürger wollten dies nicht länger hinnehmen – die SED-Herrschaft bröckelte.

Q1 Montagsdemonstration in Leipzig. Foto, 9. Oktober 1989

Reformen – nein danke

Im Mai 1989 fanden in der DDR Kommunalwahlen statt. Bürgerrechtsgruppen stellten fest, dass die SED die Wahlergebnisse gefälscht hatte. Dagegen protestierten sie lautstark und forderten Meinungsfreiheit, Beteiligung an politischen Entscheidungen vor Ort und Reisefreiheit. Die SED versuchte in gewohnter Weise, gegen die Proteste der Bevölkerung vorzugehen: mit Einschüchterung und Verhaftungen. Doch davon ließen sich die Bürger nicht mehr beeindrucken.

Das Volk erzwingt Veränderungen

Im Sommer 1989 stellten 120 000 Bürger in der DDR einen Ausreiseantrag. Sie glaubten nicht mehr daran, dass sich die politischen und wirtschaftlichen Verhältnisse ändern würden. Nach dem Abbau der Grenzanlagen zwischen Ungarn und Österreich (siehe S. 102) flohen Tausende in den Westen. Andere erzwangen ihre Ausreise, indem sie die Botschaften der Bundesrepublik in Prag, Warschau oder Budapest besetzten. Die Massenabwanderung, die plötzlich gefahrlos möglich war, trug entscheidend zum Machtverfall der SED bei.

Massendemonstrationen

Die Bürgerrechtsbewegungen in Leipzig, Dresden und Ost-Berlin forderten umfassende politische Reformen. Sie organisierten Massendemonstrationen. Am 9. Oktober 1989 kam es in Leipzig zur entscheidenden Machtprobe: Der SED-Staat war entschlossen, die Demonstration gewaltsam aufzulösen. Doch am Ende waren es wohl mehr als 100 000 Menschen, die friedlich demonstrierten – zu viele, um eingreifen zu können. Der SED-Staat zeigte sich erstmals ohnmächtig. Jetzt brachen alle Dämme: Jeden Montag wuchs die Zahl der Demonstranten, die mit Parolen wie „Wir sind das Volk“ und „Wir bleiben hier“ eine demokratische Erneuerung der DDR forderten.

Die Mauer fällt

Am 18. Oktober 1989 trat Erich Honecker als SED-Generalsekretär zurück. Er wurde von Egon Krenz abgelöst. Doch den Menschen in der DDR reichte dieser Schritt nicht aus. Die SED-Führung hatte ihre Glaubwürdigkeit verloren. Am 4. November forderten über 500 000 Menschen auf einer Demonstration in Ost-Berlin freie Wahlen, Beseitigung der SED-Vorherrschaft, Rechtsstaatlichkeit, Presse-, Meinungs- und Reisefreiheit. Die Regierung versuchte, mit Gesetzen zu reagieren, doch der Druck wurde zu groß: Als Politbüromitglied Schabowski am **9. November** in einer Pressekonferenz die **Öffnung der innerdeutschen Grenze** und die Reisefreiheit für Bürger in der DDR bekannt gab, strömten Tausende zu den Grenzübergängen. Die Schlagbäume öffneten sich – die Mauer war gefallen. Die Friedliche Revolution läutete das Ende der DDR ein.

Q2 DDR-Offizier Harald Jäger ließ am 9. November 1989 am Grenzübergang Bornholmer Straße (Ost-Berlin) die Schranke öffnen. Er berichtete 1999:

Ich habe sofort mit dem zuständigen Oberst (...) des Ministeriums für Staatssicherheit telefoniert. Der hielt Schabowskis Gestammel für Quatsch. Dann kamen die ersten Leute, die testen wollten, ob es mit der freien Ausreise für jeden DDR-Bürger ernst gemeint war. Der Posten am Schlagbaum meldete über Telefon zehn bis zwanzig Leute. Als ich dort eintraf, waren es schon hundert. (...) Ich dachte in diesem Moment: Warum waren wir nicht vorbereitet? (...) Keine Pässe, nicht mal Stempel.

Hätten Sie versucht, einen gewaltsamen Durchbruch zu verhindern?

Wir waren alles in allem etwa 50 Leute. Jeder mit einer Makarow-Pistole und je 14 Schuss Munition. In der Waffenkammer standen noch vier Maschinenpistolen (...). Aber wir dachten nicht mal an Selbstverteidigung.

Wann ließen Sie die ersten DDR-Bürger ohne Visum nach West-Berlin?

Wir begannen gegen 21.00 Uhr mit der Abfertigung. Wir glaubten ja immer noch, das ginge mit einer geordneten Personenkontrolle.

Und was passierte?

Die offene Schranke – das reichte nicht. Viele Leute kletterten einfach über die Absperrungen. Wir verstanden die Welt nicht mehr. Wozu hatten wir all die Jahre hier gestanden?

Q3 Die Grenzöffnung – eine Panne? DDR-Politbüromitglied Schabowski gibt am 9. November 1989 die Reisefreiheit bekannt. Auf die Frage, ab wann dies gelte, antwortete er: „Nach meiner Kenntnis tritt das – ist das sofort, unverzüglich!" Eigentlich sollte sie aber wohl erst einen Tag später in Kraft treten.

Q4 Berliner besetzen die Mauer.
Foto, 10. November 1989

Aufgaben

1. Vergleichen Sie Q1 mit dem Bild Q1 auf S. 94 und beschreiben Sie die Veränderungen.
2. Arbeiten Sie die Bedeutung der Bürgerbewegung der DDR und ihrer Forderungen für den Erfolg der Friedlichen Revolution heraus (VT1, VT3, Q1).
3. Stellen Sie die beiden Möglichkeiten, 1989 seinen Protest gegenüber dem DDR-Regime zum Ausdruck zu bringen, gegenüber und beurteilen Sie deren Wirkung (VT1, VT2).
4. Erläutern Sie die Ereignisse des 9./10. November 1989 und erklären Sie, wie es zur Öffnung der Grenzen kommen konnte (VT4, Q3, Q4).
5. Diskutieren Sie aus heutiger Sicht, wer für den Fall der Mauer verantwortlich ist.

Aus zwei wird eins

Nach dem Fall der Mauer gingen die Proteste in der DDR weiter. Dabei wurde der Ruf nach einer Vereinigung mit der Bundesrepublik immer lauter.

Q1 Helmut Kohl (CDU), Bundeskanzler 1982 bis 1998. Kohl trieb die Vereinigung der beiden deutschen Staaten voran. Dass er die früheren Siegermächte zur Zustimmung zu einem wiedervereinigten Deutschland bewegen konnte und so die Einheit außenpolitisch absicherte, gilt als seine größte Leistung. Foto, Mai 1990

Q2 Lothar de Maizière (CDU Ost), Spitzenkandidat der „Allianz für Deutschland" bei der ersten und letzten freien Wahl der DDR im März 1990. Nach dem Wahlsieg wurde de Maizière DDR-Ministerpräsident. Wie Helmut Kohl trat er für eine schnelle Einführung der D-Mark in Ostdeutschland ein. Foto, Januar 1990

Q3 Oskar Lafontaine (SPD), Kanzlerkandidat 1990. Er war gegen die Einführung der D-Mark in der DDR, weil er den Zusammenbruch der dortigen Wirtschaft befürchtete. Anstelle einer schnellen Einheit favorisierte er eine „Konföderation" beider deutscher Staaten in einem europäischen Einigungsprozess. Foto, März 1990

Runder Tisch
in der Politik ein Gremium, in dem die Teilnehmer gleichberechtigt nach Lösungen für ein Problem suchen

„Wir sind ein Volk"

Die Sprechchöre der Demonstranten veränderten sich: Statt „Wir sind das Volk" hörte man nun immer häufiger „Wir sind ein Volk" und „Deutschland einig Vaterland". Die meisten DDR-Bürger glaubten nicht mehr an eine Erneuerung der DDR. Erst jetzt wurde deutlich, wie unfassbar hoch die Staatsschulden der DDR waren. Ihr Abbau hätte nur durch eine weitere Einschränkung des Lebensstandards gelingen können. Die Vereinigung mit der Bundesrepublik schien den meisten die bessere Lösung zu sein. Der bundesdeutsche Kanzler Helmut Kohl entwarf einen Zehn-Punkte-Plan, an dessen Ende die Wiedervereinigung der beiden Staaten stand. Der Bundestag beschloss am 28. November 1989 diesen Plan.

Schnelle Einheit statt Erneuerung der DDR

Viele Bürgerrechtler der DDR wollten jedoch eine „neue DDR" schaffen. Sie setzten sich für eine neue Verfassung, eine demokratisch gewählte Volkskammer und Regierung ein. In vielen Städten wurden „Runde Tische" aus Vertretern der alten DDR-Parteien und Vertretern der neuen Bürgerbewegungen gebildet. Der „Zentrale Runde Tisch" in Berlin, eine Art Übergangsregierung der DDR, beschloss die ersten freien Wahlen für den 18. März 1990. Aber die Wähler gaben den Bürgerbewegungen nur 2,9 Prozent der Stimmen. Dagegen bekam die „Allianz für Deutschland", unterstützt durch die westdeutsche CDU/CSU, 48 Prozent der Stimmen. Die Bürger in der DDR hatten entschieden: Sie wollten den schnellen Beitritt der DDR zur Bundesrepublik. Der neue DDR-Ministerpräsident Lothar de Maizière verhandelte zügig mit der Bundesregierung. Beide Seiten beschlossen eine Währungs-, Wirtschafts- und Sozialunion. Schon am 1. Juli 1990 wurde die D-Mark in der DDR eingeführt. Am 23. August beschloss die Volkskammer den Beitritt der DDR zur Bundesrepublik Deutschland.

Zwei plus vier = eins

Voraussetzung für den Beitritt der DDR war aber die Zustimmung der vier Siegermächte des Zweiten Weltkrieges. Einige Staaten fürchteten ein größeres, wiedervereinigtes, mächtiges Deutschland. Sie sahen mit der deutschen Einheit die militärische Sicherheit bedroht. Auf mehreren Konferenzen gelang es jedoch, solche Vorbehalte auszuräumen. Der sowjetische Staats- und Parteichef Gorbatschow stimmte der Mitgliedschaft des vereinten Deutschland in der NATO zu. Am 12. September 1990 wurde in Moskau schließlich der Einigungsvertrag von den vier Siegermächten und den beiden deutschen Regierungen unterzeichnet (Zwei-plus-vier-Vertrag). Mit dem Beitritt der fünf neugegründeten Bundesländer zur Bundesrepublik Deutschland am **3. Oktober 1990** war die **Deutsche Einheit** vollzogen.

Q4 Aus dem Aufruf „Für unser Land" vom 29. November 1989, den bekannte Persönlichkeiten aus der DDR unterzeichneten:

Entweder können wir auf der Eigenständigkeit der DDR bestehen oder versuchen, mit allen unseren Kräften und in Zusammenarbeit mit denjenigen Staaten und Interessengruppen, die dazu bereit sind, in unserem Land eine solidarische Gesellschaft zu entwickeln, in der Frieden und soziale Gerechtigkeit, Freiheit des Einzelnen, Freizügigkeit aller und die Bewahrung der Umwelt gewährleistet wird. Oder wir müssen dulden, dass, veranlasst durch starke ökonomische Zwänge und durch unzumutbare Bedingungen, an die einflussreiche Kreise aus Wirtschaft und Politik in der Bundesrepublik ihre Hilfe für die DDR knüpfen, ein Ausverkauf unserer materiellen und moralischen Werte beginnt und über kurz oder lang die Deutsche Demokratische Republik durch die Bundesrepublik Deutschland vereinnahmt wird.

Q6 Wunsch nach einer schnellen Währungsunion. Foto aus Leipzig, 12. Februar 1990

Q5 Leserbrief zum Aufruf „Für unser Land" in der Leipziger Volkszeitung, 17. Dezember 1989:

Dem Aufruf „Für unser Land" kann ich nicht zustimmen. Ich sehe hier bereits, wie sich gewisse Leute bestehende Privilegien sichern wollen. In der Frage von Wiedervereinigung oder Konföderation sollte es zu einem Volksentscheid kommen (...). 40 Jahre wurden die Vorzüge des Sozialismus in allen Tönen gepriesen, aber die traurige Realität sehen wir heute. (...) Noch einmal Versuche eines Sozialismus, welche Jahre oder Jahrzehnte andauern, um am Ende noch tiefer zu stehen? Bedenkt, wir Menschen haben nur ein Leben! (...) Nehmen wir also das Angebot vom deutschen Nachbarstaat an, denn der Preis dafür ist nicht zu hoch. Ein Volk, das „noch" die gleiche Sprache spricht, gehört zusammen.

Vertrag über die abschließende Regelung in Bezug auf Deutschland vom 12.9.1990

Das vereinte Deutschland umfasst die Bundesrepublik, die DDR und ganz Berlin.

Die bestehenden Grenzen sind endgültig. Keine Gebietsansprüche Deutschlands gegen andere Staaten; Bestätigung der Oder-Neiße-Grenze durch deutsch-polnischen Vertrag

Deutschland bekräftigt sein Bekenntnis zum Frieden und seinen Verzicht auf ABC-Waffen.

Beschränkung der deutschen Streitkräfte auf 370 000 Mann

2+4-Vertrag
Die wichtigsten Vertragsinhalte

Abzug der sowjetischen Truppen aus der DDR und Ost-Berlin bis Ende 1994

Danach dürfen der NATO angehörende deutsche Truppen, aber keine ausländischen Streitkräfte, keine Atomwaffen und keine Atomwaffenträger auf ostdeutschem Gebiet stationiert werden.

Beendigung der Viermächte-Rechte und -Verantwortlichkeiten in Bezug auf Berlin und Deutschland als Ganzes

Volle Souveränitiät des vereinten Deutschland

D1 Der Zwei-plus-vier-Vertrag 1990

Aufgaben

1 Nennen Sie die Hoffnungen, die die meisten Deutschen in der DDR mit der Einheit verbanden (VT1, Q6).

2 a) Stellen Sie die beiden Auffassungen über den Weg zur Deutschen Einheit gegenüber (Q4, Q5).
b) Nehmen Sie Stellung zu den beiden Auffassungen anhand VT2 und Q1–Q3.

3 a) Werten Sie das Schaubild zum Zwei-plus-vier-Vertrag mithilfe von VT3 aus.
b) Beurteilen Sie, inwiefern der Vertrag auch als das Ende der Nachkriegszeit gesehen werden kann.

4 Für die Deutsche Einheit wurden verschiedene Begriffe geprägt: Wiedervereinigung, Beitritt, Vereinigung, Deutsche Einheit. Erläutern Sie ihre Bedeutung und begründen Sie die Unterschiede.

„Aufbau Ost“

Die Deutsche Einheit weckte bei den Menschen in Ostdeutschland große Hoffnungen. Doch konnte man 40 Jahre sozialistische Diktatur einfach so überwinden?

Q1 **Mauerfall?** Karikatur von Barbara Henninger, November 1996

Pluralismus
(von lat. „plures“ = mehrere). Leitbild moderner Demokratien. Es gilt das Prinzip der Vielfalt. Unterschiedliche Meinungen, Interessen (politisch, sozial, wirtschaftlich, …) und Weltanschauungen werden respektiert und in der Organisation des Staates berücksichtigt: Macht und Einfluss sind auf mehrere Gruppen verteilt.

Von der Plan- zur Marktwirtschaft

Die Fabriken waren in den neuen Bundesländern vielerorts marode, die Maschinen veraltet und die Arbeitsproduktivität gering. Nur wenige Unternehmen waren auf dem Weltmarkt konkurrenzfähig. Auch die hohe Verschuldung der DDR zeigte: Das sozialistische Wirtschaftssystem hatte versagt.

Um die Marktwirtschaft einzuführen, hätten die rund 45 000 Staatsbetriebe mit etwa vier Millionen Beschäftigten in privatwirtschaftliche Unternehmen umgewandelt werden müssen. Mitarbeiter einer „Treuhandanstalt“ überprüften die Wirtschaftlichkeit der ehemaligen Volkseigenen Betriebe. Sie verwalteten deren Vermögen und boten sie neuen Eigentümern zum Kauf an. Doch nur selten fanden sich Käufer – und manche kauften sie zwar, wollten aber die unliebsamen Konkurrenzunternehmen schnellstmöglich schließen. Zwei Millionen Menschen verloren so ihren Arbeitsplatz.

„Aufbau Ost“

Die Bundesregierung und die EU stellten hohe Fördermittel für den „Aufbau Ost“ zur Verfügung. Über eine Billion D-Mark (600 Milliarden Euro) flossen in den Osten Deutschlands. Mit diesen Geldern wurden Betriebe saniert. Neue Unternehmen auf höchstem technischen Niveau entstanden. In wenigen Jahren erhielten Tausende Familien eine neue Wohnung. Das Straßen-, Schienen- und Telefonnetz wurde ausgebaut, Altstädte saniert. Milliarden wurden für die Beseitigung von Umweltschäden verwendet. Gleichzeitig entstanden neue demokratische Verwaltungs- und Justizorgane. Das Bildungswesen wurde demokratisiert.

Bilanz: Licht und Schatten

Die Modernisierung der neuen Länder führte zu einer hohen Staatsverschuldung, die Deutschlands wirtschaftliche Entwicklung belastete. Was brachte der „Aufbau Ost“ für die Menschen in Ostdeutschland? Zunächst einmal klare Verbesserungen: die Beseitigung der Diktatur, einen demokratischen Rechtsstaat, Pluralismus, eine moderne Infrastruktur oder das bundesdeutsche Renten- und Sozialsystem. Allerdings dauerte der „Aufbau Ost“ wesentlich länger, als es viele in den 1990er-Jahren erwartet hatten. Die ostdeutschen Bundesländer kämpfen bis heute mit höherer Arbeitslosigkeit, schlechteren Zukunftsperspektiven für Jugendliche und Abwanderung vom Land nach Westen oder in die Städte. Manche Landstriche und Dörfer starben geradezu aus. Gleiche Lebensbedingungen in Ost und West – auch Jahrzehnte nach der Vereinigung bleibt dies eine Herausforderung.

D1 Bundespräsident Gauck am 3. Oktober 2015 beim Festakt „25 Jahre Deutsche Einheit":

Die Einheit ist aus der friedlichen Revolution erwachsen. Damit haben die Ostdeutschen den Westdeutschen und der ganzen Nation ein großes Geschenk gemacht. Sie hatten ihre Ängste überwunden und in einer kraftvollen Volksbewegung ihre Unterdrücker besiegt. Sie hatten Freiheit errungen. Das erste Mal in der deutschen Nationalgeschichte war das Aufbegehren der Unterdrückten wirklich von Erfolg gekrönt. (…) Die große Mehrheit der Deutschen, gleichgültig woher sie stammen, fühlt sich in diesem vereinten Land angekommen und zu Hause. (…) Es ist wieder zusammengewachsen, was zusammengehörte (…)

Allerdings war der Prozess der Vereinigung deutlich schwieriger, als die meisten in der Euphorie vor 1989/90 glaubten. (…) die Einheit [hat] den meisten Westdeutschen im täglichen Leben wenig abverlangt, den Ostdeutschen dagegen mit einem enormen Transformationsdruck sehr viel. Das neue Leben im Osten brachte ja nicht nur volle Einkaufsregale, schnelle Autos und bunte Reisekataloge. Es brachte auch die massenhafte „Abwicklung" sogenannter volkseigener Betriebe, brachte damit Massenarbeitslosigkeit und Massenabwanderung. Leere Werksgelände, leere Plattenbauten, leere Schulklassen – all das hinterließ seelische Spuren.

Q2 Demonstration in Magdeburg. Beschäftigte eines Schwermaschinenkombinats protestieren gegen beabsichtigte Entlassungen. Foto, 1992

Q3 Ansprache Willy Brandts (Mitte) vor dem Schöneberger Rathaus in Berlin. Foto, 10. November 1989
Eine der bekanntesten Aussagen zur Deutschen Einheit wurde bereits am 10. November 1989 von Willy Brandt in seiner Rede vor dem Schöneberger Rathaus in Berlin gemacht: „Jetzt wächst zusammen, was zusammengehört." – Dabei ist auf Film- und Tonaufnahmen davon gar nichts zu hören. Tatsächlich hat Brandt diesen Satz an dem Tag in anderen Reden gesagt. Für eine spätere Veröffentlichung in einem Buch hat er den Satz aber nachträglich handschriftlich in seine Rede am Schöneberger Rathaus eingefügt.

Aufgaben

1 Listen Sie die Maßnahmen auf, mit denen in Ostdeutschland die Marktwirtschaft eingeführt wurde (VT1, VT2).

2 Versetzen Sie sich in die Lage der Demonstranten in Q2 und begründen Sie die Wortwahl auf den Schildern.

3 Erstellen Sie eine Liste, die „Licht und Schatten" der Deutschen Einheit gegenüberstellt, und bewerten Sie Gaucks Meinung (VT3, D1).

4 a) Werten Sie Q1 mit den Arbeitsschritten aus S. 178 aus.
b) Beschreiben Sie die Reaktionen der dargestellten Menschen und formulieren Sie mögliche Gründe dafür.

5 Nehmen Sie zu Willy Brandts Behauptung unmittelbar nach dem Mauerfall (Q3) Stellung und beurteilen Sie sie aus heutiger Sicht.

Das Ende des Kalten Krieges

Viele Deutsche sehen in Michail Gorbatschow einen Helden des 20. Jahrhunderts: Er hat maßgeblich zum Umbruch im Ostblock 1989/90 und damit zum Ende des Kalten Krieges beigetragen. Seinen eigenen Staat aber hat er verloren.

Glasnost
russ. = Offenheit/Öffentlichkeit. Öffentliche Diskussion über gesellschaftliche und politische Fragen. Die Politik sollte sich stärker an den Wünschen der Bevölkerung orientieren. Dadurch erhoffte sich Gorbatschow eine breitere Zustimmung zum Sozialismus.

Perestroika
russ. = Umgestaltung. Reformen zur Modernisierung der Sowjetunion unter der Führung der KPdSU. Gorbatschows Ziel war es, das starre Gesellschaftssystem und die Kommandowirtschaft aufzubrechen.

Ein neuer Mann im Kreml

Gorbatschow wurde 1985 Generalsekretär der Kommunistischen Partei der Sowjetunion (KPdSU). Nach außen war dieser Staat eine Supermacht, doch im Inneren zerfiel er: Der Lebensstandard sank seit Jahren, weil die Planwirtschaft nicht funktionierte und zu viel Geld in die Rüstung gesteckt wurde. In den Betrieben wurde mit veralteten Maschinen gearbeitet. Parteifunktionäre sprachen von Gleichheit, verschafften sich selbst aber Vorteile. Jeder sah das, doch offen darüber sprechen durfte man nicht. Gorbatschow wollte die Missstände öffentlich diskutieren. Dann könne man sie auch beseitigen. Die Presse durfte zum ersten Mal in der Geschichte der Sowjetunion frei berichten. Seine Politik der Erneuerung stellte Gorbatschow unter zwei Schlagwörter: „Glasnost“ und „Perestroika“.

Der Ostblock löst sich auf

Die Machthaber der anderen Ostblockstaaten beobachteten die Entwicklungen mit Sorge. Was würde geschehen, wenn auch die eigene Bevölkerung Reformen forderte? Wäre ihre Macht dann noch zu retten?

Gorbatschow machte klar, dass jedes Land seinen eigenen Weg gehen könne. Selbst wenn sich ein Volk für die Abschaffung des Sozialismus entscheide, würde die Sowjetunion nicht militärisch eingreifen. Das ermutigte die Menschen in den Ostblockstaaten, größere Freiheiten zu fordern. 1989 streikten in Polen die Arbeiter, bis die Regierung freie Wahlen zusagte. Dabei verloren die Kommunisten ihre Macht. 1989/90 gab es in allen Staaten des Ostblocks meist friedliche Revolutionen. Überall fanden Veränderungen zu Demokratie und Marktwirtschaft statt. 1991 wurde der Warschauer Pakt aufgelöst. Der Kalte Krieg war zu Ende.

Die Sowjetunion fällt auseinander

Gorbatschow wollte durch Reformen und mehr Freiheiten sicherstellen, dass die Sowjetunion weiter bestehen konnte. Doch die Kritik der Menschen ließ sich nicht lenken wie früher. Sie richtete sich bald gegen die Kommunistische Partei selbst. In den einzelnen Sowjetrepubliken entstanden Unabhängigkeitsbewegungen. 1991 musste Gorbatschow die Auflösung der Sowjetunion hinnehmen. Das Riesenreich zerfiel in 15 unabhängige Staaten. Nachfolger der Sowjetunion in den Vereinten Nationen (UN) wurde Russland. Es ist flächenmäßig der größte Staat der Erde, besitzt Tausende von Atomwaffen und viele Bodenschätze. Russland ist keine Supermacht mehr. Präsident Putins Politik (2000–2008 und seit 2012) ist aber darauf ausgerichtet, in der Weltpolitik wieder eine wichtige Rolle zu spielen.

Q1 Die Außenminister Ungarns und Österreichs durchschneiden den „Eisernen Vorhang“.
Foto, 27. Juni 1989

Q2 Aus einer Rede Michail Gorbatschows vor dem Europaparlament, 7. Juli 1989. Was er sagte, war vielen Oppositionellen wichtig:

Die gesellschaftliche und politische Ordnung hat sich in diesem oder jenem Land in der Vergangenheit verändert und kann sich auch in Zukunft ändern. Das ist jedoch ausschließlich Sache dieser Völker selbst, ihrer eigenen Wahl. Jegliche Einmischung in die inneren Angelegenheiten, jegliche Versuche, die Souveränität der Völker einzuschränken – sowohl der Freunde und Verbündeten als auch von sonst jemandem – sind unzulässig.

Q3 Die Stuttgarter Zeitung vom 4. Januar 1992 bewertete die Rolle Gorbatschows so:

Michail Sergejewitsch Gorbatschow (...) hoffte zweifellos selbst bei seinem Amtsantritt und noch Jahre darüber hinaus, den schon von schwerer Krankheit gekennzeichneten Patienten Sowjetunion heilen zu können. So hielt er bis zuletzt am „guten" Lenin fest, verurteilte in erster Linie Stalin und Breschnew, glaubte weiterhin an den Endsieg der sozialistischen Idee. Doch offenbar konnte das politische und ökonomische Zwangssystem Sowjetunion nur mit Gewalt zusammengehalten werden. Als Gorbatschow mit Glasnost die Freiheit wagte, brach es zusammen. Und so wurde der Partei- und Staatschef, der ein Arzt sein wollte, de facto (in Wirklichkeit), wenn auch wider Willen, zum Totengräber der Sowjetunion.

Q4 Reste der Berliner Mauer vor dem Europamuseum in Schengen, Luxemburg. Auf dem rechten Mauerrest ist Michail Gorbatschow abgebildet. Foto, 2020. Michail Gorbatschow arbeitete in seiner Jugend in einer landwirtschaftlichen Traktorenstation, studierte dann Jura, trat in die kommunistische Partei ein und machte als Parteifunktionar Karriere. Als Partei- und Staatschef wollte Gorbatschow das politische und wirtschaftliche System der Sowjetunion durch Reformen verbessern, aber nicht abschaffen. Gorbatschow wird in kaum einem Land so geschätzt wie in Deutschland. Er hat durch seine Politik die Wiedervereinigung erst möglich gemacht. Die meisten Menschen in Russland lehnen Gorbatschows Politik ab. Sie verbinden sie mit dem rasanten wirtschaftlichen und politischen Niedergang ihres Landes in den ersten Jahren nach dem Zerfall der Sowjetunion. Dass er ihnen die Freiheit gebracht hat, zählt kaum noch.

Aufgaben

1. Listen Sie die wirtschaftlichen und politischen Missstände der Sowjetunion auf und beschreiben Sie, wie Gorbatschows Reformpolitik diese beheben sollte (VT1).

2. Beurteilen Sie Gorbatschows Reformpolitik hinsichtlich seiner Auswirkungen auf a) die Sowjetunion und b) die Staaten des Ostblocks (VT2, VT3, Q1, Q3).

3. Diskutieren Sie die unterschiedliche Beurteilung Gorbatschows historischer Leistung in Deutschland und Russland (VT3, Q2–Q4).

4. Verfassen Sie eine kurze Rede zur Aufstellung der Reste der Berliner Mauer vor dem Museum in Schengen (Q4). Gehen Sie dabei auf Gorbatschows Lebensleistung ein.

Auf dem Weg zur Einigung Westeuropas

Die Staaten Europas haben jahrhundertelang Kriege gegeneinander geführt und ihre Grenzen eifersüchtig bewacht. Wer heute durch Europa reist, nimmt Grenzen kaum noch wahr. Der Frieden zwischen Völkern scheint ganz selbstverständlich.

Q1 Junge Menschen aus mehreren Ländern Europas reißen an der deutsch-französischen Grenze den Schlagbaum nieder. Foto, 1950

Westeuropa
politisch gemeinte Vorstellung einer Staatengemeinschaft im Gegensatz zu „Osteuropa", das mit dem sowjetischen Machtbereich gleichgesetzt wurde. Geographisch gehören Staaten wie Deutschland, Polen und Tschechien zu Mitteleuropa.

Europäische Integration
Prozess des Zusammenwachsens der europäischen Staaten mit dem Ziel eines geeinten Europas

Die Idee vom einigen Europa

Der Schrecken zweier Weltkriege führte besonders bei jungen Menschen zu einem Umdenken: Wenn man in Europa so weitermachen würde wie bisher, wäre der nächste große Krieg nur eine Frage der Zeit. Auch Politiker erkannten, dass die europäischen Staaten enger zusammenarbeiten mussten, wenn sie zukünftige Katastrophen vermeiden wollten. Doch Europa als Ganzes konnte noch nicht entstehen. Der Ost-West-Konflikt hatte den Kontinent politisch schon zerrissen, und es schien ausgeschlossen, dass der sowjetische Diktator Stalin den Staaten seines Machtbereichs eine Mitgliedschaft in einem europäischen Bündnis erlauben würde. So entschlossen sich die Staatsmänner einiger westeuropäischer Staaten, das Projekt der **Europäischen Integration** zu beginnen.

Es begann mit Kohle und Stahl

Der französische Außenminister Robert Schuman legte am 9. Mai 1950 den Plan einer Europäischen Gemeinschaft für Kohle und Stahl vor (EGKS). Die Produktion von Kohle und Stahl sollte gemeinsam kontrolliert werden. Kein Staat könnte dann mehr heimlich aufrüsten. Der gemeinsame Wirtschaftsraum sollte auch den Wiederaufbau vorantreiben. Belgien, die Bundesrepublik Deutschland, Frankreich, Italien, Luxemburg und die Niederlande schlossen sich 1951 zur EGKS zusammen.

Von der EWG zur EU

1957 banden sich diese Staaten noch enger aneinander. Sie gründeten in Rom die Europäische Wirtschaftsgemeinschaft (EWG). Ziel war es, einen gemeinsamen Markt zu schaffen. Dazu sollten die Zölle abgeschafft werden. Die Mitgliedsstaaten einte aber auch die Vorstellung von einem demokratischen Europa, das gegenüber „dem Osten" Stärke zeigen sollte. Die damals zwölf Staaten der EWG beschlossen **1992** mit dem **Vertrag von Maastricht** eine Vertiefung der Gemeinschaft. Es sollte für Personen, Waren und Kapital keine Grenzen mehr geben. Sie beschlossen auch die Einführung einer gemeinsamen Währung sowie eine gemeinsame Außen- und Sicherheitspolitik. Seit 1993 hat die Gemeinschaft einen neuen Namen: Europäische Union (EU).

Die Grenzen fallen

1995 wurde endlich umgesetzt, was junge Menschen schon 1950 wollten: An den Grenzen von zunächst fünf Mitgliedsstaaten fielen die Personenkontrollen weg. Weitere Staaten folgten. Seit 2002 gibt es in einigen Mitgliedsländern den Euro als Zahlungsmittel.

Freier Personenverkehr
- Wegfall der Grenzkontrollen
- EU-Bürger dürfen frei reisen, leben, lernen, arbeiten.
- gegenseitige Anerkennung von Berufs-, Schul- und Universitätsabschlüssen
- verstärkte Kontrollen an den Außengrenzen der EU

Freier Warenverkehr
- Wegfall von Zöllen und Kontrollen
- gemeinsamer Zolltarif gegenüber Drittstaaten
- Vereinheitlichung von Normen oder gegenseitige Anerkennung
- Angleichung der Mehrwertsteuersätze (mindestens 15 Prozent)

Freier Dienstleistungsverkehr
- EU-Bürger können z. B. als Handwerker oder Kaufleute Dienste im EU-Raum anbieten.
- Öffnung der Märkte für Transport, Energie und Telekommunikation

Freier Kapitalverkehr
- keine Beschränkung bei Zahlungen innerhalb der EU
- gemeinsame Bekämpfung von Geldwäsche und Steuerhinterziehung

D1 Die vier Freiheiten im europäischen Binnenmarkt nach dem Vertrag von Maastricht, 1992

Q2 Der britische Politiker Winston Churchill hielt am 16. September 1946 an der Universität Zürich eine berühmte Rede. Dabei entwickelte er eine Vision für Europa:

Wir müssen etwas wie die Vereinigten Staaten von Europa schaffen. (...) Ich spreche jetzt etwas aus, das Sie erstaunen wird. Der erste Schritt bei der Neugründung der europäischen Familie muss eine Partnerschaft zwischen Frankreich und Deutschland sein. (...) Wenn zu Anfang auch nicht alle Staaten Europas willens oder in der Lage sind, der Union beizutreten, müssen wir uns dennoch ans Werk machen, diejenigen Staaten, die es wollen und können, zusammenzufassen und zu vereinen.

D2 Symbole der Europäischen Union:

Die Europaflagge mit ihren zwölf Sternen. Sie stehen für Einheit und Harmonie.

Die offizielle Hymne der EU ist Ludwig van Beethovens „Ode an die Freude".

Seit 2002 gibt es den Euro als europäisches Bargeld. 19 Staaten der EU haben ihn bis 2022 eingeführt.

Der 9. Mai ist der Europatag. Er erinnert an den 9. Mai 1950.

Aufgaben

1 Europas Weg zur europäischen Einheit beginnt im Westen. Erklären Sie diese Aussage anhand von VT1 und Q1.

2 Fertigen Sie eine Zeitleiste zum Thema Europas Weg zur Einheit an (VT2–VT4).

3 a) Bewerten Sie Churchills Rede von 1946 aus damaliger und heutiger Sicht.
b) Verfassen Sie eine Rede, in der Sie Churchill mit dem Wissen von heute antworten (Q2).

4 Wählen Sie zwei Beispiele aus den vier Freiheiten im europäischen Binnenmarkt. Notieren Sie die Vorzüge für Sie persönlich und diskutieren Sie sie zu zweit (D1).

5 Diskutieren Sie über die Bedeutung der gemeinsamen europäischen Symbole (D2).

Die Europäische Union heute

Die europäische Einheit ist ein nicht abgeschlossener Prozess. Auch Sie können ein Teil davon werden und von den vielen Möglichkeiten profitieren – fremde Sprachen lernen und mit jungen Leuten etwas gemeinsam erleben oder im europäischen Ausland arbeiten.

Ost-Erweiterung der EU
Aufnahme von mittel- und osteuropäischen Staaten in die Europäische Union ab 2004

Brexit
Kunstwort aus Britain und Exit

Corona-Virus
Ein Virus, das Ende 2019 erstmals in China auftrat. Es ist hochansteckend und kann u. a. zu tödlich verlaufenden Lungenentzündungen führen.

Die Ost-Erweiterung der EU

Das Ende des Ost-West-Konflikts hob die Spaltung Europas auf. Die Staaten des ehemaligen Ostblocks öffneten ihre Grenzen, führten Demokratie und Marktwirtschaft ein. Zum 1. Mai 2004 traten auf einmal sieben dieser Staaten der Europäischen Union bei. Deutschland, das bisher am östlichen Rand der Gemeinschaft gelegen hatte, rückte geographisch gesehen in ihre Mitte. 2007 folgten Bulgarien und Rumänien, 2013 Kroatien. Fast 500 Millionen Menschen in Europa gehören 2018 der Europäischen Union (EU) an. Mit über vier Millionen Quadratkilometern Fläche nehmen diese Staaten fast die Hälfte des Kontinents ein. Bisher kannte die Entwicklung nur eine Richtung: Die Gemeinschaft europäischer Staaten wuchs ständig an. Dass auch Länder austreten könnten, war zwar vorgesehen, schien aber unwahrscheinlich.

Brexit – ein Land tritt aus

2016 entschieden die Wahlberechtigten Großbritanniens mit einer knappen Mehrheit, dass ihr Land die Europäische Union verlassen solle. Viele jungen Menschen stimmten zwar gegen den Brexit, doch die Vertreter einer Abspaltung behielten die Oberhand. Sie hatten argumentiert, dass der britische Arbeitsmarkt durch osteuropäische Zuwanderer überlastet werde. Das Land zahle viel Geld in die Kassen der Union, das man dringend im eigenen Land brauche. Man sei auch die vielen Vorschriften der EU leid, Großbritannien müsse wieder die Kontrolle über das eigene Land zurückerhalten.

Nach schwierigen Verhandlungen trat Großbritannien 2020 aus der EU aus. Diese verliert damit einen ihrer wichtigsten Staaten mit 66 Millionen Menschen und der drittstärksten Volkswirtschaft nach Deutschland und Frankreich. Spannungen zwischen den Landesteilen England, Wales, Nordirland und Schottland sowie eine wirtschaftliche Rezession für Großbritannien, zudem verstärkt durch die Ausbreitung des Corona-Virus seit 2020, sind die Folge. Aber auch die Folgen für die Wirtschaft der EU sind noch nicht absehbar.

Q1 Brexit-Demonstration. Gegner und Befürworter demonstrieren in London gegen oder für den Austritt. Foto, 21. Mai 2019

Europa für junge Leute

Die EU hat speziell für junge Leute viel zu bieten. Mit dem Programm „Erasmus+" kann man im Ausland für ein oder zwei Semester studieren. Das Programm „Leonardo da Vinci" bietet jungen Berufstätigen und Azubis die Möglichkeit, im Ausland ein Praktikum oder einen Teil der Berufsausbildung zu machen. Über den „Europäischen Freiwilligendienst" kann man im Ausland an Projekten teilnehmen und Erfahrungen zwischen Schule und Studium sammeln. Die Reisekosten, Sprachkurse und sogar das Taschengeld werden von der Europäischen Union bezahlt.

Q2 Die 18-jährige Nane bewarb sich nach der Schule auf ein Projekt des Europäischen Freiwilligendienstes in den Niederlanden. Über ihre Erfahrungen schrieb sie 2016:

Im Prinzip ging es im Laufe meines Jahres hauptsächlich darum, mir zu beweisen, dass ich es auch alleine schaffen kann zu leben und trotzdem am Ende nicht alleine dastehe. Aber es ging natürlich auch darum, etwas Neues auszuprobieren, auch wenn es verrückt ist und nicht gleich Nein zu sagen. Sich nicht durch Selbstzweifel in sich zurückzuziehen und sich trauen, sich auch mal lächerlich zu machen. Am meisten gehört aber Mut dazu. Mut, die Heimat zu verlassen und sich auf die neue Umgebung einzulassen. Mut, seine Familie und Freunde zu verlassen und neue zu finden. Mut, sich aus seiner Komfortzone heraus zu bewegen und mal etwas Neues zu machen. Und Mut, sich sein eigenes Leben zu schaffen und auf den eigenen zwei Beinen zu stehen.

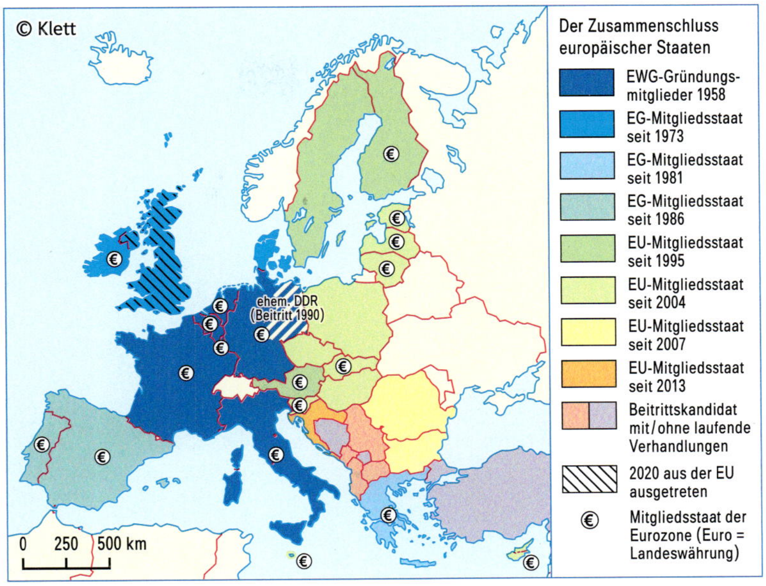

D2 Mitgliedsstaaten der EU

Europäischer Rat

Versammlung der Staats- und Regierungschefs aus allen Mitgliedsländern; bestimmt die Politik der EU

Europäisches Parlament

785 Abgeordneten aus den Mitgliedsländern; sind an der Gesetzgebung beteiligt, kontrollieren die Kommission, entscheiden über den Haushalt

Europäische Kommission

Kommissare und Kommissarinnen aus den Mitgliedsländern sind jeweils für ein Fachgebiet zuständig, z. B. die Landwirtschaft.

D1 Wo die Entscheidungen fallen

Aufgaben

1. Listen Sie die Staaten des einstigen Ostblocks auf, die der EU seit 2004 beigetreten sind (VT1, D2).

2. Führen Sie ein Streitgespräch zwischen Gegnern und Befürwortern des Brexits (VT2, Q1).

3. Erstellen Sie eine Liste mit den Möglichkeiten und Chancen, die die EU jungen Menschen bietet (VT3, Vorspann).

4. „Junge Leute sollten froh sein, in einem größeren Europa leben zu können." Diskutieren Sie die Aussage.

5. Recherchieren Sie in Partnerarbeit Informationen zu einem Organ der EU (z. B. Parlament, Europäischer Gerichtshof). Fertigen Sie ein Plakat an und stellen Sie es der Klasse vor (D1, Internet).

Kalter Krieg, Entspannung und Neuorientierung in Europa und der Welt

1

Die grundlegenden Daten und Begriffe kann ich erklären!

a) NATO (S. 74)
b) Kalter Krieg (S. 78)
c) Entkolonialisierung (S. 85)
d) Europäische Integration (S. 104)
e) Ost-Erweiterung der EU (S. 106)
f) 1961/62 Kubakrise (S. 80)
g) 1963 deutsch-französischer Freundschaftsvertrag (S. 88)
h) 9. November 1989 Öffnung der innerdeutschen Grenze (S. 96)
i) 3. Oktober 1990 „Tag der Deutschen Einheit" (S. 98)
j) ab 1989/90 Umbruch im Ostblock (S. 102)
k) 1992 Vertrag von Maastricht (S. 104)

2

Ich kann zeigen, dass Geschichte erzählte Geschichte ist!

a) Ich kann einen Lexikonartikel zum Begriff „Gleichgewicht des Schreckens" schreiben.
b) Ich kann einen Zeitungsartikel zur Öffnung der Berliner Mauer verfassen.

3

Zu diesen Fragen habe ich eine Meinung und kann sie begründen!

a) Ist die Erweiterung der EU Richtung Osteuropa sinnvoll?
b) Ist der Brexit eine Chance oder ein Unglück?

4

Die Daten auf der Zeitleiste kann ich erklären!

5

Diese Fragen kann ich beantworten!

a) Welche unterschiedlichen Ansichten in den USA und der Sowjetunion führten zum Ost-West-Konflikt?
b) Wie reagierte die Sowjetunion auf Proteste und Aufstände in ihrem Einflussbereich?
c) Wie konnten Kennedy und Chruschtschow einen Atomkrieg verhindern?
d) Warum schickten die USA ihre Truppen nach Vietnam?
e) Wie verlief die Entkolonialisierung in Afrika und Asien?
f) Wie gelang es Deutschland, sich mit Frankreich und Polen auszusöhnen?
g) Warum engagierten sich die Menschen in Deutschland für den Frieden und die Umwelt?
h) Wie kam es zur Deutschen Einheit?
i) Welche Rolle spielte Michail Gorbatschow für den Umbruch im Ostblock?
j) Wie entstand die Europäischen Union?

6

Ich kann mich in Geschichte und Gegenwart orientieren!

a) Ich kann erklären, welche Bedeutung Diplomatie für die Sicherung des Friedens hat.
b) Ich kann erklären, warum Ostdeutsche in den Jahren nach der deutschen Wiedervereinigung enttäuscht waren.

1961/62	1963	1989/90	3. Oktober 1990	1992

Portfolio und Üben siehe Zeitreise-Code, S. 71

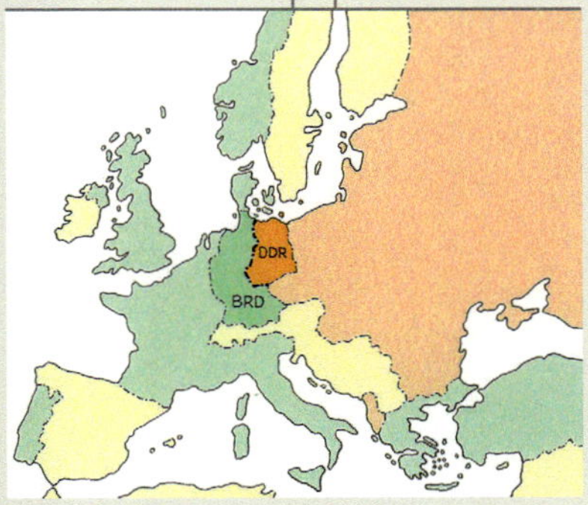

1. Spaltung der Welt und Konfrontation der Supermächte
Seiten 72–75

2. Aufstände in Osteuropa
Seiten 76/77

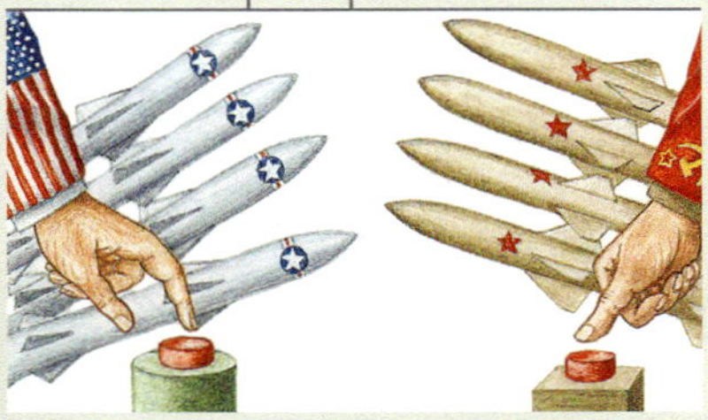

3. Die gefährlichste Krise im Kalten Krieg
Seiten 80/81

4. Heiße Kriege im Kalten Krieg
Seiten 82/83

5. Entspannung und neue Konfrontation
Seiten 86–91

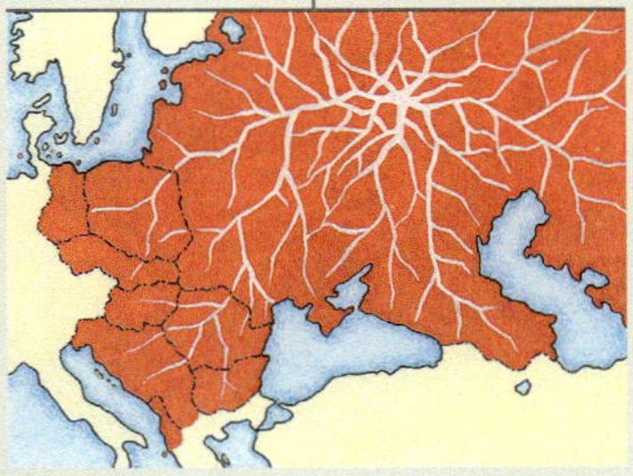

6. Das Ende des Kalten Krieges
Seiten 102/103

Aufgaben

1 Bereiten Sie ein Referat zum Kalten Krieg vor. Einigen Sie sich in der Klasse auf die Gliederung des Themas (Beispiel siehe Kärtchen 1 bis 6). Verteilen Sie dann die Einzelthemen auf Gruppen. Jede Gruppe erarbeitet selbstständig ihr Einzelthema.

2 Recherchieren Sie zu Ihrem Gruppenthema im Internet. Gehen Sie dabei nach den Arbeitsschritten auf Seite 182 vor. So können Sie Ihren Zuhörern auch Informationen und Bilder anbieten, die sie aus dem Geschichtsunterricht noch nicht kennen.

3 Bereiten Sie nun die Präsentation Ihres Themas vor (maximal fünf Minuten pro Gruppe). Wählen Sie nur die wichtigsten Informationen aus, damit der Vortrag nicht zu lang wird. Entscheiden Sie, wie Sie Bilder und Grafiken präsentieren wollen: als Folien für den Tageslichtprojektor, als vergrößerte Fotokopien oder digital per Beamer oder Whiteboard.

4 Schreiben Sie das Wichtigste in Stichworten auf Merkzettel und sprechen Sie bei Ihrem Vortrag frei. Wer den ganzen Text aufschreibt, läuft Gefahr, ihn nur abzulesen. Das langweilt die Zuhörer!

5 Eine weitere Gruppe kann eine Wandzeitung zum Kalten Krieg anfertigen. Benutzen Sie dazu auch das Bildmaterial dieser Seite (beim Kopieren vergrößern!).

4 1945 bis heute

Herausforderungen und Chancen globaler Entwicklungen der Gegenwart

1945
Gründung der Vereinten Nationen (UN)

1948
Gründung des Staates Israel

11. September 2001
Islamistischer Terroranschlag auf das World Trade Center in New York

2008
Der Zusammenbruch einer US-amerikanischen Bank führt zu einer weltweiten Finanzkrise.

2013
China startet das Projekt „Neue Seidenstraße".

2020
Das Corona-Virus breitet sich von China über die ganze Welt aus.

„Die Welt ist ein Dorf" – mit diesem Satz wird Globalisierung häufig beschrieben, um auszudrücken, dass die Welt immer enger zusammenwächst. Mit dem Begriff „Globalisierung" verbinden viele Menschen vor allem den Handel von Gütern rund um den Globus. Doch es verbergen sich auch noch andere Bereiche dahinter. Gerade die globale Politik bestimmt das tägliche Leben weltweit.

Soll man sich nun über dieses Zusammenwachsen der Welt freuen oder soll man ihm mit Skepsis entgegentreten? Tatsache ist, dass die Globalisierung ein laufender Prozess ist, der nicht aufgehalten werden kann.

D1 **UN-Blauhelmmission in der Demokratischen Republik Kongo.** Ein uruguayischer Soldat steht vor einem Wandgemälde. Foto, 21. April 2016

Material zu dieser Themeneinheit
Zeitreise-Code: **b7e8xy**

UN-Mission Weltfrieden

„Nie wieder Krieg!" Das hatten Millionen Menschen 1918 gesagt, und sie sagten es 1945 wieder – denn offensichtlich hatte man aus der Geschichte nichts gelernt.

Q1 Skulptur einer Pistole mit verknotetem Lauf vor der Zentrale der Vereinten Nationen in New York. Foto, 2003

Völkerbund
Weltfriedens-organisation von 1920 bis 1946

UN (UNO)
United Nations (Organization) = Vereinte Nationen. 1945 gegründete Organisation zur Sicherung des Welt-friedens

Sicherheitsrat
wichtigstes Organ der UN, das über Friedens-einsätze entscheidet

Veto
(lat. = ich verbiete) Einspruch gegen ein Vorhaben, der nicht begründet werden muss und bindend ist

Lehren aus der Geschichte

Nach der Katastrophe des Ersten Weltkrieges mit Millionen Toten und Kriegsversehrten war 1919/20 der Völkerbund entstanden – eine internationale Organisation, in der die Staaten zukünftige Konflikte friedlich regeln sollten. Doch der Völkerbund hatte den Zweiten Weltkrieg nicht verhindern können.

Am 26. Juni 1945 gründeten daher 51 Staaten in San Francisco eine neue Weltgemeinschaft – die **Vereinten Nationen (UN)**. Sie verpflichteten sich, den Weltfrieden zu sichern, die weltweite Achtung der Menschenrechte durchzusetzen und die Gleichberechtigung aller Staaten zu respektieren.

Die Verlierer des Zweiten Weltkrieges schloss man zunächst aus: Japan wurde 1956 aufgenommen, die Bundesrepublik Deutschland und die DDR konnten erst 1973 Mitglied der UN werden.

Die Generalversammlung der UN

193 Staaten gehören inzwischen den Vereinten Nationen an. Die UN haben ihren Sitz in New York. Die Vertreter der Mitgliedsstaaten treffen sich dort einmal im Jahr zu einer Vollversammlung. Bei Abstimmungen hat jedes Land eine Stimme. Der oberste Beamte der UN ist der Generalsekretär. Wenn es zu internationalen Konflikten kommt, reist der Generalsekretär in die Krisengebiete, führt mit den Konfliktparteien Gespräche und macht Vorschläge zur Lösung eines Konflikts.

Der Sicherheitsrat der UN

Der Sicherheitsrat ist das wichtigste Organ der Vereinten Nationen. Er hat die Aufgabe, den Weltfrieden zu erhalten. Der Sicherheitsrat kann gegen einen Staat Zwangsmaßnahmen anordnen, wenn dieser andere Staaten bedroht oder sie angreift. Die fünf ständigen Mitglieder können mit ihrem Veto aber Maßnahmen verhindern, die ihren Interessen widersprechen.

UN-Friedenseinsätze

Die UN unterscheiden friedenssichernde Einsätze und friedenserzwingende Einsätze. Von Friedenssicherung spricht man, wenn z. B. ein Waffenstillstand überwacht werden muss. Dann genügen leicht bewaffnete Truppen. Diese UN-Soldaten werden nach ihrer Kopfbedeckung „Blauhelme" genannt. Häufig werden sie von zivilen Helfern unterstützt, die Wahlen organisieren oder zerstörten Ländern beim Wiederaufbau helfen.

Bei friedenserzwingenden Einsätzen haben die UN-Soldaten einen Kampfauftrag. Das war zum Beispiel 1991 der Fall, als die USA und ihre Verbündeten im Auftrag der Vereinten Nationen irakische Truppen aus Kuwait vertrieben.

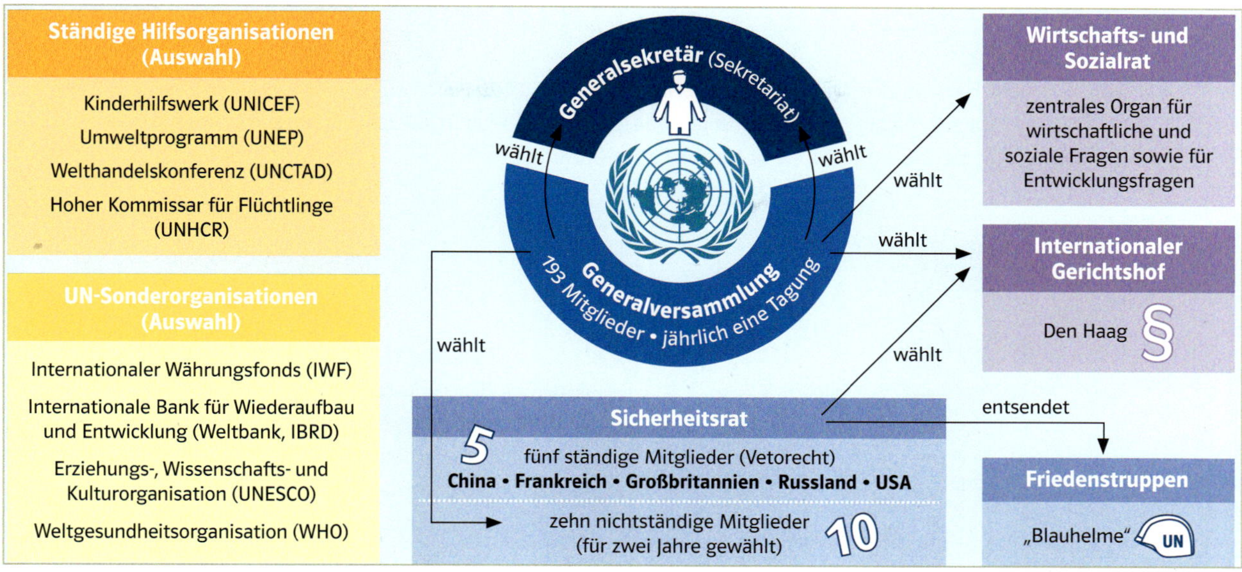

D1 **Organisation der UN** (Stand: 2018)

Q2 **Aus der UN-Charta von 1945:**

Artikel 41: Der Sicherheitsrat kann (...) die vollständige oder teilweise Unterbrechung der Wirtschaftsbeziehungen, des Eisenbahn-, See- und Luftverkehrs, der Post-, Telegrafen- und Funkverbindungen sowie sonstiger Verkehrsmöglichkeiten und den Abbruch der diplomatischen Beziehungen (beschließen).

Artikel 42: Ist der Sicherheitsrat der Auffassung, dass die in Artikel 41 vorgesehenen Maßnahmen unzulänglich sein würden oder sich als unzulänglich erwiesen haben, so kann er mit (...) Streitkräften, die zur Wahrung oder Wiederherstellung des Weltfriedens und der internationalen Sicherheit erforderlichen Maßnahmen durchführen.

1992–1994	Somalia
1995–2004	Bosnien-Herzegowina
2006	Kongo
2008–2016	Südsudan
seit 2013	Mali

D2 **UN-Missionen der Bundeswehr** (Auswahl)

Aufgaben

1 Arbeiten Sie aus Vorspann und VT1* heraus:
a) Warum wurden 1919 und 1945 Friedensorganisationen gegründet?
b) Listen Sie wichtige Aufgaben der UN auf.

2 Ein New Yorker Stadtführer erläutert Besuchern den Sinn der Skulptur Q1. Was könnte er sagen? Geben Sie der Skulptur Q1 einen passenden Titel.

3 Nennen Sie jeweils das UN-Organ (VT2, VT3, D1):
a) tagt jährlich,
b) oberster Beamter der UN,
c) entscheidet über Zwangsmaßnahmen gegen Staaten.

4 Beurteilen Sie, ob die Maßnahmen der UN zur Erhaltung des Friedens wirkungsvoll sind (Q 2).

5 „Die UN können viele Kriege nicht verhindern, aber ohne ihr Eingreifen würde es in der Weltpolitik noch schlechter aussehen.“ Diskutieren Sie die Aussage (VT4).

6 Recherchieren Sie in Gruppen die Hintergründe der UN-Missionen der Bundeswehr (D2) und stellen Sie diese in einer Präsentation vor.

* VT1 bedeutet: Die Aufgabe bezieht sich auf den ersten Abschnitt des Verfassertextes (VT). Die Abschnitte ergeben sich durch die blauen Zwischenüberschriften.

Israel und Palästina

1948 wurde der Traum Theodor Herzls wahr, der um 1900 einen jüdischen Nationalstaat gefordert hatte: In Palästina gründeten Juden ihren Staat Israel. Die palästinensischen Araber aber nennen diese Zeit al Nakba, „die Katastrophe".

Q1 David Ben-Gurion (stehend) verkündet am 14. Mai 1948 in Tel Aviv die Gründung des Staates Israel. Ben-Gurion wurde 1886 bei Warschau geboren und wanderte bereits 1906 nach Palästina aus. Er sah sich in der Nachfolge Theodor Herzls (Porträtfoto) und wurde erster Ministerpräsident Israels.

Mandat über Palästina
1922 nach dem Ersten Weltkrieg vom Völkerbund an Großbritannien übergebene Aufgabe, nach dem Zusammenbruch des Osmanischen Reiches die Verwaltung in Palästina zu übernehmen.

Tel Aviv, 14. Mai 1948

Um Mitternacht soll das britische Mandat über Palästina nach 26 Jahren auslaufen. Bereits um 16 Uhr kommen die Vertreter der jüdischen Nation zusammen und beschließen die Errichtung des Staates Israel auf dem von den UN vorgesehenen Gebiet. Elf Minuten nach der Verkündung erkennen die USA Israel an, die Sowjetunion folgt zwei Tage später. Israelis feiern auf den Straßen ausgelassen ihre Unabhängigkeit.

Israel behauptet sich

Die UN-Vollversammlung hatte schon 1947 mit einer Zweidrittelmehrheit beschlossen, dass Palästina nach dem Rückzug der Briten in einen Staat der Juden und einen der Palästinenser aufgeteilt werden sollte. Die Araber lehnten diesen Teilungsplan von Anfang an ab. Sie drohten Israel mit Vernichtung und griffen am 15. Mai 1948 unmittelbar nach der Gründung Israels das Land an. Doch Israel besiegte Anfang 1949 die arabischen Truppen und vergrößerte sein Staatsgebiet nun über die Grenzen des UN-Teilungsplans hinaus.

Israelisch-arabischer Konflikt

Für die arabischen Staaten und die Palästinenser war klar: Eine Anerkennung Israels, Frieden oder Verhandlungen sind ausgeschlossen. Die Gefahr einer Eskalation wuchs noch durch den Einfluss der Supermächte im Kalten Krieg. Die Sowjetunion half den arabischen Staaten mit modernen Waffen, die USA und ihre Verbündeten unterstützten Israel. Israel suchte bald eine Gelegenheit, die ständige Bedrohung durch seine Nachbarn zu beenden. Am 5. Juni 1967 griff es Ägypten, Syrien und den Libanon an, vernichtete in nur sechs Tagen deren Luftwaffe und besetzte das Westjordanland, den Gaza-Streifen, den Sinai sowie den Golan. Daran änderte auch der Krieg Ägyptens und Syriens gegen Israel 1973 nichts mehr. Nur der Sinai wurde später an Ägypten zurückgegeben und ein Grenzstreifen auf dem Golan kam unter Kontrolle der UN.

Volk ohne Land

Die Palästinenser hatten bereits im ersten israelisch-arabischen Krieg ihr Land verloren. 700 000 Palästinenser flohen 1949 in die Nachbarstaaten oder wurden aus Israel vertrieben; 1967 waren es noch einmal 500 000. Sie lebten von nun an in Flüchtlingslagern – oft als unerwünschte Fremde bei den arabischen Nachbarn sowie in den von Israel besetzten Gebieten. Erst 1995 erhielten Gaza und das Westjordanland einen Autonomiestatus. Dieser erlaubt den Palästinensern, eigene Regierungen zu wählen und das Land selbst zu verwalten. Doch Israel kontrolliert als Besatzungsmacht die Grenzen und die Palästinenser sind untereinander verfeindet.

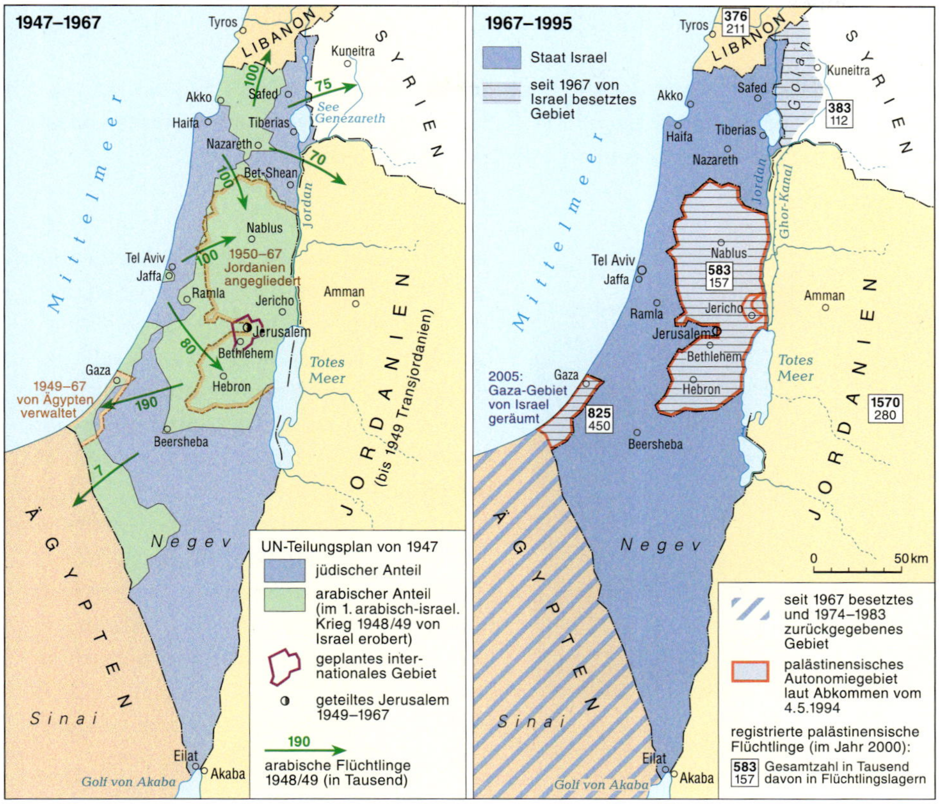

D1 Der Nahe Osten. Die Karte links zeigt den UN-Teilungsplan für Palästina von 1947 und die Zahlen der arabischen Flüchtlinge. Die rechte Karte zeigt die Situation nach dem arabisch-israelischen Krieg von 1967. Das Gebiet westlich des Flusses Jordan und des Toten Meeres wird als Westjordanland bezeichnet.

Q2 Aus der Proklamationsurkunde des Staates Israel von 1948:

In Erez Israel stand die Wiege des jüdischen Volkes; hier wurde sein geistiges, religiöses und politisches Antlitz geformt; hier lebte es ein Leben staatlicher Selbstständigkeit (...).

Die über das jüdische Volk in der letzten Zeit hereingebrochene Vernichtung (...) bewies erneut und eindeutig die Notwendigkeit, die Frage des heimat- und staatenlosen jüdischen Volkes durch Wiedererrichtung des jüdischen Staates in Erez Israel zu lösen.

Q3 Aus dem Palästinensischen Manifest vom 17. Juli 1968:

Art. 1) Palästina ist Heimatland des arabischen Volkes, es ist untrennbarer Teil des gesamt-arabischen Vaterlandes, und das Volk Palästinas ist Teil der Arabischen Nation.

Art. 2) Palästina ist innerhalb der Grenzen, die zur Zeit des britischen Mandats bestanden, eine unteilbare territoriale Einheit. (...)

Art. 19) Die Teilung Palästinas 1947 und die Gründung Israels ist von Grund auf null und nichtig, (...).

Erez
(hebräisch = „Land Israel“) Bezeichnung Palästinas in der jüdischen Tradition

Aufgaben

1. Geben Sie die Ereignisse des 14. und 15. Mai 1948 in ihrer zeitlichen Reihenfolge wieder (VT1, VT2, Q1).
2. Erläutern Sie die Motive für die Staatsgründung Israels (Q1, Q2).
3. Beschreiben Sie das Foto Q1. Recherchieren Sie dazu die Bedeutung des Davidsterns und Theodor Herzls.
4. Untersuchen Sie, wer Palästina/Israel von 1920–1948, von 1949–1967 und seit 1967 kontrollierte (VT1, D1).
5. Die Palästinenser bezeichnen die Gründung Israels als Katastrophe (VT4). Begründen Sie dies.
6. Sammeln Sie Argumente für die Positionen Israels und der Palästinenser. Diskutieren Sie mögliche Lösungen (Q2, Q3).

Streitfragen im Nahen Osten

Die Palästinenserin Sawsan und der Israeli Uri diskutieren 2021 über den Nahostkonflikt. Die Personen und das Gespräch sind erfunden. Die Äußerungen von Sawsan und Uri fassen aber tatsächliche Positionen aus israelischer und palästinensischer Sicht zusammen.

Q1 Jerusalem und die heiligen Orte von Juden und Muslimen: Al-Aqsa-Moschee, Felsendom und „Klagemauer". Die UN hatten 1947 in ihrem Teilungsplan beabsichtigt, Jerusalem unter internationale Aufsicht zu stellen. Im Palästinakrieg 1948/49 eroberte Jordanien Ostjerusalem und die Altstadt, Israel nahm Westjerusalem ein. 1967 besetzte Israel Ostjerusalem und betrachtet Jerusalem seither als „ewige und unteilbare Hauptstadt Israels". Foto, 18. Juli 2010

Nahostkonflikt
seit 1948 anhaltender Konflikt im Nahen Osten zwischen Israel, den Palästinensern und den arabischen Nachbarstaaten Israels um Gebietsansprüche

Hamas
(Abkürzung für „Islamische Widerstandsbewegung") eine radikal-islamistische Palästinenserorganisation. Eines ihrer Ziele ist die Vernichtung des Staates Israel. Die Hamas ist mit der PLO verfeindet und stellt seit 2006 die Regierung des Gaza-Streifens.

Moderatorin (M): 2021 hat die radikal-islamistische Hamas aus Gaza mehr als 4 000 Raketen auf Israel abgeschossen, Israels Luftwaffe hat Ziele im Gazastreifen bombardiert. Es gab auf beiden Seiten zivile Opfer. Wie ist es zu dieser Gewalt gekommen?
Sawsan: Auslöser waren Provokationen von israelischer Seite. Am Tempelberg ist die Polizei gegen Palästinenser vorgegangen, die zu ihren Heiligen Stätten wollten. Israelis haben palästinensischen Familien mit der Zwangsräumung ihrer Wohnungen in Ost-Jerusalem gedroht.
Uri: Diese Ereignisse sind doch nur ein Vorwand für die Hamas gewesen. Sie wollte ihre Macht demonstrieren und die Palästinenser aufwiegeln. Gegen ihre Raketenangriffe müssen wir unsere Bevölkerung schützen.
M: Worin sehen Sie beide die eigentliche Ursache des Konflikts?
Sawsan: Israel verweigert uns das Recht auf unser Land und hält es besetzt. Gaza und Ost-Jerusalem sind weitgehend abgeriegelt. Im Westjordanland schränken israelische Siedlungen, Militärposten und Sperranlagen unsere Bewegungsfreiheit ein. Und die jüdischen Siedler breiten sich immer weiter aus.
Uri: Ich sehe die Ursache in der Haltung der Hamas, die Israels Existenz nicht anerkennt und uns vernichten will. Sie erhält dabei Unterstützung von Ländern wie dem Iran oder Syrien. Was Sawsan als Besatzung bezeichnet, dient vor allem der Sicherheit Israels.
M: Gibt es weitere ungelöste Streitfragen?
Sawsan: Da sind vor allem die etwa fünf Millionen Landsleute, die 1948 aus Israel vertrieben wurden und deren Nachkommen seither in Flüchtlingslagern leben. Israel verweigert ihnen die Rückkehr und Entschädigungen.
Uri: Die Forderung ist nicht nachvollziehbar. Während des Unabhängigkeitskrieges sind etwa 700 000 Palästinenser geflohen. Nun sollen auch alle ihre Nachkommen entschädigt werden?
M: Gibt es Lösungsvorschläge, die aus Ihrer Sicht Erfolg versprechen?
Sawsan: Die Palästinenser müssen endlich ihren eigenen Staat bekommen mit einem geschlossenen Staatsgebiet, unserer Hauptstadt Ost-Jerusalem und der Hoheit über die Grenzen – eine Zwei-Staaten-Lösung, wie sie die UN beschlossen haben.
Uri: Dazu wäre ein friedlicher und demokratischer Prozess nötig. Israel hat 1993 die besetzten Gebiete in die Hände der Palästinenser übergeben und 2002 Gaza geräumt, damit die Palästinenser sich selbst verwalten können. Ihr gewählter Präsident und die Autonomiebehörde müssen wieder Ansprechpartner für Verhandlungen sein.

D1 Israelische Siedlungen und Sperranlagen im Westjordanland (Stand: 2015)

D2 Konfliktstoff Wasser. Zusammengestellt aus einem Heft der Bundeszentrale für politische Bildung, 2008:

- Israel deckt seinen Wasserbedarf zum größten Teil aus Vorkommen in den besetzten palästinensischen Gebieten und dem ebenfalls besetzten Golan.
- Diese Wasserressourcen gelten als israelischer Staatsbesitz und unterstehen israelischer Kontrolle.
- Israel und die israelischen Siedlungen nutzen den größten Teil des Grundwasservorkommens in den palästinensischen Gebieten.
- 40 Prozent der Dörfer und Gemeinden im Westjordanland sind nicht ans Wassernetz angeschlossen. Sie müssen Regenwasser sammeln oder durch Tankwagen versorgt werden.
- Der Wasserverbrauch pro Kopf und Tag beträgt in Israel 240–280 Liter, in den palästinensischen Gebieten rund 60 Liter.

PLO
Palestine Liberation Organization (Palästinensische Befreiungsorganisation) 1964 gegründete Organisation. Die PLO ist die führende politische Partei im Westjordanland. Sie repräsentiert die Palästinenser vor internationalen Institutionen wie den Vereinten Nationen (UN).

Q2 Bombenanschlag auf einen israelischen Linienbus, bei dem 13 Passagiere zum Teil schwer verletzt wurden. Die Hamas bekannte sich kurz nach der Explosion zu dem Attentat. Foto, 28. Dezember 2000

Aufgaben

1 Nennen Sie alle Streitpunkte des Nahostkonflikts, die auf diesen Seiten angesprochen sind (VT, Q1, D1, D2).

2 Überprüfen Sie die Aussagen Sawsans anhand der Karte D1 und nehmen Sie Stellung dazu.

3 Schreiben Sie den Dialog zur Streitfrage „Wem gehört Jerusalem?" zwischen Sawsan und Uri weiter (VT, Q1).

4 Informieren Sie sich über die Hamas. Nehmen Sie Stellung zu der Aussage, dass sie eine Terrororganisation ist (Q2).

5 Führen Sie selbst eine Diskussion zu den Streitpunkten durch. Sammeln Sie dazu die Argumente beider Seiten in einer Tabelle und wählen Sie einen Moderator.

Die Möglichkeiten von UN und EU

Viele Konflikte münden in gewaltsame Auseinandersetzungen. Doch Staatengemeinschaften wie die UN oder die EU haben verschiedene Möglichkeiten, Gewalt zu verhindern oder einzudämmen.

Q1 Die EU-Außenbeauftragte Federica Mogherini am 7. November 2014 bei einer Pressekonferenz mit Israels Premierminister Benjamin Netanyahu. Foto

Sanktion
(von lat. sanctio = Vorbehalt, Verordnung) Strafmaßnahme gegen einen Staat, der das Völkerrecht verletzt hat oder zu verletzen droht

Intervention
(von lat. intervenire = dazwischentreten) Eingreifen in die Angelegenheiten eines Staates oder in einen Konflikt, z. B. aus humanitären Gründen und zum Schutz der Menschenrechte. Ziel ist es, den Konflikt zu lösen oder mit bestimmten Interessen zu lenken.

„Stunde der Diplomatie"

Verstoßen Staaten gegen internationale Verträge, können Staatengemeinschaften eingreifen. Bevor Sanktionen verhängt werden oder es zu einer militärischen Intervention kommt, schlägt die „Stunde der Diplomatie". Diplomaten vertreten die Interessen ihrer Staaten oder internationaler Organisationen und versuchen, Einfluss auf die Konfliktparteien auszuüben. Sie bieten Absprachen zur Förderung von Kultur, Wirtschaft und Handel an, die den Frieden sichern können. Sind die Konfliktparteien bereit, zu verhandeln, rückt eine Lösung des Konflikts näher.

Strafmaßnahmen

Hat die Diplomatie keinen Erfolg, können Sanktionen verhängt werden. Mithilfe politischer und wirtschaftlicher Strafmaßnahmen versuchen die UN, das Verhalten von Staaten im Konfliktfall zu beeinflussen. UN-Sanktionen werden durch den Sicherheitsrat verhängt. Sie können die Wirtschaft eines Staates hart treffen, etwa durch Ein- und Ausfuhrverbote für bestimmte Güter oder das Einfrieren von Staats- und Privatkonten. Politische Sanktionen beinhalten etwa den Abbruch diplomatischer Beziehungen oder Ein- und Ausreiseverbote gegen Personen.

Wenn Diplomatie und Sanktionen keine Ergebnisse gebracht haben, kann die internationale Gemeinschaft auch militärisch eingreifen. Zum Beispiel entscheidet der UN-Sicherheitsrat über einen friedenssichernden oder friedenserzwingenden Einsatz. Dann können Truppen im Auftrag der UN in die Krisenregion entsendet werden. Das ist erstmals 1948 während des israelischen Unabhängigkeitskrieges in Palästina geschehen. Auf dem Golan (siehe S. 114) sind bis heute Blauhelme stationiert. Weitere UN-Missionen werden für die von Israel besetzten Gebiete gefordert, um die Konfliktparteien auseinanderzuhalten.

Die Europäische Staatengemeinschaft

Neben den UN existieren auch regionale Staatengemeinschaften wie die EU, die interne Konflikte regeln und Einfluss auf die Politik Dritter nehmen können. Die europäischen Staaten haben sich auf der Grundlage der gemeinsamen Werte Frieden, Demokratie und Menschenrechte immer enger zusammengeschlossen. Seit dem Maastrichter Vertrag von 1993 entwickeln sie auch eine „Gemeinsame Außen- und Sicherheitspolitik" (GASP), die seit 2009 durch einen „Hohen Vertreter der Union für Außen- und Sicherheitspolitik" vertreten wird. Gerade um den Nahostkonflikt hat sich die EU besonders bemüht, etwa mit diplomatischen Initiativen wie der „Roadmap" von 2003. Immer wieder gibt es Diskussionen über Wirtschaftssanktionen gegen Israel oder die Anerkennung eines Palästinenserstaates. Hier finden die EU-Mitgliedstaaten bisher keine gemeinsame Linie.

Q2 Eine UN-Resolution gegen Israel scheiterte 2011 nur knapp. Der Radiosender „Deutsche Welle" berichtete:

Mit einem Veto haben die USA im Weltsicherheitsrat eine Verurteilung der Siedlungspolitik Israels verhindert. Alle anderen 14 Mitglieder des Sicherheitsrates, darunter auch Deutschland, stimmten dafür.

(…) Es wäre das erste Mal seit 1979 gewesen, dass der Sicherheitsrat die Siedlungspolitik der Israelis verurteilt hätte. Auch Deutschland hatte für die Resolution gestimmt, weil sie zum einen nach vorne gerichtet sei und zum anderen der Position der Europäischen Union entspreche, hieß es aus Delegationskreisen in New York. Die Resolution habe die sofortige Aufnahme direkter Gespräche zum Ziel gehabt und den Friedensprozess unterstützt. (…)

Der britische UN-Botschafter (…) hatte nach der Abstimmung stellvertretend für sein Land, Frankreich und Deutschland eine Erklärung verlesen, in der es hieß, die drei Länder seien besorgt über den Stillstand im Nahost-Friedensprozess. Man habe für die Resolution gestimmt, weil der Siedlungsbau der Israelis (…) nach internationalem Recht illegal sei, den Frieden verhindere und eine Gefahr für die Zwei-Staaten-Lösung (mit den beiden unabhängigen Staaten Israel und Palästina) sei. Die Israelis müssten jeglichen Siedlungsbau sofort einstellen.

„Roadmap" 2003

Phase 1 – sofort
Sicherheit
Israel:
Rückzug des israelischen Militärs aus den seit 2000 besetzten Gebieten, keine weiteren Siedlungen
Palästina:
Einstellung der Gewalt, freie Wahlen bis 2003

Phase 2 – 2003
Vereinbarung vorläufiger Grenzen,
provisorischer Staat Palästina mit neuer Verfassung

Phase 3 – 2004
Israel: Rückzug hinter anerkannte Grenzen
Palästina: Gewährleistung der Sicherheit Israels, Festigung der Institutionen

Ziel – 2005
Zwei souveräne Staaten Israel und Palästina
(„Zwei-Staaten-Lösung")

D1 UN, USA, Russland und EU legten 2003 einen Fahrplan („Roadmap") zur Beilegung des israelisch-palästinensischen Konflikts bis 2005 vor. Der Plan scheiterte allerdings daran, dass Teile der Palästinenser das Existenzrecht Israels nicht anerkannten und Israel den Siedlungsbau vorantrieb.

Aufgaben

1 Im Zusammenhang der Möglichkeiten von UN und EU wird häufig der Begriff „Intervention" verwendet.
a) Geben Sie wieder, was mit dem Begriff Intervention gemeint ist (VT1, Lexikon).
b) Nennen Sie die Möglichkeiten der Intervention durch die Staatengemeinschaft (VT1–VT3).
c) Ordnen Sie den Interventionen Beispiele aus dem Nahostkonflikt zu (VT3, Q2, D1).

2 Erklären Sie, was Diplomatie ist und welchen Zwecken sie dient (VT1, Q1, D1).

3 Beschreiben Sie die neue außenpolitische Rolle der EU (VT3, Q1, D1).

4 Schreiben Sie einen Zeitungsartikel darüber, ob ein Eingreifen der EU oder der UN in den Nahostkonflikt notwendig sein kann.

Globalisierung

Wir kaufen billige Kleidung aus Fernost, tropische Früchte aus Afrika, Steaks aus Südamerika. Wir nutzen Software, die irgendwo in der Welt entwickelt wurde, und stellen selbst unsere Daten weltweit zur Verfügung. Wir profitieren von der Globalisierung und fürchten sie doch.

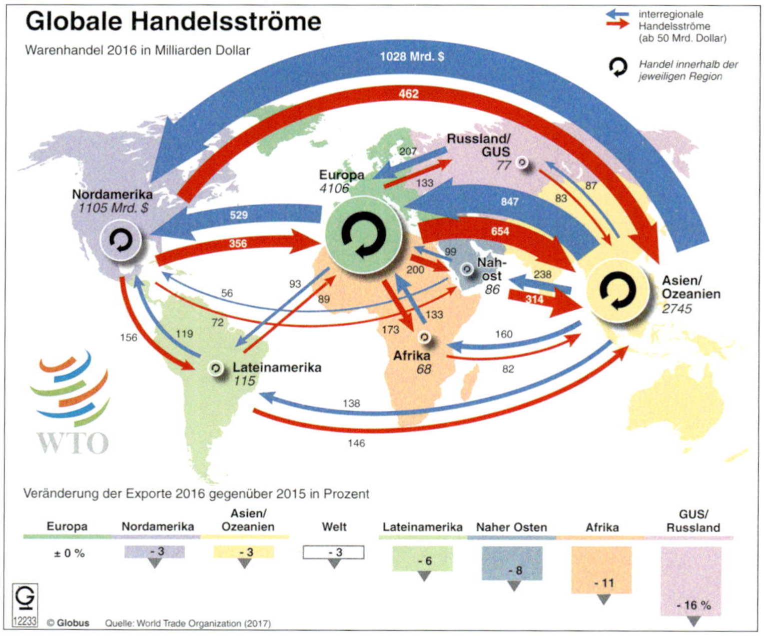

D1 Weltweiter Handel

Globalisierung
Prozess der globalen, also weltumspannenden wirtschaftlichen, politischen und kulturellen Verflechtung

Markt
Ort, an dem Güter und Dienstleistungen angeboten werden; im weitesten Sinne das weltweite Angebot an Gütern und Dienstleistungen

Globale Handelsströme

Du kaufst ein T-Shirt bei einer bekannten europäischen Textilkette. Auf dem Label könnte zum Beispiel „Made in Bangladesh“ stehen. Das Shirt kostet nur wenige Euro, obwohl es aus viel Baumwolle gewebt, gefärbt, bedruckt, zugeschnitten, genäht und verpackt, über viele tausend Kilometer verschifft, aus Containern in Lagerhallen, dann im Lkw zum Großhandel und zum Einzelhandel gebracht und dort in Regale gelegt wurde und dabei Zölle und Steuern angefallen sind. Die Erklärung ist einfach:

Menschen in ärmeren Ländern produzieren die Shirts für Hungerlöhne. Schlecht bezahlte Seeleute bringen die Ware in unsere Häfen. In Deutschland übernimmt dann ein Lkw-Fahrer aus Bulgarien die Fracht.

Global operierende Unternehmen

Unternehmen suchen heute weltweit nach Standorten, wo die Löhne und Steuern niedrig sind. Das führt dazu, dass Waren für den Weltmarkt und Teilprodukte zur Weiterverarbeitung in einer Produktionskette sehr billig in riesigen Stückzahlen produziert werden können. Der Transport per Seeschiff und Lkw wurde in den vergangenen Jahrzehnten immer günstiger. Daher spielen Entfernungen bei Massenprodukten kaum noch eine Rolle. Reisen zu fernen Produktionsstandorten sind in Stunden, Telefonate in Minuten, Mails in Sekunden erledigt. Als Konsumenten freuen wir uns über das Ergebnis. Wir kaufen Waren aus aller Welt zu unglaublich niedrigen Preisen.

Globale Verschiebung von Arbeit

Bezahlt haben die Industrieländer aber mit dem Verlust ganzer Industrien. Seit den 1970er-Jahren gingen allein in Deutschland Hunderttausende von Arbeitsplätzen in der Textilindustrie und im Bereich der Unterhaltungselektronik verloren. Sie entstanden vor allem in den Billiglohnländern Asiens neu. Als in Japan, Korea und Taiwan die Löhne stiegen, „wanderten“ technisch einfache Produktionen weiter: nach Vietnam, Indonesien und China. Heute entstehen in Afrika neue Textilfabriken, weil dort die Löhne noch niedrig sind.

Globale Wanderungsströme

Die Mobilität von Arbeitskräften ist in den vergangenen Jahrzehnten enorm gestiegen. Über 200 Millionen Menschen arbeiten weltweit außerhalb ihrer Herkunftsländer. Oft werden sie in typischen Aufnahmeländern wie den Staaten am Persischen Golf gnadenlos ausgebeutet. Die Armut ihrer Heimatländer lässt ihnen aber keine Wahl. Ihre Familien sind auf die Geldsendungen angewiesen.

Q1 Das Containerschiff CSCL Globe im Hamburger Hafen. Foto, 14. Januar 2015

Produktionskette
die Abfolge von der Rohstoffgewinnung über Zwischenprodukte bis zur Herstellung des Endprodukts

Mobilität
die Bereitschaft und Fähigkeit zu räumlicher, sozialer und beruflicher Veränderung

Migration
(von lat. „migrare“ = wandern) bedeutet Wanderung. Von Migration spricht man, wenn Menschen ihren Wohnort auf Dauer wechseln. Migration kann wirtschaftliche, religiöse, politische oder persönliche Gründe haben.

Globalisierung

Gesellschaft
- globale Migration
- Vereinheitlichung von Lebensstil, Werten, Essgewohnheiten, Mode, Musik
- globale Protestbewegungen und Nichtregierungsorganisationen
- Welt als globales Dorf (Internet)

Herrschaft
- internationale staatliche Zusammenarbeit (UN, internationale Organisationen, Weltkonferenzen)
- Weltfriedensordnung (UN)
- politisch-wirtschaftliche Staatenbündnisse (z. B. EU, ASEAN)
- Souveränitätsverlust der Nationalstaaten

Wirtschaft
- Transnationale Unternehmen handeln und produzieren global.
- Weltbinnenmarkt für Waren, Kapital und Dienstleistungen
- Ausweitung des Freihandels (WTO)
- sinkende Transportkosten
- globale Umweltverantwortung
- Weltwirtschaftskrisen und Weltfinanzkrisen

Weltdeutung
- „Eine Welt“-Denken
- Pluralismus von Wertetraditionen, Menschenbildern und weltanschaulichen Überzeugungen (Ideologien)
- Bedeutungsverlust von Religion besonders in der westlichen Welt
- Ausbreitung des Fundamentalismus (Religion als politische Ideologie)

D2 Dimensionen der Globalisierung

Aufgaben

1. Listen Sie auf, wo Kosten für ein T-Shirt entstehen, bis es den Endverbraucher erreicht (VT1).
2. Nennen Sie wesentliche Gründe für die Verbilligung vieler Waren in den vergangenen Jahren (VT1, VT2, Q1).
3. Erklären Sie die Aussage der Grafik D1. Welche Kontinente und Länder profitieren von der Globalisierung am meisten?
4. Wählen Sie aus der Grafik D2 ein oder zwei Dimensionen aus. Informieren Sie sich über ihre Bedeutung (Lexikon, Internet) und erläutern Sie diese.
5. Recherchieren Sie über die Arbeitsbedingungen von ausländischen Arbeitskräften (z. B. aus Indien oder den Philippinen) in den Staaten am Persischen Golf (VT4, Internet).
6. Prüfen Sie, woher Ihre Kleidung kommt. Legen Sie eine Liste mit den Ländern an.
7. Führen Sie eine Pro- und Kontra-Diskussion: „Ich bin für/gegen die Globalisierung“. Werten Sie dafür D2 nach positiven und negativen Punkten aus und formulieren Sie ein Gesamturteil. Diskutieren Sie dann in der Klasse.

Terrorismus – der Krieg des 21. Jahrhunderts

1881 wird Zar Alexander II. im winterlichen Sankt Petersburg von Attentätern der Gruppe Narodnaya Wolya („Volkswille“) bei einem Anschlag tödlich verletzt. Das Attentat auf ihn wird häufig als Beginn des modernen Terrorismus bezeichnet.

Q1 Attentat auf das World Trade Center in New York.
Am 11. September 2001 wurden zwei Flugzeuge von islamistischen Terroristen in die Türme des World Trade Centers gesteuert. Dabei starben mehr als 2500 Menschen. Foto

Terrorismus
Anwendung unvorhersehbarer Gewalt (z. B. Anschläge, Morde und Entführungen) durch extremistische Gruppierungen oder Einzeltäter, um Angst und Schrecken zu verbreiten und politischen Druck auszuüben

Anarchismus
(von griech.: anarchia = Herrschaftslosigkeit) Sammelbezeichnung für politische Auffassungen und Bestrebungen, eine Gesellschaftsform ohne Herrschaft, staatliche Gewalt und gesetzlichen Zwang zu schaffen

Islamismus
Extremismus, der verschiedene Formen des radikalen politischen Islam vereint und eine religiös-islamische Staatsordnung anstrebt

Kennzeichen des modernen Terrorismus

Zumeist richtet sich die terroristische Gewalt gegen Staaten oder Systeme und deren Vertreter. Ausgeübt wird sie von nicht-staatlichen Personen oder Gruppen, also Gegnern des jeweiligen Staates oder Systems. Dabei ist es das Ziel der Terroristen, durch ihre Gewalttaten Angst und Schrecken zu verbreiten. Hier hilft ihnen vor allem die mediale Verbreitung ihrer Aktionen. Waren es im zaristischen Russland die Zeitungen, die bewirkten, dass sich die Nachrichten schneller verbreiten konnten, so sind es heute vor allem das Fernsehen und die sozialen Medien im Internet.

Phasen des Terrorismus

Die politischen Ziele der terroristischen Gruppen haben sich im Laufe der Zeit immer wieder verändert. Zu Beginn war es wie bei dem Attentat der Narodnaya Wolya in Sankt Petersburg vor allem der Wunsch, mit anarchistischen Anschlägen monarchische Herrschaftsstrukturen zu sprengen. Später wurden Attentate meist vor einem nationalistischen Hintergrund verübt, wie das Attentat in Sarajewo, das einen Weltkrieg auslöste. Je nach Perspektive wurden sie als krimineller Terrorismus oder als legitimer Freiheitskampf angesehen. In den 1970er-Jahren kam es hauptsächlich zu Anschlägen linksextremistischer Gruppen wie der RAF in Deutschland (siehe S. 64). Seit dem Beginn der 1980er-Jahre ist eine Zunahme des religiös begründeten Terrorismus zu beobachten. Hinzu kommen rechtsterroristische Attentate wie 2011 in Norwegen, 2019 in Neuseeland und vermehrt auch in Deutschland. Gerade beim Rechtsterrorismus werden Anschläge immer wieder auch von Einzelnen begangen, die oft ein fremdenfeindliches Tatmotiv angeben.

Islamistischer Terrorismus

Immer wieder standen die USA im Fokus islamistischer Anschläge. Geplant und durchgeführt wurden diese Attentate meist von der al-Qaida, einer islamistischen Terrororganisation unter Führung des Arabers Osama bin Laden. Das größte Attentat der Gruppierung war der Anschlag auf das World Trade Center in New York am 11. September 2001, bei dem Terroristen zwei Passagierflugzeuge in die Zwillingstürme steuerten und sie zum Einsturz brachten. Dieser Anschlag war der Auslöser für weltweite Einsätze der USA bei der Bekämpfung des Terrorismus und eine neue Ausrichtung ihrer Außenpolitik.

In der jüngeren Vergangenheit hat sich der islamistische Terrorismus zu einer globalen Bedrohung ausgeweitet, zum Beispiel in Syrien und im Irak, wo die Terrororganisation „Islamischer Staat“ (IS) die Bevölkerung in Angst und Schrecken versetzte, aber auch in Frankreich oder Belgien, wo einzelne Täter Attentate auf Zivilisten verübten.

Q2 US-Präsident George W. Bush erläutert 2002 die Grundgedanken der neuen Nationalen Sicherheitsstrategie der USA:

Die Verteidigung unserer Nation ist die erste und wichtigste Verpflichtung der Regierung. Diese Aufgabe hat sich jetzt dramatisch verändert. In der Vergangenheit benötigten Feinde große Armeen und umfangreiche industrielle Fähigkeiten, um eine Gefahr für die Vereinigten Staaten darzustellen. Heutzutage können schemenhafte Netzwerke von Einzelpersonen großes Chaos und Leid über unser Land bringen – und es kostet sie weniger als ein einziger Panzer. Terroristen durchdringen offene Gesellschaften und richten moderne Technologien gegen uns.

Um mit dieser Bedrohung fertig zu werden, müssen wir jegliches uns zur Verfügung stehende Mittel anwenden: militärische Macht, verbesserte innere Sicherheit, Strafverfolgung, nachrichtendienstliche (geheimdienstliche) Tätigkeiten sowie energische Anstrengungen zur Unterbindung des Finanznachschubs für Terroristen. Der Krieg gegen weltweit agierende Terroristen ist eine globale Unternehmung von ungewisser Dauer. Die Vereinigten Staaten werden Nationen helfen, die im Kampf gegen den Terrorismus unsere Unterstützung brauchen. Die Vereinigten Staaten werden Länder zur Rechenschaft ziehen, die dem Terrorismus Vorschub leisten und solche, die Terroristen Zuflucht gewähren, denn die Verbündeten des Terrors sind die Feinde der Zivilisation.

Q3 Osama bin Laden, Anführer der islamistischen Terrororganisation Al-Qaida, rechtfertigt sich in einem offenen Brief an das amerikanische Volk für die Anschläge vom 11. September 2001:

Ihr könntet einwenden, dass alle bisher (vorgebrachten Gründe) den Angriff auf Zivilisten nicht rechtfertigen – für Verbrechen, die sie nicht begangen haben, und Taten, an denen sie nicht beteiligt waren: (...) das amerikanische Volk ist es, das seine Regierung aus freien Stücken gewählt hat; eine Wahl, die aus seiner Zustimmung mit ihrer Politik entspringt. (...) Das amerikanische Volk hat die Möglichkeit und die Wahl, die Politik seiner Regierung abzulehnen und sie auch zu ändern, wenn es dies will.

Q4 „... und die größte von allen ist die Liebe". Skulptur in Oslo für die Opfer des Terroranschlags vom 22. Juli 2011. Durch eine Autobombe im Regierungsviertel Oslos tötete der norwegische Rechtsextremist Anders Breivik acht Menschen. Danach erschoss er 69 Menschen in einem Jugendferiencamp auf der Insel Utøya. Nach seiner Festnahme gab er islamfeindliche Gründe als Tatmotiv an. Foto, 2016

Aufgaben

1 Geben Sie die Kennzeichen des modernen Terrorismus wieder (VT1, Lexikon).

2 Nennen Sie die verschiedenen Phasen des modernen Terrorismus mit Beispielen (VT, Q1, Q3, Q4).

3 Nehmen Sie Stellung zur Rechtfertigung Osama bin Ladens (VT4, Q3).

4 Fassen Sie die Maßnahmen der USA gegen den globalen Terrorismus zusammen und bewerten Sie sie (Q2).

5 Der Reporter David van Drehle hat den Kampf gegen den Terrorismus als „grauen Krieg" bezeichnet. Diskutieren Sie, was er damit gemeint haben könnte (VT4, Q2).

6 Verfassen Sie eine Rede zur Enthüllung der Skulptur vor der Kathedrale in Oslo (Q4).

Terrorismus in Deutschland

Häufig lesen oder hören wir von Terroranschlägen an einem entfernten Ort auf der Welt oder in Europa. Doch auch in Deutschland geschahen und geschehen terroristische Straftaten.

D1 Anschläge in Deutschland 2016–2020
oben: Rechtsterroristische Anschläge mit rassistischem oder antisemitischem Motiv
unten: Islamistische Terroranschläge

oben:

22. Juli 2016
München
Angriff mit Schusswaffe
Täter: 1
Verletzte: 4
Tote: 9

1. September 2016
Waldbröl
Körperliche Gewalt
Täter: 4
Verletzte: 0
Tote: 1

19. Oktober 2016
Georgensgmünd
Angriff mit Schusswaffe
Täter: 1
Verletzte: 3
Tote: 1

1. März 2017
Döbeln
Brandanschlag
Täter: 1
Verletzte: 0
Tote: 1

8. Mai 2017
Schwarzenacker
Angriff mit Schusswaffe
Täter: 1
Verletzte: 0
Tote: 2

unten:

5. Februar 2016
Hannover
Brandanschlag
Täter: 1
Verletzte: 0
Tote: 0

26. Februar 2016
Hannover
Messerangriff
Täter: 1
Verletzte: 1 (Bundespolizist)
Tote: 0

16. April 2016
Essen
Sprengstoffanschlag
Täter: 2
Verletzte: 3
Tote: 0

18. Juli 2016
Würzburg
Beilattacke
Täter: 1
Verletzte: 5
Tote: 1 (Angreifer)

24. Juli 2016
Ansbach
Sprengstoffanschlag
Täter: 1
Verletzte: 15
Tote: 1 (Angreifer)

19. Dezember 2016
Berlin
Attacke mit Lkw
Täter: 1
Verletzte: 55
Tote: 12

G20
(Abkürzung für Gruppe der 20)
Seit 1999 bestehender informeller Zusammenschluss der 20 wichtigsten Industrienationen. Die EU zählt dabei als ein Teilnehmer. Auf den jährlichen Gipfeltreffen erfolgt ein wirtschaftspolitischer Austausch.

NSU
(Abkürzung für Nationalsozialistischer Untergrund)
Rechtsextremistische, terroristische Vereinigung, die zwischen 2000 und 2011 zehn Morde sowie mehrere Mordversuche, Überfälle und Bombenanschläge begangen hat. Die Taten der Gruppe waren vor allem rassistisch und fremdenfeindlich motiviert.

Linksextremer Terror

Der Linksextremismus will den Kapitalismus abschaffen. Linksextremistische Gewalt richtet sich häufig gegen Sachen, aber auch gegen Personen. Eine Gruppe, die in der Bundesrepublik linksextremistische Anschläge mit Todesopfern durchführte, war die RAF (siehe S. 64). In jüngster Vergangenheit machten linksautonome Gruppen vor allem durch Demonstrationen und Krawalle auf sich aufmerksam. Am 7. und 8. Juli 2017 machten linksextremistische Gruppen die Hamburger Innenstadt zum Schauplatz gewalttätiger Auseinandersetzungen mit der Polizei, um gegen den G20-Gipfel zu demonstrieren.

Rechtsextremistische Terroranschläge

Rechtsextremisten überhöhen die eigene Nation, das Miteinander unterschiedlicher Kulturen lehnen sie ab. Dies ist häufig verbunden mit Rassismus und Fremdenfeindlichkeit, die auch Gewalt gegenüber vermeintlich Fremden einschließt. So ermordeten die Mitglieder des NSU von 2000 bis 2011 zehn Personen, ein Rechtsextremist 2019 einen Kasseler Politiker, der die Aufnahme von Flüchtlingen unterstützte, und 2020 ein Einzeltäter elf Menschen in Hanau.

Islamistische Terroranschläge

Islamisten wollen, dass der Islam das gesellschaftliche Leben bestimmen und die politische Ordnung regeln soll: Eine „gottgewollte" Ordnung soll über allen von Menschen gemachten Ordnungen stehen – also auch über der Demokratie. Radikale Islamisten versuchen, ihre Ziele auch mit Gewalt durchzusetzen. So erfolgte 2016 ein Anschlag auf einem Berliner Weihnachtsmarkt, bei dem zwölf Menschen starben und 55 zum Teil schwer verletzt wurden. Die Terrororganisation „Islamischer Staat" verkündete, dass der Attentäter in ihrem Auftrag gehandelt hatte.

Antisemitismus

Bei all diesen Gruppierungen ist ein mehr oder weniger offener Antisemitismus zu finden. Manche Linksextreme lehnen das Existenzrecht Israels ab. Das tun auch islamistische Extremisten, die ihren Antisemitismus zusätzlich religiös begründen. Rechtsextreme werten Jüdinnen und Juden rassistisch ab. Die Gefährdung der jüdischen Bevölkerung Deutschlands nimmt dadurch zu. An einem hohen jüdischen Feiertag im Oktober 2019 versuchte ein Rechtsextremist in die Synagoge von Halle (Saale) einzudringen und die dort anwesenden Menschen zu erschießen. Da er die verschlossene Tür nicht öffnen konnte, flüchtete er und tötete dabei wahllos zwei Passanten.

28. Juli 2017
Hamburg
Messerangriff
Täter: 1
Verletzte: 5
Tote: 1

27. November 2017
Altena
Körperliche Gewalt
Täter: 1
Verletzte: 1
Tote: 0

27. März 2018
Bergisch-Gladbach
Angriff mit Schusswaffe
Täter: 1
Verletzte: 0
Tote: 1

2. Juni 2019
Kassel
Angriff mit Schusswaffe
Täter: 1
Verletzte: 0
Tote: 1

22. Juli 2019
Wächtersbach
Angriff mit Schusswaffe
Täter: 1
Verletzte: 1
Tote: 1

9. Oktober 2019
Halle (Saale)
Angriff mit Schusswaffe
Täter: 1
Verletzte: 0
Tote: 2

19. Februar 2020
Hanau
Angriff mit Schusswaffe
Täter: 1
Verletzte: 0
Tote: 11

27. April 2020
Waldkraiburg
Brandanschlag
Täter: 1
Verletzte: 6
Tote: 0

18. August 2020
Berlin
Attacke mit Pkw
Täter: 1
Verletzte: 6
Tote: 0

4. Oktober 2020
Dresden
Messerangriff
Täter: 1
Verletzte: 1
Tote: 1

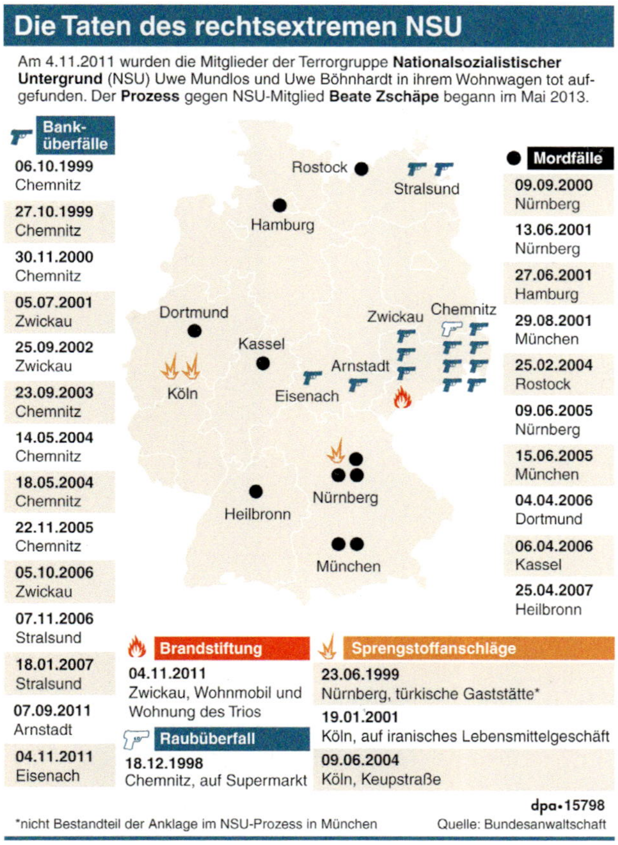

D2 Die Straftaten der Terrorgruppe Nationalsozialistischer Untergrund (NSU).

Aufgaben

1 Erstellen Sie eine Tabelle, in der Sie die Ziele von Linksextremisten, Rechtsextremisten und Islamisten erfassen (VT1–VT3).

2 Erläutern Sie die Unterschiede der drei Ideologien (VT).

3 Ergänzen Sie Ihre Tabelle aus Aufgabe 1 mit je einem Beispiel eines Anschlags in Deutschland (D1).

4 Recherchieren Sie die Taten des NSU (D2, Internet). Erklären Sie, warum der Fall in Deutschland Aufsehen erregt hat. Berücksichtigen Sie dabei auch die Arbeit der Ermittler.

5 Arbeiten Sie Gemeinsamkeiten und Unterschiede der rechtsextremistischen und islamistischen Anschläge in Deutschland 2016–2020 heraus (D1).

6 Arbeiten Sie zu zweit. Wählen Sie aus D1 ein Attentat aus und stellen Sie in der Klasse Opfer, Täter und Motiv vor.

Weltkonflikte heute

Der Zugang zu Ressourcen, die Durchsetzung von Interessen, ethnische oder religiöse Auseinandersetzungen können Ursachen für Konflikte sein. Konflikte gehören zur Menschheitsgeschichte – die Suche nach Lösungen aber auch.

Q1 Der Nahostkonflikt zwischen Israel und den Palästinensern (siehe S. 114–119) verschärfte sich 2021: Die Terrororganisation Hamas feuerte von Gaza aus mehr als tausend Raketen auf israelische Städte ab (Foto links) und tötete dabei zwölf Menschen. Die israelische Armee antwortete mit Luftangriffen gegen vermutete Stellungen der Hamas in Gaza-Stadt (Foto rechts). Dabei wurden mehr als 100 Menschen getötet. Ausgelöst wurden die kriegerischen Handlungen durch gewaltsame Ausschreitungen von jüdischen und muslimischen Israelis am Tempelberg in Jerusalem. Fotos, Mai 2021

Q2 In der Ukraine kam es seit 2013 zum Protest gegen den autoritären Präsidenten, der eine Annäherung an die EU verhindern wollte. Es folgten gewaltsame Auseinandersetzungen und die Bildung einer europafreundlichen Regierung. Daraufhin besetzte Russland die Halbinsel Krim (als selbsternannte Schutzmacht der dort lebenden russischen Bevölkerung) und unterstützte den Krieg prorussischer Rebellen, die den Osten der Ukraine abtrennen wollen. Ab Februar 2022 führte Russland offenen Krieg gegen die Ukraine. Foto einer zerstörten Brücke in Donezk, 2014

Q3 China erhebt Anspruch auf das Südchinesische Meer. China verstärkt seine militärische Macht im Südchinesischen Meer, um Handelsrouten zu sichern und den Einfluss der USA zurückzudrängen. Die Inseln, z. T. künstlich aufgeschüttete Riffe wie die Spratly-Inseln, werden zu Militärstützpunkten mit Raketenbasen ausgebaut. Anrainerstaaten wie Vietnam, Malaysia oder die Philippinen fühlen sich dadurch provoziert. Foto, 2015

D1 Weitere Konflikte (Auswahl)

a) Innerstaatliche Konflikte:
- Mexiko: Drogenkartelle gegen die Regierung
- Nigeria: die islamistische Terrorgruppe „Boko Haram“ gegen die Regierung und die Bevölkerung
- Demokratische Republik Kongo: Bürgerkrieg, u. a. um den Zugang zu Bodenschätzen (z. B. Coltan)
- Äthiopien: Regionalregierung und Sicherheitskräfte der Region Tigray gegen die Zentralregierung
- Afghanistan: die islamistische Terrorgruppe „Taliban“ gegen die Regierung (bis 2021), seit 2021 Machtübernahme der Taliban
- Syrien: Bürgerkrieg verschiedener Interessengruppen
- Myanmar: staatliche Vertreibung der muslimischen Minderheit der Rohingya

b) Konflikte zwischen Staaten:
- Aserbaidschan und Armenien um die Region Berg-karabach
- Iran und die USA u. a. um das iranische Atomprogramm
- Indien und Pakistan um die Region Kaschmir

USA – die wankende Supermacht?

Im 20. Jahrhundert waren die USA zur Supermacht aufgestiegen. Nach dem Zerfall des Ostblocks schien sich die amerikanische Erfolgsgeschichte fortzusetzen, doch im 21. Jahrhundert warten große Herausforderungen. Werden die USA sie bewältigen?

Q1 Titelbild der Wochenzeitschrift „Der Spiegel", 1997

Supermacht
ein Staat, der aufgrund seiner finanziellen, wirtschaftlichen, technologischen und militärischen Stärke globale Entwicklungen bestimmen kann. Eine Supermacht ist in der Lage, weltweit an verschiedenen Orten gleichzeitig militärisch einzugreifen.

Die letzte Supermacht

Ende 1991 schienen die USA der Sieger des Kalten Krieges zu sein. Die Sowjetunion hatte sich aufgelöst, und Russland musste für Jahre mit wirtschaftlichen und sozialen Problemen kämpfen. In kurzer Zeit konnten die USA ihren militärischen und wirtschaftlichen Einfluss stark vergrößern. In Europa wurden ehemalige Staaten des Warschauer Pakts Mitglied der NATO, und 2004 traten mit Estland, Lettland und Litauen sogar drei ehemalige Teilrepubliken der Sowjetunion dem Militärbündnis bei. Die NATO hatte innerhalb von zwanzig Jahren ihren Einflussbereich weit nach Osten verschoben, bis an die russische Grenze.

Zweifel an der Führungsrolle

Doch die Antwort der USA auf die Terroranschläge 2001 ließ viele Menschen zweifeln. Als sich 2003 US-amerikanische Truppen erneut zum Kampf gegen den Irak rüsteten, verweigerten mit Frankreich und Deutschland enge Alliierte ihre direkte Unterstützung.

Die Zweifel an den USA wurden durch die Finanzkrise 2008 weiter verstärkt. Millionen Amerikaner verloren ihre Häuser und ihre Arbeit. Die Wirtschaft, ein Symbol amerikanischer Überlegenheit, schien nicht mehr konkurrenzfähig zu sein. In dieser Situation einer zunehmenden außenpolitischen Isolation und wirtschaftlicher Krise wurde mit Barack Obama ein Hoffnungsträger zum neuen Präsidenten gewählt. Er setzte auf internationale Zusammenarbeit und erreichte es mit der EU, den Gegner Iran in ein Abkommen einzubinden. Doch dessen Nachfolger, US-Präsident Donald Trump, setzte ab 2017 eine rigorose „America First"-Politik um kündigte alle internationalen Verträge, bei denen er keine Vorteile für die USA erkennen konnte.

Alte Gegensätze und neue Konkurrenten

In der Ukraine kam es ab 2013 zu einem neuen Konflikt mit Russland. Auf die russische Besetzung der Krim und die Unterstützung der ukrainischen Separatisten reagierten die USA und die EU mit wirtschaftlichem Druck. In Ostasien ist den USA ein neuer Rivale erwachsen: die Volksrepublik China, die immer selbstbewusster ihre Interessen vertritt. China ist außerdem der größte Gläubiger der USA. Weit über 1 Billion US-Dollar betragen die Staatsschulden gegenüber China. Mit seiner immer stärkeren Exportwirtschaft und der größten Armee der Welt sieht sich China mittlerweile auf Augenhöhe mit den USA.

Um die Abhängigkeit von China zu beenden, versuchte Präsident Trump zunächst erfolglos, ein Handelsabkommen zu schließen, trat dann aber in einen Handelskrieg mit China ein. Der Ausbruch des in China zuerst nachgewiesenen Corona-Virus 2020 belastete die Beziehung zusätzlich.

Q2 US-Präsident Barack Obama in seiner Rede zur Lage der Nation am 20. Januar 2015:

Ich glaube an eine klügere amerikanische Führungsstärke. Wir führen am besten, wenn wir militärische Macht mit starker Diplomatie kombinieren, wenn wir unsere Macht durch die Bildung von Koalitionen untermauern, wenn unsere Ängste uns nicht blind machen für die Chancen, die dieses neue Jahrhundert bietet. (...) Wir werden die Terroristen weiterhin verfolgen und ihre Netzwerke zerschlagen, und wir behalten uns das Recht vor, unilateral (alleine) zu handeln, wie wir es seit Beginn meiner Amtszeit unablässig getan haben, um Terroristen auszuschalten, die für uns und unsere Verbündeten eine unmittelbare Bedrohung darstellen. (...) Zweitens demonstrieren wir die Macht der amerikanischen Stärke und Diplomatie. Wir halten das Prinzip aufrecht, dass größere Länder die kleineren nicht schikanieren dürfen, indem wir uns gegen die russische Aggression wenden, die Demokratie in der Ukraine unterstützen und unseren Bündnispartnern in der NATO zur Seite stehen.

Q3 In seiner Antrittsrede 2017 gab US-Präsident Donald Trump die Richtung seiner Politik für die kommenden vier Jahre vor:

Jahrzehntelang haben wir die Industrie im Ausland auf Kosten der amerikanischen Wirtschaft reicher gemacht. Wir haben die Armeen anderer Länder subventioniert, während wir die traurige Auszehrung unseres eigenen Militärs zugelassen haben. Wir haben die Grenzen anderer Länder verteidigt, uns aber geweigert, unsere eigenen zu schützen. (...) Unserer Mittelschicht wurde das Vermögen entrissen und auf der ganzen Welt verteilt.

Aber das ist Vergangenheit. Jetzt blicken wir nur in die Zukunft. (...) Von diesem Tag an wird eine neue Vision unser Land leiten. Von diesem Augenblick an heißt es, Amerika zuerst. (...) Wir werden zwei einfachen Regeln folgen: Amerikanische Produkte kaufen und amerikanische Arbeitskräfte einstellen. (...)

Gemeinsam werden wir Amerika wieder stark machen. Wir werden Amerika wieder wohlhabend machen. Wir werden Amerika wieder stolz machen. Wir werden Amerika wieder sicher machen. Und, ja, gemeinsam werden wir Amerika wieder großartig machen.

Q4 Der scheidende Präsident Barack Obama (rechts) gratuliert seinem Nachfolger Donald Trump (links) bei der Amtseinführung. Foto, 20. Januar 2017

Aufgaben

1 a) Beschreiben Sie die Stellung der USA am Ende des Kalten Krieges (VT1).
b) Vergleichen Sie Ihr Ergebnis mit dem Titelbild des Magazins „Der Spiegel" (Q1).

2 Geben Sie die Zweifel an der Führungsrolle der USA wieder, die ab 2001 in aller Welt entstanden sind (VT2, VT3).

3 Erläutern Sie den Politikwechsel unter Präsident Trump (VT2, VT3, Q3).

4 Vergleichen Sie die beiden Reden von Obama und Trump (Q2, Q3).

5 Erklären Sie, welchen Herausforderungen die USA heute gegenüberstehen (VT2, VT3, Q2).

6 Nehmen Sie Stellung zu der Aussage, dass die USA heute keine Supermacht mehr sind.

China – eine neue globale Supermacht?

Mit einer Fläche von fast 9,6 Millionen km², etwa 1,4 Milliarden Menschen und einem ungebremsten Wirtschaftswachstum ist es nicht verwunderlich, dass sich Chinas globale Position verändert. Was sind die Ziele der chinesischen Staatsführung?

Q1 Xi Jinping. Seit 2013 ist Xi chinesischer Staatspräsident. Er baute seine Macht konsequent aus und ließ 2018 die Amtszeitbegrenzung des Staatspräsidenten aufheben. Unter seiner Führung steht China wieder für eine nationalistische aggressive Außenpolitik und eine restriktive Politik gegenüber der eigenen Bevölkerung. Foto, 2021

Sozialistische Marktwirtschaft
Wirtschaftsordnung, in der die zentrale Planwirtschaft kommunistischer Staaten mit Merkmalen der Marktwirtschaft wie freie Preisbildung oder Konkurrenz von Staatsbetrieben gekoppelt wird.

Handelsbilanzüberschuss
Er liegt vor, wenn die Exporte eines Landes größer sind als die Importe und ist ein Zeichen für wirtschaftliche Stärke.

China wird ein kommunistischer Staat

Der letzte Kaiser von China, ein sechsjähriges Kind – dankte Anfang 1912 ab, es folgten Konflikte um die Staats- und Regierungsform, die Besetzung von Teilen Nordchinas durch Japan und einen Bürgerkrieg. Am 1. Oktober 1949 rief Mao Zedong schließlich einen kommunistischen Staat, die Volksrepublik China, aus.

Auf dem Weg zur „klassenlosen Gesellschaft" ließ Mao etwa 27 Millionen Chinesen den Hungertod sterben sowie Kritiker und Oppositionelle ermorden. Um seine eigene Person errichtete Mao einen Führerkult.

Wirtschaftliche Öffnung nach Westen

Nach Maos Tod 1976 wurde ein neuer Kurs eingeleitet: Das kommunistische System der zentralen Planwirtschaft wurde schrittweise durch marktwirtschaftliche Elemente erweitert. Am Ende entstand dadurch ein neuartiges Wirtschaftssystem: Die sozialistische Marktwirtschaft. Industrie und Landwirtschaft gelang es, die Produktion zu steigern. Dadurch wurden Hungersnöte und die extreme Armut in China beseitigt, die Löhne der Erwerbstätigen stiegen. Diese teilweise Öffnung zu mehr Freiheit brachte Konflikte. Studenten protestierten für mehr Freiheit und Demokratie auch in anderen Bereichen. Die Aufstände wurden 1989 blutig niedergeschlagen.

Der Aufstieg Chinas

Dank der wirtschaftlichen Reformen zählt China heute zu den wirtschaftlichen Großmächten. Im Rahmen der Globalisierung fertigen chinesische Fabriken Waren aller Art für internationale Firmen weltweit. Vielen europäischen Firmen bietet der riesige Markt Chinas große unternehmerische Chancen.

Andere sehen in Chinas Wirtschaft vor allem eine Bedrohung für Millionen von Arbeitsplätzen rund um die Welt, warnen vor dem totalitären System und verweisen auf die Schattenseiten des wirtschaftlichen Wandels. Die Unterschiede zwischen Stadt und Land, Arm und Reich wachsen, die soziale Absicherung ist unzureichend und die Kommunistische Partei beherrscht das Land mit Willkür, Korruption und Missachtung der Menschenrechte.

China tritt weltpolitisch mit einer zunehmend aggressiven Wirtschafts-, Verteidigungs- und Außenpolitik auf. Wirtschaftlich versucht China durch die Neue-Seidenstraße-Initiative „One Belt, One Road" seit 2013 gegen die US-amerikanische Dominanz vorzugehen. China will dadurch seinen Einfluss in anderen Ländern steigern. Die USA fühlen sich zudem durch den Handelsüberschuss Chinas in ihrer Vormachtstellung bedroht und führten unter Präsident Donald Trump einen Handelskrieg gegen China.

Aber auch von der immer weiter voranschreitenden militärischen Aufrüstung Chinas sind die USA alarmiert. Alle Truppenbereiche werden aufgerüstet und modernisiert. Dass China eine militärischen Vormachtstellung im ostasiatischen Raum anstrebt, zeigt der Ausbau unbewohnter Inseln im Südchinesischen Meer zu Militärstützpunkten (siehe S. 127). Dies alles dient dem ausgegebenen Ziel bis zum Jahr 2049, dem 100. Jahrestag der Gründung der Volksrepublik China, an der Spitze der globalen Machtpolitik zu stehen.

Q2 Der Historiker und Journalist Theo Sommer schreibt 2019 in seinem Buch „China First":

Die Chinesen arbeiten sich Schritt für Schritt vor (...). Und sie denken in langen Zeiträumen. Zum 100. Gründungstag der Volksrepublik China am 1. Oktober 2049 soll das Reich der Mitte „reich, mächtig, demokratisch, kultiviert, harmonisch und schön" dastehen. (...)

Einige Unternehmen sehen chinesische Investitionen als belebende oder gar rettende Finanzquelle. Viele blicken in erster Linie auf China als einen riesigen Absatzmarkt für die eigenen Erzeugnisse, was alle anderen Erwägungen erstickt. Doch immer öfter blitzt auch schon eine beunruhigende Schrift an der Wand auf: Macht euch nichts vor, ihr seid willkommene Steigbügelhalter, bis China im Sattel sitzt, dann aber werdet ihr an die Wand gedrängt. Überall im Westen wächst die Entschlossenheit, der chinesischen Einkaufskampagne Schranken zu setzen.

Auch Pekings Seidenstraßenprojekt ist nicht so harmlos, wie es aussieht. Mit seinen Zuschüssen, Krediten und kompletten Finanzierungspaketen schafft sich China Einflusssphären rings um den Globus. (...) Es geht ihnen (den Chinesen) um eine neue Weltordnung. Von Amerika bis Australien werden Chinas Aufstieg, seine Außenpolitik und seine unaufhörliche Aufrüstung vielfach als potenzielle oder gar aktuelle Bedrohung wahrgenommen.

D1 Chinas Neue-Seidenstraße-Initiative

Aufgaben

1. Erstellen Sie eine Zeitleiste zur Entwicklung Chinas bis 1980 (VT1, VT2).
2. Stellen Sie die gesellschaftliche Situation in China in Stichpunkten dar (VT2, VT3).
3. Erklären Sie das System der sozialistischen Marktwirtschaft (VT2, Lexikon).
4. Nennen Sie die Maßnahmen, die China ergreift um wirtschaftlich, politisch und militärisch stark zu werden (VT3, Q1, Q2, D1 und Q3 auf S. 127).
5. Listen Sie die Staaten auf, durch die die neue Seidenstraße verlaufen soll, und nennen Sie den jeweiligen Zielpunkt (D1, Atlas).
6. „Chinas Aufstieg beruht auf Fleiß, Geld, politischem Einfluss und militärischer Macht." Diskutieren Sie über die Aussage.
7. Bewerten Sie die Gefahren, die der Aufstieg Chinas für eine freiheitliche Weltordnung mit sich bringen kann (VT3, Q2).

Russland – vorwärts in die Vergangenheit?

Nach dem Zerfall der Sowjetunion verlor Russland seine Position als Supermacht. Unter dem Präsidenten Wladimir Putin soll der Weg zurück wieder gelingen. Mit welchen Mitteln will er dies erreichen?

Q1 Wladimir Putin.
Russischer Präsident von 2000 bis 2008, danach Ministerpräsident und Präsident erneut seit 2012. Durch eine umstrittene Parlamentsentscheidung und Volksabstimmung kann Putin bis maximal 2036 Präsident bleiben. Foto, 2020

Russland in den 1990er-Jahren

Mit der Auflösung der Sowjetunion am 31. Dezember 1991 wurden auch die Kennzeichen des Sozialismus (Einparteienstaat, Planwirtschaft, …) beseitigt und Sowjetrepubliken wie die Ukraine als souveräne Staaten in die Unabhängigkeit entlassen. Bis 1999 vollzogen sich Reformen, die politisch demokratische Grundzüge in sich trugen, Russland jedoch an den Rand des Staatsbankrotts brachten und weite Teile der Bevölkerung verarmen ließen. Mit dem Regierungsantritt Wladimir Putins 2000 stabilisierte sich die Wirtschaft und das System wurde zu einer „gelenkten Demokratie". Heute besteht in Russland ein autoritäres System, in dem demokratische Einrichtungen nur zum Schein bestehen.

Opposition und Kritik

Viele Menschen sind mit der autoritären Staatsführung Putins unzufrieden. Eine echte Opposition gibt es in Russland aber nur außerhalb des Parlaments. Die Parteien im Parlament nicken Putins Willen ab, da sie dadurch Zugang zu politischen Ämtern und anderen Posten erhalten. Sie akzeptieren im Gegenzug manipulierte Wahlen und ihre geringen Einflussmöglichkeiten.

Kritik kommt nur von außerparlamentarischen Gruppierungen oder Personen. Diese müssen jedoch starke Repressionen befürchten. Der Oppositionelle Alexei Nawalny etwa wurde zu fünf Jahren Gefängnis auf Bewährung verurteilt und nicht als Kandidat zur Präsidentschaftswahl 2018 zugelassen. Am 20. August 2020 wurde ein Giftanschlag auf ihn mit einem international verbotenen Nervenkampfstoff verübt. Anschließend wurde er wegen Nichteinhalten der Bewährungsauflagen zu Lagerhaft verurteilt. Bereits zwei Jahre zuvor wurde mit dem gleichen Gift ein Attentat auf den vom russischen Geheimdienst übergelaufenen Sergej Skripal in England begangen. In beiden Fällen gilt es als sehr wahrscheinlich, dass der russische Geheimdienst mit Zustimmung oder sogar im Auftrag der Regierung handelte.

Regionalmacht Russland

Außenpolitisch war Russlands Position nach dem Zerfall der Sowjetunion zunächst unbedeutend. Die diplomatischen Kontakte Russlands und die Mitgliedschaften in globalen Organisationen blieben jedoch bestehen. Unter Putin aber wurde zunächst das Militär systematisch modernisiert.

Nach der Erweiterung der NATO bis zur russischen Westgrenze fühlte sich Russland durch eine mögliche Westanbindung der Ukraine provoziert und versuchte, seine frühere militärische und außenpolitische Stärke wiederzuerlangen. Die Folgen waren eine völkerrechtswidrige Annexion der Schwarzmeerhalbinsel Krim und ein Bürgerkrieg in der Ostukraine (siehe S. 126, Q2). Auf diese Grenzverletzungen reagierten die USA und die EU mit wirtschaftlichen Sanktionen gegen Russland und unterstützten die Demokratisierung der Ukraine. Im Februar 2022 begann Russland ohne völkerrechtliche Grundlage einen offenen Krieg gegen die Ukraine.

Auch im Nahen Osten versucht Putin, Russlands ehemalige Rolle als Gestaltungsmacht wiederzuerlangen. Dazu führte Russland in Syrien eine Militäroperation gegen die Terrororganisation „Islamischer Staat" durch und unterstützte den syrischen Machthaber, der durch eine Revolution beinahe gestürzt worden wäre, im Kampf gegen die eigene Bevölkerung.

D1 Geschichte der Krim

1783 – Die Halbinsel der Krim gehört zum russischen Zarenreich; die Stadt Sewastopol wird gegründet und zum Stützpunkt der russischen Schwarzmeerflotte ausgebaut.

1921 – Die Krim wird Autonome Sozialistische Sowjetrepublik innerhalb der Sowjetunion.

1946 – Die Krim wird ein Verwaltungsbezirk der Russischen Sozialistischen Föderativen Sowjetrepublik.

1954 – Die Krim wird an die Ukrainische Sozialistische Sowjetrepublik angegliedert, bleibt damit weiterhin Teil der Sowjetunion.

1991 – Die Ukraine erklärt sich mit der Krim als unabhängiger Staat. Russland erkennt die neuen Grenzen an.

2014 – Russland besetzt und annektiert die Krim gegen internationales Recht.

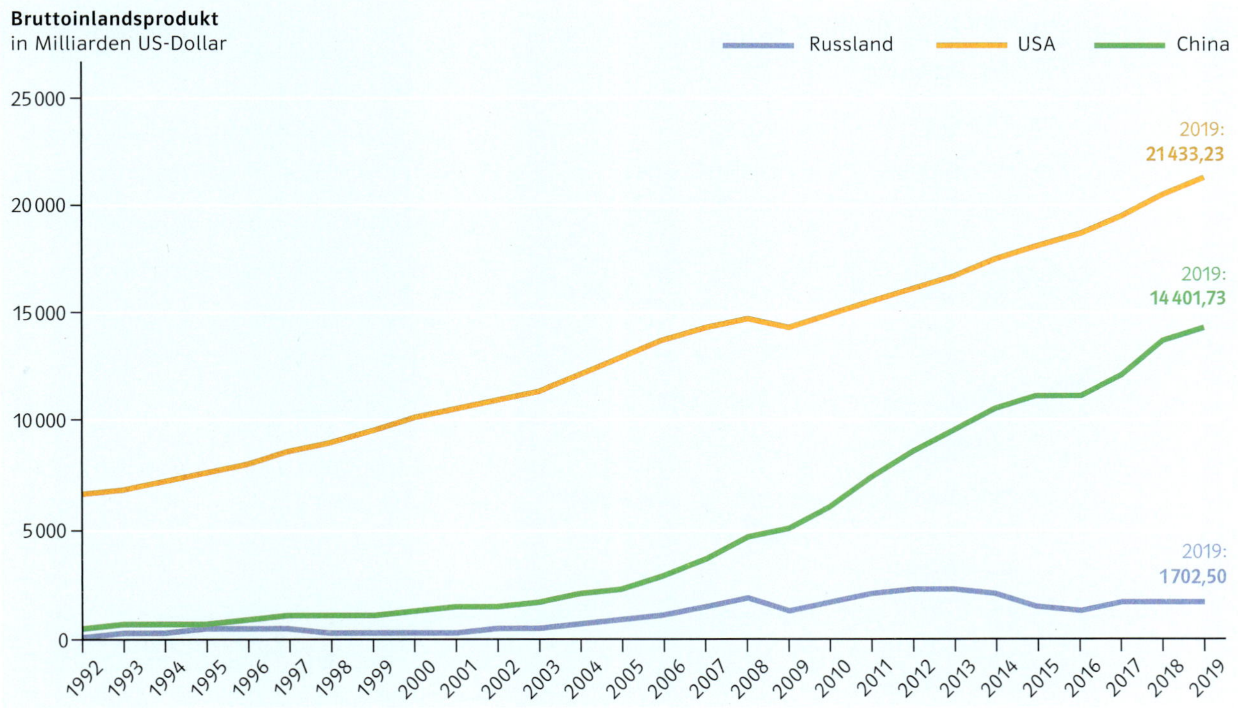

D2 Das Bruttoinlandsprodukt Russlands, Chinas und der USA 1992–2019. Das Bruttoinlandsprodukt ist der Gesamtwert aller Güter und Dienstleistungen, die in einem Jahr innerhalb der Landesgrenzen einer Volkswirtschaft als Endprodukte produziert werden. Die Veränderung wird dann als Wirtschaftswachstum bezeichnet.

Aufgaben

1. Beschreiben Sie die politische und wirtschaftliche Situation Russlands nach dem Zerfall der Sowjetunion bis ins Jahr 2000 (VT1, VT3, D2).

2. Nennen Sie die Maßnahmen, die die russische Regierung gegen Oppositionelle und Kritiker anwendet (VT2).

3. Erklären Sie, warum es Opposition in Russland nur außerhalb des Parlaments gibt (VT2).

4. Beurteilen Sie die russische Wirtschaft und deren Wachstum im Vergleich zu der Wirtschaft der USA und Chinas (D2).

5. Fassen Sie die Geschichte der Krim und die Haltung Russlands, der Ukraine, der USA und der EU in Bezug auf die Annexion der Krim zusammen (VT3, D1 und Q2 auf S. 126). Nehmen Sie Stellung zu dem Konflikt.

6. Diskutieren Sie, ob Russland wieder als Supermacht bezeichnet werden kann.

Herausforderungen und Chancen globaler Entwicklungen der Gegenwart

1

Die grundlegenden Daten und Begriffe kann ich erklären!

a) UN (UNO) (S. 112)

b) Nahostkonflikt (S. 116)

c) Globalisierung (S. 120)

d) Migration (S. 121)

e) 11. September 2001 Anschlag auf das World Trade Center in New York (S. 122)

2

Diese Fragen kann ich beantworten!

a) Warum wurden die UN gegründet?

b) Was ist der UN-Sicherheitsrat?

c) Welche Möglichkeiten haben internationale Organisationen wie die UN, um in Krisengebieten einzugreifen?

d) Warum sind viele Waren, die auf der ganzen Welt hergestellt werden, in Europa billig zu kaufen?

e) In welche Phasen bzw. Motive kann man den modernen Terrorismus einteilen?

f) Welche Bedeutung hat die „America First"-Doktrin in der amerikanischen Innen- und Außenpolitik?

g) Wie geht die russische Regierung mit Kritikern und Oppositionellen um?

h) Welche Bedeutung hat die Neue-Seidenstraße-Initiative?

3

Die Daten auf der Zeitleiste kann ich erklären!

4

Zu diesen Fragen habe ich eine Meinung und kann sie begründen!

a) Sind die UN eine sinnvolle Institution, um den Weltfrieden zu sichern?

b) Überwiegen bei der Globalisierung die Vorteile oder die Nachteile?

c) Kann der Kampf gegen den weltweiten Terrorismus gewonnen werden?

d) Sind die USA noch eine Supermacht?

e) Ist Russland noch eine Supermacht?

f) Ist China eine neue Supermacht?

5

Ich kann zeigen, dass Geschichte erzählte Geschichte ist!

a) Ich kann einen Dialog über den Nahostkonflikt zwischen einem Israeli und einem Palästinenser verfassen.

b) Ich kann einen Zeitungskommentar über die Innen- und Außenpolitik Wladimir Putins verfassen.

6

Ich kann mich in Geschichte und Gegenwart orientieren!

a) Ich kann aktuelle Zeitungsmeldungen zum Nahostkonflikt einordnen und beurteilen.

b) Ich kann wirtschaftliche, ideologische und religiöse Gründe von Krisen unterscheiden und bewerten.

1945	1948	11. September 2001	2008	2013	2020

Portfolio und Üben siehe Zeitreise-Code, S. 111

Karikaturen zu internationalen Krisen

Q1 Karikatur aus dem Jahr 2014

Q2 Karikatur aus dem Jahr 2018

Aufgaben

1 Nennen Sie die drei globalen Krisenherde, die in den Karikaturen Q1 und Q2 thematisiert werden.

2 Erklären Sie die Personen, Tiere, Gebäude, Schilder, …, die in Q1 und Q2 verwendet werden. Recherchieren Sie dazu auch im Internet.

3 Erläutern Sie, wie internationale Organisationen wie die UNO oder die EU in den beiden Karikaturen dargestellt werden, und nehmen Sie Stellung dazu.

4 Wählen Sie eine der beiden Karikaturen aus: Verfassen Sie für Q1 einen Dialog zwischen den dargestellten Personen oder für Q2 einen Zeitungskommentar zur Einweihung der „neuen" Skulptur.

5 um 1000 bis heute

Migration in der Geschichte

um 1230
Der Deutsche Ritterorden gründet in Ostpreußen und im Baltikum den Deutschordensstaat.

1685
Edikt von Potsdam – französische Glaubensflüchtlinge kommen nach Preußen.

1820–1920
Deutsche wandern in großer Zahl nach Amerika aus.

1939–1945
Zwangsmigration während des Zweiten Weltkriegs

2015
Syrische Flüchtlinge kommen nach Europa.

Bleiben oder gehen? Weiter in Elend und Angst leben oder in der Fremde ein neues Leben beginnen? Schon zu allen Zeiten haben Menschen vor dieser Frage gestanden. Aus der alten Heimat aufzubrechen, Familie, Freunde und Haus zu verlassen ist eine schwierige Entscheidung. Dennoch haben Millionen von Menschen diesen Schritt gewagt und tun es auch heute. Doch längst nicht immer bleibt die Zeit, über eine Auswanderung nachzudenken.

Oft zwingen Krieg, Gewalt und Verfolgung ganze Bevölkerungsgruppen zur Flucht – manchmal Hals über Kopf. In jedem Fall ist es ein Weg in eine ungewisse Zukunft. Werden sich die Hoffnungen auf ein besseres, sicheres Leben in der neuen Heimat erfüllen?

D1 Auf dem Weg nach Amerika. Im Deutschen Auswandererhaus in Bremerhaven können sich Besucher in die Lage der Amerikaauswanderer im 19. Jahrhundert versetzen. Hafenbecken, Pier und Auswandererschiff wurden im Museum nachgebaut, lebensgroße Puppen stellen die Auswanderer dar.

Material zu dieser Themeneinheit
Zeitreise-Code: **2x69r6**

Neues Land im Osten

Im Mittelalter brachen hunderttausende Menschen nach Osten auf. Wie kam es dazu und was erwartete die Neusiedler dort?

D1 Ein Geschichtsmagazin berichtet über den Deutschen Ritterorden. Cover, 2012

Landesausbau
Besiedlung und wirtschaftliche Erschließung der Gebiete östlich der Elbe und Saale, östlich des Böhmerwaldes sowie Ostbayerns, Österreichs und der Alpenländer während des Mittelalters

Lokator
im Mittelalter ein Unternehmer, der für den Grundherrn neues Land bewirtschaften ließ und dafür Siedler anwarb

Herrschaft im Osten

Kaiser Otto I. und seine Nachfolger dehnten im Mittelalter das Reich der Deutschen weiter nach Osten aus. Es entstanden Grenzregionen, die sogenannten Marken. Die römisch-deutschen Kaiser sahen es als ihren von Gott gegebenen Auftrag, die dort lebenden Slawen zum Christentum zu bekehren. Dazu gründeten sie zahlreiche Klöster und Bistümer. Auch mächtige Adlige ergriffen die Chance, ihren Herrschaftsbereich auszuweiten. Unter dem Schlachtruf „Tod oder Taufe“ führten Heinrich der Löwe und Albrecht der Bär einen Kreuzzug gegen die Slawen in Mecklenburg. Albrecht gelang es 1157 schließlich auch, die Brandenburg einzunehmen und damit die Mark Brandenburg zu begründen. Die rasche Besiedlung war Teil seines Plans, denn sie sollte ihm gute Einnahmen sichern.

Siedler kommen aus dem Westen

Geistliche und adlige Grundherren brauchten Bauern, um Wälder zu roden und Sümpfe trockenzulegen, sowie Handwerker und Kaufleute, um Märkte und Städte aufzubauen. Sie beauftragten sogenannte Lokatoren, die das Land aufteilten und Menschen anwarben. Die Lokatoren boten gute Bedingungen an: große Grundstücke, vererbbare Pachtverträge, keine Fronarbeit, persönliche Freiheit. Die Stadtbürger erhielten von vornherein ein eigenes Markt- und Stadtrecht. Das war für viele Menschen attraktiv, denn in Westeuropa herrschten vielerorts Armut und Unfreiheit. Die stetig wachsende Bevölkerung konnte dort kaum noch ernährt werden. So zogen hunderttausende Siedler nach Osten und förderten mit ihren modernen landwirtschaftlichen Techniken und Handelsverbindungen den Landesausbau.

Kolonisation mit Kreuz und Schwert

Zwischen 1230 und 1410 entwickelte sich entlang der Ostsee von Ostpreußen bis Estland der Deutschordensstaat. Der aus den Kreuzzügen hervorgegangene Deutsche Ritterorden hatte es sich zur Aufgabe gemacht, die Prussen und andere baltische Völker gewaltsam zu missionieren. Er nutzte seine militärische Überlegenheit, um deren Land an sich zu reißen. Die Ordensritter errichteten einen Staat nach eigenen Regeln ohne die Konkurrenz anderer Grundherren. Wirtschaftlich war dieser Staat sehr erfolgreich. Er trat der Hanse bei und unterstützte die Ansiedlung von Bauern, Handwerkern und Kaufleuten durch weitgehende Rechte. Die verbliebenen Prussen lebten dagegen meist als Unfreie auf kleinen Landstücken. Doch als der Ritterorden 1410 eine Schlacht gegen seine Nachbarn Polen und Litauen verlor, begann der Niedergang des Ordensstaates.

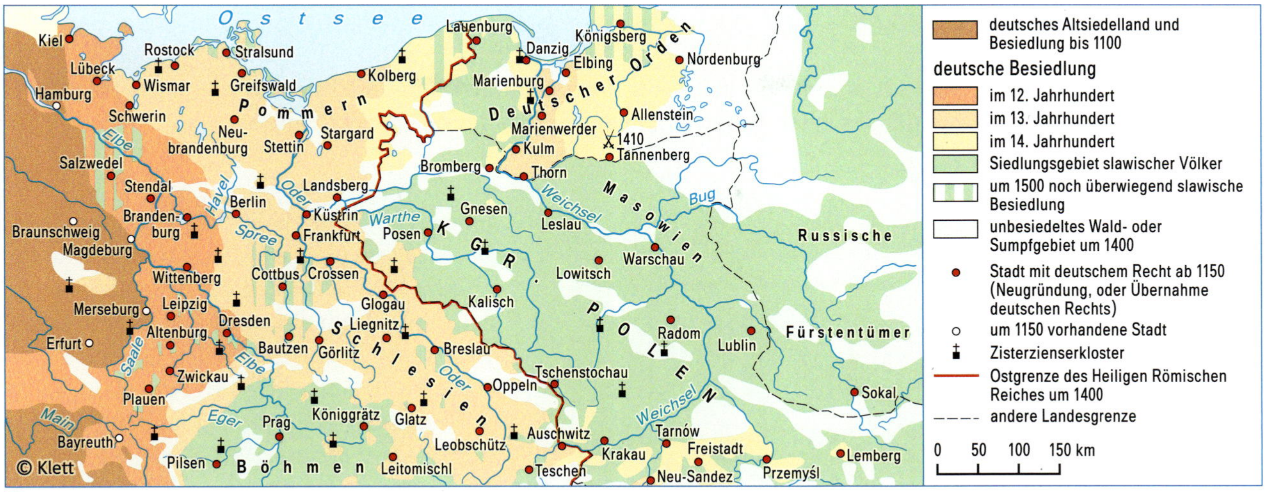

D2 Landesausbau in Ostmitteleuropa

Q1 Aus der „Slawenchronik" des Mönches Helmold von Bosau von 1167:

Damals stand das östliche Slawenland unter dem Markgrafen Adelbert, der den Beinamen „der Bär" führte. (...) er unterjochte das ganze Land (...) vieler Völker, welche an der Havel und Elbe wohnten, und zügelte die Aufsässigen unter ihnen. Zuletzt, da die Slawen allmählich verschwanden, schickte er nach Utrecht und den Rheingegenden, (...) an die Holländer, Seeländer und Fläminger [Flamen], und zog von dort gar viele Ansiedler herbei, die er in den Burgen und Flecken der Slawen wohnen ließ. Durch die herankommenden Fremdlinge wurden auch die Bistümer Brandenburg und Havelberg sehr gehoben, weil die Kirchen sich mehrten und die Zehnten zu einem ungeheuren Ertrage erwuchsen.

Aufgaben

1. Listen Sie die Volksgruppen auf, die im VT und in Q1 genannt werden, und nennen Sie die Staaten, in denen sie heute leben.

2. Geben Sie mithilfe von D2 wieder, wie sich der Landesausbau über die Jahrhunderte vollzog.

3. Beschreiben Sie, was in den eroberten und besiedelten Gebieten mit der ursprünglichen Bevölkerung geschah (VT1*, VT3, Q1).

4. Ein Lokator will flämische Bauern für den Landesausbau werben. Schreiben Sie einen Dialog und führen Sie ihn als Rollenspiel auf (VT2).

5. Erläutern Sie die Gründe, aus denen Bauern, Handwerker und Kaufleute in den Osten aufbrachen (VT2).

6. a) Beschreiben Sie das Cover des Geschichtsmagazins (D1).
b) Prüfen Sie mithilfe von VT3, was das Cover nicht zeigt.
c) Begründen Sie, warum das Geschichtsmagazin bestimmte Aspekte hervorhebt.

7. An den Endungen von Ortsnamen wie -wald(e), -hain, -rode, -hagen kann man die Entstehung während des mittelalterlichen Landesausbaus erkennen. Recherchieren Sie nach solchen Orten und stellen Sie diese in Kurzreferaten vor.

* VT1 bedeutet: Die Aufgabe bezieht sich auf den ersten Abschnitt des Verfassertextes (VT). Die Abschnitte ergeben sich durch die blauen Zwischenüberschriften.

Glaubensflüchtlinge

Im 17. und 18. Jahrhundert holten die brandenburgisch-preußischen Herrscher viele Fremde ins Land. Ging es ihnen dabei nur um den Schutz der religiös Verfolgten?

D1 Eine Briefmarke erinnerte 1987 an die Ansiedlung der Böhmen in Rixdorf (heute Teil Berlins). Dort entstand 1737 das Böhmische Dorf. Der preußische König gewährte ihnen eine eigene Gerichtsbarkeit, ein eigenes Schulzenamt (Bürgermeisteramt), Befreiung vom Militärdienst und Steuerfreiheit.

Hugenotten
ursprünglich abschätzige Bezeichnung der französischen Protestanten. Die Hugenotten gehörten der calvinistisch-reformierten Kirche an.

Peuplierung
(von frz. peuple = Volk) planmäßige Besiedlung bevölkerungsarmer Gebiete

Exulanten
(von lat. „exul" = verbannt) Protestanten, die wegen ihres Bekenntnisses aus dem katholischen Habsburgerreich vertrieben wurden

Wiederaufbau in Brandenburg

Als Friedrich Wilhelm 1640 die Herrschaft als Kurfürst von Brandenburg und Herzog in Preußen übernahm, fand er ein vom Dreißigjährigen Krieg 1618–1648 verwüstetes Land vor. Die Bevölkerungsverluste waren groß. So zählte Berlin nur noch 6000 Einwohner. Die meisten Menschen litten Hunger. Friedrich Wilhelm musste das Land neu aufbauen, um den Staat zu stärken. Sein Vorbild waren die mächtigen Niederlande, die er als junger Mann kennengelernt hatte. Er holte von dort Baumeister und Handwerker, die ihre Erfahrungen zum Beispiel beim Bau des Oder-Spree-Kanals einsetzten. Bereits 1646 siedelten die ersten niederländischen Familien im Havelland. Wie der Kurfürst selbst gehörten die Niederländer der reformierten Kirche an, einer besonders strengen Form des Protestantismus. In der lutherisch geprägten Bevölkerung löste das Feindseligkeiten aus. Friedrich Wilhelm forderte deshalb in einem Toleranzedikt die gegenseitige Duldung.

Glaubensfreiheit lockt Hugenotten ...

Friedrich Wilhelm erkannte rasch, dass die Glaubensfreiheit viele gut ausgebildete und wohlhabende Menschen anlocken würde. Er ließ zunächst eine Gruppe ausgewählter Juden nach Berlin holen, die kurz zuvor aus Wien ausgewiesen worden waren. Als König Ludwig XIV. in der Zeit des Absolutismus den Hugenotten die Ausübung ihrer Religion verbot und sie vertrieb, erließ Friedrich Wilhelm 1685 das Edikt von Potsdam. Es enthielt 14 Artikel, in denen er den Hugenotten unter anderem Religionsfreiheit, die Befreiung von Abgaben und Lasten für zwölf Jahre und kostenloses Bau- und Ackerland versprach. Werber sammelten die Glaubensflüchtlinge in Frankfurt am Main, Köln und Amsterdam ein, gaben ihnen Pässe und sorgten für ihre Weiterreise. Insgesamt kamen so fast 20000 Hugenotten nach Brandenburg.

... und Exulanten

Die Nachfolger Friedrich Wilhelms setzten die erfolgreiche „Peuplierung" des Landes im 18. Jahrhundert fort. Sie boten den aus Salzburg vertriebenen Exulanten vor allem in (Ost-)Preußen eine neue Heimat. Böhmische Exulanten ließen sich bei Berlin und in der Kolonie Nowawes bei Potsdam nieder.

Erfolg und Vorurteile

Die Hugenotten bereicherten das Land durch ihr handwerkliches Geschick als Schneider, Färber, Uhrmacher, Goldschmiede und Konditoren. Unter den böhmischen Exulanten wählte der preußische König Weber und Spinner aus, die Baumwolle und Seide für die entstehende Textilindustrie verarbeiten sollten. Der Erfolg der Zugewanderten weckte Neid bei einheimischen Kaufleuten und Zünften. Außerdem waren Vorurteile gegenüber den Fremden, ihrer Kleidung, dem Dialekt oder den Speisen weit verbreitet. Doch mit der Zeit legten sie sich. Nur die Juden blieben eine angefeindete Minderheit.

D2 Kurfürst Friedrich Wilhelm nimmt die vertriebenen französischen Reformierten auf. Farbdruck um 1900

Q1 „Auch aus der Geschichte der Salzburger kann man lernen". Ein Nachfahre der Salzburger Exulanten schreibt 2016 in einer Tageszeitung:

Die Salzburger waren nach und nach auf verschiedene Dörfer verteilt worden, sodass fast keine geschlossenen Salzburger Siedlungen entstanden. (...) Weil es zu keiner Ghettobildung kam, haben sie vermutlich auch ihre Mundart nicht bewahren können. Die Angleichung der Sprache geschah offenbar schon nach zwei Generationen, nämlich bei den Enkeln der eingewanderten Großeltern. (...) Sie sprachen schließlich das unverwechselbare Ostpreußisch, obwohl sie einen unverkennbaren Hang zu einem Zusammenhalt untereinander pflegten. (...) Die Salzburger fühlten sich bald zugehörig, aber bewahrten ihre Identität. (...) Die Herkunft und das Wissen, dass die Vorfahren ihres Glaubens wegen standhaft geblieben sind und viel Mühsal auf sich genommen haben, war ein fester Bestandteil des Bewusstseins, wie es von Generation zu Generation weitergegeben wurde.

Aufgaben

1. Legen Sie eine Tabelle mit den verschiedenen Zuwanderergruppen an und listen Sie die Umstände ihrer Einwanderung auf (VT1–VT3, D1, D2).
2. Nennen Sie verschiedene Maßnahmen, mit denen Kurfürst Friedrich Wilhelm Flüchtlinge anwerben ließ (VT1, VT2, D1).
3. Schreiben Sie drei Vorschläge zur Integration von Flüchtlingen an die Bundesregierung. Nutzen Sie dazu die Erfahrungen der Salzburger Exulanten (Q1).
4. Erläutern Sie die Gründe der brandenburgisch-preußischen Herrscher, Flüchtlinge aufzunehmen (VT1, VT4).
5. Beurteilen Sie, ob die Flüchtlinge bei allen willkommen waren (VT1, VT4).
6. Beschreiben Sie, wie die Hugenotten in D2 dargestellt werden, und bewerten Sie die Bildaussage.
7. Flüchtlingspolitik – Toleranz oder wirtschaftliches Interesse? Diskutieren Sie.

Aus Deutschland nach Amerika

Schlechte Ernten, keine Aussicht auf Arbeit oder erbärmliche Arbeitsbedingungen in den Fabriken – die Sorge um das tägliche Leben bestimmte im 19. Jahrhundert das Leben vieler Deutschen. Viele sahen nur einen Ausweg.

Q1 Europäische Auswanderer haben den Hafen von New York erreicht.
Foto, 1902

Emigrant
bedeutet Auswanderer. Manche Emigranten gehen freiwillig, andere verlassen ihr Heimatland als Flüchtlinge oder Vertriebene.

Deutschland im Umbruch

Im 19. Jahrhundert wandelte sich das Agrarland in ein Industrieland. Viele Bauernfamilien konnten vom Ertrag ihrer kleinen Höfe kaum noch leben. Landarbeiter fanden keine Arbeit mehr. Auch Handwerkern und Heimarbeitern ging es schlecht, denn die industrielle Produktion machte ihre Arbeit überflüssig. Zudem wuchs die Bevölkerung, sodass immer mehr Menschen auf der Suche nach Arbeit für den Lebensunterhalt waren. Nahrungsmittel wurden teurer, mehrere Missernten verschärften die Lage. In der Hoffnung auf ein besseres Leben zogen viele in die Industriezentren. Aber nicht alle fanden dort Arbeit und wer das Glück hatte, musste oft zu geringen Löhnen und unter unmenschlichen Bedingungen arbeiten. Auch politisch gab es kaum Grund zur Hoffnung: Die Revolution in Deutschland von 1848/49 war gescheitert.

Auswandern als letzte Chance?

Die einzige Chance auf ein besseres Leben sahen viele in der Auswanderung. Die meisten wollten ihr Glück in den USA versuchen, denn über dieses Land hatten sie schon viel Gutes gehört. Ihren Höhepunkt erreichte die Auswanderung in der Mitte des 19. Jahrhunderts. Zunächst war es vor allem die Landbevölkerung, die ihre Heimat für immer verließ. Ganze Familien, manchmal sogar ganze Dorfgemeinschaften siedelten in die USA über.

Nach einer kurzen Boomzeit Anfang der 1870er-Jahre (Gründerzeit) brach die deutsche Wirtschaft ein. Die Soziale Frage wurde damit der Hauptgrund für eine zweite Auswanderungswelle in den 1880er-Jahren. Jetzt machten sich vor allem junge alleinstehende Frauen und Männer auf den Weg in die USA. Insgesamt wanderten zwischen 1820 und 1920 rund 5,5 Millionen Deutsche nach Amerika aus.

Der Weg in die „neue Welt"

Bevor sich die Auswanderer ihren Traum vom Leben in der „neuen Welt" erfüllen konnten, vergingen oft Jahre. Zunächst mussten die nötigen Papiere beschafft werden und das Geld für die Überfahrt. Die Auswanderer verkauften ihren gesamten Besitz. Dann ging es auf die lange Reise. Mehrere hundert Passagiere teilten sich den Platz auf einem Auswandererschiff. Die Überfahrt mit einem Segelschiff dauerte sechs bis zehn Wochen. Von 1855 an brauchten die neuen Dampfschiffe der Hamburg–Amerika-Linie nur noch zwei Wochen für die Fahrt über den Atlantik.

Die meisten Schiffe legten im Hafen von New York an. Hier wurden alle Einwanderer zunächst registriert und untersucht, ehe man sie in ihre neue Heimat entließ. Die meisten zog es zu Verwandten oder Bekannten, die schon früher nach Amerika ausgewandert waren. Sie gaben den Neuankömmlingen eine erste Unterkunft und nützliche Tipps für das Leben im fremden Land.

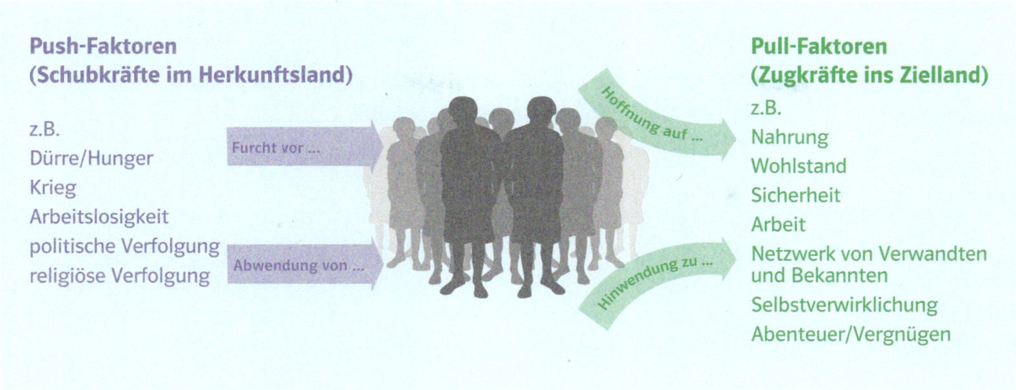

D1 Push- und Pullfaktoren. Die Gründe für Migration sind vielfältig. Wissenschaftler unterscheiden zwei Kräfte:
- Push-Faktoren treiben Menschen aus ihrer alten Heimat fort.
- Pull-Faktoren ziehen Menschen an einen neuen Ort hin.

Q2 Der Pfarrer Jan Kilian war Kopf einer Gruppe sorbischer Auswanderer aus der Oberlausitz. Anfang September 1854 brachen 531 Auswanderungswillige in Bautzen auf. Die Reise ging zunächst über Hamburg und Liverpool nach Irland, wo die Gruppe im Oktober ein Schiff Richtung Amerika bestieg. In seinem Schiffstagebuch schreibt Kilian über die ersten Tage der Überfahrt:

- Vor der Abfahrt sonntags mittags viertel eins starb Magdalena Noack, Ehefrau.
- Am 23. Oktober Montag fuhren wir von Queenstown (Irland) ab.
- In der Nacht vom 23./24. Oktober starb Tschornaks Kind. Wind stark.
- Am 24. Oktober ungünstiger Wind, nachmittags wurde er günstig; in der Nacht fiel im Zwischendeck alles durcheinander, Seekrankheit im höchsten Grade beim Knistern der Schiffswände.
- Am 25. Oktober Mittwoch sehr günstiger Wind, in einer Stunde wurden zwei deutsche Meilen gefahren, es wurden zwei Schiffe gesehen.
- Am 26. Oktober der Wind noch sehr günstig, bei mir Ende der Seekrankheit.
- Am 27. Oktober früh 6 Uhr hat die Frau Symank einen Knaben geboren, Seekrankheit ließ nach, der Wind stark, aber konträr, sodass man kreuzen musste. Meine Frau brach noch, war aber den ganzen Tag auf dem Verdeck. (...) Die Reise geht südlich.

Am 16. Dezember 1854 erreichte das Schiff die Stadt Houston (Texas), von dort ging es zu Fuß weiter ins Landesinnere Richtung Austin. Am Ende waren 81 Auswanderer unterwegs gestorben, die meisten an Cholera. 43 von ihnen waren Kinder.

Aufgaben

1 Nennen Sie die Gründe für eine Auswanderung im 19. Jahrhundert (VT1, VT2, D1).

2 Verfassen Sie einen Lexikoneintrag zum Begriff „Push- und Pullfaktoren“ (D1).

3 Stellen Sie zusammen, mit welchen Schwierigkeiten die Menschen an Bord eines Auswandererschiffes zu kämpfen hatten (VT3, Q2).

4 Verfolgen Sie anhand der Angaben in Q2 den Weg der sorbischen Auswanderer. Arbeiten Sie dazu mit dem Atlas.

5 Sie befragen für einen Fernsehsender eine der Personen auf dem Foto dazu, was ihr bei der Ankunft in Amerika durch den Kopf geht: Wünsche und Hoffnungen, aber auch Ängste und Ungewissheiten (VT, Q1). Schreiben Sie ein kurzes Interview.

6 Was würde Sie selbst zum Auswandern bewegen? Führen Sie darüber eine Diskussion.

Amerika – Hoffnung und Wirklichkeit

Ein neues Leben in Amerika! Hier sollte alles besser werden als in Deutschland. Aber haben sich die Träume der Auswanderer wirklich erfüllt?

Immigrant
bedeutet Einwanderer oder Zuwanderer. Oft bringen Immigranten eine andere Sprache, eine andere Kultur oder eine andere Religion mit, als im Einwanderungsland vorherrschen.

Aus Deutschen werden Amerikaner

Texas, im Jahr 1859: Johann und Maria Urban halten stolz ihre Einbürgerungsurkunde in den Händen. Soeben haben sie den Eid auf die amerikanische Verfassung geschworen. Fünf Jahre sind seit ihrer Ankunft in Amerika vergangen.

Johann: „Es ist geschafft – jetzt sind wir richtige Amerikaner! Ganz offiziell amerikanische Staatsbürger."

Maria: „Ja, Johann. Jetzt ist es amtlich. Aber ein komisches Gefühl ist es schon. Immerhin mussten wir unsere Heimat aufgeben. Mit unserem früheren Leben verbindet uns jetzt nichts mehr."

Johann: „Das kannst du so nicht sagen, Maria. Schließlich sind wir ja nicht die einzigen Einwanderer hier. Ohne unsere deutschen Freunde im Gesangsverein und der Kirchengemeinde wäre es gerade am Anfang ganz schön hart für uns gewesen."

Maria: „Das stimmt. Aber so richtig amerikanisch fühle ich mich noch nicht. Weißt du noch, wie die früheren Auswanderer in ihren Briefen geschwärmt hatten? Reich könne man werden. Jeder Handwerker sei willkommen. Freiheit und Gleichheit für alle … Ganz so golden ist es dann auch nicht."

Q1 Siedlerfamilie vor ihrem Farmhaus in Nebraska. Foto, 1880er-Jahre

Johann: „Aber wir konnten uns hier einfach ein Stück Land und ein paar Tiere kaufen – und können inzwischen ganz gut davon leben. Das wäre doch in Deutschland undenkbar gewesen."

Maria: „Ja, sicher geht es uns hier besser, aber als Reichtum kann man das nicht bezeichnen."

Johann: „Du musst Geduld haben, Maria. Wer hart arbeitet, kann es zu etwas bringen."

Neustart mit Schwierigkeiten

Nicht immer erfüllte sich der Traum von einer sicheren Existenz sofort. Bei der Suche nach Arbeit oder einer Unterkunft wurden viele Einwanderer in ihrer ersten Zeit betrogen oder ausgenutzt. Manche arbeiteten zunächst zu Hungerlöhnen oder lebten in elenden Massenquartieren. Viele hofften in den Städten auf eine Stellung als Handwerker, Arbeiter oder Dienstmädchen. Andere machten sich auf den Weg Richtung Westen, um sich auf dem Land niederzulassen.

Der „Amerikanische Traum"

Amerika galt als Land der unbegrenzten Möglichkeiten mit riesigen Reserven an Ackerland, Wäldern, Gewässern und Bodenschätzen. Die Immigranten trugen erheblich zur Erschließung des Kontinents bei – als Farmer, Eisenbahnarbeiter, Goldgräber oder Cowboys. Ende des 19. Jahrhunderts waren die USA ein modernes Land mit Eisenbahnlinien, Telegrafenleitungen, Hochhäusern, Ölquellen, Stahlfabriken und großen Farmen. Die Bevölkerung war auf 75 Millionen Einwohner angewachsen – um 1800 waren es erst 5,1 Millionen gewesen. Leidtragende dieser Entwicklung war die indigene Bevölkerung, die ihr Land verlor und in bewaffneten Konflikten und durch eingeschleppte Krankheiten fast vernichtet wurde.

Q2 Ein Besucher der USA äußerte sich 1854 über die Einwanderungen:

Das unbeschränkte und unkontrollierte Hereinlassen von Ausländern ist ein schreiendes und schmerzliches Übel. (...) Warum? Weil irgendjemand oder jedermann ungehindert kommen kann. Die Schurken und Vagabunden aus London, Paris, (...), Hamburg, Berlin dürfen kommen – und tun es auch. Was sich aus Armen- und Arbeitshäusern, aus Gefängnissen und Zuchthäusern ergießt, darf kommen – und tut es auch.

Q3 Der sorbische Einwanderer Matthias Schwausch schreibt in einem Brief über sein neues Leben in Warda (benannt nach dem Lausitzer Dorf Wartha), 21. Oktober 1881:

Wir sind – Gott sei Dank – alle gesund und glücklich von aller Gefahr nach Amerika und Texas angekommen (...). Wir (be)arbeiten 50 Acker Feld, das sind 30 Acker mit Baumwolle, das andere mit Mais bepflanzt. (...) Wir haben zwei starke Pferde. Wir haben auch 2 Pflüge, 4 Kühe und 4 Kälber, 6 Schweine. Wir haben alles auf Kredit gekauft, haben 300 Dollar Schulden gemacht und wollen jetzt alles auszahlen. (...) Wir sind 14 Tage rumgereist, um Land zu besehen. Da gibt es noch viele 1000 Acker, wo noch kein Mensch arbeitet. (...) Überall ist Freiheit, man kann Wild schießen, so viel man braucht und Lust hat.

Q4 Immigranten in einem New Yorker Mietshaus. Foto, 1888

Aufgaben

1 Stellen Sie Kriterien für einen gelungenen Neustart in den USA zusammen (VT1, VT2, Q3).

2 Beschreiben Sie die Situation von Einwanderern in der Stadt (VT2, Q4).

3 Matthias Schwausch (Q3) schreibt nur Positives aus seiner neuen Heimat. Ergänzen Sie seinen Brief, indem Sie auch über Schwierigkeiten beim Neuanfang in Amerika berichten (VT1, VT2).

4 a) Arbeiten Sie die Befürchtungen des Verfassers von Q2 heraus.
b) Formulieren Sie eine Entgegnung. Nutzen Sie dazu Ihr Wissen von S. 142, VT2.

5 Begründen Sie, warum sich oft erst die Enkel der Einwanderer als richtige Amerikaner fühlten (VT1).

6 „Ist Amerika das Land der unbegrenzten Möglichkeiten?" Verfassen Sie eine Antwort für folgende Personen:
a) Maria und Johann Urban (VT1)
b) die Siedlerfamilie (Q1)
c) Matthias Schwausch (Q3)
d) die Männer in New York (Q4)

7 „Die Einwanderer haben aus den USA eine moderne, wohlhabende Nation gemacht." Diskutieren Sie diese Aussage (VT3).

8 Ein bekannter deutscher Auswanderer war Levi Strauss, der Erfinder der Blue Jeans. Recherchieren Sie seine Lebensgeschichte und beurteilen Sie, inwiefern er den „Amerikanischen Traum" verkörpert (VT3).

Deutschland als Einwanderungsland

Schon immer war und ist Migration ein wesentlicher Bestandteil gesellschaftlichen Wandels. Darin ist auch der Grund für die heutige Bevölkerungsstruktur in Deutschland zu suchen.

Q1 Ein Zeichen der Willkommenskultur. Etwa 24 000 Besucher kamen im Oktober 2015 zum kostenlosen Dankeskonzert für Flüchtlinge und ihre ehrenamtlichen Helfer auf dem Königsplatz in München. Foto

Spätaussiedler
Deutsche im Sinne des Grundgesetzes, die im Ausland als deutsche Minderheit leben und seit etwa 1980 nach Deutschland zurückkehren, um sich hier dauerhaft niederzulassen

Deutsche mit Migrationshintergrund
Definition des Statistischen Bundesamtes: Eine Person hat einen Migrationshintergrund, wenn sie selbst oder mindestens ein Elternteil nicht mit deutscher Staatsangehörigkeit geboren wurde.

Asyl
Schutz eines Ausländers vor direkter Bedrohung durch Aufnahme in einem anderen Land.
In Deutschland ist politisch Verfolgten Asyl durch das Grundgesetz garantiert.

Migration vor und während der Industrialisierung

Den Auftakt staatlicher Migrationspolitik bildete die Peuplierung in Preußen (siehe S. 140). Die freie Ausübung der Religion spielte, wie bei den Hugenotten, meist eine zentrale Rolle. Im 18. und 19. Jahrhundert kam es dagegen auch zur Abwanderung, vor allem in die USA (siehe S. 142). Am Ende des 19. Jahrhunderts jedoch überstieg die Zahl der Zuwanderer die der Auswanderer. Das Wirtschaftswachstum zur Zeit der Hochindustrialisierung machte eine steigende Zahl von Arbeitskräften notwendig. Durch den Zuzug wuchsen die Städte rapide und es entstanden Ballungszentren wie das Ruhrgebiet. Aus den polnischen Provinzen Preußens zogen viele Menschen dorthin, um im Bergbau oder in der Schwerindustrie zu arbeiten. Man nannte diese Zuwanderer „Ruhrpolen". Ihre Integration scheiterte allerdings, sie bewahrten vielmehr lange eine kulturelle Eigenständigkeit und verließen zum großen Teil das Ruhrgebiet, als 1918 wieder ein polnischer Staat entstand.

Zwangsmigration im und nach dem Zweiten Weltkrieg

Vor allem der Zweite Weltkrieg 1939–1945 und seine politischen Folgen erzeugten eine Welle von Zwangswanderungen. Während des Krieges geschah dies vor allem durch Deportation, Zwangsarbeit und Umsiedlungen, sofern es der Durchsetzung der Interessen des Nationalsozialismus diente. Zum Ende des Krieges kamen durch Flucht und Vertreibung mehr als 14 Millionen Menschen nach Deutschland (siehe S. 8).

Migration im geteilten und vereinten Deutschland

Um den Bedarf an Arbeitskräften für das Wirtschaftswachstum der 1950er-Jahre in der Bundesrepublik zu stillen, wurden mittels zwischenstaatlicher Abkommen ausländische „Gastarbeiter" angeworben (siehe S. 58). In der DDR führte der Bedarf an Arbeitskräften zur Anstellung von „Vertragsarbeitern" aus sozialistischen Bruderländern. Doch sowohl „Gast-" als auch „Vertragsarbeiter" waren weiterhin Ausländer und sollten nach getaner Arbeit wieder in ihre Heimat zurückkehren. Die meisten von ihnen aber blieben im Land.

Nach dem Zusammenbruch des Ostblocks kamen vor allem Spätaussiedler nach Deutschland und hatten als Deutsche mit Migrationshintergrund das Bleiberecht. Ab dem Jahr 2000 versuchte die Regierung, qualifizierte Arbeitskräfte im IT-Bereich anzuwerben. Außerdem wurde es für in Deutschland geborene Kinder ausländischer Eltern ab dem 1. Januar 2000 einfacher, die deutsche Staatsbürgerschaft zu erhalten.

Bürgerkriege und schlechte Lebenschancen brachten seit den 1990er-Jahren viele Menschen dazu, sich auf den Weg nach Europa zu machen. Der Höhepunkt dieser Entwicklung war 2015, als sich Hunderttausende aus Syrien auf der Suche nach Asyl auf den Weg nach Europa machten. Die Flüchtlinge wurden vielfach willkommen geheißen, es gab aber auch Kritik an der Flüchtlingspolitik der Bundesregierung und fremdenfeindliche Übergriffe.

Q2 Die Süddeutsche Zeitung berichtete 2010 über den in Indien geborenen IT-Spezialisten Ramaswamy Gireesan, der 2003 mit einer Green Card (befristete Arbeitserlaubnis) nach Deutschland kam und seit 2008 die deutsche Staatsbürgerschaft besitzt:

Wenn Gireesan hört, dass Deutschland jetzt wieder diskutiert, wie man Fachkräfte ins Land holen kann, dann wiederholt er einen Satz, den er bereits vor sieben Jahren der SZ sagte: „Deutschland ist kein Einwanderungsland." Wer das ändern wolle, müsse Deutschland international bekannter machen – und die deutsche Sprache fördern. So komme das Land für die in der Regel Englisch sprechenden Inder ebenfalls auf die Liste möglicher Ziele – neben den USA und Großbritannien. In den USA seien die Aufstiegschancen allerdings größer als in Deutschland, es gebe dort einige prominente indische Aufsteiger. Das wissen die Spezialisten. Für Deutschland fehlen solche Vorbilder. Nur wenn man den Hochqualifizierten die Möglichkeiten hier erkläre und schmackhaft mache, könne man sie locken. „Die Green Card bot da zu wenig", sagt Gireesan. Mit ihr war nach fünf Jahren erst mal Schluss, in Großbritannien dagegen könne man nach fünf Jahren einen Pass bekommen. „Diese Sicherheit bleiben zu dürfen", sagt Gireesan, „wollen die Leute."

D1 Anteil der Personen mit Migrationshintergrund 2019
in (ehemaligen) Regierungsbezirken in Prozent

Aufgaben

1. Erstellen Sie eine chronologische Liste über die verschiedenen Phasen der Zuwanderung nach Deutschland und ergänzen Sie die Gründe dafür (VT1, VT2, Q2).
2. Erläutern Sie die räumliche Verteilung von Personen mit Migrationshintergrund, indem Sie Bezug auf die historische Entwicklung der Migration in Deutschland nehmen.
3. Informieren Sie sich im Internet über den erleichterten Erwerb der deutschen Staatsbürgerschaft und stellen Sie Ihre Ergebnisse der Klasse vor (VT3).
4. Erklären Sie, warum Ramaswamy Gireesan Deutschland nicht als Einwanderungsland ansieht (Q2).
5. Verfassen Sie einen Antwortbrief an Ramaswamy Gireesan und erläutern Sie ihm, auch aus historischer Perspektive, warum Deutschland durchaus als Einwanderungsland gesehen werden kann.
6. Verfassen Sie mit Ihrem Banknachbarn ein Gespräch zwischen einem Besucher auf dem Dankeskonzert und einem Gegner der „Refugees welcome"-Politik (Q1).

Die Bevölkerung Bayerns

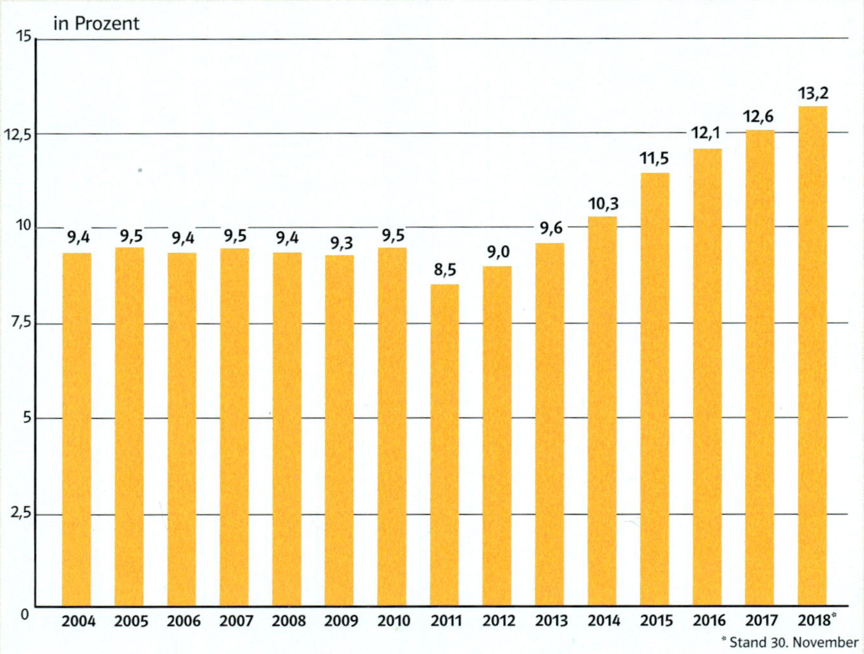

D1 Anteil der ausländischen Bevölkerung an der Gesamtbevölkerung in Bayern von 2004 bis 2018 (Stand jeweils 31.12.)

Land der drei Stämme?

In Bayern gibt es seit jeher verschiedene Minderheiten. Dazu gehörten Juden, Sinti und Roma. Viele von ihnen mussten in der Zeit des Nationalsozialismus das Land verlassen oder wurden verschleppt und ermordet; heute aber leben sowohl Juden als auch Sinti und Roma wieder als deutsche Staatsbürger in Bayern.

Gegen Ende des Zweiten Weltkriegs flüchteten Hunderttausende Deutsche insbesondere aus den ehemaligen Ostgebieten vor der sowjetischen Armee nach Bayern. Nach dem Ende des Krieges mussten die Deutschen jenseits von Oder und Neiße und auch die Deutschstämmigen aus dem Gebiet der Tschechoslowakei, darunter die Sudetendeutschen, ihre Wohnorte verlassen. Angesichts der allgemeinen Not stießen diese Heimatvertriebenen anfangs auf Ablehnung in der bayerischen Bevölkerung, konnten sich aber vor allem ab den 1960er-Jahren integrieren. Auch zahlreiche Flüchtlinge aus der DDR siedelten sich in dieser Zeit in Bayern an.

Hinzu kommt, dass in den Jahrzehnten nach dem Krieg viele Deutschstämmige vor allem aus Osteuropa als Spätaussiedler in die Bundesrepublik und nach Bayern kamen. Dazu gehörten Siebenbürger Sachsen aus Rumänien und Russlanddeutsche. Verstärkt geschah das mit dem Zusammenbruch des Kommunismus seit 1990. In dieser Zeit zogen auch viele Menschen aus den neuen Bundesländern in das wirtschaftlich starke Bayern.

Wegen des Mangels an Fachkräften warb die Bundesrepublik ab den 1950er-Jahren „Gastarbeiter" vor allem aus Italien, Spanien, Griechenland, der Türkei und dem damaligen Jugoslawien an. Die meisten von ihnen blieben dauerhaft und sind heute in Bayern seit Generationen fest verwurzelt.

Bayern als wirtschaftlich und kulturell attraktiver Standort zieht aber auch Menschen aus den alten und neuen Bundesländern sowie aus der Europäischen Union an. Seit 2015 ist außerdem eine verstärkte Zuwanderung von Geflüchteten zu verzeichnen, die insbesondere aus dem Kosovo, aus Syrien, dem Irak, Afghanistan sowie aus afrikanischen Staaten kommen (siehe Karte auf S. 150/151).

D2 Zusammensetzung der Bevölkerung in Bayern. (Die Schriftgröße gibt keine Auskunft über die Größe der Gruppen.)

Aufgaben

1. a) Beschreiben Sie die Grafik D2.
   b) Erläutern Sie die farbliche Unterscheidung anhand des VT.

2. Stellen Sie die Zusammensetzung der bayerischen Bevölkerung mit eigenen Worten dar (VT, D1, D2). Gehen Sie dabei auch auf die räumliche Struktur ein (D1 auf S. 147).

3. Beurteilen Sie, inwiefern die Grafik D2 die gesellschaftliche Realität in Bayern abbildet.

4. „Bayern wird immer mehr zum Einwanderungsland." Nehmen Sie Stellung zu dieser Aussage.

Beispiele weltweiter Migration

Migration gibt es überall. Manche Emigranten haben ein festes Ziel vor Augen, wo sie bessere Lebensbedingungen oder eine gute Arbeit erwarten. Andere müssen vor Krieg und Gewalt fliehen. Alle aber hoffen auf eine bessere Zukunft.

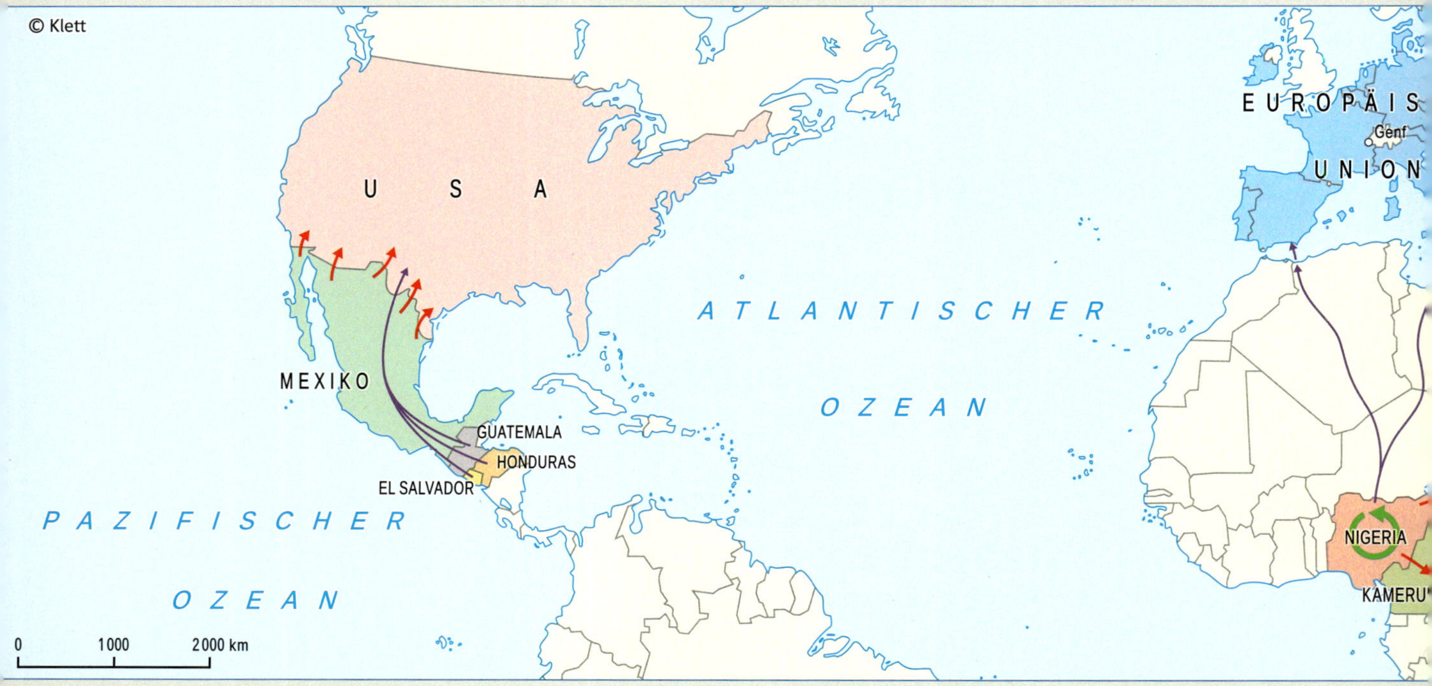

Q1 Aus Lateinamerika in die USA.
Um die US-amerikanische Grenze zu erreichen, riskieren Migranten in Mexiko die lebensgefährliche Fahrt auf dem Güterzug (Foto, Januar 2012). Millionen Migranten – aus Mexiko und anderen lateinamerikanischen Staaten – sind in den letzten Jahrzehnten in die USA eingewandert. Dort hoffen sie auf Arbeit und bessere Lebensbedingungen. Doch viele der Einwanderer kommen ohne Aufenthaltserlaubnis illegal in die USA. Die US-Regierung hat daher die Grenze zu Mexiko mit Zäunen und Mauern abgeriegelt und die Grenzkontrollen verschärft.

Q2 Afrika – Flucht vor Hunger und Krieg.
Aufgrund gewaltsamer Konflikte auf dem afrikanischen Kontinent verlassen Millionen Menschen ihre Heimat. Die meisten flüchten in Nachbarländer, doch eine große Anzahl versucht, nach Europa zu kommen. Sie gelangen unter Lebensgefahr nach Nordafrika und zahlen dort Schlepperbanden große Summen für die Überfahrt nach Europa. Die überfüllten Boote sind meist seeuntauglich und geraten oft in Seenot. Viele Flüchtlinge ertrinken bei der Überfahrt.
Foto, 27. Januar 2018

Q3 Bürgerkrieg in Syrien.
2011 demonstrierten in Syrien Menschen gegen das autoritäre Regime. Im März wurden diese Proteste gewaltsam niedergeschlagen und es begann ein blutiger Bürgerkrieg, der die größte Flüchtlingskrise weltweit auslöste. Über die Hälfte der Bevölkerung verließ ihre Heimat. Viele flohen zunächst an einen anderen Ort im eigenen Land, bevor sie in angrenzende Länder wie die Türkei gingen. Viele machten sich ab 2015 von dort über die „Balkan-Route" auf den Weg nach Europa. Foto, 24. August 2015

Q4 China – vom Land in die Städte.
Auf der Suche nach Arbeit ziehen Millionen von Chinesen aus den ländlichen Provinzen in die Städte. Viele arbeiten als Tagelöhner auf Großbaustellen. Diese Wanderarbeiter dürfen sich nicht in den Städten niederlassen und so hausen viele in ärmlichen Unterkünften oder direkt auf der Baustelle. Sie haben meist keine Arbeitsverträge und arbeiten zu Hungerlöhnen. Nur einmal im Jahr – zum chinesischen Neujahrsfest – haben die Wanderarbeiter Gelegenheit, ihre Familien daheim zu besuchen. Das Foto zeigt arbeitsuchende Wanderarbeiter in Shenyang im Nordosten Chinas (29. Januar 2012).

Abschluss

Migration in der Geschichte

1

Diese grundlegenden Daten und Begriffe kann ich erklären!

a) Soziale Frage (S. 142)

b) Migration (S. 142)

c) Flucht und Vertreibung (S. 146)

d) „Gastarbeiter" (S. 146)

e) 1939–1945 Zweiter Weltkrieg (S. 146)

2

Diese Fragen kann ich beantworten!

a) Was war der Deutsche Ritterorden?

b) Warum ließen sich die Hugenotten in Preußen nieder?

c) Warum wanderten im 19. Jahrhundert viele Deutsche nach Amerika aus?

d) Wie waren die Bedingungen für Neuankömmlinge in Amerika?

e) Wer waren die „Ruhrpolen"?

f) Wie sah die Arbeitsmigration im geteilten Deutschland aus?

g) Wie setzt sich die bayerische Bevölkerung zusammen?

3

Die Daten auf der Zeitleiste kann ich erklären!

4

Ich kann zeigen, dass Geschichte erzählte Geschichte ist!

a) Ich kann einen Dialog zwischen einem Lokator und einem flämischen Bauern zur Anwerbung von Siedlern verfassen.

b) Ich kann ein Interview mit einem Neuankömmling in Amerika verfassen.

5

Zu diesen Fragen habe ich eine Meinung und kann sie begründen!

a) Hatte es positive Auswirkungen für Preußen, dass sich durch das Edikt von Potsdam Protestanten ansiedelten?

b) Ist Deutschland ein Einwanderungsland?

c) Besteht die Bevölkerung in Bayern nur aus Bayern?

6

Ich kann mich in Geschichte und Gegenwart orientieren!

a) Ich kann erklären, warum viele heutige US-Amerikaner ihre Wurzeln in Deutschland haben.

b) Wenn ich Nachrichten über Migration lese, kann ich zwischen den verschiedenen Arten von Migration unterscheiden.

um 1230	1685	1820–1920	1939–1945	2015

Portfolio und Üben siehe Zeitreise-Code, S. 137

Q1 Fluchtursachen. Karikatur von Thomas Plaßmann, 2016

Q2 Das Bundesministerium für wirtschaftliche Zusammenarbeit und Entwicklung schrieb 2016 über die Ursachen von Flucht und Migration:

Viele Menschen in den Entwicklungsländern sehen in ihrer Heimat für sich und ihre Familien keine Perspektiven. Sie leiden unter fehlenden Bildungschancen, hoher Arbeitslosigkeit, politischen und sozialen Konflikten und schlechter Regierungsführung. Das Bevölkerungswachstum ist in diesen Ländern oft sehr hoch, sodass immer mehr junge Menschen vergeblich nach einem Arbeitsplatz suchen. Armut und Frustration sind die Folge. Hinzu kommen in vielen Regionen zunehmende Umweltzerstörungen und die bereits spürbaren Auswirkungen des Klimawandels. (…)

Oft lässt sich nicht genau sagen, ob es sich bei Migranten um Klimaflüchtlinge oder um Wirtschafts-, Armuts- oder Kriegsflüchtlinge handelt. Fest steht jedoch, dass in Zukunft immer mehr Menschen ihre Heimatländer verlassen werden, weil sich die Umwelt- und Lebensbedingungen dort dauerhaft verändert haben werden.

Über moderne Kommunikationsmittel erfahren die Menschen, wie attraktiv das Leben in den Nachbarländern und erst recht in anderen Teilen der Welt ist oder zu sein scheint. Migration ist ein Mittel der Selbsthilfe. Je weniger das Heimatland entwickelt ist, umso größer ist die Hoffnung, durch Auswanderung die eigenen Lebensverhältnisse verbessern zu können.

Aufgaben

1. Untersuchen Sie die Karikatur Q1 mithilfe der Arbeitsschritte 1–3 auf S. 178.
2. Erläutern Sie, wie der Zeichner die Gründe für die Migration bewertet (Q1).
3. Überprüfen Sie anhand von Q2, ob der Zeichner die wichtigsten Fluchtursachen wiedergibt.
4. Arbeiten Sie aus Q1 und Q2 die Push- und Pullfaktoren für die Migration heraus.
5. Recherchieren Sie Fluchtgeschichten von Jugendlichen und präsentieren Sie diese in der Klasse. Stellen Sie dabei besonders die Gründe und die Wege der Flucht heraus.

6

323 v. Chr. bis heute

Geschichtskultur – wie wir mit Geschichte umgehen

1. Jahrhundert v. Chr.
Römische Politiker nehmen sich Alexander den Großen zum Vorbild.

19. Jahrhundert
Die Sage vom schlafenden Kaiser wird zum deutschen Nationalmythos.

19. Mai 1935
Die Einweihung der ersten Autobahn in Deutschland begründet die Legende der erfolgreichen Wirtschaftspolitik des nationalsozialistischen Regimes.

13. August 1961
Die SED feiert mit dem Bau der Berliner Mauer die Vollendung des „antifaschistischen Schutzwalls".

Oktober 2013
In Leipzig wird der 200. Jahrestag der Völkerschlacht zu Leipzig begangen.

9. November 2018
Am 60. Jahrestag der Novemberpogrome wird der Verfolgung der Juden im nationalsozialistischen Deutschland gedacht.

Die Art und Weise, wie eine Gesellschaft zu ihrer Vergangenheit und ihrer Geschichte steht, bestimmt das Zusammenleben ihrer Mitglieder miteinander – wir nennen dies „Geschichtskultur". Dabei geht es um die Frage, wie historische Ereignisse oder historische Personen bewertet werden, im Guten wie im Schlechten. In diesem Kapitel erfahren Sie, wie Menschen früher mit ihrer Geschichte umgegangen sind und wie Geschichte auch heute unser Handeln bestimmt.

D1 In Erinnerung an die Verbrechen an der jüdischen Bevölkerung 1938 wurden am 9. November 2013 in Berlin bei Stolpersteinen Blumen und Kerzen abgelegt. Foto

Material zu dieser Themeneinheit
Zeitreise-Code: sg5wv3

Mythos Alexander

Alexander der Große veränderte mit seinen Feldzügen im 4. Jahrhundert v. Chr. die politische Landkarte der antiken Welt. Noch Jahrhunderte später wurde er für seine Taten von großen römischen Politkern bewundert. Wollten sie sein wie er?

Q1 Alexandermosaik Alexander (links) verfolgt den fliehenden Perserkönig Dareios (Mitte). Römisches Mosaik, etwa 50 n. Chr., nach einem verlorenen zeitgenössischen Gemälde, 5,80 × 3,10 m. Das Alexandermosaik befand sich als Fußbodenmosaik in einem zentralen Raum der Stadtvilla „Haus des Fauns" in Pompeji, heute ist es in Neapel im Museo Archeologico Nazionale.

Der jugendliche Held

Alexander der Große gehörte zu den wenigen Menschen, die bereits zu Lebzeiten großen Ruhm erlangten. In nicht einmal elf Jahren hatte er das gesamte Perserreich erobert und war mit seinen Truppen bis zum Indus und den Hindukusch vorgestoßen. Mit seinen Eroberungen veränderte Alexander die antike Welt grundlegend: Zum einen verbreitete sich in Ägypten, im Vorderen Orient und Zentralasien die griechische Sprache und Kultur sehr schnell. Zum anderen fand zwischen den einzelnen Reichsteilen des neu geschaffenen Alexanderreichs ein reger wirtschaftlicher, religiöser und geistiger Austausch statt. Sich selbst sah Alexander als Nachkommen der griechischen Helden und Göttersöhne Herakles und Achilles und erhob sich damit zum Halbgott. Am 10. Juni 323 v. Chr. starb er unter bis heute unklaren Umständen im Alter von knapp 33 Jahren. Der Welt blieb er als stürmischer jugendlicher Held in Erinnerung und wurde zu einer Legende.

Die Bewunderer Alexanders im antiken Rom

Noch Jahrhunderte nach Alexanders Tod spornten seine Taten römische Politiker zu eigenen Leistungen an. So erzählt der römische Schriftsteller Sueton um 120 n. Chr. in seinen Kaiserbiografien, wie der 32-jährige Iulius Caesar im Jahre 68 v. Chr. als Finanzbeamter in die Provinz Südspanien kam und dort in der Stadt Gades eine Büste Alexander des Großen erblickte. Bei ihrem Anblick wurde Caesar sehr traurig. Schließlich hatte er im Gegensatz zu Alexander, der mit 32 Jahren einen Großteil der bekannten Welt unterworfen hatte, in seinem bisherigen Leben nichts Großes erreicht. Und so soll Caesar beschlossen haben, auch selbst ein großer Feldherr wie Alexander zu werden.

Auch Caesars Widersacher Gnaeus Pompeius Magnus bewunderte Alexander den Großen. So ließ er sich wie dieser „der Große" (Magnus) nennen und präsentierte sich bei seinen Triumphzügen mit einem kurzen Reitermantel, der Kriegstracht Alexanders. Als Pompeius 81 v. Chr. seinen Sieg in Nordafrika in Rom feierte, sollten seine Wagen nicht wie üblich von Pferden gezogen werden, sondern wie bei Alexanders Einzug in die Stadt Babylon von Elefanten – dafür aber waren die Stadttore Roms zu schmal.

Kritik an Alexander

Neben aller Bewunderung gab es in Rom auch Kritik an Alexander. So sah der römische Schriftsteller Lukan Alexander als erfolgreichen Räuber, der auf seinem Marsch durch Asien sehr viel Blut vergossen habe. Für Seneca, den Erzieher und Berater Kaiser Neros, war Alexander sogar eine Plage der Völker.

Q2 Porträt Alexanders des Großen. Marmorbüste aus dem 3. Jahrhundert v. Chr.

Q3 Porträt des Gaius Pompeius Magnus. Zeitgenössische Marmorbüste

Q4 Der Geschichtsschreiber Arrian aus Nikomedeia beschreibt im 2. Jahrhundert n. Chr. Alexander so:

In körperlicher Hinsicht war er der schönste Mensch, und keine Mühe und Anstrengung scheute er; blitzschnell fasste er Dinge auf, und ebenso rasch waren seine Entschlüsse. Er war der tapferste, ehrgeizigste und gefahrenliebenste Mensch und frömmste Gottesverehrer. Die Lüste des Körpers hatte er vollkommen in seiner Gewalt. Dagegen war er in geistiger Hinsicht völlig unersättlich nur in seiner Begierde nach Ruhm.

Q5 Der Schriftsteller Seneca sagt im 1. Jahrhundert n. Chr. über Alexander:

Den unglücklichen Alexander trieb seine Zerstörungswut sogar ins Unerhörte. Oder hältst du jemanden für geistig gesund, der mit der Unterwerfung Griechenlands beginnt, wo er doch seine Erziehung erhalten hat? Nicht zufrieden mit der Katastrophe so vieler Staaten, die sein Vater Philipp besiegt oder gekauft hat, wirft er die einen hier, die anderen dort nieder und trägt seine Waffen durch die ganze Welt. Und nirgends macht seine Grausamkeit erschöpft halt, nach Art wilder Tiere, die mehr reißen, als ihr Hunger verlangt.

Aufgaben

1 Fassen Sie zusammen, warum Alexander nach seinem Tod zu einer Legende werden konnte (VT1*).

2 Geben Sie mit eigenen Worten wieder, warum Alexander für Caesar oder Pompeius ein Vorbild war (VT2, Q1–Q3).

3 Stellen Sie positive und negative Eigenschaften Alexanders aus Q4 und Q5 gegenüber und erklären Sie, was die Autoren an ihm kritisieren.

4 Vergleichen Sie die Bildnisse Alexanders des Großen (Q2) und des Pompeius (Q3). Nennen Sie Unterschiede und Ähnlichkeiten und erklären Sie sie.

5 Ist Alexander der Große ein gutes Vorbild? Bewerten Sie die Haltung von Caesar und Pompeius aus heutiger Sicht.

6 Ein vornehmer Römer schmückt sein Haus mit dem Alexandermosaik (Q1). Diskutieren Sie, was er damit seinen Gästen deutlich machen wollte.

* VT1 bedeutet: Die Aufgabe bezieht sich auf den ersten Abschnitt des Verfassertextes (VT). Die Abschnitte ergeben sich durch die blauen Zwischenüberschriften.

Der schlafende Kaiser – ein deutscher Nationalmythos

Zwei Kaiser aus dem Mittelalter – Friedrich I. Barbarossa und sein Enkel Friedrich II. – sind die Hauptpersonen eines alten deutschen Nationalmythos.

Q1 Der schlafende Kaiser im Kyffhäuser auf einem Holzstich von August von Heyden, um 1880

Sage
Mündlich überlieferte Erzählung mit gewissem Realitätsanspruch, da die Handlung an tatsächliche Personen und Orte gebunden ist. Die geschilderten Ereignisse sind allerdings historisch nicht bezeugt und werden meist mit übernatürlichen Elementen ausgestaltet.

Ursprung der Sage

Der ungewöhnliche Tod von Friedrich I. „Barbarossa" (deutsch: Rotbart), der auf einem Kreuzzug ins Heilige Land in einem Fluss ertrank, und das überraschende Ableben seines Enkels Friedrich II. mit 56 Jahren wurden schnell beliebte Sagenmotive. Besonders mit Friedrich II. verbanden viele seiner Anhänger große Hoffnungen und wollten nicht an seinen Tod glauben. Man erzählte also, er halte sich im Orient versteckt, um zu einem späteren Zeitpunkt wieder zurückzukehren. Die Erwartung der Rückkehr des guten und gerechten Kaisers Friedrich II. verfestigte sich im ausgehenden Mittelalter immer mehr, da die Sehnsucht nach Gerechtigkeit und Gleichheit wuchs. Gründe dafür waren die immer schlimmere Unterdrückung der Bauern und der Sittenverfall innerhalb der Kirche und der Geistlichkeit.

Vertauschte Friedriche

Anfang des 15. Jahrhunderts hieß es, dass Kaiser Friedrich II. in verschiedenen Burgruinen als Geist umgehe. Einer von mehreren Orten war der Kyffhäuser, ein Mittelgebirge in Thüringen mit einer ehemaligen Reichsburg. Hier fand die Sage schließlich ihren endgültigen Ort, und der Kaiser wurde als „unterirdischer Herrscher" in den Berg hineinversetzt.

Schon bald aber kam es zur Vertauschung von Friedrich II. und Barbarossa. Es entstand das Bild des „Alten im Kyffhäuser", der im Berg wartet, bis er wieder gebraucht wird, und dies führte letztendlich dazu, dass der Großvater den Enkel aus der Sage verdrängte.

Bedeutung des Mythos

Besonders auf diese Bedeutung der Sage stützte sich im 19. Jahrhundert die junge deutsche Nationalbewegung: Der schlafende Barbarossa wurde zum Symbol für die ebenfalls schlafende, noch nicht geeinte deutsche Nation. Aus der regionalen Sage wurde so ein nationaler Mythos.

Als 1871 in Versailles das Deutsche Reich ausgerufen wurde, war die Nation geeint. Die Barbarossa-Sage hatte sich damit eigentlich erfüllt. Trotzdem wurde sie von der Propaganda immer wieder benutzt. In Anlehnung an Barbarossa wurde der König von Preußen und Deutsche Kaiser Wilhelm I. „Barbablanca" (Weißbart) genannt.

Das nationalsozialistische „Dritte Reich" verwendete die Barbarossa-Sage ebenso für seine Zwecke: Der Vernichtungskrieg gegen die Sowjetunion wurde als „Unternehmen Barbarossa" bezeichnet. Und immer wieder nutzte die Bundeswehr das Kyffhäuser-Denkmal, um dort das feierliche Gelöbnis neuer Soldaten zu begehen.

Q2 Es gab zahlreiche Sagen über den „nicht gestorbenen Kaiser". Seit Anfang des 16. Jahrhunderts wurde Friedrich II. in diesen Sagen durch seinen Großvater Friedrich I. Barbarossa ersetzt. Hier die Sage in der Fassung der Brüder Grimm von 1816:

Friedrich Rotbart auf dem Kyffhäuser

Von diesem Kaiser gehen viele Sagen im Schwange (werden viele Sagen erzählt). Er soll noch nicht tot sein, sondern bis zum jüngsten Tag leben, auch kein rechter Kaiser nach ihm mehr aufkommen. Bis dahin sitzt er verhohlen (verborgen) in dem Berg Kyffhausen und wann er hervorkommt, wird er seinen Schild hängen an einen dürren Baum, davon wird der Baum grünen und eine bessere Zeit werden. Zuweilen redet er mit den Leuten, die in den Berg kommen, zuweilen lässt er sich auswärts sehen. Gewöhnlich sitzt er auf der Bank an dem runden steinernen Tisch, hält den Kopf in der Hand und schläft, mit dem Haupt nickt er stetig und zwinkert mit den Augen. Der Bart ist ihm groß gewachsen, nach einigen durch den steinernen Tisch, nach andern um den Tisch herum, dergestalt dass er dreimal um die Rundung reichen muss, bis zu seinem Aufwachen, jetzt aber geht er erst zweimal darum.

(…) Einen Schäfer führte ein Zwerg hinein, da stand der Kaiser auf und fragte: Fliegen die Raben noch um den Berg? Und auf die Bejahung des Schäfers rief er: Nun muss ich noch hundert Jahre länger schlafen.

Q3 Ein preußischer Gymnasiallehrer sagt 1868:

Das deutsche Volk wartet noch immer auf seinen Kaiser, auf den Friedrich, der einst als der „Zweite" vom Volke ersehnt, nicht kam, und der als der „Erste", der „Rotbart", im Kyffhäuserberge den Schlaf der Jahrhunderte schläft und noch nicht erwacht ist. (…)

Die Zeit wird kommen, da der alte Barbarossa, da der ursprünglich deutsche Volksgeist, dargestellt durch einen König von Preußen (…), aus dem Schlafe und aus der Verzauberung aufersteht und die im dreizehnten Jahrhundert verloren gegangene Herrlichkeit Deutschlands wiederherstellt.

Q4 Öffentliches Gelöbnis von Rekruten der Bundeswehr am Kyffhäuser-Denkmal. Foto, 5. Mai 2011

Aufgaben

1 Stellen Sie die Entwicklung der Sage bis zur Verwechslung der beiden Friedriche dar (VT1, VT2).

2 Arbeiten Sie heraus, was der Sage nach die Aufgabe des „schlafenden Barbarossa" sein sollte (VT2, VT3, Q3).

3 Geben Sie die Kyffhäuser-Sage um Barbarossa in eigenen Worten wieder (Q2).

4 Vergleichen Sie die Abbildung Q1 mit der Sage der Brüder Grimm (Q2). Was ist ähnlich, was unterschiedlich dargestellt?

5 Nennen Sie Beispiele, wie die Kyffhäuser-Sage im Verlauf der deutschen Geschichte Verwendung fand (VT3, Q4).

6 Beurteilen Sie, ob die Verwendung der Barbarossa-Sage im 19. und 20. Jahrhundert zur Person Friedrichs, der als „guter und gerechter Herrscher" verehrt wurde, passt.

Das Kyffhäuser-Denkmal

Q1 Das Kyffhäuser-Denkmal, Luftbild ① Überreste der ehemaligen Reichsburg Kyffhausen, ② Denkmalturm (81 m) mit Aussichtskuppel und stilisierter Kaiserkrone, ③ Reiterstandbild von Kaiser Wilhelm I., ④ Sitzstatue von Friedrich I. Barbarossa, ⑤ Barbarossahof, ⑥ Vorplatz (Terrasse)

Ein Denkmal für Kaiser Wilhelm I.

Das Kyffhäuser-Denkmal in der geographischen Mitte des damaligen Deutschen Reiches wurde zu Ehren Kaiser Wilhelms I. erbaut. Bereits 1890, zwei Jahre nach dem Tod des Deutschen Kaisers, begann man mit der Errichtung des Turmmonuments. Die aufwendige und prächtige Einweihungsfeier fand dann am 18. Juni 1896 vor rund 3000 Zuschauern statt. Unter ihnen waren auch Kaiser Wilhelm II. und weitere hochrangige Persönlichkeiten aus Adel und Politik.

Q2 Die beiden Standbilder des Kyffhäuser-Denkmals auf der Schauseite des Turms: unten Friedrich I. Barbarossa in einem angedeuteten romanischen Schloss und darüber Kaiser Wilhelm I.

Q3 Das Reiterstandbild von Kaiser Wilhelm I. nach einer Vorlage von Emil Hundrieser wird von Nebenfiguren begleitet. Sie zeigen die Geschichtsschreibung (links: Frauenfigur mit Stift und Eichenlaubkranz in den Händen) und die Wehrhaftigkeit des Deutschen Reiches (rechts: Kriegerfigur mit germanischem Flügelhelm).

Q4 Die Kolossalfigur aus Sandstein des Bildhauers Nikolaus Geiger zeigt den erwachenden Friedrich I. Barbarossa.

Aufgaben

1 Recherchieren Sie in einem Atlas oder im Internet die geographische Lage und beschreiben Sie diese.

2 Beschreiben Sie anhand von Q1 den Aufbau des Denkmals.

3 Analysieren Sie die beiden Hauptfiguren des Denkmals hinsichtlich ihrer Darstellung, des Materials, der Körperhaltung und der Komposition (Q1–Q4).

4 Erklären Sie die symbolische Bedeutung des Kyffhäuser-Denkmals. Gehen Sie dabei auf die Figuren und die Bedeutung der Barbarossa-Sage (siehe S. 158) ein.

5 Erzählen Sie die Kyffhäuser-Sage der Brüder Grimm weiter, indem Sie berichten, was mit dem Kaiser im Berg geschieht, als 1871 das Deutsche Reich gegründet wird und Wilhelm I. Deutscher Kaiser wird (siehe S. 159, Q2).

Legenden um Hitlers Wirtschaftspolitik

„Es war nicht alles schlecht!" Diesen Satz kann man immer wieder hören, wenn es um das Leben in der Diktatur des Dritten Reiches geht. Doch eigentlich wirkt in diesem Ausspruch nur die einstige Propaganda fort.

KdF
(= Kraft durch Freude) NS-Organisation mit der Aufgabe, die Freizeitaktivitäten und Urlaubsreisen der Deutschen zu organisieren. Dabei konnte die Bevölkerung mühelos überwacht und gleichgeschaltet werden.

Krisenbewältigung

Als die NSDAP an die Macht kam, war die Talsohle nach der Weltwirtschaftskrise 1929 bereits durchschritten, es herrschte in allen Industriestaaten ein wirtschaftlicher Aufschwung. In Deutschland wurde dieser Erfolg Hitler zugeschrieben. Dabei setzte er nur Pläne für den Abbau der Arbeitslosigkeit um, die noch von seinen Vorgängern aus der Weimarer Republik stammten. Ab 1935 verschwanden zudem auch die jetzt wieder wehrpflichtigen Männer aus der Arbeitslosenstatistik. Der Lebensstandard in Deutschland war aber trotz annähernd erreichter Vollbeschäftigung 1938 immer noch schlecht und lag weit unter dem anderer Industrienationen.

Q1 Verbindung von Tradition, Fortschritt und Arbeitsbeschaffung: Werbung für die Reichsautobahn in Thüringen auf dem Titelbild der „Frauen-Warte", der Zeitschrift der NS-Frauenschaft, 1939

Die „Straßen des Führers"

Bereits seit 1927 bestand der Plan für ein Netz von Fernstraßen. Das NS-Regime versuchte nach 1933, dieses Vorhaben möglichst schnell in die Tat umzusetzen, und so wurde am 19. Mai 1935 das erste Teilstück der Reichsautobahnen zwischen Frankfurt am Main und Darmstadt eingeweiht.

Die Propaganda feierte Hitler als Initiator und Modernisierer. Damit wurde der Autobahnbau als Leistung Hitlers tief im Bewusstsein der Deutschen verankert. Außerdem wurde auch die angebliche Lösung des Problems der Arbeitslosigkeit durch den Autobahnbau hervorgehoben. Die Realität sah allerdings anders aus: Bis 1936 wurden nicht mehr als 125 000 Menschen im Autobahnbau eingesetzt – bei einer Gesamtbeschäftigtenzahl von damals über 18 Millionen Personen und einem Arbeitslosenrückgang von mehreren Millionen war das sehr wenig. Tatsächlich wurden die allermeisten Arbeitsplätze in der Rüstungsindustrie geschaffen. Allerdings bedeuteten Hitlers Maßnahmen nicht gleichzeitig einen Wirtschaftsaufschwung, da sie zum Großteil durch steigende Staatsschulden finanziert wurden.

„Dein KdF-Wagen"

Mit dem Bau des Autobahnnetzes hängt die Legende vom „Volkswagen" eng zusammen, einem Auto, das für jedermann bezahlbar sein sollte. Die Produktion des Volkswagens wurde der KdF übergeben. Der Wagen sollte durch eine Sparaktion von den Käufern vorfinanziert werden. Dieses Versprechen konnte aber nicht eingehalten werden; die Fabrik wurde für den beabsichtigten Krieg auf Rüstungsproduktion umgestellt, und die Spareinlagen flossen zweckentfremdet in die Rüstungskasse.

Q2 Bei der Eröffnung der Automobilausstellung am 7. März 1934 sagt Adolf Hitler:

Solange das Automobil nur ein Verkehrsmittel besonders begüterter Kreise bleibt, ist es ein bitteres Gefühl, von vornherein Millionen braver, fleißiger und tüchtiger Mitmenschen von der Benutzung eines Kraftverkehrsinstrumentes ausgeschlossen zu wissen, das gerade für diese in ihren sonstigen Lebensmöglichkeiten beschränkten Schichten nicht nur nützlich sein könnte, sondern ihnen vor allem an Sonn- und Feiertagen zur Quelle eines unbekannten, freudigen Glücks würde.

Jahr	Arbeitslosenzahl im Jahresdurchschnitt (in Mio.)	Staatsverschuldung (in Mrd. Reichsmark)
1928	1,35	18,16
1929[1]	1,89	21,32
1930	3,08	24,02
1931	4,52	24,18
1932	5,58	24,85
1933[2]	4,80	25,93
1934	2,72	26,26
1935	2,15	32,50
1936	1,59	37,71
1937	0,84[3]	42,72
1938	0,30[4]	53,24

1 Weltwirtschaftskrise
2 Hitler wird Reichskanzler
3 Zahlen für Juni
4 Zahlen für Oktober

D1 Entwicklung der Arbeitslosigkeit und der Staatsverschuldung von 1928 bis 1938

Q3 Adolf Hitler beim offiziellen Spatenstich zum Bau der Reichsautobahn Frankfurt am Main – Heidelberg am 23. September 1933. Foto der NS-Propaganda

Aufgaben

1. Fassen Sie zusammen, wie die NS-Propaganda den Autobahnbau als Beispiel für eine gelungene Krisenbewältigung darstellte (VT1, VT2, Q1, Q3).
2. Erläutern Sie, auf welche Weise die Arbeitslosenzahlen gesenkt wurden (VT1, VT2).
3. Stellen Sie dar, wie Hitler einen Großteil seiner Maßnahmen finanzierte (VT2, D1).
4. Vergleichen Sie Hitlers Versprechen bezüglich des „Volkswagens" aus Q2 mit der Realität (VT3).
5. Beurteilen Sie, wie wichtig die Wirtschaftspolitik für Hitlers Propaganda war.
6. Nehmen Sie zu der Aussage „Es war unter Hitler nicht alles schlecht!" kritisch Stellung.

Die Mauer – ein „antifaschistischer Schutzwall"?

Am 13. August 1961 begann die DDR-Führung in Berlin Sperranlagen aufzubauen und damit die innerdeutsche Grenze zu schließen. Die SED-Diktatur riegelt sich damit endgültig ab. Was waren die Gründe dafür?

Q1 Appell zum 25. Jahrestag des Mauerbaus mit den Politikern der DDR-Partei- und Staatsführung, Formationen der Nationalen Volksarmee (NVA) und der Kampfgruppen der DDR. Foto, 13. August 1986

Gründe für den Mauerbau

Von 1949 bis 1961 flüchteten etwa 2,7 Millionen Menschen aus der DDR in die Bundesrepublik, vor allem durch das Schlupfloch Berlin. Staatschef Walter Ulbricht erkannte, dass der Fortbestand der DDR dadurch gefährdet war. Deshalb versuchte er die Führung der Sowjetunion zu überreden, gewaltsam gegen die Flüchtlinge vorzugehen. Öffentlich wollte Ulbricht dies nicht zugeben und stritt entsprechende Gerüchte ab. Doch am 13. August 1961 begann der Bau der Mauer.

Einen Monat zuvor hatte US-Präsident Kennedy erklärt, dass die USA lediglich eine Schutzmachtfunktion für West-Berlin übernehmen, sich aber nicht an Aktionen auf dem Gebiet der DDR beteiligen würden. Dies gab für die Sowjetunion den Ausschlag, dem Mauerbau zuzustimmen. Um das weitere Abwandern junger, hoch qualifizierter Arbeitskräfte – viele davon waren Universitätsabsolventen – und eine weitere Schwächung der Wirtschaft zu verhindern, fing die DDR-Führung so schnell wie möglich an, das eigene Staatsgebiet nach Westen hin abzuriegeln. Die SED sah in der Absperrung auch die Möglichkeit, ihre eigene Machtstellung auszubauen, da dann nach politisch umstrittenen Entscheidungen keine Menschen mehr flüchten könnten. Die Westmächte protestierten nur schwach gegen den Bau der Mauer, und so wurde sie schnell als Tatsache hingenommen.

Darstellung der DDR-Führung

Neben den Republikflüchtlingen waren auch die Gründe des Mauerbaus ein Tabuthema in der DDR. Das SED-Regime versuchte dagegen, die Einsperrung ihrer Bürger propagandistisch auszunutzen.

Bereits vor dem Mauerbau, in der ersten Phase des Kalten Krieges, wurde der Westen und mit ihm die Bundesrepublik als imperialistische Bedrohung für die DDR und den Weltfrieden dargestellt. So konnte die antiwestliche Propaganda nun gegenüber der Bevölkerung die Mauer als „antifaschistischen Schutzwall" bezeichnen und einen Sieg des Sozialismus gegen den Westen feiern.

Unmutsäußerungen gegen die Errichtung der Sperranlagen gab es kaum. Viele „Grenzgänger" aus Ost-Berlin verloren damit zwar ihre Arbeit in West-Berlin, doch es gab auch Stimmen, die es begrüßten, nun „in Ruhe" den Sozialismus aufbauen zu können. Die meisten Menschen in der DDR nahmen die vollständige Abriegelung allerdings hin und versuchten, sich mit dem System zu arrangieren, dem sie nun nicht mehr entfliehen konnten.

Q2 Beschluss des Ministerrats der DDR vom 12. August 1961 über verschärfte Grenzkontrollen zwischen Ost- und West-Berlin:

In Westdeutschland ist eine Verschärfung der Revanchepolitik mit sich steigernden Gebietsforderungen gegenüber der Deutschen Demokratischen Republik und den Nachbarstaaten Deutschlands erfolgt, die in enger Verbindung steht mit der beschleunigten Aufrüstung und Atombewaffnung der westdeutschen Bundeswehr. Es wird eine systematische Bürgerkriegsvorbereitung durch die Adenauer-Regierung gegenüber der Deutschen Demokratischen Republik betrieben. Bürger der Deutschen Demokratischen Republik, die Westdeutschland besuchen, sind in zunehmendem Maße terroristischen Verfolgungen ausgesetzt. Von westdeutschen und Westberliner Agentenzentralen wird eine systematische Abwerbung von Bürgern der Deutschen Demokratischen Republik und ein regelrechter Menschenhandel organisiert.

Q4 Foto und Pressemeldung des DDR-Nachrichtendienstes ADN: „Berlin 15.8.61: Berliner Bevölkerung bedankt sich bei den bewaffneten Streitkräften. Ihren Dank für den Schutz ihrer Häuser und für die gründliche Sicherung der Grenzen nach Westberlin drückten zahlreiche Berliner dadurch aus, dass sie den Streitkräften Blumen überreichten."

Q3 Am 14. August 1961, bereits einen Tag nach dem Beginn des Mauerbaus, ist im DDR-Radio folgendes Lied zu hören:

Berliner Geschichten
Unser schönes Berlin wird sauber sein.
Denn wir haben den kalten Kriegern am Rhein
Ihre Menschenfalle verriegelt
Und mit rotem Wachs versiegelt.

Refrain:
Ja, ja der helle Berliner sagt: Prima!
Das reinigt so dufte das Klima.
Es ziehen jetzt Ruhe und Frieden ein.
Und sauber, ja sauber wird unsre Hauptstadt sein.

Und nun zieht das Agentengelichter
Dort in Schöneberg lange Gesichter.
Und es jammern die Schwindelkursdrohnen.
Nun will das Geschäft nicht mehr lohnen.

Refrain:
Ja, ja der helle Berliner (...)
Text: Eberhard Fensch

Aufgaben

1. Nennen Sie die Gründe für den Bau der Mauer (VT1).
2. Arbeiten Sie aus Q2 und Q3 heraus, welche Vorwürfe in der DDR gegen die Bundesrepublik erhoben wurden, um den Mauerbau zu rechtfertigen.
3. Erklären Sie, inwiefern der DDR-Nachrichtendienst die Bevölkerung mit diesem Foto mit der dazugehörigen Pressemeldung manipulieren wollte (Q4).
4. Das Foto Q1 erscheint im Jahr 1986 in einer ostdeutschen und in einer westdeutschen Zeitung. Verfassen Sie für beide Zeitungen einen kurzen Text zum Bild. Vergleichen Sie die Ergebnisse in der Klasse.
5. Bewerten Sie die propagandistischen Mittel, die die DDR-Regierung zur Begründung des Mauerbaus anwandte (VT2, Q2–Q4).
6. Führen Sie ein Interview mit Ihren Großeltern. Fragen Sie sie, wie sie die Propaganda zur Berliner Mauer empfanden.

Nah dran

Die Völkerschlacht zu Leipzig

Q1 Völkerschlacht-National-Denkmal bei Leipzig. Bildpostkarte von 1899 mit dem Entwurf des Völkerschlachtdenkmals

Die Erinnerung an eine Schlacht

Im Oktober 1813 kam es bei Leipzig zur entscheidenden Schlacht der Befreiungskriege zwischen den Truppen der Allianz aus Preußen, Russland, Österreich und Schweden und den Truppen Napoleons und seiner Verbündeten (darunter auch Sachsen). Über 600 000 Soldaten aus vielen Staaten Europas kämpften dort vom 16. bis 19. Oktober gegeneinander. Aus diesem Grund wird diese Auseinandersetzung auch als Völkerschlacht bezeichnet. Fast 100 000 Soldaten waren schwer verletzt oder ums Leben gekommen. Dies ist eine sehr hohe Zahl, wenn man bedenkt, dass es damals Gewehre und Kanonen, aber keine Massenvernichtungswaffen gab. Viele der Verwundeten starben in den Tagen danach an ihren Verletzungen, aber auch unter der Bevölkerung forderte eine darauf folgende Epidemie Opfer.

Q2 **200. Jahrestag der Völkerschlacht.** Jedes Jahr treffen sich im Oktober Mitglieder historischer Vereine aus verschiedenen Ländern Europas in Leipzig und stellen in originalgetreuen Uniformen die Schlacht nach. 2013 nahmen rund 6000 Personen an diesem Ereignis teil. Foto, 20. Oktober 2013

Aufgaben

1. Untersuchen Sie die Bildpostkarte Q1 mit den Arbeitsschritten der Methode „Bilder als Geschichtsquellen" auf S. 178.
2. Beschreiben Sie, wie in Q2 an die Völkerschlacht zu Leipzig erinnert wird.
3. Vergleichen Sie Q1 und Q2 mit dem VT. Passt die Erinnerung an die Schlacht mit den Ereignissen damals zusammen? Begründen Sie Ihre Meinung.
4. Sie bekommen heute die Bildpostkarte Q1 zugeschickt. Schreiben Sie eine Antwortkarte.
5. Diskutieren Sie, wie die Erinnerung an die Völkerschlacht lebendig gehalten werden sollte.

Der Schutz des kulturellen Erbes

Kultur- oder Naturdenkmäler, die einen „außergewöhnlichen universellen Wert" besitzen, erhebt die UNESCO in den Rang eines Welterbes. Was gehört dazu und was geschieht mit anderen Bauwerken?

Q1 Abu Simbel (Oberägypten). Der Große Felsentempel mit den großen Sitzstatuen Ramses' II. (1290–1224 v. Chr.) lag mit dem benachbarten Kleinen Felsentempel am Ufer des Nils. 1964–68 wurden beide Tempel beim Bau des Nasser-Stausees an die heutige Stelle versetzt. Foto, 2000

UNESCO
(engl. „United Nations Educational, Scientific and Cultural Organization" = Organisation der Vereinten Nationen für Bildung, Wissenschaft und Kultur")
1945 gegründete Sonderorganisation der UN (UNO), der fast alle Staaten der Erde angehören. Aufgabe der UNESCO ist die die Förderung von Erziehung, Wissenschaft und Kultur, von Kommunikation und Information.

UNESCO-Welterbe

Durch den Bau eines Staudammes drohte in den 1960er-Jahren die jahrtausendealte Tempelanlage Abu Simbel in Ägypten in den Fluten des Nils zu versinken. Um dies zu verhindern, trug man sie ab und baute an einer höheren Stelle wieder auf. Seit dieser Rettungsaktion stieg in der UNO das Bewusstsein, dass es überall auf der Welt Orte gibt, die für die Menschheit erhalten werden müssen und deswegen vor kriegerischen Handlungen, mutwilligen Zerstörungen, wirtschaftlichem Entwicklungsdruck, Naturkatastrophen oder dem Klimawandel geschützt werden müssen. Deswegen unterzeichneten 1972 erste Mitgliedstaaten der UN die Welterbekonvention und verpflichteten sich dazu, „außergewöhnliche Natur- und Kulturdenkmäler" auf ihrem Gebiet zu schützen und zu bewahren.

Die Ernennung zum UNESCO-Welterbe

Damit eine Stätte als Natur- oder Kulturdenkmal auf der Welterbeliste aufgenommen werden kann, muss das Land, in dem es sich befindet, das jeweilige Denkmal vorschlagen. In einem zweiten Schritt prüfen internationale Fachleute, ob eine Aufnahme aus Expertensicht gerechtfertigt ist. Am Ende stimmt das Welterbekomitee, ein Gremium von 21 gewählten Staaten, darüber ab, ob der vorgeschlagenen Stätte der Titel „UNESCO-Welterbe" verliehen wird.

Kulturerbe in Bayern

Mit dem historischen Augsburger Wassersystem, der Residenz in Würzburg, der Wieskirche im Pfaffenwinkel, der Altstadt von Bamberg, dem Limes, der Altstadt in Regensburg, den prähistorischen Pfahlbauten rund um die Alpen und dem Markgräfischen Opernhaus in Bayreuth gibt es in Bayern 2020 insgesamt acht Kulturdenkmäler, die auf der Liste des UNESCO-Welterbes stehen. Um daneben auch alte Bräuche und Traditionen zu bewahren, kann die deutsche UNESCO-Kommission diese als immaterielles Kulturerbe anerkennen. Dazu zählen in Bayern neben den Passionsspielen in Oberammergau die Landshuter Hochzeit, der Further Drachenstich, die Kinderzeche Dinkelsbühl, die Leonhardifahrt in Bad Tölz, der Georgiritt in Traunstein, der Hofer Schlappentag oder der Sebastiani-Festtag in Oberschwarzach.

Um Kulturdenkmäler zu schützen, wurde in Bayern schon 1973 das „Bayerische Denkmalschutzgesetz" verabschiedet. Mit diesem Gesetz verfolgt der Freistaat Bayern das Ziel, möglichst alle Baudenkmäler dauerhaft in ihrer ursprünglichen Form zu erhalten.

Q2 Denkmalschutz in Bayern. Im 1973 verabschiedeten Bayerischen Denkmalschutzgesetz (DSchG) heißt es:

Art. 1 Begriffsbestimmungen

(1) Denkmäler sind von Menschen geschaffene Sachen oder Teile davon aus vergangener Zeit, deren Erhaltung wegen ihrer geschichtlichen, künstlerischen, städtebaulichen, wissenschaftlichen oder volkskundlichen Bedeutung im Interesse der Allgemeinheit liegt. (…)

Art. 3 Gemeindliche Rücksichtnahme

Die Gemeinden nehmen bei ihrer Tätigkeit, vor allem im Rahmen der Bauleitplanung, auf die Belange des Denkmalschutzes und der Denkmalpflege, insbesondere auf die Erhaltung von Ensembles, angemessen Rücksicht.

Art. 4 Erhaltung von Baudenkmälern

(1) Die Eigentümer (…) von Baudenkmälern haben ihre Baudenkmäler instand zu halten, instand zu setzen, sachgemäß zu behandeln und vor Gefahrdung zu schützen, soweit ihnen das zuzumuten ist. (…)

Art. 5 Nutzung von Baudenkmälern

Baudenkmäler sollen möglichst entsprechend ihrer ursprünglichen Zweckbestimmung genutzt werden. (…)

Art. 6 Maßnahmen an Baudenkmälern

(1) Wer Baudenkmäler beseitigen, verändern oder an einen anderen Ort verbringen (…) will, bedarf der Erlaubnis. (…)

(2) Die Erlaubnis kann (…) versagt werden, soweit gewichtige Gründe des Denkmalschutzes für die unveränderte Beibehaltung des bisherigen Zustands sprechen. (…)

Q3 „Die trauernden Nachbarn“ Protestaktion in der Oberen Grasstraße 1 in München, Obergiesing. Das denkmalgeschützte „Uhrmacherhäusl“ aus dem Jahr 1840 wurde am 1. September 2017 von Bautrupps ohne Genehmigung der Denkmalbehörde abgerissen. Foto, 8. September 2017

Aufgaben

1 Nennen Sie die Ziele, die die UNESCO mit dem Welterbe verfolgt (VT1).

2 Geben Sie wieder, wie ein Kultur- oder Naturdenkmal zum Welterbe werden kann (VT2).

3 In Bayern stehen acht Kulturdenkmäler auf der Liste des UNESCO-Welterbes (Stand 2020). Bilden Sie Gruppen, recherchieren Sie Informationen zu einer Stätte und stellen Sie diese vor (VT3).

4 Nehmen Sie Stellung zu der Frage, ob es richtig war, die Tempel von Abu Simbel umzusetzen (VT1, Q1).

5 In Bayern stehen viele Gebäude unter Denkmalschutz.
a) Ein Gebäude wird unter Denkmalschutz gestellt. Erläutern Sie, welche Auflagen ab diesem Zeitpunkt der Besitzer des Gebäudes beachten muss (Q2).
b) Diskutieren Sie, ob der Staat Gebäude wie das „Uhrmacherhäusl“ unter Denkmalschutz stellen soll (Q3).

Alles Verschwörung? Geschichte im Netz

„Das habe ich im Netz gefunden." Das haben Sie bestimmt schon oft gehört. Doch damit ist im Grunde nichts gesagt, denn im Netz verbreiten sich neben verlässlichen Informationen viele problematische Inhalte – auch zu historischen Themen. Ein Beispiel: Verschwörungstheorien.

Q1 Terroranschlag vom 11. September 2001 auf das World Trade Center in New York (siehe S. 122). Im Internet behaupten Verschwörungstheoretiker, der Anschlag sei vom US-Geheimdienst zugelassen oder selbst ausgeführt worden. Foto

Fake News
(engl. „gefälschte Nachrichten") Falschmeldungen, die mit der Absicht verbreitet werden, die wirklichen Sachverhalte und Zusammenhänge zu verschleiern

Was sind Verschwörungstheorien?

Eine Verschwörung ist das geheime Wirken einer kleinen Gruppe von Menschen, die Macht erhalten oder erwerben will. Verschwörungen hat es in der Geschichte tatsächlich immer wieder gegeben. Es gibt aber Menschen, die hinter fast jedem Ereignis eine Verschwörung vermuten. Häufig gehen sie dann einer Verschwörungstheorie auf den Leim. Eine Verschwörungstheorie beruht meist auf Fake News, die eine völlig neue, oftmals verblüffende Erklärung für einen Sachverhalt liefern – z. B. dass die Mondlandung 1969 in Wahrheit in einem Filmstudio gedreht worden sei (D2). Verschwörungstheoretiker meinen genau zu wissen, wer „hinter allem steckt", doch den einen Grund gibt es nicht, weil in der Realität viele Dinge miteinander zusammenhängen. Verschiedene Ursachen abzuwägen entspricht dem wissenschaftlichen Denken. Verschwörungstheorien dagegen erklären alles mit einem einzigen Grund und sind deshalb unwissenschaftlich.

Warum sind sie gefährlich?

Menschen, die an Verschwörungstheorien glauben, haben häufig ein starres Weltbild (gut – böse), in das sie alle Ereignisse einordnen. Das ist bequem, denn dadurch müssen sie keine Widersprüche oder Unsicherheiten aushalten. Diese Menschen lassen oft Fakten und Gegenargumente nicht mehr gelten. Verschwörungstheorien können aber auch zu einer Gefahr für die Demokratie werden. Verschwörungstheoretiker haben häufig das Vertrauen in das politische System verloren: Der demokratische Staat erscheint gegenüber den mächtigen Verschwörern als zu schwach, um z. B. für Sicherheit zu sorgen. Klassische Medien, die wichtig in einer Demokratie sind, halten diese Menschen für zentral gesteuert. Sie informieren sich lieber im Internet.

Doch im Internet stehen verlässliche und „gefakte" Infos gleichwertig nebeneinander. Wenn unwahre Behauptungen von vielen gelikt und geteilt werden, entsteht schnell eine „Filterblase": Was der Nutzer bei Suchmaschinen und sozialen Netzwerken zu sehen bekommt, hängt davon ab, was er bisher gelikt, gesehen oder gesucht hat. Der Nutzer bekommt gar keine abweichenden Meinungen mehr zu sehen und trifft nur auf Gleichgesinnte. Er fühlt sich bestätigt.

Wie man sich schützen kann?

Wie können Sie beurteilen, was real und was „gefakt" ist? Ihr Geschichtsunterricht hat Ihnen ein gutes Werkzeug an die Hand gegeben: die Quellenkritik. Denn im Internet gelten dieselben Regeln für den Umgang mit Quellen wie sonst auch (siehe dazu auch S. 177). Fragen Sie sich also immer: Wer ist der Urheber der Seite? Ist er glaubwürdig? Wo finde ich verlässliche Informationen?

D1 Mondlandung. Karikatur (Andreas Eikenroth), 2010

Im Juli 1969 betraten zwei US-Amerikaner als erste Menschen den Mond. Dies war im Kalten Krieg für die USA beim Wettlauf ins All ein wichtiger Sieg über die Sowjetunion (siehe S. 76/77).
Eine Verschwörungstheorie behauptet dagegen: „Die Mondlandung hat es nie gegeben. Die US-Raumfahrtbehörde hat die Bilder, die damals angeblich live im Fernsehen liefen, im Filmstudio gedreht."

Behauptung: !	**Gegenargument:** ←
! In der Hitze der Mondoberfläche (über 100 Grad Celsius) hätten die damals verwendeten Filme mit einem Schmelzpunkt von etwa 64 Grad Celsius schmelzen müssen.	← Die verwendeten Kameras reflektierten das Sonnenlicht so, dass sie sich lediglich auf ca. 30 Grad Celsius erwärmten.
! Auf dem Mond gibt es keinen Wind, jedoch scheint die von den Astronauten aufgestellte US-Flagge auf einigen Filmaufnahmen zu flattern.	← Die Flagge flatterte immer nur dann, wenn sie zuvor von einem Astronauten berührt worden war.
! Auf fast allen Mondbildern sind keine Sterne am Himmel zu sehen.	← Die Mondoberfläche leuchtete durch die einfallende Sonne so stark, dass das Licht der Sterne nicht zu sehen war. Bei einer längeren Belichtungszeit hätte man die Sterne auf Bildern sehen können, jedoch wäre dann alles andere überbelichtet gewesen.

D2 Behauptungen und Gegenargumente zur Verschwörungstheorie: „Die Mondlandung wurde im Filmstudio gedreht."

Aufgaben

1. Erklären Sie den Zusammenhang von Verschwörungstheorien und Fake News (VT1, Lexikon).
2. Warum sind Verschwörungstheorien unwissenschaftlich? Nennen Sie Argumente (VT1).
3. Warum sind Verschwörungstheorien gefährlich? Nennen Sie Gründe (VT2).
4. Formulieren Sie drei Tipps, wie man sich vor Verschwörungstheorien schützen kann (VT3).
5. a) Beschreiben Sie die Karikatur D1.
   b) Erklären Sie, inwiefern sie eine Verschwörungstheorie aufgreift (D1, D2).
6. Eine Freundin/ein Freund behauptet in einer E-Mail, dass es die Mondlandung nie gegeben habe. Schreiben Sie eine Antwort. Nutzen Sie dazu D2.

Geschichtskultur – wie wir mit Geschichte umgehen

1

Die grundlegenden Daten und Begriffe kann ich erklären!

a) Diktatur (S. 162)
b) Mauerbau (S. 164)
c) Demokratie (S. 170)
d) Kalter Krieg (S. 171)
e) 9. November 1938 Novemberpogrome (S. 173)
f) 17. Juni 1953 Aufstand gegen das DDR-Regime (S. 173)
g) 9. November 1989 Öffnung der innerdeutschen Grenze (S. 173)
h) 3. Oktober 1990 „Tag der Deutschen Einheit“ (S. 173)

2

Diese Fragen kann ich beantworten!

a) Wieso bewunderten römische Politiker Alexander den Großen?
b) Welcher Kaiser schläft der Sage nach im Kyffhäuser?
c) Wieso begann die DDR-Regierung am 13. August 1961 mit dem Bau der Berliner Mauer?
d) Wie sind Kulturdenkmäler in Bayern geschützt?

3

Die Daten auf der Zeitleiste kann ich erklären!

4

Ich kann zeigen, dass Geschichte erzählte Geschichte ist!

a) Ich kann die Sage vom schlafenden Kaiser in eigenen Worten nacherzählen.
b) Ich kann einen Kommentar über die Legenden um Hitlers Wirtschaftspolitik schreiben.

5

Zu diesen Fragen habe ich eine Meinung und kann sie begründen!

a) Ist Alexander der Große ein Vorbild?
b) Ist das Nachstellen der Völkerschlacht zu Leipzig zeitgemäß?
c) Sollten Verschwörungstheorien verboten werden?

6

Ich kann mich in Geschichte und Gegenwart orientieren!

a) Ich kann am Beispiel Friedrichs I. Barbarossa zeigen, wie ein Nationalmythos entsteht.
b) Ich kann anhand der Berliner Mauer erklären, was Staatspropaganda ist.

1. Jh. v. Chr.	**16.–19. Oktober 1813**	**19. Mai 1935**	**9. November 1938**	**13. August 1961**

Portfolio und Üben siehe Zeitreise-Code, S. 155

Ereignisse der deutschen Geschichte

Das 20. Jahrhundert war für Deutschland ein Jahrhundert extremer Umbrüche. Viele davon verbinden sich mit Berlin: So war die Stadt am 9. November 1918 nicht nur der Ort, an dem die erste deutsche Republik ausgerufen wurde, sondern am 9. November 1938 auch ein Zentrum der Novemberpogrome. Am 17. Juni 1953 erschütterte die Niederschlagung des Aufstandes gegen die SED weite Teile der DDR und damit auch Ost-Berlin. Am 9. November 1989 fiel in Berlin die Mauer und am 3. Oktober 1990 wurde schließlich in Berlin, der neuen Hauptstadt des wiedervereinigten Deutschlands, mit einem Staatsakt die Wiedervereinigung gefeiert.

Q1

Q2

Q3

Q4

Q5

Aufgaben

1 Lesen Sie den Text und ordnen Sie die im Text genannten Ereignisse den Fotos zu.

2 Wählen Sie eines der Ereignisse aus, recherchieren dazu im Internet und halten Sie darüber ein Kurzreferat.

3 Begründen Sie, welches der fünf Ereignisse aus Ihrer Sicht für die deutsche Geschichte am wichtigsten ist.

Hinweise für das Lösen der Aufgaben

Anforderungsbereich I ○

Beschreibe: Du gibst wieder, was du auf einem Bild, in einem Text oder einem anderen Material zu einem Thema erkennen kannst.

Fasse zusammen: Du liest einen oder mehrere längere Texte und gibst den Inhalt in verkürzter Form wieder.

Gib wieder: Du suchst in einem oder mehreren Texten nach wichtigen Aussagen/Informationen und wiederholst diese.

Liste auf/Stelle zusammen: Du schreibst Informationen in Kurzform auf, z. B. in kurzen Sätzen, nach Oberbegriffen geordnet, in Stichworten oder in einer Tabelle.

Nenne: Du entnimmst einzelne Begriffe und Informationen aus vorgegebenen Texten und Materialien.

Stelle gegenüber: Du beschreibst verschiedenartige Informationen, Aussagen oder Sachverhalte, ohne sie zu kommentieren oder zu bewerten.

Zähle auf: Du entnimmst einem Text oder einem anderen Material einzelne Aussagen und ordnest sie sinnvoll.

Operatorenliste mit Formulierungshilfen
Zeitreise-Code: 274x4r

Anforderungsbereich II ◒

Analysiere: Du untersuchst ein Material oder einen Sachverhalt umfassend nach allen vorgegebenen oder selbst gewählten Aspekten und stellst deine Ergebnisse begründet dar.

Arbeite heraus: Du liest einen Text oder schaust anderes Material unter einem bestimmten Gesichtspunkt an und gibst die wichtigsten Gedanken dazu mit deinen Worten wieder.

Begründe: Du suchst in Texten und Materialien nach Gründen, warum sich Ereignisse in einer bestimmten Form zugetragen haben oder warum Menschen in einer bestimmten Art und Weise gehandelt haben. Anschließend gibst du die Zusammenhänge ausführlich mit deinen Worten wieder.

Charakterisiere: Du beschreibst das Besondere einer Sache oder Person.

Erkläre: Du äußerst dich ausführlich zu Abläufen, Ereignissen, Zuständen oder Handlungen und machst dabei Gründe und Zusammenhänge deutlich.

Erläutere: Du stellst Sachverhalte oder Handlungen ausführlich dar. Dabei entscheidest du selbst, was du für besonders wichtig hältst und du demzufolge sehr genau darlegst, was du nur kurz erwähnst oder was du weglassen willst.

Erstelle: Du stellst einen Sachverhalt strukturiert dar, z. B. als Mindmap. Dabei verwendest du wichtige Fachbegriffe.

Finde heraus: Du suchst in verschiedenen Texten und Materialien nach Antworten auf Fragen bzw. auf Lösungen bestimmter Probleme und formulierst diese mit deinen Worten.

Ordne zu/ein: Du stellst Sachverhalte oder Positionen in einen Zusammenhang. Dabei kann es hilfreich sein, die Informationen unter bestimmten Überschriften oder Oberbegriffen zu sortieren.

Prüfe: Du vergleichst Informationen aus den Materialien mit vorhandenen Kenntnissen und stellst fest, ob beides übereinstimmt oder sich widerspricht.

Stelle dar: Du beschreibst und erklärst einen Sachverhalt in einem weiteren Zusammenhang.

Vergleiche: Du stellst unterschiedliche Aussagen/Informationen gegenüber und findest heraus, worin sie sich gleichen, ähnlich sind oder sich völlig unterscheiden.

Anforderungsbereich III

Beurteile: Du vergleichst eine Aussage oder eine Behauptung zu einem historischen Sachverhalt mit dem, was du darüber weißt, und entscheidest, ob die Aussage oder die Behauptung zutrifft oder nicht. Du begründest, wie du zu diesem Urteil gelangt bist.

Bewerte: Du vergleichst eine Aussage oder eine Behauptung zu einem historischen Sachverhalt mit dem, was du darüber weißt. Du äußerst dich dazu, wie du zu einem Sachverhalt bzw. zum Handeln von Menschen in einer bestimmten Situation stehst. (Beispiel: Etwas ist richtig oder falsch, gerecht oder ungerecht, gut oder schlecht, grausam oder gerechtfertigt) Dabei legst du offen, welche Maßstäbe du anlegst (ob du z. B. aus damaliger oder aus heutiger Sicht urteilst).

Diskutiert/Erörtert: Du tauschst mit Gesprächspartnern Meinungen zu einer Frage- oder Problemstellung aus. Dabei wägt ihr ab, was für einen bestimmten Standpunkt spricht und was dagegen.

Entwickle: Du entwirfst zu einem Problem einen Lösungsvorschlag und begründest ihn.

Nimm Stellung: Du prüfst eine Aussage oder eine Position auf der Grundlage fachlicher Kenntnisse und formulierst eine eigene begründete Einschätzung.

Überprüfe: Du kontrollierst, ob eine Aussage, eine These, eine Argumentation oder ein Sachverhalt stimmig und angemessen ist. Dazu vergleichst du Informationen aus den Materialien mit vorhandenen Kenntnissen und stellst fest, ob beides übereinstimmt oder sich widerspricht.

Handlungsorientierte Arbeitsaufträge

Bei den folgenden Aufgabenstellungen musst du dich immer in die jeweils angegebene Zeit und in eine bestimmte Person hineinversetzen. Du musst also immer bedenken: Das Denken und Handeln der Menschen und ihre Möglichkeiten waren ganz andere als heute.

Schreibe einen Tagebucheintrag: Du vertraust dich nur dem Tagebuch an, kannst also deine ganz persönliche Sicht und deine Gefühle zum Ausdruck bringen, ohne auf andere Rücksicht zu nehmen.

Schreibe einen Brief: Du musst dir genau überlegen, wer der Adressat deines Briefes ist und wie du zu ihm stehst. Der Empfänger des Briefes erwartet, dass du dich klar und verständlich ausdrückst. Er möchte genau wissen, worüber du ihm schreibst. Und er möchte deine Meinung, deine Gedanken und vielleicht auch deine Gefühle erkennen.

Schreibe einen Zeitungsartikel: Du schreibst für ein großes Publikum. Du weißt nicht, welche Kenntnisse die Leser haben. Also musst du kurz erklären, worum es geht. Du möchtest auch deine Meinung zu dem Ereignis oder Sachverhalt darlegen. Um die Leser zu überzeugen, brauchst du gute Argumente. Denke auch daran, dass ein Zeitungsartikel immer auch eine bestimmte Form hat: Überschrift, vielleicht eine Unterüberschrift oder eine kurze Einführung.

Verfasse eine Rede: Mit einer Rede möchtest du viele Leute von deiner Meinung überzeugen. Du musst alles kurz auf den Punkt bringen und wirkungsvoll begründen. Wenn du deine Rede vorträgst, achte darauf, dass du gut ankommst. Versuche, nicht nur auf dein Redeblatt zu schauen. Blicke deine Zuhörer an und sprich laut, deutlich und nicht zu schnell. So wirst du alle überzeugen.

Gestalte ein Flugblatt/ein Plakat: Du musst deine Botschaften mit wenigen Schlagworten zusammenfassen. Bilder oder Symbole müssen auf den ersten Blick verstanden werden können. Plakate müssen auch groß genug sein, um von weitem erkannt zu werden.

Führt ein Interview: Fragen und Antworten müsst ihr vorbereiten. Bedenkt dabei sehr genau, was ihr herausbekommen möchtet und was die Menschen, die ihr fragt, überhaupt wissen konnten.

Methodenglossar Bände 6–9

Rekonstruktionen untersuchen

Beschreiben

1 Was ist das Thema der Rekonstruktion? Die Bildunterschrift gibt dazu Informationen.

2 Ordne das Thema in Zeit und Raum ein.

3 Stelle fest, um welche Art von Rekonstruktion es sich handelt (Zeichnung, Computerrekonstruktion, Modell oder Nachbau).

Untersuchen

4 Welche Personen sind zu sehen? Welche Tätigkeiten üben sie aus?

5 Welche Gegenstände sind zu sehen? Wozu dienen sie?

6 Wie ist der Stil der Rekonstruktion: sachlich oder emotional?

Deuten

7 Was sagt die Rekonstruktion über das Thema aus?

8 Was konnte der Archäologe tatsächlich wissen? Wo musste er Vermutungen anstellen? An welchen Stellen hat er Dinge nach seiner Fantasie ergänzt?

Ein Schaubild verstehen

Thema erfassen

1 Welches Thema behandelt das Schaubild? Die Bildunterschrift hilft dir weiter.

2 Werden Angaben zu Ort und Zeit gemacht?

Untersuchen

3 Welche Bestandteile enthält das Schaubild (z. B. Kästchen, Pfeile, Farben, Begriffe) und was bedeuten sie?

4 Gibt es einen Zusammenhang zwischen dem Thema und der Form des Schaubildes?

Deuten

5 Welche Zusammenhänge stellt das Schaubild her? Werden z. B. die Ursachen und Folgen einer Entwicklung dargestellt? Oder wird das Verhältnis von Menschengruppen zueinander erklärt?

6 Was ist die Aussage des Schaubildes?

Eine Mindmap entwickeln

1 Nimm dir ein freies Arbeitsblatt für dein Thema (DIN A4 oder DIN A3). Jede Mindmap beginnt in der Mitte. Überleg dir ein passendes Bild oder ein Symbol zu deinem Thema. Schreib das Thema deiner Mindmap in die Mitte deines Arbeitsblattes.

2 Überlege gut, in welche Teilgebiete sich dein Thema untergliedern lässt. Durch diese Gliederung bringst du die Struktur in dein Thema. Leg Hauptäste in verschiedenen Farben an. Achte darauf, dass die Äste nah am Zentrum stehen, damit du genug Platz für die Informationen auf den Zweigen hast. Lass die Hauptäste waagerecht auslaufen, dann kannst du sie besser beschriften und später leichter lesen.

3 Zeichne jetzt ausgehend von jedem Hauptast Nebenäste ein. Nimm dieselbe Farbe wie beim Hauptast. Lass auch die Nebenäste waagerecht auslaufen und schreib nur Stichworte darauf. Überlege dir gut, welche Unterthemen du formulierst.

4 Arbeite weiter an den Nebenästen. Du kannst sie immer noch erweitern, wenn du ein neues Teilthema auf dieser Ebene festhalten willst. Falls du weitere Einzelheiten notieren möchtest, lass Zweige von den Nebenästen abgehen und schreibe sie darauf.

5 Deine Mindmap bietet schon einen guten Überblick. Jetzt muss sie noch zeichnerisch gestaltet werden. Überlege dir Zeichnungen, Bilder oder Symbole, die zu den Teilthemen passen und die dir die Erinnerung erleichtern.

Arbeiten mit dem Portfolio

1 Erst einmal brauchst du einen Überblick über das gesamte Schulbuch-Kapitel. Nimm dir Zeit, in Ruhe zu lesen. Schreibe auf, was dich besonders interessiert. Vielleicht hast du aber auch schon ein Thema im Kopf, das in der „Zeitreise“ nicht dargestellt ist. Notiere dir deine Ideen auf der Seite „Erste Notizen“.

2 In einem Portfolio gibt es Pflichtteile, die alle bearbeiten müssen, und freiwillige Teile, für die sich jeder selbst entscheidet. Kläre in der Klasse, welche Teile Pflicht sind. Es sollten nicht mehr als drei Teile sein. Wähle dann zwei weitere Themen aus. Einen Vordruck für die Themenwahl findest du unter dem Zeitreise-Code.

3 Schreibe einen Brief an deine Leser, z. B. so: „Liebe Leserin, ich arbeite in den nächsten Wochen an folgenden Themen: … Ich habe diese Themen ausgewählt, weil … Ich möchte gerne herausfinden, … Dabei werde ich so vorgehen, dass ich …“ Einen Vordruck für den Brief findest du unter dem Zeitreise-Code.

4 Suche dir einen oder mehrere Lernpartner aus. Mit ihnen kannst du regelmäßig die Entstehung deiner Arbeit besprechen. Ihr könnt auch Aufgaben gemeinsam lösen.

5 Bearbeite deine Themen und notiere anschließend:
- Was habe ich herausgefunden?
- Was lief gut?
- Worauf muss ich besser aufpassen?
- Wo brauchte ich Hilfe?

6 Wenn du ein Thema näher untersuchen willst, suche mehr Informationen. Schreibe daraus einen eigenen Text oder zeichne eine Abbildung. Wenn du Bilder aus Büchern kopierst, begründe deine Auswahl: Was kann man auf dem Bild erkennen? Was wird durch das Bild für den Leser deutlich?

Geschichtskarten auswerten

Beschreiben

1 Lies dir die Überschrift und die Legende genau durch.

2 Beschreibe das Thema der Karte.

3 Nenne den Zeitpunkt oder den Zeitraum, über den die Karte etwas aussagt.

Untersuchen

4 Untersuche, welchen geographischen Raum die Karte zeigt. Ordne den Kartenausschnitt in einer größeren Übersichtskarte ein. Nimm dazu deinen Geographieatlas zu Hilfe.

5 Kläre die Bedeutung von Farben, Pfeilen oder anderer Symbole. Schreibe dir stichwortartig Informationen der Karte auf.

Deuten

6 Fasse die Aussagen der Karte in wenigen Sätzen zusammen.

Schriftliche Quellen auswerten

Beschreiben

1 Lies den Text mindestens zweimal durch und mache dir klar, um welches Thema es geht.

2 Überprüfe, ob Personen- und Ortsnamen genannt oder Zeitangaben gemacht werden.

3 Kläre unbekannte Begriffe mithilfe eines Lexikons.

Untersuchen

4 Gliedere den Inhalt in Sinnabschnitte.

5 Formuliere für jeden neuen Gedanken eine Überschrift.

6 Stelle fest, wer den Text geschrieben hat. Schreibt der Verfasser über Dinge, die er selbst erlebt hat? Wenn nicht, woher kann er seine Kenntnisse haben?

Deuten

7 Ordne den Text in den geschichtlichen Zusammenhang ein. Was ist dir bekannt, was ist neu für dich?

8 Mit welcher Absicht könnte der Verfasser den Text geschrieben haben?

9 Beurteile, ob der Verfasser dir glaubwürdig erscheint.

Methodenglossar Bände 6–9

Bilder als Geschichtsquellen

Beschreiben

1 Beschreibe deinen ersten Eindruck vom Bild.

2 Stelle fest, was dir besonders ins Auge fällt.

3 Nenne Einzelheiten, die du auf dem Bild siehst.

Untersuchen

4 Benenne das Thema des Bildes.

5 Arbeite heraus, wann das Bild gemalt wurde und von wem.

6 Finde heraus, welche einzelnen Personen, historischen Ereignisse, Gegenstände dargestellt werden. Hierfür benötigst du vielleicht Zusatzinformationen.

7 Erläutere
- Bildaufbau (Bildteile, Vorder-, Mittel-, Hintergrund, besondere Anordnung)
- Figurendarstellung: Körperhaltung, Blickrichtung, Darstellung der Gesichter und der Körperhaltung (Mimik und Gestik)
- Größenverhältnisse
- Licht- und Farbwirkungen

Deuten

8 Schreibe eine Gesamtaussage zum Bild auf.

9 Erkläre, welche Sichtweisen, Vorstellungen oder Haltungen das Bild für die damalige Zeit deutlich werden lässt.

Bauwerke untersuchen

Informieren

1 Finde heraus, wann das Bauwerk gebaut wurde.

2 Informiere dich über den Auftraggeber oder den Bauherrn (Bischof, Gemeinde, Stadt, Fürst, ...).

3 Trage Informationen über den Architekten oder Baumeister (Herkunft, Ausbildung, persönliche Vorlieben in der Architektur, ...) zusammen.

Beschreiben

4 Beschreibe Lage und Umgebung des Bauwerks.

5 Beschreibe die äußere und innere Form des Bauwerks.

Untersuchen

6 Überprüfe, um welchen Typ Bauwerk es sich handelt (kirchlich oder weltlich, privat oder öffentlich, ...).

7 Nenne die wichtigsten Merkmale (verwendetes Material, Aufbau, Dekoration, ...).

8 Nenne den Baustil oder die Epoche aufgrund der genannten Merkmale.

Deuten

9 Erläutere den Zweck des Bauwerks zu seiner Entstehungszeit.

10 Nimm Stellung zu folgenden Fragen: Wie wirkt das Bauwerk auf dich? Gefällt es dir? Glaubst du, es erfüllt seinen Zweck?

Karikaturen deuten

Beschreiben

1 Welche Szene zeigt die Karikatur? Gib den spontanen Eindruck wieder.

Untersuchen

2 Welche Gegenstände, Personen, Sachverhalte oder Tiere werden abgebildet?

3 Erkennst du Symbole? Erkläre ihre Bedeutung.

Deuten

4 Gegen wen richtet sich die Kritik? Wird zum Beispiel eine Person verspottet oder werden politische, wirtschaftliche oder religiöse Missstände oder Verhältnisse kritisiert?

5 Was bringt die Verzerrung zum Ausdruck?

6 Welches Publikum will der Zeichner ansprechen? Welche Wirkung beabsichtigt er?

Eine Strukturierte Kontroverse führen

Beschreiben

1 Bildet Vierergruppen. Ihr arbeitet zuerst unabhängig von eurer persönlichen Meinung. Teilt euch in zwei Paare auf: A1 und A2 sowie B1 und B2.

2 Notiert in Einzelarbeit möglichst viele Argumente: A1 und A2 sammeln möglichst viele Pro-Argumente. B1 und B2 sammeln möglichst viele Kontra-Argumente.

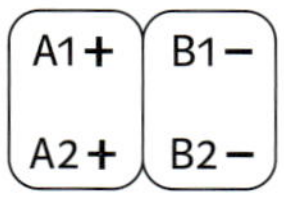

3 Tauscht eure Argumente in Partnerarbeit aus. Erarbeitet eine gemeinsame Position.

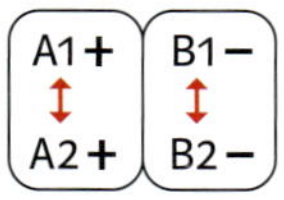

4 Stellt euch in Gruppenarbeit gegenseitig die Positionen vor. Dabei beginnt Partner A1 bzw. B1 und A2 oder B2 ergänzt. Wenn ein Paar fertig ist, können Nachfragen gestellt und beantwortet werden.

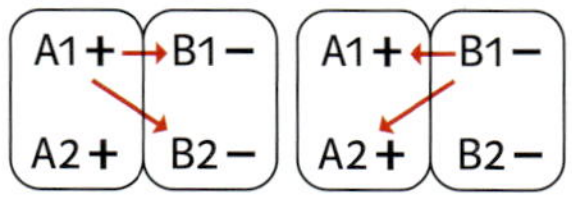

5 Diskutiert das Problem. Ihr dürft aber nur eure Position vertreten.

6 Tauscht jetzt eure Positionen. Arbeitet wieder mit Schritt 2 und 3.

7 Wechselt jetzt die Tischgruppe. Alle Pro-Paare in der Klasse bleiben sitzen. Die Kontra-Paare gehen weiter.

8 Arbeitet mit Schritt 4.

9 Setzt euch zurück an euren Tisch und diskutiert in eurer Gruppe A1, A2, B1, B2 frei. Stellt euch abschließend der Reihe nach eure Positionen vor.

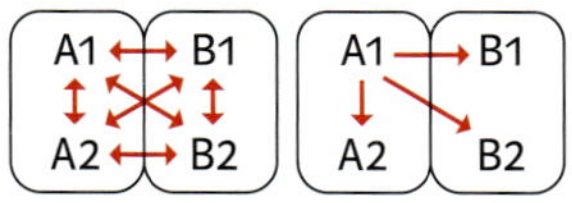

10 Unterbrecht euch dabei nicht.

11 Reflektiert eure Erfahrungen, euch eine durchdachte Position zu erarbeiten, in der Klasse. Das Arbeitsblatt im Online-Link kann euch dabei helfen.

Politische Lieder interpretieren

Beschreiben

1 Singt das Lied in der Klasse oder hört euch eine Aufnahme an. Beschreibe die Gefühle bzw. Stimmung, die die Melodie erzeugt.

2 Fasse die zentrale(n) Aussage(n) jeder Textstrophe in eigenen Worten zusammen.

Untersuchen

3 Stelle fest, von wem der Text, von wem die Melodie stammt und wann das Lied entstanden ist.

Deuten

4 Bestimme den politischen Standpunkt des Textautors und die Botschaft, die er vermitteln will.

5 Fasse deinen Gesamteindruck zusammen.

Methodenglossar Bände 6–9

Denkmäler untersuchen

Beschreiben

1 Beschreibe das Denkmal und seine Umgebung.

2 Nenne seine Bestandteile (Schmuckelemente, Figuren, ...).

3 Entziffere die Inschriften (falls welche vorhanden sind) und gib ihren Inhalt wieder.

Untersuchen

4 Finde heraus, an welches historische Ereignis oder an welche historische Persönlichkeit erinnert werden soll und was dieses Ereignis oder diese Person erinnerungswürdig macht.

5 Arbeite heraus, wann und aus welchem Anlass das Denkmal erbaut wurde und wer Auftraggeber oder Geldgeber war.

6 Stelle die Geschichte des Denkmals bis heute zusammen.

Deuten

7 Erkläre, mit welcher Absicht das Denkmal errichtet wurde.

8 Erkläre die Aussage des Denkmals in seiner Entstehungszeit.

9 Nimm Stellung zur Wirkung des Denkmals heute.

Ein Herrscherbild entschlüsseln

Beschreiben

1 Betrachte das Bild und notiere dir Stichworte zu deinem ersten Eindruck.

2 Finde aus der Bildlegende oder dem Text wichtige Angaben heraus: zur abgebildeten Person, zum Auftraggeber des Bildes, zum Maler, zur Zeit.

3 Beschreibe Haltung, Blickrichtung, Haartracht und Kleidung.

4 Beschreibe den Raum um die Person herum.

Untersuchen

5 Liste Symbole auf, die der Person zugeordnet werden.

6 Finde heraus, mit welchen Mitteln der Maler arbeitet, z. B. durch den Einsatz von Licht und Schatten, die Richtung des Lichteinfalls, die Anordnung von Personen und Dingen.

Deuten

7 Überlege, zu welchem Zweck das Bild gemalt wurde und welche Wirkung der Auftraggeber damit erzielen wollte.

8 Ordne das Bild in die Zeit ein und beurteile, wie das Bild wohl auf den Betrachter damals gewirkt hat.

Ein Verfassungsschema interpretieren

Thema erfassen
1 Um welche Zeit und um welchen Staat geht es?
2 In welcher geschichtlichen Situation ist die Verfassung entstanden?

Untersuchen
3 Enthält das Schaubild verschiedene Blöcke, die z. B. durch Farben gekennzeichnet sind? Kann man erkennen, um welchen Teil der Staatsgewalt es jeweils geht?
4 Welche Bedeutung haben Linien und Pfeile?
5 Gehe einzelnen Fragen zur Verteilung der Macht im Staat nach, z. B.: Wer darf wählen? Wer macht die Gesetze? Wer sorgt dafür, dass sich alle an die Gesetze halten? Wer regiert?

Deuten
6 Welche Macht haben Personen oder staatliche Organe?
7 Wen begünstigt oder benachteiligt das staatliche System?
8 Wie heißt die Staatsform?

Historiengemälde untersuchen

Beschreiben
1 Betrachte das Gemälde und gib wieder, was auf ihm zu sehen ist.
2 Beschreibe, wie die Personen dargestellt sind.
3 Fasse mit eigenen Worten den Eindruck zusammen, den das Gemälde auf dich macht.

Untersuchen
4 Finde heraus, wer der Auftraggeber war und welche Position er hatte.
5 Finde heraus, wer der Maler des Bildes war, wann er lebte und ob er das Dargestellte selbst gesehen hat.
6 Untersuche, welche Personen oder welche Handlung der Maler in den Mittelpunkt stellt.
7 Untersuche, wie der Maler Farben oder den Wechsel von Licht und Schatten einsetzt.

Deuten
8 Erläutere die Wirkung des Gemäldes auf dich selber.
9 Stelle Vermutungen darüber an, welche Aussage Maler und Auftraggeber dem Betrachter vermitteln wollen.

Fotografien analysieren

Beschreiben
1 Wer oder was ist auf der Fotografie abgebildet?
2 Welche Einzelheiten sind zu erkennen?
3 Enthält das Bild oder die Legende Informationen darüber, wo und wann das Foto aufgenommen wurde?

Untersuchen
4 Welche Hinweise gibt das Foto auf das Leben oder Geschehen zur damaligen Zeit?
5 Um welche Art Foto geht es? Ist es ein Privatfoto oder ein Pressefoto?
6 Handelt es sich um einen „Schnappschuss" oder um ein gestelltes Foto?
7 Welche Perspektive und welchen Ausschnitt hat der Fotograf gewählt?
8 Gibt es Hinweise darauf, wer das Foto gemacht hat?

Deuten
9 Welche Absicht könnte der Fotograf mit der Aufnahme verfolgt haben? Soll z. B. mit dem Foto die öffentliche Meinung beeinflusst werden?

Methodenglossar Bände 6–9

Im Internet recherchieren

Vorbereitung

1 Grenze das Thema ein und formuliere eine exakte Forschungsfrage. Behalte diese Forschungsfrage ständig im Blick, damit du dich nur mit Informationen beschäftigst, die dir bei der Beantwortung deiner Forschungsfrage helfen.

2 Formuliere Suchbegriffe zu deiner Forschungsfrage. Die Suchbegriffe müssen dein Thema möglichst genau umschreiben. Je präziser du sie formulierst, desto brauchbarer sind die Treffer deiner Suche. Sinnvoll kann es auch sein, bestimmte Suchbegriffe zu kombinieren (+) oder auszuschließen (–).

Suche und Vorauswahl

3 Wähle eine Suchmaschine aus (z. B. Google, Yahoo, MetaGer, Ecosia) und gib die Suchbegriffe zu deiner Forschungsfrage ein.

4 Verschaffe dir einen ersten Überblick über das Suchergebnis. Wähle die Seiten aus, die sich möglichst genau auf deine Forschungsfrage beziehen.

5 Prüfe den Urheber der Website. Er wird im Impressum genannt. Seriöse Informationen liefern z. B. öffentliche Einrichtungen, Museen oder Archive, denn diese wurden von Fachleuten erarbeitet. Große Zeitungen und öffentlich-rechtliche Medien bieten gut recherchierte Informationen. Verbände, Vereine und die Kirchen bieten ebenfalls Material. Beachte aber immer, aus welcher Perspektive die jeweilige Organisation über das Thema berichtet. Vorsicht bei Privatpersonen! Gib den Namen in eine Suchmaschine ein, um einzuschätzen, ob von dieser Person glaubwürdige Informationen zu erwarten sind.

Bewertung und Bearbeitung der Informationen

6 Wähle Material gezielt aus. Triff eine genaue Auswahl aus den Seiten, die du für glaubwürdig hältst. Drucke nur Material aus, von dem du überzeugt bist, dass du es brauchst. Bei manchen Seiten genügt es, dir Notizen zu machen. Notiere aber immer die Quelle.

7 Bearbeite die Materialien. Es reicht nicht aus, Materialien aus dem Internet einfach zu kopieren. Du musst sie im Hinblick auf deine Forschungsfragen bearbeiten: Schreibe eigene Texte und bringe andere Materialien (z. B. Bilder, Statistiken) in einen sinnvollen Zusammenhang. Benutze auch andere Quellen wie Bücher oder dein Geschichtsbuch.

8 Gib deine Fundstelle an. Wenn du Informationen von anderen übernimmst, musst du die Herkunft angeben. Dazu gehören die genaue Internetadresse und das Datum, an dem du die Seite aufgerufen bzw. ausgedruckt hast.

Statistiken und Diagramme auswerten

Beschreiben

1 Worum geht es in der Statistik? Meistens steht es in der Überschrift oder in der Legende.

2 Welchen Zeitraum umfassen die Zahlenangaben?

Untersuchen

3 Wie wird das statistische Material dargestellt: als Tabelle oder als Diagramm?

4 Enthält die Statistik absolute Zahlen oder Prozentangaben?

Deuten

5 Was sagen die angegebenen Daten genau aus?

6 Lassen sich Entwicklungen ablesen?

Politische Plakate analysieren

Beschreiben

1 Von wem stammt das Plakat, an wen richtet es sich?

2 Wann und aus welchem Anlass ist es entstanden?

3 Welche Personen, Gegenstände, Situationen sind abgebildet?

4 Wie lautet der Text des Plakates?

Untersuchen

5 Wie sind die Personen dargestellt (Aussehen, Gesichtszüge, Körpersprache)?

6 Welche Symbole werden eingesetzt? Wofür stehen sie?

7 Welche Farben und Schriften werden verwendet? Welche Wirkung erzielen sie?

8 Mit welchen Argumenten, Gefühlen, Feindbildern arbeitet das Plakat?

Deuten

9 In welcher Beziehung steht das Plakat zur damaligen politischen Situation?

10 Was will die Partei mit dem Plakat erreichen?

11 Was erfährt man durch das Plakat über die Partei und ihre Politik?

Historische Reden untersuchen

Beschreiben

1 Finde heraus, wer die Rede wann und wo gehalten hat.

2 Finde den Anlass der Rede heraus und beschreibe, an wen sie gerichtet ist.

3 Lies den Text genau durch, versieh ihn mit Sinnabschnitten und fasse den Text mit eigenen Worten zusammen.

Untersuchen

4 Informiere dich über den Verfasser der Rede.

5 Finde heraus, ob der Ort der Rede eine besondere Bedeutung hat.

6 Untersuche, worum es in der Rede geht: Wie ist die Rede gegliedert, welche sprachlichen Mittel und welchen Stil hat der Redner verwendet?

7 Untersuche, ob die Rede als Monolog oder als Dialog mit dem Publikum aufgebaut ist.

8 Liegt die Rede als Ton- bzw. Bilddokument vor, bieten sich zusätzliche Schritte an: Untersuche Gestik, Mimik und Stimme des Redners, den Rhythmus des Vortrags (Tempo, Betonung, Pausen), die Reaktionen der Zuhörer.

Deuten

9 Ordne die Rede in die damalige politische Situation ein.

10 Fasse zusammen, welche Ziele der Redner und die Rede in der entsprechenden Situation verfolgen.

11 Formuliere eine eigene Meinung zu der Rede.

Methodenglossar Band 10 und Begriffsglossar

Historische Spielfilme analysieren

Beschreiben

1 Schau dir den gesamten Film an. Notiere deine Eindrücke.

2 Notiere in Stichworten, wann, wo und in welchem geschichtlichen Zusammenhang der Film spielt.

3 Nenne die Hauptpersonen und fasse die Handlung des Films in wenigen Sätzen zusammen.

Untersuchen

4 Lege eine Tabelle mit drei Spalten an. Liste in der ersten Spalte einzelne inhaltliche Sequenzen auf.

5 Schau dir jede Sequenz noch einmal an, am besten mehrmals. Stelle in der zweiten Tabellenspalte zu jeder Sequenz die filmischen Mittel zusammen: Kameraeinstellung, Perspektive, Beleuchtung, Geräusche, Musik …

6 Arbeite heraus, welche Wirkung mit den jeweiligen filmischen Mitteln erzielt werden soll. Notiere deine Ergebnisse in der dritten Spalte.

Deuten

7 Erläutere, welches Ziel der Produzent mit dem Spielfilm erreichen wollte.

8 Überprüfe anhand anderer Quellen oder Darstellungen (z. B. in diesem Geschichtsbuch), welches Bild von der Geschichte/der Epoche der Film vermittelt.

Zeitzeugen befragen

Vorbereitung

1 Finde heraus, welche Person geeignet ist, dir Auskunft zu dem gewählten Thema zu geben.

2 Erarbeite dir einen Leitfaden aus Fragen und Schwerpunkten für das Interview.

3 Erkläre dem Zeitzeugen/der Zeitzeugin, was du möchtest und vereinbare einen passenden Termin.

Befragung

4 Schaffe eine vertrauliche Atmosphäre für das Gespräch. Es kann sein, dass die Person von den Ereignissen berührt ist und es ihr nicht leicht fällt, darüber zu sprechen.

5 Teile der Person mit, dass du dir Stichworte zu dem Gespräch machen willst bzw. frag nach, ob du das Gespräch aufzeichnen darfst.

Auswertung

6 Nimm dir nach dem Gespräch Zeit, deine Notizen zu vervollständigen. Verschriftliche wichtige Stellen des Interviews.

7 Werte das Interview aus, indem du die Antworten auf deine Fragen zusammenfasst und mit Informationen zu dem historischen Ereignis vergleichst.

8 Schätze die Verlässlichkeit der Aussagen deines Zeitzeugens/deiner Zeitzeugin ein und beurteile das Ergebnis deiner Befragung.

Das Begriffsglossar versammelt die Lexikonbegriffe aller Zeitreise-Bände, die in den Randspalten der einzelnen Kapitel erläutert wurden, in alphabetischer Reihenfolge. Die grundlegenden Begriffe aus dem LehrplanPLUS sind **blau** hervorgehoben.

1968er-Bewegung
Junge Erwachsene in den 1960er-Jahren, die in den USA und in Europa gegen Kapitalismus und Krieg protestierten. In der Bundesrepublik kritisierten sie außerdem die Verdrängung der nationalsozialistischen Vergangenheit.

Ablass
Ab dem 12. Jahrhundert bot die Kirche Schriftstücke an, in denen stand, welche Sündenstrafen man durch eine bestimmte gute Tat erlassen bekommen konnte. Diese Schriftstücke wurden Ablassbriefe genannt.

Absolutismus
(von lat. „absolutus" = losgelöst) bezeichnet die Herrschaftsform, bei der ein Fürst oder König die uneingeschränkte Macht im Staat besitzt und niemandem Rechenschaft schuldig ist.

Abt
ist der Vorsteher einer Gemeinschaft von Mönchen oder eines Klosters; Nonnenklöster werden von Äbtissinnen geleitet.

Adel/Adlige
Sie übten sowohl als Lehnsherren als auch als Vasallen im Dienste noch höherer Herren Herrschaft über Land und Leute aus.

Adenauer, Konrad
(1876–1967) Deutscher Politiker und erster Bundeskanzler der Bundesrepublik Deutschland (1949–1963). Als Oberbürgermeister von Köln (1917–1933) verweigerte Adenauer die Zusammenarbeit mit den Nationalsozialisten, die ihn daraufhin abgesetzten. Nach dem Zweiten Weltkrieg war Adenauer Mitbegründer der CDU in der britischen Besatzungszone und übernahm deren Vorsitz 1946.

Alleinvertretungsanspruch
1949–1969 vertrat die Bundesrepublik die Ansicht, dass nur ihre Regierung demokratisch legitimiert sei und diese allein für das gesamte deutsche Volk sprechen könne.

Altsteinzeit
In Mitteleuropa dauerte die Altsteinzeit rund 800 000 Jahre bis etwa 10 000 v. Chr. Die Menschen lebten in Gruppen von Sammlern und Jägern. Sie nutzten das Feuer und stellten einfache Werkzeuge her.

Amnestie
Erlass oder Verminderung einer Strafe

Amphitheater
Eine ovale Arena, in der Gladiatoren (= Schwertkämpfer) mit scharfen Waffen gegeneinander kämpften. Meistens wurden Sklaven zu diesem „Sport" ausgebildet.

Amphoren
waren wie Vasen Gefäße aus Ton, die Kanister der Antike. In ihnen wurden auf Schiffen z. B. Olivenöl, Oliven oder Wein transportiert. Die Gefäße der Töpfer aus dem Stadtviertel Kerameikos in Athen wurden in viele Poleis verkauft. Daher stammt das Wort „Keramik".

Anarchismus
(von griech.: anarchia = Herrschaftslosigkeit) Sammelbezeichnung für politische Auffassungen und Bestrebungen, eine Gesellschaftsform ohne Herrschaft, staatliche Gewalt und gesetzlichen Zwang zu schaffen

Annexion, annektieren
(von lat. „annectere" = aneignen) Bezeichnung für die völkerrechtswidrige Aneignung fremder Gebiete durch Staaten

Antifaschismus
Gegnerschaft zum Nationalsozialismus in Verbindung mit dem Kapitalismus. Die DDR bezeichnete sich selbst als „antifaschistischen Staat". Doch oft nutzte sie den Antifaschismus nur als Vorwand, um Zwangsmaßnahmen zu rechtfertigen. So bezeichnete die DDR z. B. die Mauer als „antifaschistischen Schutzwall".

Antiimperialismus
kommunistische Sicht: Imperialismus = letzte Stufe des Kapitalismus vor der sozialistischen Revolution; Antiimperialismus = Kampf gegen kapitalistische Staaten

Antike
wird die griechisch-römische Kultur von etwa 800 v. Chr. bis 600 n. Chr. genannt. Mit ihr endet in Europa die Epoche des Altertums.

Antisemitismus
(Judenfeindschaft) Ende des 19. Jahrhunderts entstandene Einstellung, die mit der unwissenschaftlichen „Rassenlehre" die „semitische (= jüdische) Rasse" als eine minderwertige Menschenrasse darstellte, die angeblich andere Rassen durch Ausbeutung beherrschen wolle.

Appeasement-Politik
(engl. to appease = beschwichtigen) Politik der britischen Regierung bis 1938: Zugeständnisse gegenüber Hitlers Aufrüstungsplänen und Gebietsansprüchen. Man wollte ihn davon abhalten, Gewalt anzuwenden.

Aquädukte
Sie versorgten die größeren Städte des Römischen Reiches mit Frischwasser. Das Wasser floss in abgedeckten Kanälen oder durch Tonrohre. Wichtig war, dass ein gleichmäßiges Gefälle eingehalten wurde. Sonst hätte das Wasser die Anlage zerstört. Auch in Trier, Köln und Mainz gab es vor fast 2000 Jahren Aquädukte.

Arbeitsteilung
gab es schon in der Jungsteinzeit. Manche Menschen übernahmen den Ackerbau, einige stellten Werkzeuge her und wieder andere bauten in Bergwerken hochwertigen Feuerstein ab. Händler brachten dann den Feuerstein in die Dörfer.

Archäologen
Anhand von Funden und Überresten erforschen Archäologen die Geschichte früherer Epochen. Archäologen haben viele Aufgaben: Sie müssen historische Funde ausgraben, untersuchen, datieren (= feststellen, wie alt der Fund ist), auswerten und rekonstruieren (= nachbauen).

Archiv
wird ein Raum oder ein ganzes Gebäude genannt, in dem wichtige Schriften, Urkunden, Bücher, aber auch Fotos oder Filme für die Erforschung der Vergangenheit geordnet und aufbewahrt werden.

Arier
(altindisch = der Edle) nach der Rassenideologie Angehöriger der „Herrenrasse"

Aristokratie
bedeutet die Herrschaft der Adligen.

Begriffsglossar

Astronom
Wissenschaftler, der die Sterne und das Weltall erforscht

Asyl
Schutz eines Ausländers vor direkter Bedrohung durch Aufnahme in einem anderen Land. In Deutschland ist politisch Verfolgten Asyl durch das Grundgesetz garantiert.

Aufklärung
bezeichnet die neue Denkweise im 18. Jahrhundert, die alle Bereiche des Lebens durch die Vernunft erklären und kritisch überprüfen will.

Augsburger Religionsfrieden
Reichsgesetz, das die Gleichberechtigung von Katholiken und Lutheranern regelte. Untertanen mussten die Konfession des Landesherrn annehmen oder durften auswandern.

Balkan
(= Südosteuropa) Region südwestlich des Balkangebirges im heutigen Bulgarien und Serbien

Bann
Wurde ein Christ gebannt, so durfte er die Kirche nicht mehr betreten und er wurde aus der kirchlichen Gemeinschaft ausgeschlossen. Die Menschen im Mittelalter fürchteten diesen Ausschluss sehr.

Barock
bezeichnet den Kunststil in der Zeit vom Ende des 16. bis zur Mitte des 18. Jahrhunderts. Bauten des Barock sind gekennzeichnet durch ovale und runde Formen, etwa bei der Gestaltung von Fenstern und Fassaden. Typisch sind auch die reichen, meist farbenfrohen, Verzierungen an Wänden und Decken.

Bischof
ist ein Amtsträger der Kirche, der ein geistliches Gebiet (Bistum) verwaltet.

Bismarck, Otto von
(1815–1898) Der deutsche Staatsmann Otto von Bismarck war ab 1862 preußischer Ministerpräsident und von 1871 bis 1890 deutscher Reichskanzler. Der protestantische, königstreue Adlige war die treibende Kraft bei Gründung des Deutschen Reiches unter preußischer Vorherrschaft.

Blankoscheck
Scheck, in den der Empfänger die Summe selbst eintragen kann = steht für uneingeschränktes Vertrauen

Blockparteien
Parteien in der DDR, die 1945 in der SBZ unter der Führung der KPD (ab 1946 SED) zum „antifaschistischen Parteienblock" zusammengeschlossen worden waren. Die Blockparteien durften keine eigenständige Politik betreiben, sondern vollzogen die Politik der SED nach.

Bolschewiki/Menschewiki
(von russ. „bolsche" = mehr und „mensche" = weniger) Die Parteien gingen aus der Sozialdemokratischen Partei Russlands hervor. Auf einem Parteitag 1903 spaltete sich die Partei in die radikalen Bolschewiki und die Menschewiki, die auf demokratische Reformen setzten. Dabei waren die radikalen Bolschewiki knapp in der Mehrheit.

Bourgeoisie
franz. = Bürgertum. Marx und Engels bezeichnen damit die Klasse der reichen Kapitalisten und Fabrikbesitzer.

Breschnew-Doktrin
Erklärung des sowjetischen Parteichefs Breschnew (sprich: Breschnjew) nach dem Einmarsch in die Tschechoslowakei 1968. Danach sei es keinem Land des Ostblocks erlaubt, einen eigenen Weg zum Sozialismus zu gehen.

Brexit
Kunstwort aus Britain und Exit

Bronze
Eine Mischung der Metalle Kupfer und Zinn. Es ist fast so hart wie Stein. In Mitteleuropa dauerte die Bronzezeit von 1800 bis 800 v. Chr.

Bundesstaat
Die Einzelstaaten verbinden sich zu einem Gesamtstaat. Dieser regelt die meisten Fragen, die dann auch für die Einzelstaaten verbindlich sind.

Bürger
Im Mittelalter bezeichnete man die Bewohner einer befestigten Stadt als Bürger. Um das Bürgerrecht zu bekommen, musste man eine bestimmte Zeit dort gelebt haben. In vielen Städten war das volle Bürgerrecht an Besitz gebunden.

Bürgerrecht
Ein Bürger hatte das Recht, den Stadtrat zu wählen, selbstständig ein Geschäft und Gerichtsprozesse zu führen sowie sein Vermögen zu verwalten. Allerdings hatte er auch die Pflicht, am Wach- und Verteidigungsdienst für die Stadt teilzunehmen. Selbstständige Bürgerinnen konnten sich davon freikaufen.

Bürgertum
Das Bürgertum bildete mit den Bauern den Dritten Stand. Seine Mitglieder waren durch eine Ausbildung oder durch ein Unternehmen reich geworden. Ihre Steuern machten einen großen Teil der Staatseinnahmen aus.

Burschenschaft
Vereinigung der Studenten in den Universitätsstädten. Die Urburschenschaft wurde 1815 in Jena gegründet, um die Trennung der Studenten in regionale Landsmannschaften zu überwinden.

Byzantinisches Reich
ist die heutige Bezeichnung für das Oströmische Reich. Der Name leitet sich ab von Byzanz, wie die Hauptstadt des Oströmischen Reiches ursprünglich hieß. Das Byzantinische Reich bestand über tausend Jahre – von 395 bis 1453.

Caesar
(100–44 v. Chr.) Der römische Staatsmann Gaius Iulius Caesar bekleidete 59 v. Chr. als Konsul das höchste Staatsamt und eroberte 58–51 v. Chr. ganz Gallien. Er führte 49–45 v. Chr. erfolgreich Bürgerkrieg gegen seine bisherigen Verbündeten, ließ sich zum Diktator auf Lebenszeit ausrufen und wurde 45 v. Chr. von Angehörigen des Senats getötet. Er vergrößerte Roms Machtbereich und legte den Grundstein für das römische Kaiserreich.

Christentum
Das Christentum entstand aus den Lehren des jüdischen Predigers Jesus von Nazareth. Die Heilige Schrift der Christen ist die Bibel, bestehend aus Altem Testament (den jüdischen Büchern) und Neuem Testament. Das Christentum verehrt wie Judentum und Islam einen einzigen Gott, allerdings in drei Gestalten: als Gott Vater, Sohn (Jesus Christus) und Heiliger Geist.

Chronologie
(von griech. chronos = Zeit) Die Chronologie (Zeitrechnung) ordnet die Vergangenheit durch eine Jahreszählung. Die meisten Zeitrechnungen zählen die Jahre von einem bestimmten Ereignis aus vor und zurück. Chronos war in der Antike der Gott der Zeit.

Circus Maximus
Maximus heißt im Lateinischen „der Größte". Den Beinamen bekam der Circus von Rom, weil er Platz für 250 000 Zuschauer bot. Auf der Rennbahn wurden Pferde- und Wagenrennen ausgetragen.

Code Civil
Eine Sammlung von Gesetzen, welche die Rechte der Personen, der Güter und des Eigentums festlegten. Der Code Civil war lange Zeit das fortschrittlichste Gesetzbuch überhaupt.

Corona-Virus
Ein Virus, das Ende 2019 erstmals in China auftrat. Es ist hochansteckend und kann u. a. zu tödlich verlaufenden Lungenentzündungen führen.

Darstellungen
Das, was man über die Vergangenheit herausgefunden hat, kann auf verschiedene Art und Weise dargestellt werden: in Büchern, Zeitungsartikeln, Karten, Filmen, Schaubildern oder Tabellen. Solche Darstellungen erkennst du in diesem Buch an einem D.

Delegierte
Bezeichnung für Abgeordnete oder Bevollmächtigte. Die Bürger in den 13 britischen Kolonien wählten Delegierte für gemeinsame Kongresse. Bei diesen Versammlungen besprachen die Vertreter der Kolonien ihre Zielsetzungen im Kampf gegen die Kolonialmacht Großbritannien.

Demokratie
(von griech. „demos" = Volk; „kratia" = Herrschaft) Herrschaftsform, in der alle Macht vom Volk ausgeht. In rechtsstaatlichen Demokratien ist die staatliche Gewalt geteilt in Legislative (Gesetzgebung), Exekutive (ausführende Gewalt) und Judikative (Rechtsprechung).

Deportation
(lat. deportare = wegbringen, fortschaffen) unter Zwang durchgeführter Transport einer Bevölkerungsgruppe an einen entfernten Ort

deutsche Frage
das zwischen 1806 und 1990 immer wieder auftretende Problem, in welcher Form es einen deutschen Nationalstaat geben kann und welche Gebiete er umfassen soll

Deutsche mit Migrationshintergrund
Definition des Statistischen Bundesamtes: Eine Person hat einen Migrationshintergrund, wenn sie selbst oder mindestens ein Elternteil nicht mit deutscher Staatsangehörigkeit geboren wurde.

Deutscher Bund
1815 als loser Zusammenschluss der 35 deutschen Fürstenstaaten und vier freien Städte gegründet. Bundeshauptstadt war Frankfurt am Main, wo der aus den Vertretern der Bundesstaaten bestehende Bundestag tagte. Der Deutsche Bund galt als Nachfolgeeinrichtung des 1806 aufgelösten Heiligen Römischen Reiches.

Deutsches Kaiserreich
Bezeichnung für die Zeit des Deutschen Reiches von 1871 bis 1918. Das Deutsche Kaiserreich entstand 1871 mit der Reichsgründung in Versailles und endete 1918 mit der Abdankung des Kaisers und der Ausrufung der Republik. Das Deutsche Reich bestand als Republik noch bis 1949 fort.

Diaspora
(griech. für „Zerstreuung") So wurde das Leben der Juden unter Andersgläubigen bezeichnet.

Diktatfrieden
(auch Siegfrieden) ist ein Friedensschluss, bei dem eine Seite sich als Sieger versteht und der anderen Bedingungen für den Frieden diktieren kann.

Diktator
Wenn der Republik große Gefahr drohte, konnte ein Diktator mit der alleinigen Regierungsgewalt beauftragt werden. Er durfte höchstens sechs Monate im Amt bleiben. Caesars Diktatur auf Lebenszeit ist ein klarer Bruch mit der römischen Verfassung.

Diplomatische Beziehungen
offizielle Beziehungen zwischen zwei Staaten

Displaced Persons (DPs)
(engl.) So bezeichneten die Alliierten seit dem Zweiten Weltkrieg Zivilisten, die sich außerhalb ihrer Heimatstaaten aufhielten, z.B. Zwangsarbeiter, Kriegsgefangene, ehemalige KZ-Häftlinge oder Geflüchtete aus Osteuropa.

Dominotheorie
Vorstellung westlicher Politiker, die zur Begründung für das militärische Eingreifen in Vietnam wurde

Dreifelderwirtschaft
Im frühen Mittelalter teilten die Bauern ihren Acker in zwei Hälften: Eine Hälfte wurde bebaut, die andere „ruhte" sich aus. Jedes Jahr wechselte das. Ab dem Hochmittelalter teilten sie ihren Acker in drei Teile. Auf dem ersten Teil stand Wintergetreide, auf dem zweiten Sommergetreide, der dritte Teil „ruhte" sich aus. Jedes Jahr wurde gewechselt. Die Erträge stiegen, weil nur noch ein Drittel des Ackers ruhte.

Eisenzeit
Ab etwa 800 v. Chr. verdrängte im heutigen Deutschland das Eisen die Bronze. Da Eisen härter ist als Bronze, wurden deshalb Waffen und Werkzeuge vorwiegend aus diesem Material gefertigt.

Emanzipation
(von lat. „emancipatio" = Freilassung) bezeichnet die Befreiung aus rechtlicher oder sozialer Abhängigkeit. Der Begriff wird heute vor allem im Zusammenhang mit der Frauenbewegung verwendet.

Emigrant
bedeutet Auswanderer. Manche Emigranten gehen freiwillig, andere verlassen ihr Heimatland als Flüchtlinge oder Vertriebene.

Emir
(arab. „Befehlshaber") Bezeichnung für einen Heerführer

Entkolonialisierung
die Loslösung und Befreiung der afrikanischen und asiatischen Staaten von der Kolonialherrschaft der Europäer unter Berufung auf das Selbstbestimmungsrecht der Völker seit Ende des Zweiten Weltkriegs

Begriffsglossar

Entnazifizierung
Maßnahmen der Besatzungsmächte zur Beseitigung des Nationalsozialismus, u. a. ein Verbot der NSDAP und ihrer Organisationen, die Strafverfolgung führender Kriegsverbrecher sowie massenhafte „Entnazifizierungsverfahren" vor eigens eingerichteten Spruchkammern, die über die nationalsozialistisch Belastung von Deutschen urteilten

Epoche
Das griechische Wort meint den Zeitpunkt eines wichtigen Ereignisses und den Zeitabschnitt, der auf dieses Ereignis folgt.

Epochenjahr
ist ein Zeitabschnitt, in dem einige Ereignisse den Wandel einer ganzen Epoche einleiten.

Erez
(hebräisch = „Land Israel") Bezeichnung Palästinas in der jüdischen Tradition

„Ermächtigungsgesetz"
Mit dem Gesetz vom 24. März 1933 übertrug das Parlament die legislative Gewalt der Regierung und hob so die Gewaltenteilung auf. Das Gesetz war damit die Grundlage für die nationalsozialistische Diktatur in Deutschland.

Etat
Das Wort bedeutet im Französischen Staat, aber auch Staatshaushalt. Im Haushaltsbuch des Staates werden die Einnahmen (z. B. Steuern und Zölle) den Ausgaben gegenübergestellt. Zu den Ausgaben gehören auch die Zinsen und Tilgungen für die Schulden des Staates.

Etikette
So nannte man die komplizierten Regeln, die genau festlegten, wie man sich bei Hofe verhalten musste. Wer sich nicht „höflich" benahm, machte sich lächerlich.

Europäische Integration
Prozess des Zusammenwachsens der europäischen Staaten mit dem Ziel eines geeinten Europas

evangelisch
Von Luther vorgeschlagene Bezeichnung für seine Lehre, die sich hauptsächlich auf die Evangelien in der Bibel stützte. Später bezeichnete man alle Kirchen, die aus der Reformation hervorgegangen sind, als evangelisch.

Export/Import
Export ist die Ausfuhr von Waren in ein anderes Land. Das Gegenteil ist der Import, also die Einfuhr von Waren.

Exulanten
(von lat. „exul" = verbannt) Protestanten, die wegen ihres Bekenntnisses aus dem katholischen Habsburgerreich vertrieben wurden

Fake News
(engl. „gefälschte Nachrichten") Falschmeldungen, die mit der Absicht verbreitet werden, die wirklichen Sachverhalte und Zusammenhänge zu verschleiern

Flucht und Vertreibung
die seit 1944 einsetzende Massenflucht der deutschen Bevölkerung vor der sowjetischen Armee sowie die Ausweisung und Zwangsumsiedlung der Deutschen aus ehemals deutschen Siedlungsgebieten

Franken
Der germanische Stamm der Franken entstand wahrscheinlich vor dem 3. Jahrhundert aus mehreren kleinen Stämmen am unteren und mittleren Rhein.

Frauenbewegung
gemeinsamer Einsatz von Frauen für die Gleichstellung in der Gesellschaft

Frauenquote
Regelung, wonach Posten in Politik oder Wirtschaft zu einem bestimmten Prozentsatz von Frauen besetzt werden müssen

Freie Deutsche Jugend (FDJ)
einzige erlaubte Jugendorganisation in der DDR. Sie unterstand der Kontrolle der SED und sollte Jugendliche für den Aufbau des Sozialismus motivieren. Alle Kinder wurden mit ihrer Einschulung zunächst „Jungpioniere". Mit 14 Jahren wechselten die meisten Jugendlichen in die FDJ. Die Mitgliedschaft war offiziell freiwillig, wer aber nicht mitmachte, musste mit Nachteilen rechnen.

Freistaat
andere Bezeichnung für Republik. Nach der Abschaffung der Monarchie in Deutschland bezeichneten sich 1918 einige deutsche Länder, darunter auch Bayern, als Freistaat.

Friedliche Revolution
Bezeichnung für den politischen Umsturz im Herbst 1989 in der DDR. Mittlerweile hat sich der Begriff auch in der Wissenschaft und bei offiziellen Anlässen durchgesetzt.

Frondienste
(von „fro" = Herr) Arbeiten, die die abhängigen Bauern auf den Fron- bzw. Herrenhöfen oder beim Transport der Abgaben von den Fronhöfen zum Herrensitz leisten mussten

G20
(= Gruppe der 20) Seit 1999 bestehender informeller Zusammenschluss der 20 wichtigsten Industrienationen. Die EU zählt dabei als ein Teilnehmer. Auf den jährlichen Gipfeltreffen erfolgt ein wirtschaftspolitischer Austausch.

„Gastarbeiter"
wurden die Menschen genannt, die in den 1950er- und 1960er-Jahren aufgrund des Arbeitskräftemangels von der Regierung der Bundesrepublik Deutschland angeworben wurden. Die Bezeichnung „Gastarbeiter" deutet an, dass sie nach ihrem Aufenthalt in ihr Heimatland zurückkehren sollten.

Gelübde
anderes Wort für „Versprechen"

Generalstände
Das war in Frankreich die Versammlung der drei Stände. Sie hatte das Recht, Steuern zu beschließen.

Genfer Konvention
völkerrechtliche Verträge, in denen sich die unterzeichneten Staaten dazu verpflichtet hatten, im Kriegsfall bestimmte Regeln einzuhalten.

geozentrisches Weltbild
(griech. „geo" = Erde) Die Erde ist das Zentrum dieses Weltbildes.

Germanen
Für Römer war dies ein Sammelbegriff, mit dem sie verschiedene Völker und Stämme in Nord- und Mitteleuropa zusammenfassten. Die Germanen selbst empfanden sich allerdings nicht als zusammengehörig.

Gewaltenteilung
Trennung der Staatsgewalt in gesetzgebende Gewalt (Legislative), vollziehende Gewalt (Exekutive) und Rechtsprechung (Judikative)

Gewerkschaften
sind freiwillige Zusammenschlüsse der Arbeitnehmer. Sie vertreten gegenüber den Arbeitgebern die Interessen ihrer Mitglieder.

Ghetto
ein abgetrenntes Stadtviertel, in dem am Ende des Mittelalters und in der Frühen Neuzeit die jüdische Bevölkerung leben musste. Die Nationalsozialisten konzentrierten während des Zweiten Weltkrieges systematisch Juden in Ghettos, die in den besetzten Gebieten Osteuropas errichtet wurden.

Glasnost
russ. = Offenheit/Öffentlichkeit. Öffentliche Diskussion über gesellschaftliche und politische Fragen. Die Politik sollte sich stärker an den Wünschen der Bevölkerung orientieren.
Dadurch erhoffte sich Gorbatschow eine breitere Zustimmung zum Sozialismus.

Gleichheit
Die Aufklärer hatten vor allem die politische und rechtliche Gleichheit aller Menschen im Sinn. Während der Französischen Revolution wandelte sich der Inhalt des Begriffs. Unter „Gleichheit" verstanden jetzt die ärmeren Schichten vor allem wirtschaftliche Gleichheit. Besitz und Einkommen der Menschen sollten ähnlich sein.

„Gleichschaltung"
Schlagwort, das die Umwandlung von Vereinen, Verbänden und Parteien in nationalsozialistische Organisationen meint. Das gesamte öffentliche Leben wurde nach den Vorgaben der nationalsozialistischen Regierung „gleichgeschaltet".

Globalisierung
Prozess der globalen, also weltumspannenden wirtschaftlichen, politischen und kulturellen Verflechtung

Gottesgnadentum
Wie Ludwig XIV. glaubten viele Könige von sich, sie seien Herrscher „von Gottes Gnaden". Auch die Kirche lehrte, alle Gewalt auf Erden komme nur von Gott.

Großbritannien
Das „Vereinigte Königreich von Großbritannien" bestand ab 1707 aus England, Wales und Schottland, 1800 kam Irland (heute nur Nordirland) hinzu. Wir sagen oft „England", wenn wir Großbritannien meinen.

Grundgesetz
Politische Grundordnung der Bundesrepublik. Das Grundgesetz trat 1949 in Westdeutschland in Kraft. Im Jahr 1990 wurde es zur gesamtdeutschen Verfassung.

Grundherrschaft
Herrschaft weltlicher und geistlicher Herren über das Land und die auf ihm wohnenden und arbeitenden Menschen. Die Bauern mussten dem Grundherrn Abgaben leisten und Dienste erbringen.

Gruppe 47
Die Gruppe war ein loser Zusammenschluss von Autorinnen und Autoren, die sich ab 1947 regelmäßig zu Lesungen und Diskussionen trafen und die westdeutsche Nachkriegsliteratur prägten. Zu ihr gehörten u. a. Ingeborg Bachmann, Heinrich Böll, Paul Celan und Siegfried Lenz.

Guillotine
(sprich: Gijotine) So heißt das Fallbeil, das der Arzt Guillotin erfunden hat, um Hinrichtungen „humaner" zu machen.

Hamas
(Abkürzung für Islamische Widerstandsbewegung) eine radikal-islamische Palästinenserorganisation. Eines ihrer Ziele ist die Vernichtung des Staates Israel. Die Hamas ist mit der PLO verfeindet und stellt seit 2006 die Regierung des Gaza-Streifens.

Handelsbilanzüberschuss
Er liegt vor, wenn die Exporte eines Landes größer sind als die Importe und ist ein Zeichen für wirtschaftliche Stärke.

Hanse
war ein Kaufmanns- und Städtebündnis unter der Leitung von Lübeck, das vor allem an Nord- und Ostsee tätig war. Neben dem Schutz der Handelsschiffe vor Räubern und Piraten war es das Hauptziel der Hanse, den Fernhandel zu stärken.

H-Bombe
nach dem chemischen Zeichen für Wasserstoff die Bezeichnung für die Wasserstoffbombe, eine Weiterentwicklung der Atombombe mit noch größerer Sprengkraft

Hegemonie
Das Wort „Hegemonie" ist griechischen Ursprungs und bedeutet „Oberbefehl". Das Streben nach Hegemonie bedeutet den Versuch eines Staates, die Vorherrschaft oder das Übergewicht gegenüber anderen Staaten in einem bestimmten Gebiet zu gewinnen.

Heiden
ist eine abwertende Bezeichnung im Christentum für alle Menschen, die nicht getauft worden sind.

Heiliges Römisches Reich
Offizielle Urkunden sprachen von der Mitte des 13. Jahrhunderts an vom „Heiligen Römischen Reich". Ab dem 15. Jahrhundert bekam es den Zusatz „Deutscher Nation". Seit etwa 1100 ist auch von einem „Reich der Deutschen" die Rede.

Heißer Draht
direkte Telefonverbindung zwischen den Hauptstädten der beiden Supermächte. Der heiße Draht wurde unmittelbar nach der Kubakrise eingerichtet, weil sich herausgestellt hatte, dass die Regierungen oft Stunden brauchten, um die Gegenseite zu informieren.

heliozentrisches Weltbild
(griech. „helios" = Sonne) Die Sonne bildet den Mittelpunkt dieses Weltbildes. Nikolaus Kopernikus zeichnete es als Erster auf.

Hellenen
nannten sich die alten Griechen selber. Der Begriff Griechen entstand erst später.

Hellenismus
Als sich die Kultur der Griechen (= Hellenen) im Orient verbreitete, bezeichnete man das als Hellenismus. Die Zeit des Hellenismus reichte von Alexanders Krönung 336 v. Chr. bis ins Jahr 30 v. Chr., als das hellenistische Ägypten römische Provinz wurde.

Begriffsglossar

Herero
Volksgruppe im heutigen Namibia, die von den deutschen Kolonialherren Anfang des 20. Jahrhunderts bis auf etwa 20 000 Personen vernichtet wurde. Ihre Nachfahren fordern von Deutschland heute Wiedergutmachung für das erlittene Leid.

Hierarchie
Jeder Mensch nimmt in einer Gesellschaft einen bestimmten Platz ein. Seine Stellung hängt z. B. davon ab, ob er arm oder reich ist, eine hohe oder niedrige Bildung besitzt, viele oder wenige Rechte hat, als Frau oder Mann geboren wurde. So entsteht eine Rangordnung. Die Griechen nannten das „Hierarchie" (heilige Ordnung).

Hieroglyphen
Diese Schriftzeichen entwickelten die Ägypter seit etwa 3000 v. Chr. Der Name Hieroglyphen („heilige Zeichen") stammt von den Griechen, die die ägyptischen Schriftzeichen an Tempeln fanden, sie aber nicht lesen konnten. Erst 1822 gelang es dem französischen Forscher Jean-François Champollion, die Bilderschrift zu entschlüsseln.

Historiengemälde
nennt man Bilder, die aus der Sicht der Nachwelt wichtige geschichtliche Ereignisse darstellen. Die Maler und Auftraggeber verfolgen dabei meist die Absicht, die Bedeutung dieser Ereignisse für die eigene Zeit herauszustreichen.

Historiker
Das Wort „historia" stammt aus der lateinischen Sprache und bedeutet so viel wie Geschichte. Historiker sind also Wissenschaftler, die sich mit Geschichte befassen.

Hochkultur
Der Begriff wird verwendet, wenn ein Volk schon früh eine Schrift, eine Religion, Städte und eine festgelegte Ordnung besitzt, in der die Menschen unterschiedliche Aufgaben haben. Auch besondere Leistungen in Kunst und Architektur machen eine Hochkultur aus.

Holocaust
(engl./lat./griech. „völlige Vernichtung", „Brandopfer") die systematische Ausgrenzung, Verfolgung und vor allem Vernichtung der europäischen Juden durch die Nationalsozialisten

Hoplit
ist die Bezeichnung für einen schwergepanzerten Fußsoldaten, der mit Schild, Speer und Schwert bewaffnet war.

Hugenotten
ursprünglich abschätzige Bezeichnung der französischen Protestanten. Die Hugenotten gehörten der calvinistisch-reformierten Kirche an.

Humanismus
(von lat. „humanus" = menschlich) Bewegung von Denkern, Künstlern und Wissenschaftlern, die den Menschen in den Mittelpunkt ihres Interesses stellte. Ihr Vorbild war die Antike. Sie breitete sich von Italien in ganz Europa aus.

Immigrant
bedeutet Einwanderer oder Zuwanderer. Oft bringen Immigranten eine andere Sprache, eine andere Kultur oder eine andere Religion mit, als im Einwanderungsland vorherrschen.

Imperialismus
(von lat. „imperium" = Herrschaft, Reich) Allgemein bezeichnet der Begriff die Herrschaft eines Landes über die Bevölkerung anderer Länder. Im Zeitalter des Imperialismus von 1880 bis 1914 beherrschten die Industriestaaten Kolonialreiche in Afrika, Asien und im Pazifik.

Imperium
(lat. = „Befehl, Macht, Herrschaft") bezeichnet ein Reich, das die Herrschaft über andere Völker einschließt. Das Imperium Romanum hatte ab der Einrichtung der ersten römischen Provinzen über 700 Jahre lang Bestand.

indigene Völker
(von lat. „indigena" = der Einheimische, Eingeborene) So werden Völker bezeichnet, die schon vor der Ankunft der Europäer das Land bewohnten.

Industrielle Revolution
Dieser Begriff beschreibt den Anfang des Industriezeitalters. Die Industrielle Revolution begann im 18. Jahrhundert in England. Sie veränderte die Arbeitswelt der Menschen grundlegend. Fabriken entstanden und mit Maschinen wurden Waren in viel größeren Mengen hergestellt.

Inflation
Wertverlust des Geldes. Der Staat lässt Geld drucken, die Warenmenge wird aber nicht vermehrt. Dies führt zu steigenden Preisen. Sachwerte wie Grundstücke oder Schmuck behalten ihren Wert.

Inquisition
(„Befragung") Bezeichnung jener Behörde, die für die Bekämpfung von Lehren eingesetzt wurde, die von der römisch-katholischen Kirche als ketzerische Irrlehren verurteilt wurden. Geständige Anhänger wurden als Ketzer hingerichtet.

Integration
Eingliederung von Zuwanderern in das Leben ihrer neuen Heimat

Intervention
(von lat. intervenire = dazwischentreten) Eingreifen in die Angelegenheiten eines Staates oder in einen Konflikt, z. B. aus humanitären Gründen und zum Schutz der Menschenrechte. Ziel ist es, den Konflikt zu lösen oder mit bestimmten Interessen zu lenken.

Investiturstreit
heißt die Auseinandersetzung zwischen Kaiser und Papst über die Einsetzung von Bischöfen oder Äbten in ihre geistlichen Ämter.

Islam
Die Religion des Islam verehrt einen einzigen Gott (arab. Allah). Der Prophet Mohammed begann etwa im Jahr 600 vom arabischen Mekka aus, den Islam zu verbreiten. Heute ist der Islam eine Weltreligion.

Islamismus
Extremismus, der verschiedene Formen des radikalen politischen Islam vereint und eine religiös-islamische Staatsordnung anstrebt

Judentum
Dies ist die älteste der Religionen, die einen einzigen Gott verehren. Die Juden verstehen sich als Gottes auserwähltes Volk. Als Heilige Schrift gelten ihnen vor allem die Bücher der Thora, die für die Christen die ersten fünf Bücher des Alten Testaments sind.

Jugendweihe
Staatliches Ritual in der DDR ab 1954: Jugendliche bekannten sich am Ende der 8. Klasse zum Sozialismus. In den 1980er-Jahren nahmen an der Jugendweihe 97 Prozent der Jugendlichen teil.

Jungsteinzeit
In Mitteleuropa begann die Jungsteinzeit um 5500 v. Chr. und endete um 2200 v. Chr. Die Menschen lebten jetzt überwiegend von Ackerbau und Viehzucht.

Kader
planmäßig von der FDJ herangebildeter Stamm von Nachwuchskräften; heute: die von Sportverbänden geförderten Sportler

Kaiser
Der junge Octavian fügte seinem Namen den seines Adoptivvaters Caesar hinzu. Mit diesem Namen kam er gut bei den ehemaligen Soldaten Caesars an. Unter den Nachfolgern des Augustus wurde Caesar zu einem Titel. Damals sprach man das Wort wie „Kaisar" aus.

Kalter Krieg
Zustand gegenseitiger militärischer Bedrohung zwischen den Supermächten. Der Kalte Krieg begann kurz nach dem Zweiten Weltkrieg und endete 1989 bis 1991. Man spricht von „kalt", weil es nie zu einem direkten militärischen Konflikt zwischen den Supermächten gekommen ist.

Kapitalismus
Wirtschaftsordnung, in der Privateigentümer ihr Kapital vermehren wollen. Sie ist vom freien Wettbewerb geprägt.

Karlspreis
Seit 1950 werden jährlich Personen, die sich um Europa und dessen Einigung besonders verdient gemacht haben, mit dem sogenannten Karlspreis geehrt.

Karolinger
Ab 751 herrschten die Karolinger als Könige im Frankenreich. Berühmtester Vertreter der Karolinger war Karl der Große, von dem die späteren Herrscher der Karolinger abstammten.

KdF
(= Kraft durch Freude) NS-Organisation mit der Aufgabe, die Freizeitaktivitäten und Urlaubsreisen der Deutschen zu organisieren. Dabei konnte die Bevölkerung mühelos überwacht und gleichgeschaltet werden.

Ketzer
Menschen, die von den damals gültigen Lehren der Kirche abwichen

Kirchenzehnter
So nannte man die Steuer für die Kirche, bei der die Bauern den zehnten Teil ihrer Ernte abgeben mussten.

Klassen
Gruppen der Bevölkerung, für die gleiche wirtschaftliche und soziale Gegebenheiten gelten

Klassizismus
Stilepoche zwischen 1770 und 1840, in der Kunst und Architektur dem Vorbild des antiken Griechenlands nacheiferten

Klerus
Bezeichnung für den geistlichen Stand. Dazu gehören Bischöfe, Priester, Äbte, Mönche und Nonnen.

Kloster
Ein von der Außenwelt abgeschirmter und von festen Regeln geprägter Lebensraum von Mönchen oder Nonnen, die ihr Leben ganz in den Dienst Gottes stellen

Kollektiv
Bezeichnung für eine Gruppe, in der Personen zu einem Ganzen zusammengefasst werden

Kolonialisierung
Eroberung, Unterwerfung, Besiedlung und Ausbeutung von Amerika und Teilen Ostasiens durch die Europäer ab Ende des 15. Jahrhunderts. Die Folgen sind in Entwicklungsländern bis heute spürbar.

Kolonien
nannten die alten Griechen die neuen Siedlungen an den Küsten des Mittelmeeres und des Schwarzen Meeres. Sie waren von der Mutterstadt unabhängige neue Poleis.
In der Neuzeit werden Länder als Kolonien bezeichnet, die die Europäer in Amerika und Ostasien ab Ende des 15. Jahrhunderts unter ihre Herrschaft stellten und besiedelten.

Kommunismus
(von lat. „communis" = gemeinschaftlich) Gesellschaftsform, in der alle Menschen gleich sind und es keinen Privatbesitz gibt. Der Weg dorthin führt nach Ansicht von Karl Marx und Friedrich Engels über den Sozialismus, d. h. die Diktatur der Arbeiterklasse.

Konferenz von Potsdam
Konferenz der Siegermächte Großbritannien, USA und Sowjetunion vom 17. Juli bis zum 2. August 1945 bei Potsdam. Zentrale Beschlüsse waren u. a. die Teilung Deutschlands in vier Besatzungszonen, die Festlegung der Oder-Neiße-Linie als deutsche Ostgrenze sowie die Demokratisierung und Neuordnung Deutschlands, die Forderung nach Reparationen, die Entmilitarisierung und der Umgang mit deutschen Kriegsverbrechern.

Konfessionalisierung
Als Zeitalter der Konfessionalisierung wird die Zeit im Anschluss an die Reformation bezeichnet, in der sich die Landesherren jeweils auf eine Konfession festlegten. Diese Entscheidung galt auch für die Untertanen und prägte die verschiedenen Gesellschaften sehr stark.

Konfession
bedeutet Bekenntnis. Die römische Kirche zerfiel in unterschiedliche Bekenntnisse: römisch-katholisch, evangelisch-lutherisch und evangelisch-reformiert.

König
war der Titel der Herrscher über die neuen Germanenreiche, während die Herrscher des West- und des Byzantinischen Reiches Kaiser genannt wurden. Könige gaben ihre Macht und ihren Titel meist an Nachfolger aus ihrer Familie weiter.

konstitutionelle Monarchie
Der König ist als Staatsoberhaupt an eine Verfassung (Konstitution) gebunden. Seine Macht wird durch eine Volksvertretung (Parlament) eingeschränkt.

Konsulat
So bezeichnet man die Regierung des Generals Bonaparte zwischen 1799 und 1804.

Kontor
bezeichnet eine Handelsniederlassung im Ausland, in der die Kaufleute ihre Geschäftsräume und Warenlager hatten.

Konzentrations- und Vernichtungslager
Einrichtungen unter der Aufsicht der SS (ab 1934) für politische Gegner, später auch für Juden, Sinti und Roma und andere. In ihnen starben viele Inhaftierte durch Hunger, Seuchen und Zwangsarbeit. Die Vernichtungslager dienten dem Mord an etwa 2,5 Millionen Menschen, vor allem Juden, meist durch Giftgas.

Begriffsglossar

Konzil
Ein Konzil („Beratschlagung") ist eine Versammlung von Bischöfen und hohen Geistlichen unter Leitung des Papstes. Auf Konzilien werden Glaubensfragen beraten und entschieden.

Koran
bedeutet das „oft zu lesende Buch". Er entstand ab 610 bis zum Tod Mohammeds und enthält die 114 göttlichen Offenbarungen Mohammeds.

Kredit
So bezeichnet man das Geld, das zum Beispiel Geldverleiher einer anderen Person gaben. Diese versprachen, das Geld zusammen mit den entstandenen Zinsen wieder zurückzuzahlen.

Kreuzzug
Vom Papst verkündeter Krieg zur Verteidigung und Verbreitung des Christentums. Die Teilnahme war freiwillig, musste aber durchgehalten werden, sonst drohte der Ausschluss aus der Kirche.

Kriegsgefangenschaft
bezeichnet die Inhaftierung feindlicher Soldaten. Kriegsgefangene werden oft mit Zwangsarbeit ausgebeutet. Etwa 11 Millionen Soldaten der deutschen Wehrmacht und der SS waren oft einige Jahre lang in Kriegsgefangenschaft. Frankreich, Großbritannien und die USA entließen ihre Kriegsgefangenen bis 1948, die Sowjetunion bis 1955.

Kriegsversehrte
Kriegsopfer, deren Verwundungen anhaltende körperliche oder seelische Schädigungen hinterließen

KSZE
Die „Konferenz über Sicherheit und Zusammenarbeit in Europa" wurde 1973 gegründet. Sie diente dem Austausch zwischen Ost und West zur Förderung von Sicherheit und Menschenrechten. Die KSZE trug zur Beendigung des Ost-West-Konflikts bei. Nach 1990 wurde sie in eine ständige internationale Organisation (OSZE) mit Sitz in Wien umgewandelt.

Kupfer
Das erste Metall, das die Menschen entdeckten und bearbeiteten. Kupferhaltiges Gestein wurde in Bergwerken abgebaut und das Kupfer wurde herausgeschmolzen. Kupferwerkzeuge wurden nach kurzer Zeit stumpf und mussten mühselig nachgeschärft werden.

Kurfürsten
(von althochdeutsch „kuri" = Wahl) Sieben Fürsten, die durch die „Goldene Bulle" von 1356 das Recht erhielten, den deutschen König und damit den Herrscher des Heiligen Römischen Reiches zu wählen

Landesausbau
Besiedlung und wirtschaftliche Erschließung der Gebiete östlich der Elbe und Saale, östlich des Böhmerwaldes sowie Ostbayerns, Österreichs und der Alpenländer während des Mittelalters

Landesherr
Als Landesherr bezeichnet man einen durch Geburtsrecht oder Lehensrecht eingesetzten Herrscher eines bestimmten Gebietes.

Latiner
So heißt ein Volk, das um 1000 v. Chr. in Mittelitalien siedelte. Nach ihm wurde die Landschaft um Rom als Latium bezeichnet. Aus dem Dialekt der Latiner entstand das Latein.

Legitimität
„Rechtmäßigkeit". Auf dem Wiener Kongress wurde die Herrschaft von Fürsten, deren Vorfahren schon regiert hatten, als legitim angesehen.

Lehnswesen
Mittelalterliche Gesellschaftsordnung, die die Beziehungen zwischen Lehnsherren und Lehnsmännern regelte. Dabei wurde ein Gut (Land, Amt) einem Lehnsmann für seine Dienste lebenslang vom Lehnsherrn „geliehen". Die Erträge und Einkünfte, die das Lehen erbrachte, durfte der Lehnsmann behalten.

Lehnwörter
nennt man die aus einer fremden Sprache übernommenen Wörter, die in Aussprache, Schreibweise und Form so angepasst wurden, dass sie nicht mehr als fremd empfunden werden.

Leibeigener/Höriger
Bezeichnung für unfreie Menschen in einer Grundherrschaft. Hörige Bauern durften noch nicht einmal ohne die Zustimmung ihres Herren heiraten.

Liberalismus/liberal
(von lat. „liber" = frei) Politische Strömung, bei der die Rechte des Menschen im Vordergrund stehen. Die Liberalen wollten einen Staat mit einer Verfassung, Gewaltenteilung und einer Garantie der Menschen- und Bürgerrechte.

Limes
Das Wort bedeutet in der lateinischen Sprache ursprünglich „Weg" bzw. „Grenzweg". Später bezeichnete man damit einen befestigten Grenzwall.

Lokator
im Mittelalter ein Unternehmer, der für den Grundherrn neues Land bewirtschaften ließ und dafür Siedler anwarb

Mandat über Palästina
1922 nach dem Ersten Weltkrieg vom Völkerbund an Großbritannien übergebene Aufgabe, nach dem Zusammenbruch des Osmanischen Reiches die Verwaltung in Palästina zu übernehmen.

Manufaktur
(lat. „manu facere" = mit der Hand herstellen) In den Manufakturen wurden Waren arbeitsteilig in großer Zahl von spezialisierten Handwerkern hergestellt. Im Gegensatz zur späteren Fabrik gab es kaum Maschinen.

Markt
Ort, an dem Güter und Dienstleistungen angeboten werden; im weitesten Sinne das weltweite Angebot an Gütern und Dienstleistungen

Marshall-Plan
finanzielles Hilfsprogramm der USA zum Wiederaufbau der europäischen Länder, benannt nach dem Außenminister der USA, George C. Marshall. Es führte zur schnellen wirtschaftlichen Erholung Westeuropas. Die Sowjetunion verbot den osteuropäischen Staaten und der SBZ/DDR die Teilnahme.

Mauerbau
Am 13. August 1961 wurde damit begonnen, an der innerdeutschen Grenze in Berlin eine Mauer, ansonsten einen Grenzzaun zu errichten. Von der DDR-Führung wurden diese militärisch gesicherten Grenzanlagen als „antifaschistischer Schutzwall" bezeichnet.

Mediatisierung
bezeichnet die Eingliederung von bisher dem Kaiser direkt unterstehenden kleineren Herrschaftsgebieten in ein anderes größeres Herrschaftsgebiet.

Menschenrechte
Darunter versteht man Rechte, die allen Menschen ohne Ausnahme zustehen.

Merkantilismus
So heißt die Wirtschaftsform des Absolutismus. Nach französischem Vorbild förderten die Herrscher vor allem die Produktion von Luxusgütern und die Ausfuhr von Fertigwaren, um möglichst viel Geld in die Staatskasse zu bekommen.

Merowinger
ist der Name einer Königsfamilie aus dem Stamm der Franken. Unter dem Merowinger Chlodwig I. wurde das fränkische Reich zur führenden Macht in Europa. Im 7. Jahrhundert verloren die Merowinger ihre Macht an die Karolinger.

Messias
(hebr. für „Gesalbter Gottes") Er ist nach jüdischem Glauben ein Gesandter Gottes, der dafür sorgen wird, dass die Juden wieder gemeinsam als Volk Gottes in Frieden leben können.

Migration
(von lat. „migrare" = wandern) bedeutet Wanderung. Von Migration spricht man, wenn Menschen ihren Wohnort auf Dauer wechseln. Migration kann wirtschaftliche, religiöse, politische oder persönliche Gründe haben.

Militarismus
Einstellung, die militärischen Lebensformen und Verhaltensweisen auch im gesellschaftlichen Alltag hohen Wert beimisst.

Minnesang
wird die mittelalterliche Liebesdichtung genannt, mit der Ritter um die Gunst einer adligen Frau warben. Diese Gedichte wurden oft auch gesungen.

Missionare
wandern oder reisen in fremde Länder, um den Menschen aus der Bibel zu erzählen. Sie verbreiten den christlichen Glauben.

Mittelalter
nennt man die Epoche zwischen der Antike und der Neuzeit. Es begann etwa um 500 n. Chr. und endete um 1500. Europa war in dieser Zeit stark vom Christentum geprägt und bestand aus verschiedenen Königtümern. Die meisten Menschen lebten als unfreie Bauern unter adligen Herren.

Mobilität
die Bereitschaft und Fähigkeit zu räumlicher, sozialer und beruflicher Veränderung

Mobilmachung
Alle Streitkräfte eines Staates machen sich bereit für einen bevorstehenden Kriegseinsatz.

Moderne
Epoche von etwa 1880 bis 1930, in der es in vielen Lebensbereichen zu einem Umbruch gegenüber der Tradition kam. Ausgelöst wurde dieser Wandel vor allem durch die Ideen der Aufklärung und die Industrialisierung.

Monarchie
heißt Alleinherrschaft. An der Spitze des Staates steht ein König.

Monopol
Wenn man als Einziger eine Ware herstellt oder verkauft, dann besitzt man eine Monopolstellung. Man kann allein die Preise festlegen.

Münchner Abkommen
Dieser Beschluss vom 29. September 1938 zwischen Großbritannien, Frankreich, Italien und dem Deutschen Reich erlaubte es Hitler, das tschechische Sudetenland, in dem etwa 3 Millionen Deutschstämmige lebten, folgenlos annektieren zu können. Die tschechische Regierung hatte kein Mitspracherecht.

Muslime
So nennt man die Anhänger des Islam („sich Hingebende"), weil Mohammed von seinen Anhängern forderte, sich dem Willen Allahs hinzugeben.

Nahostkonflikt
seit 1948 anhaltender Konflikt im Nahen Osten zwischen Israel, den Palästinensern und den arabischen Nachbarstaaten Israels um Gebietsansprüche

Napalm
Brandwaffe, die schlecht heilende Verletzungen der Haut verursacht

Napoleon
(1769–1821) Napoleon Bonaparte war ein französischer Offizier, Konsul und Kaiser, der zu Beginn des 19. Jahrhunderts nahezu ganz Europa eroberte und beherrschte. Ab 1799 regierte er als Erster Konsul, 1804 bis zur Absetzung 1815 als Kaiser. Er starb 1821 in der Verbannung.

Nation
(von lat. „natio" = Stamm, Volk)
Heute fasst man darunter Menschen gleicher Sprache oder Staatsangehörigkeit zusammen.

Nationalismus/national
Politische Strömung, die den eigenen Nationalstaat in den Mittelpunkt stellt oder einen eigenen souveränen Nationalstaat anstrebt. Oft zeigt sich der Nationalismus als Stolz auf die Leistungen und Werte des eigenen Volkes, manchmal verbunden mit einem übertriebenen Machtanspruch und mit der Herabsetzung anderer Völker.

Nationalsozialismus
eine nach dem Ersten Weltkrieg in Deutschland entstandene rechtsradikale und demokratiefeindliche Bewegung. Zu ihren Kennzeichen gehörten ein übersteigerter Rassenwahn, durchsetzt mit einem extremen Antisemitismus und der Überhöhung der arisch-nordischen Rasse, sowie ein ausgeprägter Antikommunismus und Expansionsgedanke.

Nationalversammlung
Das ist eine Versammlung von gewählten Vertretern des Volkes, die eine Verfassung oder Gesetze erarbeiten sollen.

NATO
(„North Atlantic Treaty Organization" = Nordatlantikpakt) militärisch-politisches Bündnis westlicher Staaten, das 1949 unter Führung der USA gegründet wurde

NATO-Doppelbeschluss
Die NATO bot 1979 dem Wahrschauer Pakt Abrüstungsverhandlungen an. Gleichzeitig kündigte sie die Stationierung neuer Atomwaffen an, falls die Verhandlungen scheitern sollten. Letzteres erfolgte 1983.

Begriffsglossar

neolithische Revolution
Der Übergang von der Lebensweise der Sammler und Jäger in der Altsteinzeit zu der Lebensweise der Ackerbauern und Viehzüchter der Jungsteinzeit (auch Neolithikum genannt), der vor etwa 10 000–15 000 Jahren in Vorderasien begann.

Neuzeit
Die Neuzeit ist die auf das Mittelalter folgende Epoche der europäischen Geschichte. Sie begann als Frühe Neuzeit ungefähr in der zweiten Hälfte des 15. Jahrhunderts und dauert bis heute an.

Nilschwemme
nennt man das jährliche Anschwellen des Nils durch starke Regenfälle in den Bergen der Nilquellen. Seit dem Bau des Assuan-Staudamms ab 1960 erreicht dieses jährliche Hochwasser nicht mehr die Felder am Unterlauf des Nils.

Notstandsgesetze
Sie erlauben es, in der Bundesrepublik im Verteidigungsfall, im Katastrophenfall oder bei einer inneren Notlage des Staates demokratische Grundrechte außer Kraft zu setzen. Die Gesetze wurden 1968 in Kraft gesetzt.

Notverordnungen
konnte der Reichspräsident nach Artikel 48 der Weimarer Verfassung im Krisenfall erlassen. Sie hatten Gesetzeskraft. Damit wurde das Parlament aus dem Gesetzgebungsprozess ausgeschaltet.

Novemberpogrome
(von russ. „pogrom" = Verwüstung) die Angriffe der Nationalsozialisten auf Juden und jüdische Einrichtungen in der Nacht vom 9. auf den 10. November 1938; dabei verwüsteten SA-Männer jüdische Geschäfte und Synagogen und töteten 1300–1500 Menschen.

NSU
(= Nationalsozialistischer Untergrund) Rechtsextremistische, terroristische Vereinigung, die zwischen 2000 und 2011 zehn Morde sowie mehrere Mordversuche, Überfälle und Bombenanschläge begangen hat. Die Taten der Gruppe waren vor allem rassistisch und fremdenfeindlich motiviert.

„Nürnberger Gesetze"
Nationalsozialistische Rassengesetze zur Ausgrenzung der jüdischen Bevölkerung aus dem gesamten wirtschaftlichen und gesellschaftlichen Leben. Durch diese Gesetze wurden den Juden in Deutschland zentrale Bürgerrechte entzogen. Dies machte sie zu Staatsangehörigen zweiter Klasse.

Oder-Neiße-Linie
Beschlüsse auf der Konferenz von Potsdam (August 1945): Die deutschen Gebiete östlich der Flüsse Oder und Neiße werden „vorläufig" von Polen und der Sowjetunion verwaltet. Die deutsche Bevölkerung wird sofort vertrieben.

Optimaten
(von lat. optimi = die Besten) So nannte man die Politiker der Senatspartei.

Osmanen
hießen die Sultane des türkischen Herrschergeschlechts, das von etwa 1300 bis 1922 in dem nach ihm benannten Osmanischen Reich herrschte.

Ost-Erweiterung der EU
Aufnahme von mittel- und osteuropäischen Staaten in die Europäische Union ab 2004

Ostverträge
Unter Bundeskanzler Willy Brandt (SPD) 1970 bis 1973 abgeschlossene Verträge der Bundesrepublik mit der Sowjetunion, Polen und der Tschechoslowakei. Darin erkannte die Bundesrepublik u. a. die bestehenden Grenzen in Osteuropa an.

Pariser Verträge
1954 geschlossene Abkommen über die Stellung der Bundesrepublik innerhalb der westlichen Staatengemeinschaft. Vereinbart wurden das Ende der Besatzungszeit, die Stationierung fremder Streitkräfte in der Bundesrepublik und der Beitritt Westdeutschlands zur NATO.

Parlament
Versammlung der vom Volk gewählten Repräsentanten, die Gesetze beschließt (Legislative). Das Parlament kontrolliert auch die Arbeit der Regierung und hat oft das Recht, diese wieder abzuwählen.

Partisanen
(von ital. „partigiano" = Parteigänger) bewaffnete Widerstandskämpfer, die nicht zu den regulären Streitkräften eines Landes gehören

Patent
Durch ein Patent wird die gewerbliche Nutzung einer Erfindung geschützt und anderen Konkurrenten verboten.

pater familias
Im Lateinischen heißt „pater" Vater. Der Begriff bezeichnet also den Familienvater. Wir können ihn auch Hausvater oder Familienoberhaupt nennen.

Patrizier
heißen in der Antike die Mitglieder adliger Familien. Sie besaßen große Landgüter und hatten viel Macht im Staat.
Im Mittelalter kamen die Patrizier aus reichen Kaufmannsfamilien und bildeten die städtische Oberschicht. Aufgrund ihrer Lebensführung wurden sie als dem Adel ebenbürtig angesehen. Die Patrizier beherrschten im 12. bis 14. Jahrhundert oft die Stadtregierungen.

Pazifismus
(von lat. „pax" = Frieden) Einstellung von Personen, die Krieg zur Lösung von Konflikten grundsätzlich ablehnen

Perestroika
russ. = Umgestaltung.
Reformen zur Modernisierung der Sowjetunion unter der Führung der KPdSU. Gorbatschows Ziel war es, das starre Gesellschaftssystem und die Kommandowirtschaft aufzubrechen.

Perserkriege
Von 500 bis 479 v. Chr. befanden sich die griechischen Poleis im Krieg mit dem Perserreich. Ausgelöst durch den persischen Einmarsch unter Dareios I. endete der Erste Perserkrieg mit dem Sieg der Griechen bei Marathon. Zehn Jahre später versucht Xerxes I., die Griechen zu besiegen. Er schlug die Spartaner bei den Thermopylen und brannte Athen nieder. 480 v. Chr. erlitt er aber bei Salamis/Athen eine entscheidende Niederlage.

Peuplierung
(von frz. peuple = Volk) planmäßige Besiedlung bevölkerungsarmer Gebiete

Pharao
bedeutet eigentlich so viel wie „großes Haus" und ist der Titel der ägyptischen Könige. Die Reihe der Pharaonen endete 30 v. Chr. mit dem Tod Kleopatras. Danach wurde Ägypten eine römische Provinz und von Statthaltern verwaltet.

Philosoph
heißt im Griechischen „Freund der Weisheit". Die Philosophen waren Gelehrte, die nach dem Ursprung der Dinge suchten. Ihre Erkenntnisse erlangten bis heute Bedeutung.

Pilger
ist ein gläubiger Mensch, der zu heiligen Stätten fährt oder wandert und dabei Buße tut.

Planwirtschaft
Wirtschaftssystem, in dem staatliche Stellen Planvorgaben für die Wirtschaft erarbeiten. Produktion, Verteilung der Waren und Preisfestlegung werden zentral geregelt.

Plebejer
(von lat. plebs = einfaches Volk) Die Plebejer besaßen das römische Bürgerrecht, waren aber meist arm.

PLO
Palestine Liberation Organization (Palästinensische Befreiungsorganisation) 1964 gegründete Organisation. Die PLO ist die führende politische Partei im Westjordanland. Sie repräsentiert die Palästinenser vor internationalen Institutionen wie den Vereinten Nationen (UN).

Pluralismus
(von lat. „plures" = mehrere). Leitbild moderner Demokratien. Es gilt das Prinzip der Vielfalt. Unterschiedliche Meinungen, Interessen (politisch, sozial, wirtschaftlich, …) und Weltanschauungen werden respektiert und in der Organisation des Staates berücksichtigt: Macht und Einfluss sind auf mehrere Gruppen verteilt.

Polis
bedeutete ursprünglich „Burg" oder „Stadt". Jede Polis hatte ihr eigenes Gebiet, ihre eigene Bevölkerung und eigene politische Einrichtungen. Von „Polis" leitet sich unser Wort „Politik" ab: das, was alle angeht.

Popularen
(von lat. populus = das Volk) So nannte man die Politiker der Volkspartei.

Porträt
Bildliche Darstellung eines menschlichen Gesichtes. Es stellt die besonderen persönlichen Eigenschaften dar. Man kann eine Persönlichkeit auch in einem Text porträtieren.

Prägen
bedeutet eindrücken. In Münzen wurden wichtige Informationen eingeprägt. Da wenig Platz war, mussten sich die Bürger oder die Herrscher entscheiden, was ihnen wichtig war. Das wurde dann mit der Münze durch den Handel verbreitet.

Prager Frühling
Demokratisierungsprozess in der Tschechoslowakei von Januar bis August 1968 unter Führung des KP-Funktionärs Alexander Dubček. Das Ziel war ein „Sozialismus mit menschlichem Antlitz".

Prinzipat
Augustus bezeichnete sich selbst als „princeps", was so viel heißt wie der Erste im Staat. Seine Herrschaftsform nennen wir daher Prinzipat. Nach außen wollte er alles so erscheinen lassen, als ob die Staatsform der Republik unverändert bleibe. In Wirklichkeit war es aber eine Monarchie. Wir nennen Augustus und seine Nachfolger daher Kaiser.

Privilegien
sind Sonderrechte, die bestimmten Personen, ganzen Personengruppen, aber auch Organisationen wie z. B. Städten zugestanden werden.

Produktionskette
die Abfolge von der Rohstoffgewinnung über Zwischenprodukte bis zur Herstellung des Endprodukts

Proletariat
In der Zeit der Industrialisierung bezeichnete man die Masse der verelendeten Arbeiter (Proletarier) als Proletariat (= Arbeiterklasse).

Proletarier
nannte man die besitzlosen Römer. Weil es für alle einfachen Arbeiten Sklaven gab, hatten sie kaum eine Möglichkeit, ihren Lebensunterhalt selbst zu verdienen.

Propaganda
(von lat. „propagare" = ausdehnen, ausbreiten) Beeinflussung der öffentlichen Meinung. Viele Filme und Bilder, die uns heute zum Nationalsozialismus überliefert sind, sind Propagandaaufnahmen.

Protestanten
Auf dem Reichstag in Speyer 1529 protestierte die evangelische Minderheit gegen den Beschluss, Luthers Lehre zu verbieten. Seitdem werden die Anhänger der Reformation auch Protestanten genannt.

Provinz
So nannten die Römer eine Besitzung außerhalb Italiens. Die Provinzen wurden von römischen Beamten verwaltet. Diese trieben die Steuern und Abgaben für Rom ein – und bereicherten sich auch selbst.

Quellen
So werden alle Texte und Gegenstände genannt, die aus vergangenen Zeiten übrig geblieben oder überliefert sind. Wir unterscheiden mündliche und schriftliche Quellen, Bild- und Tonquellen sowie Sachquellen. Quellen, die in diesem Buch abgedruckt sind, sind mit einem Q gekennzeichnet.

RAF
(Rote Armee Fraktion) terroristische Gruppe in der Bundesrepublik, die die Ziele der APO mit Gewalt weiter verfolgte

Rassismus
Anschauung, wonach Menschen aufgrund angeborener (äußerlicher) Eigenschaften willkürlich in Rassen von unterschiedlichem Wert eingeordnet werden. Rassisten bewerten einen Menschen danach, ob er einer angeblich wertvollen oder minderwertigen Rasse angehört.

Räte
von Arbeitern und Soldaten gewählte Vertreter. Ihr Vorbild waren die erstmals in Russland von Arbeitern, Soldaten und Bauern gewählten „Sowjets".

Räterepublik
Staatsform, bei der die Herrschaft über Räte ausgeübt wird. Deren Mitglieder sind ihrer Basis verpflichtet und dürfen nur im Sinne der Basis abstimmen. Im Rätesystem gibt es keine Gewaltenteilung – die Räte agieren als Gesetzgeber, Regierung und Gericht zugleich.

Begriffsglossar

Reformation
Bewegung zur Erneuerung der Kirche. Sie wurde von Martin Luther 1517 ausgelöst und führte schließlich zur Spaltung der Kirche.

Reformen der sozial-liberalen Koalition
Bezeichnung für eine Vielzahl von Reformen in verschiedenen gesellschaftspolitischen Bereichen wie der Ehe-, Familien- oder Bildungspolitik, die von der Regierungskoalition aus SPD und FDP in den 1970er-Jahren beschlossen wurden

Regalien
bezeichnet die Hoheitsrechte, die nur ein König oder Kaiser besaß: Münzrecht, Gerichtsbarkeit, Burgenbau, Städtegründungen, …

Reichskirchenwesen
bezeichnet die Ordnung von Otto I., die die Kirche zur wichtigsten Stütze des Königtums machte. Damit war die Reichskirche das Gegengewicht zur Macht der Herzöge und garantierte die Einheit des Reiches.

Reichsstände
bezeichnet die Fürsten und Vertreter freier Städte, die im Heiligen Römischen Reich Sitz und Stimme im Reichstag hatten.

Reichstag
Volksvertretung im Deutschen Reich, die zusammen mit dem Bundesrat die gesetzgebende Gewalt innehatte. Als Reichstag wird darüber hinaus auch ab 1894 der Tagungsort des Parlaments in Berlin bezeichnet.

Rekonstruktion
(lat. rekonstruieren = wiederherstellen, nachbilden) Rekonstruktionen sind Modelle, Zeichnungen oder nachgebaute Häuser oder Werkzeuge aus vergangenen Epochen. Rekonstruktionen sind keine Quellen, sondern Darstellungen von Geschichte. Darum sind sie in diesem Buch mit einem D beschriftet.

Reliquie
(lat. = Überbleibsel) sind Überreste eines Heiligen, meist der Gebeine (Knochen). Die Gläubigen verehrten sie, da sie glaubten, dass von Reliquien eine heilende oder wundertätige Kraft ausgeht.

Renaissance
(frz. = Wiedergeburt) bezeichnet die Zeit von etwa 1400 bis 1550. Künstler und Wissenschaftler entdeckten das Wissen der Antike wieder. Vorstellungen aus der Antike wurden „wiedergeboren".

Reparationen
(von lat. „reparare" = wiederherstellen) „Wiedergutmachung" für die Schäden eines Krieges, welche die Besiegten in Form von Sachgütern und/oder Geldzahlungen leisten müssen

Repräsentation
Vertretung des Volkes durch gewählte Abgeordnete (Repräsentanten). Diese können in einem Parlament z. B. über Steuern und Gesetze abstimmen.

Republik
(von lat. res publica = die öffentliche bzw. gemeinsame Sache) So nannten die Römer ihren Staat nach der Königszeit. In der Neuzeit bezeichnet Republik auch eine Staatsform, bei der das Volk als höchste Gewalt angesehen wird. Regierung und Parlament werden nur auf Zeit gewählt.

„Republikflucht"
DDR-Bezeichnung für einen „ungesetzlichen Grenzübertritt", der in der DDR unter Strafe stand. Der Begriff ging auch in den Sprachgebrauch der Bundesrepublik ein.

retuschieren
ändern, ausbessern, überarbeiten

Revolution
Darunter versteht man einen zumeist gewaltsamen Umsturz der staatlichen und gesellschaftlichen Ordnung.

Rittertum
bezeichnet die Kultur und das Leben der Ritter, die als berittene Krieger mit schwerer Rüstung in den Kampf zogen.

Rom
Die Römer nannten ihre Stadt „Roma". Sie soll 753 v. Chr. gegründet worden sein. So rechneten es jedenfalls die römischen Geschichtsschreiber aus.

Romanisierung
Das Wort bedeutet „römisch machen" oder „römisch werden". In allen Provinzen des Reiches veränderte das römische Vorbild das Leben und die Einstellungen der Menschen.

Runder Tisch
in der Politik ein Gremium, in dem die Teilnehmer gleichberechtigt nach Lösungen für ein Problem suchen

SA
(Abkürzung für Sturm-Abteilung) Die SA war die Parteiarmee der NSDAP. Sie zählte 1932 rund 400 000 Mitglieder, die bereit waren, jederzeit Gewalt anzuwenden. Ab 1934 verlor die SA gegenüber anderen paramilitärischen Einheiten an Bedeutung.

Sage
Mündlich überlieferte Erzählung mit gewissem Realitätsanspruch, da die Handlung an tatsächliche Personen und Orte gebunden ist. Die geschilderten Ereignisse sind allerdings historisch nicht bezeugt und werden meist mit übernatürlichen Elementen ausgestaltet.

Säkularisation
bezeichnet die Auflösung von Bistümern und Klöstern und die Übertragung ihres Besitzes als Entschädigung an Fürsten.

Sammler und Jäger
ernährten sich von dem, was die Natur ihnen bot. In Europa lebten die Menschen in der Altsteinzeit so. Ob Frauen und Männer spezielle Aufgaben hatten, ist bei den Forschern umstritten. Vermutlich musste jeder fast jede Tätigkeit ausüben können.

Samniten
Volk in Mittelitalien. Die Römer führten von 343 bis 290 v. Chr. mehrere Kriege mit den Samniten um die Vorherrschaft in Mittelitalien.

Sanktion
(von lat. sanctio = Vorbehalt, Verordnung) Strafmaßnahme gegen einen Staat, der das Völkerrecht verletzt hat oder zu verletzen droht

„Schlieffen-Plan"
von Generaloberst Alfred von Schlieffen 1905 angeregter Plan, im Falle eines Krieges erst Frankreich schnell zu besiegen, um danach die Truppen gegen das mit Frankreich verbündete Russland einsetzen zu können

Schutzgebiete
Von privaten Gesellschaften erworbene und verwaltete Gebiete in Übersee, die unter dem Schutz des deutschen Kaisers standen. Der Begriff wurde von Bismarck geprägt aufgrund seiner Abneigung gegen den staatlichen Erwerb von Kolonien. Er sollte verdeutlichen, dass es sich nicht um Kolonien des Deutschen Reiches handelte.

Schwarzmarkt
von den Behörden nicht erlaubter Handel mit Waren. Auf dem Schwarzmarkt werden meist beliebig festgesetzte Höchstpreise verlangt.

SED
Sozialistische Einheitspartei Deutschlands, 1946 entstanden aus dem erzwungenen Zusammenschluss von SPD (SBZ) und KPD. In den Westzonen schlossen sich KPD und SPD nicht zusammen.

Senat
Im Senat saßen reiche und angesehene Männer. Sie berieten die Konsuln und bereiteten Verträge vor.

Shoa
(hebräisch „Katastrophe", „großes Unheil") von vielen Juden anstelle von „Holocaust" verwendete Bezeichnung für die Vernichtung der europäischen Juden durch die Nationalsozialisten. Dadurch soll der Eindruck vermieden werden, der Völkermord habe als ein Opfer einen Sinn gehabt.

Sicherheitsrat
wichtigstes Organ der UN, das über Friedenseinsätze entscheidet

Sinti und Roma
verschiedene nicht sesshafte Bevölkerungsgruppen, die ab dem Mittelalter nach Europa einwanderten. Sinti und Roma kamen ursprünglich vermutlich vom indischen Subkontinent und sprechen eine eigene Sprache.
Sie bildeten bis ins 20. Jahrhundert die größte Minderheit in Europa, waren aber immer wieder Ausgrenzung und Vertreibung ausgesetzt.

Sklaven
sind unfreie Menschen ohne persönliche Rechte.

Slawen
sprachverwandte Völker im Osten und Südosten Europas, u. a. Tschechen, Serben, Polen, Russen

Söldner
(von lat. „solidus" = feste Goldmünze) bezeichnet einen Soldaten, der gegen Bezahlung (Sold) einem beliebigen Feldherrn Kriegsdienste leistet. Im 16.–18. Jahrhundert war es üblich, Truppen gegen Besoldung anzuwerben.

Souveränität
bedeutet die rechtliche Unabhängigkeit eines Staates. Ein souveräner Staat beansprucht, dass sich niemand in seine inneren Angelegenheiten einmischt und er seine Außenpolitik selbst gestaltet.

Sowjets
(= Räte) Bezeichnung für die überall im Lande von Arbeitern, Soldaten und Bauern gewählten politischen Interessenvertretungen

Sowjetunion (UdSSR)
Lenin gründete 1922 aus dem ehemaligen Zarenreich die „Union der Sozialistischen Sowjetrepubliken" (= UdSSR). Diesen Staat, der bis 1991 existierte, nennt man auch Sowjetunion.

Soziale Frage
bezeichnet die sozialen Probleme, die mit der Industrialisierung entstanden: Kinderarbeit, lange Arbeitszeiten, schlechte Wohnverhältnisse sowie Verelendung der Arbeiterschicht.

Soziale Marktwirtschaft
Ihre Merkmale sind: Privateigentum, freie Berufswahl sowie der freie Wettbewerb (Angebot und Nachfrage). Bei der sozialen Marktwirtschaft korrigiert der Staat negative Auswirkungen des Wettbewerbs mit sozialen Hilfen.

Soziale Schichten
dienen zur Einteilung der Mitglieder einer Gesellschaft nach Merkmalen wie Herkunft, Beruf, Bildung, Einkommen, Besitz, … Häufig ist die Einteilung in Ober-, Mittel-, Unterschicht.

Sozialgesetzgebung
Die Sozialgesetzgebung verpflichtet Arbeitnehmer und Arbeitgeber dazu, Beiträge an die gesetzliche Sozialversicherung zu zahlen. Die Höhe hängt vom Bruttolohn des Arbeitnehmers ab. Es gibt heute fünf Säulen der Sozialversicherung:
Krankenversicherung (seit 1883),
Unfallversicherung (seit 1884),
Rentenversicherung (seit 1889),
Arbeitslosenversicherung (seit 1927) und
Pflegeversicherung (seit 1995).

Sozialismus
(von lat. „socialis" = gesellschaftlich) Der Sozialismus strebt Veränderungen in der Gesellschaft zum Wohle der arbeitenden Bevölkerung an.

Sozialistische Marktwirtschaft
Wirtschaftsordnung, in der die zentrale Planwirtschaft kommunistischer Staaten mit Merkmalen der Marktwirtschaft wie freie Preisbildung oder Konkurrenz von Staatsbetrieben gekoppelt wird.

Spartakusbund
Im Spartakusbund vereinten sich während des Ersten Weltkrieges in Deutschland Menschen, deren Ziel eine internationale Revolution der Arbeiterklasse war.

Spätaussiedler
Deutsche im Sinne des Grundgesetzes, die im Ausland als deutsche Minderheit leben und seit etwa 1980 nach Deutschland zurückkehren, um sich hier dauerhaft niederzulassen

SS
(Abkürzung für Schutzstaffel) Die SS war ab 1934 die wichtigste militärische Einheit des nationalsozialistischen Regimes und vor allem im Osten für Kriegsverbrechen verantwortlich.

Staatenbund
Jeder Staat behält seine Souveränität (Unabhängigkeit). Durch den Zusammenschluss werden nur einige Ziele gemeinsam angestrebt.

Staatshaushalt
Ausgaben und Einnahmen des Staates

Staatssicherheit
Behörde, die im Geheimen den Staat vor Gefahren, meist aus dem Inneren, beschützt. In der DDR wurde der Begriff, neben dem Kurzwort „Stasi", umgangssprachlich für das Ministerium für Staatssicherheit (MfS) verwendet. Dies war eine 1950 in der DDR gegründete Behörde, die es sich neben der Auslandsspionage zur Aufgabe machte, mit einem flächendeckenden Netz von Spitzeln das private und öffentliche Leben der eigenen Bevölkerung auszuspionieren, um „staatsfeindliche" Aktivitäten aufdecken zu können.

Begriffsglossar

Stadtrecht
Sammelbegriff für Rechte (Freiheiten), die der Stadtherr (Gründer) einer Stadt verlieh. Dazu gehörte das Abhalten von Märkten, der Bau der Stadtmauer, die Zollfreiheit, die persönliche Freiheit der Bewohner oder das Münzrecht.

Stand/Stände
Gesellschaftliche Gruppen mit gemeinsamen Kennzeichen, z. B. Herkunft der Geburt, Beruf, Bildung. Stände unterschieden sich nach ihren Aufgaben, ihrem Ansehen und ihren politischen Rechten.

Ständegesellschaft
Darunter versteht man die Einteilung der Gesellschaft in Adel, Klerus sowie Bauern und Bürger. Die Zugehörigkeit zu einem Stand war in der Regel durch die Geburt vorgegeben.

Stellungskrieg
Kampfhandlungen, bei denen sich der Frontverlauf zwischen den kämpfenden Parteien über längere Zeit nicht ändert. Sie werden meist von Schützengräben und Bunkern aus geführt.

Stuck
(von ital. „stucco" = Gipsmörtel) ist ein Gemisch aus Gips, Kalk, Sand und Wasser, das für Verzierungen an Decken, Gewölben und Wänden verwendet wird.

Sultan
(arab. „Stärke") Titel eines islamischen Herrschers, ähnlich eines Königs

Supermacht
ein Staat, der aufgrund seiner finanziellen, wirtschaftlichen, technologischen und militärischen Stärke globale Entwicklungen bestimmen kann. Eine Supermacht ist in der Lage, weltweit an verschiedenen Orten gleichzeitig militärisch einzugreifen.

Talent
Das war in der Antike die größte Einheit für einen Geldbetrag: etwa 26 kg Silber.

Tauschwirtschaft
So trieben die Menschen Handel, bevor sich das Geld als Zahlungsmittel durchsetzte. Lebensmittel und Rohstoffe wurden bei Händlern oder auf Märkten gegen andere Waren eingetauscht.

Territorialstaat
ist ein Staat, der ein klar umgrenztes Gebiet hat. Die Fürsten hatten hier die Landeshoheit und konnten nahezu uneingeschränkt herrschen.

Terrorismus
Anwendung unvorhersehbarer Gewalt (z. B. Anschläge, Morde und Entführungen) durch extremistische Gruppierungen oder Einzeltäter, um Angst und Schrecken zu verbreiten und politischen Druck auszuüben

Thesen
Thesen sind Behauptungen und Lehrsätze, die ein Wissenschaftler aufstellt und über die in der Öffentlichkeit gestritten werden kann.

Toleranz, tolerant
(von lat. „tolerare" = dulden) Wer tolerant ist, respektiert die Meinungen und den Glauben anderer, auch wenn er selbst anders denkt.

Transitwege
Sie verbanden die Bundesrepublik und Westberlin und liefen über das Gebiet der DDR. Nur auf diesen Wegen durften Personen und Waren von der Bundesrepublik nach Berlin gebracht werden (und umgekehrt).

Troja
war eine Stadt in Kleinasien und lag am Übergang vom Mittelmeer zum Schwarzen Meer. Der Sage nach wurde sie von Griechen nach zehnjähriger Belagerung zerstört. Dieses Ereignis könnte um 1200 v. Chr. stattgefunden haben.

Tschernobyl
Kernkraftwerk, das 1986 in der heutigen Ukraine außer Kontrolle geriet. Zwei Explosionen des Reaktors setzten eine große Menge an radioaktiven Stoffen frei, die Richtung Westen auch Teile Bayerns erreichten.

Ultimatum
letzte Mahnung, bis zu einem bestimmten Zeitpunkt Forderungen zu erfüllen, um Krieg zu vermeiden

UNESCO
(engl. „United Nations Educational, Scientific and Cultural Organization" = Organisation der Vereinten Nationen für Bildung, Wissenschaft und Kultur") 1945 gegründete Sonderorganisation der UN, der fast alle Staaten der Erde angehören. Aufgabe der UNESCO ist die die Förderung von Erziehung, Wissenschaft und Kultur, von Kommunikation und Information.

UN (UNO)
United Nations (Organization) = Vereinte Nationen. 1945 gegründete Organisation zur Sicherung des Weltfriedens

USPD
Aus Protest gegen die Unterstützung des Ersten Weltkrieges durch die SPD hatte eine Gruppe von SPD-Reichstagsabgeordneten 1917 eine eigene Partei gegründet – die Unabhängige Sozialdemokratische Partei Deutschlands (USPD).

Vasall
(von keltisch „der, der dient") Seit dem 9. Jahrhundert Bezeichnung für den adligen Lehnsmann

Vereinte Nationen
(engl.: United Nations Organization/ UNO). Zusammenschluss von aktuell 193 Mitgliedstaaten. Ihr Ziel ist es, den Weltfrieden zu erhalten, Konflikte friedlich zu lösen und die Menschenrechte zu achten.

Verfassung
ist für die Zeit der Antike ein anderes Wort für Staatsordnung. In Griechenland gab es die Verfassungen der Monarchie, der Aristokratie und der Demokratie.
In der Neuzeit bezeichnet Verfassung auch den Text, der die politische Organisation des Staates festlegt. Er beschreibt die Rechte und Pflichten der einzelnen Staatsorgane.

Verständigungsfrieden
ein Friedensschluss, der von beiden Kriegsgegnern angestrebt wird und bei dem es keinen Sieger und keinen Besiegten gibt

Vertrag von Versailles
Mit dem Vertrag von Versailles wurde 1919 zwischen den Siegermächten und dem Deutschen Reich ein Friedensvertrag geschlossen. Das Deutsche Reich erkannte damit seine Kriegsschuld an, trat Teile seines Staatsgebietes ab und erklärte sich bereit, an die Siegermächte Reparationszahlungen zu leisten.

Veto
(lat. = ich verbiete) Einspruch gegen ein Vorhaben, der nicht begründet werden muss und bindend ist

Vierjahresplan
Programm von 1936, mit dem das Deutsche Reich innerhalb von vier Jahren kriegsbereit gemacht werden sollte. Verantwortlich für den Vierjahresplan war Hermann Göring. Der Staat griff in die freie Wirtschaft ein und steuerte die Produktion, um sie den Erfordernissen der Kriegsvorbereitung anzupassen.

Villa/Gutshof
Ein herrschaftliches Wohnhaus mit seinen Nebengebäuden nannten die Römer „Villa". Auf dem Land gehörten zum Herrenhaus noch Ställe, Scheunen und Werkstätten. Wir sprechen in diesem Fall von einem Gutshof.

Völkerbund
Weltfriedensorganisation von 1920 bis 1946

Völkermord
auch Genozid genannt, bezeichnet seit 1948 die Auslöschung oder den Versuch der Auslöschung einer nationalen, ethnischen, rassischen oder religiösen Gruppe

Völkerwanderung
Sie begann 375 n. Chr., als die Hunnen nach Europa vorstießen. Die Völkerwanderung hatte aber noch andere Ursachen: Zum einen nahm die Bevölkerung stark zu, sodass das Land nicht mehr für alle reichte. Zum anderen wuchs durch Klimaveränderungen auf den Äckern nicht mehr genug, um alle Menschen zu ernähren.

„Volksgemeinschaft"
nationalsozialistischer Begriff zur Ausgrenzung von Minderheiten und politischen Gegnern. In der Ideologie des Nationalsozialismus gab es nur die Eingliederung die Gemeinschaft und die bedingungslose Unterordnung unter den „Führer". Der Begriff „Volksgemeinschaft" diente dazu, Minderheiten und politische Gegner auszugrenzen.

Volkssouveränität
Grundlegendes demokratisches Prinzip, nach dem im Staat die oberste Gewalt (Souveränität) vom Volk ausgeht

Volkssturm
Der Volkssturm war eine eigene militärische Einheit und bestand aus den Männern im Alter von 16 bis 60 Jahren, die noch nicht bei Wehrmacht oder SS waren. Sie wurden nur mangelhaft ausgerüstet und ausgebildet und sollten ab September 1944 den „Heimatboden" verteidigen.

Waffenstillstand
vorläufige Einstellung von kriegerischen Handlungen zwischen Kriegsparteien, meist gefolgt von Friedensverhandlungen

Wahlrecht
(nach der Verfassung von 1871: allgemein, gleich, geheim) Alle Männer ab 25 Jahren durften in geheimer Stimmabgabe, wobei jede Stimme gleich viel zählte, den Reichstag wählen.

Wandervögel
Die 1896 innerhalb des Bürgertums entstandene Bewegung von Schülern und Studenten war die erste Form einer Jugendbewegung. Ihr Ziel war eine gesunde, freie Lebensart in der Natur, die sich von Lebensbedingungen in der städtischen und industrialisierten Welt abhob.

Warschauer Pakt
militärisch-politisches Bündnis des Ostblocks, das 1955 unter Führung der Sowjetunion gegründet wurde

Weimarer Verfassung
ab 1919 bestehende Verfassung des Deutschen Reiches. Durch sie wurde Deutschland zu einer parlamentarischen Demokratie.

Weltwirtschaftskrise
große Wirtschaftskrise, die ab 1929 alle Industrieländer erfasste. Sie begann am Donnerstag, 24. Oktober 1929, in New York. An der dortigen Börse brachen die Kurse ein, weil Aktien unter Wert verkauft wurden. Banken wurden zahlungsunfähig, Betriebe mussten ihre Produktion einstellen. In Amerika ging der Tag als „Schwarzer Donnerstag" in die Geschichte ein, in Europa wegen der Zeitverschiebung als „Schwarzer Freitag".

Westeuropa
politisch gemeinte Vorstellung einer Staatengemeinschaft im Gegensatz zu „Osteuropa", das mit dem sowjetischen Machtbereich gleichgesetzt wurde. Geographisch gehören Staaten wie Deutschland, Polen und Tschechien zu Mitteleuropa.

Westfälischer Frieden
Die 1648 abgeschlossenen Friedensverträge des Kaisers mit Frankreich und Schweden beendeten den Dreißigjährigen Krieg. Die Bezeichnung „Westfälischer Frieden" hängt mit den Verhandlungsorten Münster und Osnabrück zusammen, die beide dem Westfälischen Reichskreis angehörten.

Westintegration
Prozess der Einbindung der Bundesrepublik Deutschland in das politische, militärische und wirtschaftliche System der westlichen Staatengemeinschaft durch verschiedene Verträge

Zeche
Bezeichnung für Unternehmen, die Bergbau betreiben

Zehnt
Der Zehnt war eine Steuer an die Kirche, die den zehnten Teil der Getreideernte betrug. Oft wurde der Zehnt auch in Geld bezahlt.

Zensurbehörde
staatliche Behörde, die vorschreibt, welche Inhalte in den Medien veröffentlicht werden dürfen

Zinsen
Vergütung für geliehenes Geld. Sowohl für das Leihen als auch für das Verleihen von Geld werden Zinsen fällig.

Zunft
hießen die Zusammenschlüsse von Handwerkern des gleichen Berufs. Sie sollten die Qualität der Produkte, die Preise, die Mengen und die Produktionsweisen, aber auch Ausbildung und Arbeitszeiten regeln. Auch die Unterstützung im Alter oder bei schwerer Krankheit wurde durch die Zünfte geleistet.

Register

Verwendete Abkürzungen:
Abb. = Abbildung;
amerik. = amerikanisch;
brit. = britisch;
chin. = chinesisch;
dt. = deutsch;
europ. = europäisch;
frz. = französisch;
HRR = Heiliges Römisches Reich;
ind. = indisch;
isr. = israelisch;
ital. = italienisch;
kub. = kubanisch;
maked. = makedonisch;
norweg. = norwegisch;
österr. = österreichisch;
polit. = politisch;
poln. = polnisch;
port. = portugiesisch;
röm. = römisch;
russ. = russisch;
sowjet. = sowjetisch;
tschechoslowak. = tschechoslowakisch;
ung. = ungarisch;
v. Chr. = vor Christus;
vietnam. = vietnamesisch

Hinweise:
→ Verweis auf ein Stichwort
~ ersetzt das Stichwort bei Wiederholung

Halbfett gesetzt sind Begriffe, die im Mini-Lexikon des Buches erläutert werden und im Begriffsglossar stehen. Bei Herrschern und kirchlichen Amtsträgern werden die Regierungs-/Amtsdaten, bei allen anderen Personen die Lebensdaten angegeben.

1968er-Bewegung 64

A

Abgeordnete 46, 107
Absolutismus 140
Abu Simbel (Oberägypten) 168 (Abb.)
Adenauer, Konrad (1876–1967), dt. CDU-Politiker u. Bundeskanzler 26, 32 (Abb.), **33** (Abb.), 47, 88 (Abb.)
Afghanistan 86, 149
Afrika 84 (Abb.), 85, 120, 149, 150 (Abb.), 156
Ägypten 114, 156, 168
Al-Aqsa-Moschee (Jerusalem) 116 (Abb.)
Albrecht der Bär/Albrecht I. von Brandenburg (um 1100–1170), dt. Fürst u. Markgraf 138
Aldrin, Edwin „Buzz" (geb. 1930), US-amerik. Astronaut 79 (Abb.)
Alexander der Große (336–323 v. Chr.), maked. Feldherr 154, 156 (Abb.), 157 (Abb.)
Alexander II. (1855–1881). russ. Zar 122
Alexandermosaik 156 (Abb.)
Algerien (Kolonialkrieg 1954–1962) 84 (Abb.)
Allianz für Deutschland 98
Alliierte 13 f., 22, 26, 46, 73; → Besatzungsmächte
Alliierter Kontrollrat 72, 73
al-Qaida (Terrororganisation) 122 f.
Amnestie 48
Anarchismus 122
Angola 58, 84
Annexion/annektieren 46, 75 (Abb.), 132
Antifaschismus 21, 48
antifaschistischer Schutzwall → Mauer(bau)
Antiimperialismus 74
Antisemitismus 52, 124
Anwerbestopp (1973) 58
APO (außerparlamentarische Opposition) 64
Arbeitslose/Arbeitslosigkeit 34, 100 f., 143 (Abb.), 153, 162, 163 (Abb.)
Armstrong, Neil (1930–2012), US-amerik. Astronaut 79
Arrian/Lucius Flavius Arrianus (um 85/90–nach 145), röm. Politiker u. Geschichtsschreiber 157
Asien 74, 82, 120, 128, 156
Asyl 146
Atlantik-Charta (1941) 73
Atombombe/Atomwaffen 72 f., 78, 80, 90, 99, 102, 165
Atomkrieg 70 f., 80, 81 (Abb.)
Attentate 64, 117 (Abb.), 122 (Abb.), 124, 132
„Aufbau Ost" 100 f.
Auschwitz-Prozess 48 f.
Auswanderung/Auswanderer (Amerika 19. Jh.) 137 (Abb.), 142 (Abb.), 143 ff.; (Palästina) 52 f.

B

Baader, Andreas (1943–1977), dt. RAF-Terrorist 65
Bachmann, Ingeborg (1926–1973), österr. Schriftstellerin 36
Bauer/Bäuerin 10, 17, 19 f., 25, 34, 82, 138, 139 (Abb.), 142, 158
Bauer, Fritz (1903–1968), dt. Generalstaatsanwalt 49 (Abb.)
Bayerisches Denkmalschutzgesetz (1973) 168 f.
Befreiungskriege (1813–1815) 46, 166; → Napoleon Bonaparte
Belgien 86 (Abb.), 104, 122
Ben-Gurion, David (1886–1973), erster isr. Ministerpräsident 114 (Abb.)
Berlin-Blockade (1948/49) 13

Berliner Mauer → Mauerbau
„Besatzungskinder" 11 (Abb.)
Besatzungsmächte 13 f., 16, 33, 36, 72, 82, 114; → Alliierte
Besatzungszonen 12 (Abb.), 13 f., 33 (Abb.), 46, 52, 72 f.; → Westzonen
BHE (Bund der Heimatvertriebenen und Entrechteten) 18
Biermann, Wolf (geb. 1936), dt. Liedermacher u. DDR-Dissident 65 (Abb.)
Bin Laden, Osama (1957–2011), staatenloser Terrorist 122 f.
Binnenmarkt, europ. 105 (Abb.)
Bizone 13
Blockparteien 20, 22
Bodenreform (1945) 20 (Abb.)
Böll, Heinrich (1917–1985), dt. Schriftsteller 36
Brandt, Willy (1913–1992), dt. SPD-Politiker u. Bundeskanzler 31, 40, 44 (Abb.), 45 f., 54, 64, 88, 89 (Abb.), 101 (Abb.)
Breivik, Anders Behring (geb. 1979), norweg. Terrorist 123
Breschnew, Leonid I. (1906–1982), sowjet. Staats- u. Parteichef 76, 103
Breschnew-Doktrin 76
Brexit 106
Bulgarien 106, 120
Bundesländer 14, 26, 98 f., 100, 148 f.
Bundestag, dt. 26, 32, 44 f., 47, 48 (Abb.), 89 ff., 98
Bundeswehr 32, 38, 113 (Abb.), 158, 159 (Abb.), 165
Bürgerrechtler (DDR) 86, 94 (Abb.), 98
Bürgerrechtsbewegung (DDR) 96
Bush, George W. (geb. 1946), US-amerik. Präsident 123
Byrnes, James (1879–1972), US-amerik. Außenminister 23

C

Caesar, Gaius Iulius (59–44 v. Chr.), röm. Staatsmann u. Feldherr 156
Carter, Jimmy (geb. 1924), US-amerik. Präsident 79
Castro, Fidel (1926/27–2016), kub. Revolutionär u. Staatspräsident 80
CDU (Christlich Demokratische Union) 22, 33, 44, 48, 64, 89 f., 98
CDU/DDR (Christlich-Demokratische Union) 20
Celan, Paul (1920–1970), dt. Dichter 36
Charta 77 (Tschechoslowakei) 87
Charta der deutschen Heimatvertriebenen (1950) 19
Chemnitz (1953–1990: Karl-Marx-Stadt) 66, 125 (Abb.)
China 78, 82, 85 (Abb.), 106, 111, 120, 127 (Abb.), 128, 130 f., 133 (Abb.), 151 (Abb.)
Christen(tum) 22, 54, 138
Chruschtschow, Nikita S. (1894–1971), sowjet. Staats- u. Parteichef 32, 47, 80 (Abb.), 81
Churchill, Winston Spencer (1874–1965), brit. Premierminister 73 (Abb.), 74, 105
Corona-Virus 106, 111, 128
CSU (Christlich Soziale Union) 24, 44, 89 f., 98

D

Danziger Bucht (Frisches Haff) 8 (Abb.)
Demonstrationen/Demonstranten 32, 38, 39 (Abb.), 40, 50 (Abb.), 64 (Abb.), 65, 90 (Abb.), 93 (Abb.), 94 (Abb.), 95 (Abb.), 96 (Abb.), 98, 101 (Abb.), 106 (Abb.), 124
Deutsche Einheit 31, 45 f., 89, 98, 100 f.; → Wiedervereinigung
deutsche Frage 25, 31, **46**, 47
Deutsche mit Migrationshintergrund 146, 147 (Abb.)
Deutscher Bundestag → Bundestag
deutsch-französischer Freundschaftsvertrag (1963) 70, 88 (Abb.)
Deutschlandvertrag (1952) 32
Deutschordensstaat 136, 138
Deutsch-Polnisches Jugendwerk 89 (Abb.)
Die Grünen (heute: Bündnis 90/Die Grünen) 90, 91 (Abb.)
Diplomatische Beziehungen 50, 113, 118
D-Mark (Deutsche Mark) 7, 13, 60, 98, 100
Displaced Persons (DPs) 52, 53 (Abb.)
Dominotheorie 82
Donnersmarck, Florian Graf Henckel von (geb. 1973), dt. Filmregisseur 56
Dreißigjähriger Krieg (1618–1648) 140
Dresden 39 (Abb.), 53 (Abb.), 59, 69, 96, 125 (Abb.)
Dubček, Alexander (1921–1992), tschechoslowak. Politiker 76
Dutschke, Rudi (1940–1979), dt. Studentenführer 64

E

Edikt von Potsdam (1685) 137, 140
EGKS (Europäische Gemeinschaft für Kohle und Stahl) 104
„Eiserner Vorhang" 71, 74, 86, 102 (Abb.)
Ehard, Hans (1887–1980), dt. CSU-Politiker u. Ministerpräsident (Freistaat Bayern) 24
Emigrant 142, 150
England 106, 132; → Großbritannien
Ensslin, Gudrun (1940–1977), dt. RAF-Terroristin 65
Enteignung 20, 38
Entkolonialisierung 84, **85**

Register

Entnazifizierung 14, 20
Entschädigung (Krieg/Eigentum) 14, 16, 34, 50, 73, 116
Erez 115
Erhard, Ludwig (1897–1977), dt. CDU-Politiker, Wirtschaftsminister u. Bundeskanzler 34
Erster Weltkrieg (1914–1918) 46, 112, 114
Estland 88, 128, 138
EU (Europäische Union) 100, 104 ff., 118 f., 121, 124, 126, 128, 132
Euro (Währung) 100, 104, 105 (Abb.), 120
Europäische Integration 104
Europäische Kommission 107
Europäischer Rat 107
Europäisches Parlament 107
EWG (Europäische Wirtschaftsgemeinschaft) 104, 107 (Abb.)
Exulanten 140, 141

F

Fake News 170
FDGB (Freier Deutscher Gewerkschaftsbund) 60
FDJ (Freie Deutsche Jugend) 66
FDP (Freie Demokratische Partei) 22, 24, 44, 90
Felsendom (Jerusalem) 116 (Abb.)
Flucht und Vertreibung 8
Flucht/Flüchtlinge 7 (Abb.), 8 (Abb.), 9 (Abb.), 16 ff., 20, 34, 40, 41 (Abb.), 42, 83 (Abb.), 88, 92 f., 114 ff., 124, 137, 140, 142, 146, 148 f., 150 (Abb.), 151 (Abb.), 153 (Abb.), 164; → Vertreibung/Vertriebene
Flüchtlingslager 18
Frankreich 10, 48, 70, 74, 78, 84, 88, 104 ff., 119, 122, 128
Frauenbewegung 62 (Abb.)
Frauenquote 62
Freiheitsrechte → Menschenrechte
Freistaat 24
Freistaat Bayern 7, 18, 24 f., 168
Friedensbewegung 90, 91 (Abb.)
Friedensgebete (DDR) 90, 94
Friedliche Revolution 94, 96, 101
Friedrich I. Barbarossa (1155–1190), Kaiser (HRR) 158 ff.
Friedrich II. (1220–1250), Kaiser (HRR) 158 f.
Friedrich Wilhelm von Brandenburg (1620–1688), Großer Kurfürst 140, 141 (Abb.)

G

G20 (Gruppe der 20) **124**
Gagarin, Juri (1934–1968), sowjet. Kosmonaut 78 (Abb.)
Gandhi, Mahatma (1869–1948), ind. Rechtsanwalt u. Führer der Unabhängigkeitsbewegung 85 (Abb.)
GASP (Gemeinsame Außen- und Sicherheitspolitik der EU) 118
Gastarbeiter 58 (Abb.), 146, 148
Gauck, Joachim (geb. 1940), dt. Pfarrer u. Politiker, erster Vorsitzender d. Behörde zur Offenlegung d. Stasi-Unterlagen u. Bundespräsident 91, 101
Gaulle, Charles de (1890–1970), frz. Staatspräsident 88 (Abb.)
Gaza-Streifen 114, 116
Glasnost 102, 103
Glaubensflüchtlinge 137, 140
Gleichgewicht des Schreckens 78, 79 (Abb.)
Globalisierung 111, **120**, 121 (Abb.), 130
Goebbels, Joseph (1897–1945), dt. NSDAP-Politiker u. Reichspropagandaleiter 14
Goethe, Johann Wolfgang von (1749–1832), dt. Dichter 36
Golan(höhen) 114, 117 f.
Gorbatschow, Michael S. (geb. 1931), sowjet. Staats- u. Parteichef 90, 98, 102, 103 (Abb.)
Göring, Hermann (1893–1946), dt. NSDAP-Politiker u. Reichsmarschall 14, 15 (Abb.)
Grenzsoldaten (DDR) 40 f.
Griechenland 58, 148 f., 157
Großbritannien 10, 12 ff., 72 ff., 78, 85, 106, 114, 147
Große Koalition (1966–1969) 44, 64
Grotewohl, Otto (1894–1964), dt. Politiker u. DDR-Ministerpräsident 21 (Abb.), 26
Grundgesetz 26 (Abb.), 45, 62, 146 f.
Grundlagenvertrag (1972) 31, 44 ff.
Grundrechte 19, 22, 26, 44; → Menschenrechte
Gruppe 47 (Schriftstellervereinigung) **36**

H

Hamas 116, 117, 126 (Abb.)
Handelsbilanzüberschuss 130
Handwerker 34, 105, 138, 140, 142, 144
Hartwig, Jimmy (geb. 1954), dt. Fußballer und Schauspieler 11 (Abb.)
H-Bombe 80
Heimatvertriebene 16, 18 f., 88, 148 f.; → Vertreibung/Vertriebene
Heinrich der Löwe (ca. 1129/30–1195), Herzog v. Sachsen und Bayern 138
Heißer Draht 80
Heuss, Theodor (1884–1963), dt. SPD-Politiker u. Bundespräsident 26
Himmler, Heinrich (1900–1945), dt. NSDAP-Politiker u. stellv. Reichspropagandaleiter 14
Hitler, Adolf (1889–1945), dt. NSDAP-Politiker u. Reichskanzler 14, 15 (Abb.), 72, 73 (Abb.), 89, 162, 163 (Abb.)
Hitler-Stalin-Pakt (1939) 73
Hô Chí Minh (1890–1969), vietnam. Revolutionär u. Staatspräsident 84

Hoegner, Wilhelm (1887–1980), dt. Jurist u. SPD-Politiker 24 f.
Honecker, Erich (1912–1994), dt. SED-Politiker u. Staatsratsvorsitzender der DDR 86 (Abb.), 96
Hongkong 85 (Abb.)
Hugenotten 140, 146

I

Immigrant 144, 145 (Abb.)
Indien 78, 85, 127, 147
innerdeutsche Grenze (dt.-dt. Grenze) 40, 42 (Abb.), 43 (Abb.), 71, 92, 96, 164; → Mauerbau
Inoffizieller Mitarbeiter (IM) des → MfS 54, 65
Intervention 118
Irak 112, 122, 128, 148
Iran 116, 127 (Abb.), 128
Islamischer Staat (IS) 122, 124, 132
Islamismus 122
Israel 16, 48, 50 ff., 110, 114 ff., 117 (Abb.), 118 f., 124, 126
Italien 58, 104, 148

J

Jäger, Harald (geb. 1943), DDR-Oberstleutnant 97
Japan 72, 78, 82, 112, 120, 130
Jerusalem 116 (Abb.), 126
Juden(tum) 15 f., 48 ff., 91, 113 ff., 124, 140, 148 f., 155; ~verfolgung 50, 155
Jugendweihe 66
Jugoslawien 58, 75 (Abb.), 148

K

Kader 66, 67
Kalter Krieg 44, 70 ff., **78**, 80 ff., 90, 102, 114, 128, 164, 171
Kanada 74, 86
Kapitalismus 13, 21, 64, 74, 124
Kaufleute 105, 138, 140
KdF (Kraft durch Freude) **162**
Keitel, Wilhelm (1882–1946), dt. Generalfeldmarschall 15 (Abb.)
Kennedy, John F. (1917–1963), US-amerik. Präsident 80 (Abb.), 81, 164
Kiesinger, Kurt Georg (1904–1988), dt. CDU-Politiker u. Bundeskanzler 48 (Abb.)
Kim Phuc/Phan Thi Kim Phúc (geb. 1963), Opfer d. → Vietnamkrieges 83 (Abb.)
„Klagemauer“ (Jerusalem) 116 (Abb.)
Klarsfeld, Beate (geb. 1939), dt. Journalistin 48 (Abb.)
Klimawandel 153, 168
Kloster 138
Kohl, Helmut (1930–2017), dt. CDU-Politiker u. Bundeskanzler 90, 98 (Abb.)
Kollektiv 60
Köln 33, 58, 65, 125 (Abb.), 140
Kolonialkriege, frz. 84 (Abb.)
Kolonien/Kolonialreiche 82, 84 (Abb.), 85
Kommunalwahlen (DDR 1989) 93 (Abb.), 96
Kommunismus 13, 20, 22, 74, 82, 148
Konferenz von Jalta (1945) 13, 73
Konferenz von Potsdam 6, 8, **12**, 13, 14 (Abb.), 73
Konföderation 98 f.
Konzentrationslager (Vernichtungslager) 17, 49, 52
Koreakrieg (1950–1953) 34, 82 (Abb.)
Kosovo 148
KPD (Kommunistische Partei Deutschlands) 20 ff., 24, 29
KPdSU (Kommunistische Partei der Sowjetunion) 102
Krenz, Egon (geb. 1937), dt. SED-Politiker u. Staatsratsvorsitzender der DDR 96
Kreuzzüge 138, 158
Kriegsgefangenschaft 10
Kriegsverbrecherprozess → Nürnberger Prozess
Krim-Annexion (2014) 126, 128, 132 f.
Kroatien 106
KSZE (Konferenz über Sicherheit und Zusammenarbeit in Europa) **86**, 87
Kubakrise (1961/62) 70, 80, 81 (Abb.)
Kulturerbe (Bayern) 168
Kurras, Karl-Heinz (1927–2014), dt. Polizeibeamter, erschoss Benno → Ohnesorg 65
Kyffhäuser 158 ff.; ~-Denkmal 159 (Abb.), 160 (Abb.), 161 (Abb.)

L

Lafontaine, Oskar (geb. 1943), früherer dt. SPD-Politiker u. jetziges Mitglied d. Partei Die Linke 98 (Abb.)
Landesausbau 138, 139 (Abb.)
Landsmannschaften, dt. 16
Lastenausgleich 34
LDPD (Liberaldemokratische Partei Deutschlands) 20
Leipzig 29, 35 (Abb.), 90, 94 (Abb.), 95 (Abb.), 96 (Abb.), 99 (Abb.), 155, 166 f.
Lenin, Wladimir I. (1870–1924), russ. Revolutionär u. Regierungschef der UdSSR 103
Lenz, Siegfried (1926–2014), dt. Schriftsteller 36
Leonhard, Wolfgang (1921–2014), dt. Historiker 20 f.
Lettland 88, 128
Libanon 114
Liebknecht, Karl (1871–1919), dt. KPD-Politiker 29
Linksextremismus 124
Litauen 88, 128, 138
Lokator 138
LPG (Landwirtschaftliche Produktionsgenossenschaft) 34
Lukan/Marcus Annaeus Lucanus (39–65), röm. Dichter 156
Luxemburger Abkommen (1952) 50

Register

M

Maizière, Lothar de (geb. 1940), dt. CDU-Politiker u. letzter DDR-Ministerpräsident 98 (Abb.)
Makkabi (jüdische Sportvereine) 52 (Abb.), 53 (Abb.)
Mandat über Palästina 114
Mangelwirtschaft (DDR) 38, 60
Mao Zedong (1893–1976), chin. Staatsmann 130
Markt 34, 104 f., **120**, 130, 138
Marktwirtschaft 34 f., 100, 102, 106, 130; → Soziale Marktwirtschaft
Marokko 58
Marshall, George C. (1880–1959), US-amerik. Außenminister 22 f.
Marshall-Plan 7, **22**, 23 (Abb.), 34
Mauerbau 40 (Abb.), 42, 52, 69, 164 (Abb.), 165; → innerdeutsche Grenze
Meinhof, Ulrike (1934–1976), dt. Journalistin u. RAF-Terroristin 65
Menschenrechte 64, 72, 86 f., 90, 112, 118, 130
Merkel, Angela (geb. 1954), dt. CDU-Politikerin u. Bundeskanzlerin 51
Mexiko 127, 150 (Abb.)
MfS (Ministerium für Staatssicherheit/Stasi) 41, 54, 55 (Abb.), 56 f., 64, 65 (Abb.), 69, 93 f., 95 (Abb.), 97
Migration 121, 136 ff., **142**, 143 ff., 150, 153
Mittelalter 138, 158
Mobilität 120, **121**
Mogherini, Federica (geb. 1973), ital. Politikerin u. EU-Außenbeauftragte/Hohe Vertreterin der EU f. Außen- u. Sicherheitspolitik 118 (Abb.)
Mondlandung (1969) 79 (Abb.), 170, 171 (Abb.)
Montagsdemonstrationen (1989) 94 (Abb.), 96 (Abb.)
Mosambik 58
Mühe, Ulrich (1953–2007), dt. Schauspieler 56 (Abb.)
München 124 f., 146 (Abb.), 169 (Abb.)

N

Nagy, Imre (1896–1958), ung. Politiker 76
Nahostkonflikt 116, 117 f., 126 (Abb.)
Napalm 82, 83 (Abb.)
Napoleon Bonaparte (1769–1821), frz. General u. Kaiser (1804–1814) 46, 166
Nationalsozialismus (NS) 8, 14 f., 21 f., 48, 146, 148, 162
NATO (North Atlantic Treaty Organization) 32, **74**, 79 (Abb.), 81 (Abb.), 86, 88, 90, 98, 99 (Abb.), 128 f. 132
NATO-Doppelbeschluss 86, **90** (Abb.)
Nawalny, Alexei (geb. 1976), russ. Dissident 132
Nero (54–68), röm. Kaiser 156
Netanyahu, Benjamin (geb. 1949), isr. Ministerpräsident 118 (Abb.)
Neue-Seidenstraße-Initiative (China) 111, 130, 131 (Abb.)
Neugablonz (Vertriebenenstadt) 18 (Abb.)
New York 111, 112 (Abb.), 119, 122 (Abb.), 142 (Abb.), 145, 170 (Abb.)
Niederlande 104, 107, 140
Nordafrika 150, 156
Nordkorea 78, 82
Notstandsgesetze 44, 64
Novemberpogrome (1938) 155, 173
NSDAP (Nationalsozialistische Deutsche Arbeiterpartei) 14 f., 48, 162
NSU (Nationalsozialistischer Untergrund) **124**, 125 (Abb.)
Nürnberger Kriegsverbrecherprozesse (1945/46) 6, 14, 15 (Abb.), 49
NVA (Nationale Volksarmee der DDR) 38, 40, 164 (Abb.)

O

Obama, Barack (geb. 1961), US-amerik. Präsident 128, 129 (Abb.)
Oder-Neiße-Linie 8, 12, 88
Ohnesorg, Benno (1940–1967), dt. Student 65 (Abb.)
Ollenhauer, Erich (1901–1963), dt. SPD-Politiker 33
Osmanisches Reich (1300–1922) 114
Ostblock(staaten) 44, 46, 74, 76, 80, 86 ff., 102, 106, 128, 146
Österreich 46, 86 (Abb.), 92, 96, 102 (Abb.), 138, 166
Ost-Erweiterung der EU 106
Ostgebiete, ehemalige dt. 9 (Abb.), 16, 44, 88, 149
Ostpreußen → Preußen
Ostverträge (1970–1973) 44, **88**
Otto I., der Große (962–972), Kaiser (HRR) 138

P

Pakistan 78, 85, 127
Palästina/Palästinenser 16, 50, 52, 53 (Abb.), 114 ff., 126 (Abb.)
Paris 33, 48, 88, 145
Pariser Verträge 31, **32**, 33
Parlamentarischer Rat (1948) 26
Perestroika 102
Peuplierung 140, 146
Pieck, Wilhelm (1876–1960), dt. SED-Politiker u. Volkskammer-Präsident der DDR 20, 21 (Abb.), 26
Planwirtschaft 34, 102, 130, 132
PLO (Palestine Liberation Organization) 116, **117**
Pluralismus 100, 121
Polen 8, 17, 44, 58, 73, 87 (Abb.), 88 f., 102, 104, 138, 146
Pompeius/Gnaeus Pompeius Magnus (106–48 v. Chr.), röm. Politiker u. Feldherr 156, 157 (Abb.)
Portugal 58, 84 (Abb.)

Potsdamer Abkommen (1945) 14 (Abb.), 88
Prag 76, 77 (Abb.), 96
Prager Frühling 76, 77 (Abb.)
Preußen 7 f., 22, 136 ff., 140, 146, 166
Produktionskette 120, **121**
Putin, Wladimir (geb. 1952), russ. Präsident 102, 132 (Abb.)

R

RAF (Rote Armee Fraktion) **64**, 65, 122, 124
Raspe, Jan-Carl (1944–1977), dt. RAF-Terrorist 65
Rassismus 11, 124
Rathenau, Walther (1867–1922), dt. DDP-Politiker u. Außenminister 10
Rechtsextremismus/Rechtsextreme 64, 123 ff.
Reformen der sozial-liberalen Koalition 44, 45 (Abb.)
Reichsautobahn (NS) 155, 162, 163 (Abb.)
Reisefreiheit (DDR) 64, 96 f.
Reparationen 12
Republikflucht 42, 92, 164; → Flucht/Flüchtlinge
Revolution (1848/49) 46, 142
Ribbentrop, Joachim von (1893–1947), dt. NSDAP-Politiker 15 (Abb.)
Roadmap (Friedensplan 2003) 118, 119 (Abb.)
Rodrigues de Sá, Armando (1926–1979), port. „Gastarbeiter" 58 (Abb.)
Roosevelt, Franklin Delano (1882–1945), US-amerik. Präsident 73 (Abb.)
Rote Armee (Sowjetunion) 8, 38, 73, 76 (Abb.)
Ruhrgebiet 146
Rumänien 106, 148
Runder Tisch 98
Russland 78, 102 f., 119, 122, 126, 128, 132, 133 (Abb.), 166; → Sowjetunion

S

Sage 154, **158**, 159
San Francisco 112
Sankt Petersburg 122
Sanktion 118, 126, 132
SBZ (Sowjetische Besatzungszone) 14, 20, 22, 26; → Besatzungszonen
Schabowski, Günter (1929–2015), dt. SED-Politiker 96, 97 (Abb.)
Schäffer, Fritz (1888–1967), dt. Politiker u. Ministerpräsident (Freistaat Bayern) 24
Scheel, Walter (1919–2016), dt. FDP-Politiker u. Bundespräsident 44
Schiller, Friedrich (1759–1805), dt. Dichter 36
Schirach, Baldur von (1907–1974), dt. Nationalsozialist u. Reichsjugendführer 15 (Abb.)
Schlesien 8
Schleyer, Hanns-Martin (1915–1977), dt. Manager u. Arbeitgeberpräsident 64
Schmidt, Helmut (1918–2015), dt. SPD-Politiker u. Bundeskanzler 44, 86 (Abb.), 90
Schuman, Robert, frz. Ministerpräsident (1886–1963) 104
Schumann, Conrad (1942–1998), DDR-Volkspolizist u. Flüchtling 41 (Abb.)
Schwarzmarkt 10
Schweden 166
SED (Sozialistische Einheitspartei Deutschlands) **20**, 21 (Abb.), 26, 36 ff., 46, 54, 90, 96, 155, 164, 173
Seeblockade (1962) 80; → Kubakrise
Seneca/Lucius Annaeus Seneca (1–65), röm. Philosoph u. Dichter 156 f.
Sicherheitsrat (UN) **112**, 113, 118 f.
Siedlungsbau (Israel) 116, 117 (Abb.), 119
Siegermächte 6 ff., 12, 14, 16, 22, 72, 88, 98
Sinai (Halbinsel) 114
Sinti 148 f.
Skripal, Sergej W. (geb. 1951), russ. Oberst u. Agent 132
Slawen(land) 138 f.
Slowakei 88
Slowenien 88
Solidarność (poln. Gewerkschaft) 87 (Abb.)
Souveränität 32, **33**, 103, 121
Sowjetunion 8, 9 (Abb.), 10, 12 ff., 20, 22, 26, 32 f., 37, 40, 44, 46 f., 52, 70 ff., 78, 80 ff., 86, 88, 90, 102 f., 114, 128, 132 f., 158, 164, 171; → Russland
Soziale Marktwirtschaft 34, 35
Sozialismus 20, 37 f., 66, 72, 76, 86, 99, 102, 132, 164
Sozialistische Marktwirtschaft 130
Sozialistischer Realismus 36, 37 (Abb.)
Spanien 58, 148, 156
Spätaussiedler 146, 148
SPD (Sozialdemokratische Partei Deutschlands) 20, 22, 24, 32, 44, 64, 90
Speziallager (Internierungslager) 14
Spratly-Inseln (Südchinesisches Meer) 127 (Abb.)
Spruchkammern (→ Entnazifizierung) 14
Sputnikschock (1957) 78
SS-20-Raketen (1980er Jahre) 86, 90
Staatssicherheit 54; → MfS
Stadtrecht 138
Stalin, Jossif W./Josef Wissaniossowitsch Dschugaschwili (1879–1953), sowjet. Staats- u. Parteichef 20, 32, 72, 73 (Abb.), 74 ff., 77 (Abb.), 103 f.
Stammheim (Justizvollzugsanstalt Stuttgart) 65 (Abb.); → RAF
Stasi (Staatssicherheit) → MfS
Stolpersteine 155 (Abb.)

Register und Textquellenverzeichnis

Studentenbewegung, dt. (1960er-Jahre) 31, 64 (Abb.)
Sudetenland/Sudetendeutsche 8 f., 16 (Abb.), 18 f., 46, 148 f.
Südkorea 82
Supermacht 70, 71 (Abb.), 78, 80, 102, 114, **128**, 130, 132
Synagoge 52, 53 (Abb.)
Syrien 114, 116, 122, 127, 132, 146, 148 f., 151 (Abb.)

T

Tag der Deutschen Einheit (3. Oktober) 71, 98, 101, 173
Tel Aviv 50 (Abb.), 51 (Abb.), 114
Terrorismus 122 (Abb.), 123 ff.
Transitwege 12, 13 (Abb.)
Trizone 13
Truman, Harry S. (1884–1972), US-amerik. Präsident 73 ff.
Trump, Donald (geb. 1946), US-amerik. Präsident 128, 129 (Abb.), 130
Tschechien (Tschechische Republik) 88, 104
Tschechoslowakei 8, 76 f., 87 f., 148; → Tschechien; → Slowakei
Tschernobyl 90, 91
Türkei 58, 80 f., 149, 151

U

Ukraine 90, 126 (Abb.), 128 f., 132 f.
Ulbricht, Walter (1893–1973), dt. SED-Politiker u. Staatsratsvorsitzender der DDR 20, 21 (Abb.), 26, 38, 164
Umsiedler/Umsiedlung 8, 9 (Abb.), 16, 146
Umweltschutz/Umweltschützer 54, 90 f., 99 f., 121, 153
UN (UNO) (Vereinte Nationen) 102, 110, **112**, 113 f., 116, 118 f., 121, 168
UN-Blauhelme 111 (Abb.), 112, 113 (Abb.), 118
UN-Charta (Charta der Vereinten Nationen 1945) 113
UNESCO 83, 113 (Abb.), **168**; ~-Welterbe 168
Ungarn 46, 76 f., 88, 92, 96, 102 (Abb.)
UN-Generalversammlung 112, 113 (Abb.)
UN-Resolutionen 119
UN-Teilungsplan (1947/48) 114, 115 (Abb.), 116 (Abb.)
Út, Nick/Huynh Cong Út (geb. 1951), vietnam.-amerik. Fotograf 83

V

VEB (Volkseigener Betrieb) 34
Verfassung (Bundesrepublik) → Grundgesetz
Verfassung (Freistaat Bayern) 7, 24 (Abb.), 25
Vernichtungskrieg (Osten) 8, 88, 158
Verschwörungstheorien 170, 171 (Abb.)
Vertrag von Maastricht (1992) 71, 104 f., 118
Vertrag von Versailles (1919) 46
Vertragsarbeiter (DDR) 58, 59 (Abb.), 146
Vertreibung/Vertriebene 8, 9 (Abb.), 16, 18 f., 34, 88 f., 116, 140, 141 (Abb.), 142, 146, 149; → Heimatvertriebene
Vertriebenenverbände 16
Veto 112, 113 (Abb.), 119
Vietcong 82
Vietnam 58, 82 f., 84 (Abb.), 120, 127
Vietnamkrieg (1964–1973/75) 64, 82 (Abb.), 83 (Abb.)
Völkerbund 112, 114
Völkerrecht 44, 46, 118, 132
Völkerschlacht zu Leipzig (1813) 155, 166 (Abb.), 167 (Abb.)
Volksaufstand in Ungarn (1956) 76, 77 (Abb.)
Volkspolizei (Polizei der DDR) 38 f.
Volksrat (DDR) 26
Volks- und Arbeiteraufstand in der DDR (17. Juni 1953) 30, 38 f., 173

W

Wahlalter 45
Wahlplakate, polit. 22 (Abb.), 91 (Abb.)
Wałęsa, Lech (geb. 1943), poln. Gewerkschaftsführer u. Staatspräsident 87 (Abb.)
Wandel durch Annäherung 44
Wanderarbeiter 151 (Abb.)
Warschauer Ghetto 89 (Abb.)
Warschauer Pakt 71, **74**, 76, 78 f., 81 (Abb.), 102, 128
Warschauer Vertrag (1970) 44, 89; → Ostverträge
WAV (Wirtschaftliche Aufbauvereinigung) 24
Wehrmacht, dt. 8, 10, 15 (Abb.), 48, 50, 72, 74
Wehrpflicht, allgemeine (1955) 32
Weimarer Reichsverfassung 24, 26
Weimarer Republik 36, 46, 162
Weltfrieden 72, 112 f., 164
Weltmarkt 34, 100, 120
Weltwirtschaftskrise (1929) 162 f.
Westeuropa 22, 47, 74, 86, **104**, 138
Westintegration 32, 46
Westjordanland 114, 115 (Abb.), 116, 117 (Abb.)
Westzonen 7, 14, 20, 22, 26; → Besatzungszonen
Wettrüsten, atomares 71, 86
Wiederbewaffnung 32
Wiedergutmachung 48, 50 ff.; → Luxemburger Abkommen
Wiedervereinigung, dt. 32 f., 44, 46, 71, 98 f., 103, 173; → Deutsche Einheit
Wilhelm I. (1871–1888), dt. Kaiser 158, 160, 161 (Abb.)

Wilhelm II. (1888–1918), dt. Kaiser (1888–1918) 160
Wirtschaftspolitik (NS) 155, 162 f.
World Trade Center (Anschlag 11. September 2001) 111, 122 (Abb.), 170 (Abb.)

X

Xi Jinping (geb. 1953), chin. Staatspräsident 130 (Abb.)

Z

Zentralrat der Juden in Deutschland 52
Zwangsarbeit/Zwangsarbeiter 8, 10, 16, 146
Zwei-plus-vier-Vertrag (1990) 98, 99 (Abb.)
Zweistaatentheorie 32
Zweiter Weltkrieg (1939–1945) 9, 16, 18, 24, 33, 46, 50, 74 f., 78 f., 85, 88, 98, 104, 112, 1357, 146, 149

Textquellenverzeichnis

9.Q2 Zit. nach: Alois Harasko, Die Vertreibung der Sudetendeutschen, in: Wolfgang Benz (Hg.), Die Vertreibung der Deutschen aus dem Osten, (Fischer Taschenbuch) Frankfurt/M. 1985, S. 138; **11.Q2** Zit. nach: Sibylle Meyer/Eva Schulze, Wie wir das alles geschafft haben, (dtv) München 1988, S. 122f. © C.H. Beck, München 1984; **14.D1** Potsdamer Konferenz, unter: https://www.hdg.de/lemo/kapitel/nachkriegsjahre/befreiung-und-besatzung/potsdamer-konferenz.html, letzter Zugriff: 27.01.201; **15.Q2** Zit. nach: Sven Felix Kellerhoff, Die NSDAP. Eine Partei und ihre Mitglieder, Stuttgart: Klett-Cotta 2017, S. 9; **17.Q2** Norbert Mieck, Der Weg in die Armut. Vom Klauen und Betteln, Lüneburg 2009, zit. nach: Tammo Luther, Flucht, Vertreibung und Neubeginn. Wie wir empfangen wurden, (Weltbild) Augsburg 2010, S. 33; **17.Q3** Zit. nach: Landkreis Ludwigsburg (Hg.), Die Eingliederung der Vertriebenen im Landkreis Ludwigsburg, Ludwigsburg 1986, S. 89; **19.Q2** Paul Kreiner: Integration von Flüchtlingen: Was in Bayern zu schaffen war, in: Stuttgarter Zeitung Online v. 31.10.2016, nach: https://www.stuttgarter-zeitung.de/inhalt.integration-von-fluechtlingen-was-in-bayern-zu-schaffen-war.488dd258-fd00-4dbf-9e82-fff55326e8ff.html; **19.Q3** zit. nach: Charta der deutschen Heimatvertriebenen, v. 05.08.1950, unter: https://www.bund-der-vertriebenen.de/charta-auf-deutsch; **21.Q3** Wolfgang Leonhard, Die Revolution entlässt ihre Kinder, Köln/Berlin (Kiepenheuer u. Witsch) 1955, S. 363 ff.; **23.Q3** Zit. nach: Helmut Krause/Karlheinz Reif (Bearb.): Geschichte in Quellen, Bd. 7. Die Welt seit 1945. München 1980, S. 93 ff.;; **23.Q4** Harry S. Truman, Memoiren 1945–1953, Bd. 2: Jahre der Bewährung und des Hoffens, Stuttgart (Scherz & Goverts) 1956, S. 122 f., übers. v. Eduard Thorsch; **25.Q2** Max Spindler (Begr.), Andreas Kraus (Hg.); Handbuch der bayrischen Geschichte. Gesamtwerk in 4 Bänden. Bd. 4: Das neue Bayern 1800-1970. Teilband 1. C. H. Beck, München 1981, S. 509; **25.Q3** zit. nach http://www.verfassungen.de/by/verf46-i.htm; **26.D1** <http://www.bundestag.de/dokumente/rechtsgrundlagen/grundgesetz/index.html> (Zugriff: 9.7.2018); **33.Q3** Verhandlungen des deutschen Bundestages, 2. Wahlperiode 1953–1957, Band 22, S. 3135ff.; **33.Q4** Verhandlungen des deutschen Bundestages, 2. Wahlperiode 1953–1957, Band 22, S. 3135ff.; **35.Q2** Christoph Pollmer, Die Trabbi-Bestellung, in: Die Zeit, Nr. 35, 26.10.2010, S. 82, <http://blog.zeit.de/zeit-der-leser/2010/08/30/wiedergefunden-die-trabi-bestellung/> (Zugriff: 9.7.2018); **35.Q3** Ludwig Erhard, Wohlstand für alle, Düsseldorf (Econ) 1957, S. 247; **37.Q4** Dokumente der Sozialistischen Einheitspartei Deutschlands, Bd. III, Berlin (Ost) 1952, S. 433-440.; **39.Q2** Zit. nach: Ilse Spittman-Rühle/Karl Wilhelm Fricke, 17. Juni 1953. Arbeiteraufstand in der DDR, (Verlag Wissenschaft und Politik) Köln 1982, S. 15; **39.Q4** Siegfried Berger, „Ich nehme das Urteil nicht an" – Ein Berliner Streikführer des 17. Juni vor dem Sowjetischen Militärtribunal, Schriftenreihe des Berliner Landesbeauftragten für die Unterlagen des Staatssicherheitsdienstes der ehemaligen DDR, Bd. 8, Berlin 1998, S. 17–19; **41.Q2** Frank Schirrmeister, Klaus W. und die britische Schokolade, in: Neue Gesellschaft für Bildende Kunst (Hg.), Wunderwirtschaft: DDR-Konsumkultur in den 60er Jahren, Köln (Böhlau) 1996, S. 202/203; **41.Q3** Zit. nach: „Volksarmee" r. 41/ 1963, Berlin, S. 217; **45.Q2** Regierungserklärung des Bundeskanzlers Willy Brandt vom 28.10.1969, Redemanuskript von W. Brandt. Original, Willy-Brandt-Archiv (WBA) im Archiv der sozialen Demokratie der Friedrich-Ebert-Stiftung. Zit. nach http://1000dok.digitale-sammlungen.de/dok_0021_bra.pdf, Datum: 18. September 2011 um 18:54:24 Uhr CEST. © Bayerische Staatsbibliothek München (Zugriff: 9.7.2018); **45.Q3** zitiert nach: Bayerische Landeszentrale für politische Bildungsarbeit (Hrsg.): Dokumente zu Deutschland 1944-1994. Bearb. Peter März, München 1996, S. 141.; **47.Q1** 9. Oktober 1949: Rede des Bundeskanzlers Adenauer auf der Wahlkundgebung des Vaterstädtischen Bundes in Hamburg (Auszug), unter: https://www.konrad-adenauer.de/quellen/reden/1949-10-09-rede-hamburg (letzter Zugriff: 28.10.2020); **47.Q2** Longerich, Peter (Hrsg.): „Was ist des Deutschen Vaterland?", Dokumente zur Frage der deutschen Einheit 1800-1990, Piper, München 1990, S. 202; **49.Q2** Barbara Just-Dahlmann/Helmut Just, Die Gehilfen. NS-Verbrechen und die Justiz nach 1945, (Athenäum) Frankfurt/M. 1988, S. 44 f.; **51.Q2** Elisabeth Noelle/Peter Neumann (Hg.), Jahrbuch der öffentlichen Meinung 1947-1955, Allensbach 1960. S. 130f; **51.Q3** Erinnerung des israelischen Filmemachers und Holocaust-Überlebenden Rolf Kneller (1921–2005), WDR-Sendung „Rückblende: Wiedergutmachungsabkommen mit Israel". Regie: Hanns-Christoph Koch, Sendedatum 17. März 1992., zit. nach: Ausstellung „Geschichte – Gewalt – Gewissen", Geschichtsort Villa ten Hompel, Münster, 2015. Transkription: Villa ten Hompel.; **51.Q4** Rede Angela Merkels vor der Knesset am 8.3.2008, zit. nach http://www.bundesregierung.de/Content/DE/Bulletin/2008/03/26-1-bk-knesset.html, (Zugriff: 9.7.2018); **53.Q4** Lena Gorelik, Diese Russen. In: Jüdische Allgemeine v. 11.01.2021, unter: https://www.juedische-allgemeine.de/kultur/diese-russen/ (Zugriff: 27.01.2022); **55.Q4** Richtlinie Nr. 1/76 zur Entwicklung und Bearbeitung Operativer Vorgänge (OV), zit. nach Klaus-Dietmar Henke/Siegfried Suckut/Thomas Großbölting (Hg.), Anatomie der Staatssicherheit. Geschichte, Struktur und Methoden (MfS-Handbuch). Grundsatzdokumente des MfS, (Die Bundesbeauftragte für die Unterlagen des Staatssicherheitsdienstes der ehemaligen DDR, Abteilung Bildung und Forschung) Bonn 1995, Dokument 34, S. 287;

59.Q2 Michael Richter, Gekommen und geblieben. Deutsch-türkische Lebensgeschichten mit einer Einführung von Dilek Zapticioglu, (Edition Körber-Stiftung) Hamburg 2003, S. 163-167; **59.Q4** Interview mit Hoang Kim Oanh am 17. Januar 2005 in Berlin, Interviewerin: Frauke Miera. Transkript nach dem gesprochenen Interview unter http://www.dhm.de/ausstellungen/zuwanderungsland-deutschland/migrationen/rooms/0602.htm (Zugriff: 9.7.2018) (bearb. v. Verf.); **61.Q3** aus: Baumgart, Hildegard (Hrsg.): Briefe aus einem anderen Land. Briefe aus der DDR. Hoffmann u. Campe, Hamburg 1971, S. 260; **65.Q3** Die Rote Armee aufbauen, in: Agit 883 v. 05.06.1970, S. 6, zit. nach: Karl A. Otto (Hrsg.): APO. Außerparlamentarische Opposition in Quellen und Dokumenten (1960-1970), Pahl-Rugenstein, Köln 1988, S. 389f.; **67.Q3** Privatarchiv Christiane N. (Name abgekürzt); **75.Q2** Rede Trumans vor dem Kongress, 12.3.1947, zit. nach: Helmut Krause/Karlheinz Reif (Bearb.), Geschichte in Quellen, Bd. 7: Die Welt nach 1945, München (Bayerischer Schulbuch Verlag) 1980, S. 576 f.; **75.Q3** Gründungserklärung der Kominform (Text von Andrej Shdanow), zitiert nach: Meissner, Boris (Hrsg.), Das Ostpakt-System. Dokumentation, Frankfurt a.M./Berlin (Metzner) 1955, S. 97; **77.Q3** Zit. nach: Der Volksaufstand in Ungarn. Bericht des Sonderausschusses der Vereinten Nationen. Untersuchungen, Dokumente, Schlußfolgerungen, Bonn (Dt. Gesellsch. f. d. Vereinten Nationen, Verbindungs- u. Informationsstelle) 1957, übers. v. Elfriede Müller; **77.Q5** Zit. nach: Zden k Mlyná , Nachtfrost. Das Ende des Prager Frühlings, Frankfurt/Main (Athenäum) 1988, S. 325 f., übers. v. Bedrich Uttitz; **79.Q2** Abschiedsrede Jimmy Carters vom 14. Januar 1981, zit. nach: Amerika-Dienst (USICA Bonn), Dokumentation Nr. 3, 21. Januar 1981; **81.Q2** Zit. nach: Wolfgang Jäger, Die Geschichte der USA. Von der Kolonialzeit zu den Herausforderungen des 21. Jahrhunderts, (Cornelsen) Berlin 2005, S. 171; **81.Q3** Zit. nach: Bernd Greiner, Kuba-Krise. 13 Tage im Oktober. Analyse, Dokumente, Zeitzeugen, (Greno) Nördlingen 1988, S. 326f.; **87.Q3** Zit. nach: Bundeszentrale für politische Bildung (Hrsg.), Zeitlupe 8: Menschenrechte, Bonn 1978, S. 9; **89.Q2** Willi Brandt, in: Texte zur Deutschlandpolitik, Bd. VI, Bonn (Deutscher Bundesverlag) 1972, S. 214 ff.; **89.Q3** Texte zur Deutschlandpolitik, Bd. VI, Bonn (Deutscher Bundesverlag) 1972, S. 214 ff.; **91.Q3** Joachim Gauck (in Zusammenarbeit mit Helga Hirsch), Winter im Sommer – Frühling im Herbst. Erinnerungen, München (Siedler) 2009, S. 130; **93.Q3** Zit. nach: Armin Mitter/ Stefan Wolle (Hg.), Ich liebe euch doch alle. Befehle und Lageberichte des MfS, (BasisDruck Verlag) Berlin 1990, S. 141 ff.; **97.Q2** Zit. nach: Politische Zeitschrift (PZ) Nr. 97 (1999), DDR intern. Geschichte und Geschichten, (Bundeszentrale für politische Bildung) Bonn, S. 44; **99.Q4** Aufruf „Für unser Land", in: Neues Deutschland, 29.11.1989; **99.Q5** Zit. nach: Gerhart Maier (Hg.), Die Wende in der DDR, 2., aktualisierte Aufl., (Bundeszentrale für politische Bildung) Bonn 1991, S. 53 ff.; **101.D1** http://www.bundespraesident.de/SharedDocs/Reden/DE/Joachim-Gauck/Reden/2015/10/151003-Festakt-Deutsche-Einheit.html (Zugriff: 9.7.2018); **103.Q2** Zit. nach: Auswärtiges Amt (Hg.), Umbruch in Europa. Die Ereignisse im 2. Halbjahr 1989. Eine Dokumentation, (Auswärtiges Amt) Bonn 1990, S. 17f.; **103.Q3** Andreas Braun, in: Stuttgarter Zeitung, 4.1.1992; zit. nach: Heinz Dieter Schmid/Eberhard Wilms, Fragen an die Geschichte. Geschichtliches Arbeitsbuch. Das 20. Jahrhundert, (Cornelsen) Berlin 1999, S. 168f.; **105.Q2** zit. nach: Helmut Krause/Karlheinz Reif (Bearb.), Geschichte in Quellen, Bd. 7: Die Welt nach 1945, Bayerischer Schulbuch Verlag, München 1980, S. 346f.; **107.Q2** Vereinigung Junger Freiwilliger e.V. (VJF), unter: http://www.vjf.de/Erfahrungen-EFD/efd-den-niederlanden (Letzter Zugriff: 23.1.2018); **113.Q2** In: http://www.unric.org/de/charta (Zugriff: 14.08.2017); **115.Q2** Kinan Jaeger, Rolf Tophoven (Hg.): Der Nahost-Konflikt. Dokumente, Kommentare, Meinungen, Bonn 2011, S. 55 f.; **115.Q3** Kinan Jaeger, Rolf Tophoven (Hg.): Der Nahost-Konflikt. Dokumente, Kommentare, Meinungen, Bonn 2011, S. 102 f; **117.D2** zusammengestellt vom Autor nach: Muriel Asseburg: Israelisch-palästinensische Streitfragen, in: Bundeszentrale für politische Bildung (Hg.): Israel. Informationen zur politischen Bildung, H. 278, überarb. Neuaufl., Bonn 2008, S. 75 f.; **119.Q2** Christina Bergmann: USA blockieren UN-Resolution gegen Israel, in: Deutsche Welle v. 19.2.2011, http://www.dw.de/usa-blockieren-un-resolutiongegen-israel/a-14854383 (Zugriff: 21.11.2017); **123.Q2** George W. Bush, Die neue Nationale Sicherheitsstrategie der Vereinigten Staaten vom 20. September 2002 (Einleitung), in: Blätter für deutsche und internationale Politik, 11/2002, S. 1391f, auch unter: https://www.blaetter.de/ausgabe/2002/november/die-neue-nationale-sicherheitsstrategie-der-vereinigten-staaten-vom-20-september-2002-einleitung; **123.Q3** Übersetzt nach: bin Laden's ‚letter to America', in: The Guardian v. 24.11.2002, unter: https://www.theguardian.com/world/2002/nov/24/theobserver, laut dem Guardian ins Englische übersetzt von Islamisten in Großbritannien, aus dem Englischen übersetzt von Martin Fruhstorfer; **129.Q2** Auszug aus: Barack Obama, Bericht zur Lage der Nation 2015 (20.01.2015), unter: https://de.usembassy.gov/de/lage-der-nation-2015/ (Zugriff: 26.03.2021); **129.Q3** Auszug aus: Rede, die US-Präsident Donald J. Trump am 20. Januar 2017 bei seiner Amtseinführung hielt, unter: https://de.usembassy.gov/de/antrittsrede-von-prasident-trump/ (letzter Zugriff: 01.12.2020); **131.Q2** Theo Sommer. China First. Die Welt auf dem Weg ins chinesische Jahrhundert. C.H. Beck Verlag, München 2019; **139.Q1** Helmolds Chronik der Slawen. Nach der Ausgabe der Monumenta Germaniae, übersetzt von J. C. M. Laurent, Leipzig 1894, S. 208; **141.Q1** George Turner: Treck in die preußische Freiheit. In: DER TAGESSPIEGEL v. 29.3.2016, unter: http://www.tagesspiegel.de/wissen/flucht-aus-salzburg-treck-indie-preussische-freiheit/13376292.html (Zugriff: 25.7.2016); **143.Q2** Joseph Wilson, Pastor John Kilian's Shipboard Diary, Concordia Historical Institute Quarterly 4/1985, zit. nach: Trudla Malinkowa, Sorbische Auswanderer nach Übersee, 2. überarb. Aufl., (Domovina) Bautzen 1999, S. 127 (bearb. v. Verf.); **145.Q2** Zit. nach: Wolfgang J. Helbich unter Mitarb. v. Annette Haubold, „Alle Menschen sind dort gleich ...". Die deutsche Amerika-Auswanderung im 19. und 20. Jahrhundert, (Schwann) Düsseldorf 1988, S. 138 (Übersetzung aus d. Engl.); **145.Q3** Matthias Schwausch aus Sabrodt im Brief aus Warda vom 21. Oktober 1881, in: Hoyerwerdaer Wochenblatt vom 3. und 10. Juli 1992, zit. nach: Trudla Malinkowa, Sorbische Auswanderer nach Übersee, 2. überarb. Aufl., (Domovina) Bautzen 1999, S. 127 (bearb. v. Verf.); **147.Q2** Roland Preuß, Gekommen, um zu bleiben, in: SZ.de v. 19.08.2010, unter: https://www.sueddeutsche.de/karriere/it-spezialist-mit-green-card-gekommen-um-zu-bleiben-1.989834-2; **153.Q2** Bundesministerium für wirtschaftliche Zusammenarbeit und Entwicklung, Ursachen von Migration, unter: https://www.bmz.de/de/themen/migration/hintergrund/ursachen/ (Zugriff: 3.5.2016); **157.Q4/5** Seneca: Epistulae morales, 94,62. Zit. nach: Hans-Joachim Gehrke: Alexander der Große. 6. Aufl., Beck, München 2013, S. 9.; **159.Q2** Brüder Grimm (Hg.): Deutsche Sagen, Berlin 1816, S. 29f. (bearb. v. Verf.); **159.Q3** Victor Meyer, Tile Kolup (der falsche Friedrich) und die Wiederkunft eines ächten Friedrich, Kaiser der Deutschen. Historische Studie, (Meyer & Co.) Wetzlar u.a. 1868, S.59f.; **163.Q2** Dein KdF-Wagen [Werbeschrift], hg. vom Volkswagenwerk GmbH Berlin (verantwortlich Eberhard Moes), o.J. [1939], S. 1; **165.Q2** Zit. nach: Wolfgang Lautemann/ Manfred Schlenke (Hg.): Geschichte in Quellen, Bd. 7, (Bayerischer Schulbuch Verlag) München 1980, S. 70; **165.Q3** Berliner Geschichten. Text: Eberhard Fensch © Rechte beim Urheber, zit. nach: nach: Stefan Wolle: Aufbruch nach Utopia. Alltag und Herrschaft in der DDR 1961–1971 (Links) Berlin 2011, S. 78; **169.Q2** https://www.gesetze-bayern.de/Content/Document/BayDSchG/true?AspxAutoDetectCookieSupport=1 (Zugriff 1501.2021)

Abbildungsverzeichnis

Umschlag National Media Museum/SSPL/Süddeutsche Zeitung Photo); **1.D1** Lohß, Sandy, Chemnitz; **1.D1** Ernst Klett Verlag GmbH, Stuttgart; **6** Dreharbeiten des ARD-Fernsehfilms „Kinder des Sturms" (c) Picture-Alliance (dpa/Nestor Bachmann), Frankfurt; **8.Q1** BPK, Berlin (Vinzenz Engel); **9.D1** Ernst Klett Verlag GmbH, Stuttgart; **10** Wieland, Tobias, Celle; **10.Q1** Picture-Alliance, Frankfurt/M. (dpa); **11.Q3** Picture-Alliance, Frankfurt/M.; **11.Q4** Picture-Alliance, Frankfurt/M.; **12.D1** akg-images, Berlin; **13.D1** Ernst Klett Verlag GmbH, Stuttgart; **14.D1** Lohß, Sandy, Chemnitz; **15.Q1** akg-images, Berlin (Voller Ernst/Chaldej); **15.Q3** Medienholding Süd GmbH, Stuttgart (Fritz Meinhard); **16.Q1** Picture-Alliance, Frankfurt/M. (dpa); **17.Q4** akg-images, Berlin; **18.Q1** Süddeutsche Zeitung Photo, München (ap/dpa/picture alliance); **20.Q1** Deutsches Historisches Museum, Berlin [Alfred Stiller: Junkerland in Bauernhand]; **21.Q2** akg-images, Berlin; **21.Q4** Picture-Alliance, Frankfurt/M. (dpa/Bildarchiv); **22.Q1** https://creativecommons.org/licenses/by-sa/4.0/deed.de, Mountain View (Konrad-Adenauer-Stiftung KAS/ACDP 10-017); CC-BY-SA-4.0 Lizenzbestimmungen: https://creativecommons.org/licenses/by-sa/4.0/legalcode; **22.Q2** SPD - Der Parteivorstand, Berlin; **23.Q5** ullstein bild, Berlin (Archiv Gerstenberg); **24.Q1** Süddeutsche Zeitung Photo, München (Rolf Thym); **26.D1** Lohß, Sandy, Chemnitz; **27.D2** Ernst Klett Verlag GmbH, Stuttgart; **29.Q1** Süddeutsche Zeitung Photo, München (Amerika Haus); **30.Q1** Süddeutsche Zeitung Photo, München (snapshot-photography/Tobias Seeliger); **32.Q1** Interfoto, München (Pulfer); **32.Q2** akg-images (ddrbildarchiv.de), Berlin [Urheber: Herbert Sandberg]; **33.Q5** Picture-Alliance, Frankfurt/M. (Kurt Rohwedder); **34.Q1** ullstein bild, Berlin; **35.D1** Ernst Klett Verlag GmbH, Stuttgart; **35.Q4** ullstein bild, Berlin (Esch-Kenkel); **36.Q1** Süddeutsche Zeitung Photo, München (Teutopress); **37.Q2** akg-images, Berlin [Heinrich Witz: Der neue Anfang, 1959]; **37.Q3** akg images (van Ham/Saša Fuis, Köln), Berlin. (c) VG Bild-Kunst, Bonn 2021 [Karl Otto Götz: Ohne Titel, 1952]; **38.Q1** BPK, Berlin; **39.Q3** akg-images, Berlin; **40.Q1** Getty Images, München (Bettmann); **41.D1** Sandy Lohß, Chemnitz; **41.Q4** ullstein bild, Berlin (Chronos Media GmbH); **42.D1** creanovo, Kempf, Axel, Hannover; **44.Q1** Süddeutsche Zeitung Photo, München (Ulrich Baumgarten); **45.Q4** Blaumeiser, Michael, Berlin; **47.D1** Ernst Klett Verlag GmbH, Stuttgart; **48.Q1** akg-images, Berlin (AP); **49.Q3** ullstein bild, Berlin (dpa); **50.Q1** Government Press Office/ GPO, Jerusalem (Hans Fin); **51.Q5** Picture-Alliance, Frankfurt/M. (Abir Sultan.); **52.Q1** Picture-Alliance, Frankfurt/M. (dpa/Fabian Strauch); **53.Q2** Yad Vashem Photo Archive, Jerusalem; **53.Q3** Picture-Alliance, Frankfurt/M. (SZ Photo/Florian Peljak); **54.Q1** ullstein bild, Berlin (BPA); **55.Q2** ullstein bild, Berlin (Boness/IPON); **55.Q3** Haus der Geschichte, Bonn (Axel Thünker); **56.D1** Das Leben der anderen, R: Florian Henckel von Donnersmarck , Deutschland 2006 (c) Picture-Alliance (dpa), Frankfurt; **58.Q1** Picture-Alliance, Frankfurt/M. (dpa); **59.Q3** Picture-Alliance, Frankfurt/M. (ZB); **60.Q1** Süddeutsche Zeitung Photo, München (Uwe Gerig); **61.Q2** Picture-Alliance, Frankfurt/M. (ddrbildarchiv.de/Bonitz); **62.Q1** Luisa Francia. (c) VG Bild-Kunst, Bonn 2021 [Luisa Francia: Wir sind Frauen. Wir sind viele. Wir haben die Schnauze voll]; **63.Q2** BPK, Berlin; **63.Q3** FÜR DICH/Berliner Verlag (c) DuMont Service GmbH - DuMont Content Center, Köln; **64.Q1** Picture Press, Hamburg (Cornelius Meffert/stern); **65.Q2** akg-images, Berlin (Henschel); **65.Q4** Picture-Alliance, Frankfurt/M. (dpa); **65.Q5** Picture-Alliance, Frankfurt/M.; **66.Q1** Heiter, Maria, Düsseldorf; **69.Q1** Plakat des Films „Der rote Kakadu", R: Dominik Graf, D 2006 (c) imago images, Berlin; **70** Picture-Alliance, Frankfurt/M. (Fabrizio Bensch); **72.Q1** Getty Images, München (Archive Photos/Allan Jackson); **73.Q2** Alamy stock photo, Abingdon (Photo 12); **73.Q3** Gilsi, Hannes P., St. Gallen (René Gilsi); **74.Q1** Bridgemanimages.com, Berlin; **75.D1** Ernst Klett Verlag GmbH, Stuttgart; **76.Q1** akg-images, Berlin; **77.Q2** Getty Images, München (Hulton Archive/Freier Fotograf); **77.Q4** ullstein bild, Berlin (TopFoto); **78.Q1** Picture-Alliance, Frankfurt/M. (dpa/Lehtikuva); **79.Q3** BPK, Berlin. Karikatur von Henry Meyer-Brockmann, „Simplizissimus", Nr. 20, 1956: „Es wird hier dauernd von Frieden gesprochen - meine Herren, der Friede bin ich!"; **79.Q4** akg-images, Berlin (NASA/Neil A. Armstrong); **80.D1** Ernst Klett Verlag GmbH, Stuttgart; **80.Q1** Leslie Gilbert Illingworth: Kennedy & Khrushchev Originally published in: Daily Mail 29/10/1962; **81.D1** Ernst Klett Verlag GmbH, Stuttgart; **82.D1** Ernst Klett Verlag GmbH, Stuttgart; **82.D2** Ernst Klett Verlag GmbH, Stuttgart; **83.Q1** Picture-Alliance, Frankfurt/M. (AP Photo/Nick Ut); **83.Q1** Picture-Alliance, Frankfurt/M. (AP Photo/Nick Ut, File); **83.Q2** Picture-Alliance, Frankfurt/M. (ZUMA Press); **84** Ernst Klett Verlag GmbH, Stuttgart; **84.Q1** akg-images, Berlin (Pictures From History); **84.Q2** Picture-Alliance, Frankfurt/M.; **85.Q3** Getty Images, München (Margaret Bourke-White/Time & Life Pictures); **85.Q4** Picture-Alliance, Frankfurt/M. (Reuters); **86.Q1** ullstein bild, Berlin; **87.Q2** Getty Images, München (Jean-Louis Atlan/Sygma); **88.Q1** ullstein bild, Berlin (BPA); **89.Q4** DER SPIEGEL Nr. 51, Dezember/1970 www.spiegel.de/spiegel; **89.Q5** Deutsch-Polnisches Jugendwerk (DPJW), Potsdam; **90.Q1** ullstein bild, Berlin (Klaus Rose); **91.Q2** Die Grünen, 1979, Archiv Grünes Gedächtnis der Heinrich Böll Stiftung, Plakatsammlung; **91.Q4** Mach' meinen Kumpel nicht an! – für Gleichbehandlung, gegen Fremdenfeindlichkeit und Rassismus e.V., Düsseldorf; **91.Q5** Picture-Alliance, Frankfurt/M. (dpa); **92.Q1** Joachim Kohlbrenner, Owingen; **93.Q2** epd-bild, Frankfurt (Hans-Jürgen Röder); **94.Q1** Picture-Alliance, Frankfurt/M. (Wolfgang Kumm); **95.Q2** Picture-Alliance, Frankfurt/M. (AP Photo/Rainer Klostermeier); **95.Q3** Picture-Alliance, Frankfurt/M. (dpa/Peter Endig); **96.Q1** ullstein bild, Berlin (Christian Günther); **97.Q3** ullstein bild, Berlin (Giribas); **97.Q4** akg-images, Berlin (AP/Th. Kienzle); **98.Q1** Picture-Alliance, Frankfurt/M. (Photoreporters); **98.Q2** Picture-Alliance, Frankfurt/M. (Horst Galuschka); **98.Q3** Picture-Alliance, Frankfurt/M. (dpa/Elsner); **99.D1** Schaar, Wolfgang, Grafing, nach www.auswaertiges-amt.de/de/aussenpolitik/themen/internationales-recht/-/240218; **99.Q6** ullstein bild, Berlin (dpa); **100.Q1** Henniger, Barbara, Strausberg; **101.Q2** Picture-Alliance, Frankfurt/M. (Wolfgang Kumm); **101.Q3** Picture-Alliance, Frankfurt/M. (dpa); **102.Q1** ullstein bild, Berlin (AP); **103.Q4** Picture-Alliance, Frankfurt/M. (Jochen Tack); **104.Q1** Picture-Alliance, Frankfurt/M. (dpa); **105.D2** Schaar, Wolfgang, Grafing; **106.Q1** Picture-Alliance, Frankfurt/M. (Matrixpictures); **107.D2** Ernst Klett Verlag GmbH, Stuttgart; **109.1-6** Lutz-Erich Müller, Leipzig; **110** Getty Images, München (AFP/Pablo Porciuncula); **112.Q1** Alamy stock photos (Walter G. Allgöwer/ImageBroker), Abingdon. (c) VG Bild-Kunst, 2021 [Carl Fredrik Reuterswärd: Non Violence]; **113.D1** Schaar, Wolfgang, Grafing; **114.Q1** Picture-Alliance, Frankfurt/M. (dpa/epa-Bildfunk/Kluger, Zoltan); **115.D1** Kartografisches Büro Borleis & Weis, Leipzig; **116.Q1** Picture-Alliance, Frankfurt/M. (dpa/Marius Becker); **117.D1** Kartografisches Büro Borleis & Weis, Leipzig; **117.Q2** Picture-Alliance, Frankfurt/M. (dpa); **118.Q1** Picture-Alliance, Frankfurt/M. (dpa/EPA/Jim Hollander); **119.D1 o. re.** Thinkstock, München (Wavebreak Media); **119.D1 o.li.** ShutterStock.com RF, New York (Alexander Zavadsky); **119.D1 u. li.** stock.adobe.com, Dublin (sunt); **119.D1 u. re.** Getty Images Plus, München (MicroStockHub); **120.D1** Picture-Alliance, Frankfurt/M. (dpa-Infografik); **121.Q1** Picture-Alliance, Frankfurt/M. (dpa/Daniel Bockwoldt); **121.D2** Ernst Klett Verlag GmbH, Stuttgart; **122.Q1** akg-images, Berlin (Jason Hook); **123.Q4** akg-images (Mel Longhurst), Berlin [Anders Breivik: Greatest of all is love]; **125.D2** Picture-Alliance, Frankfurt/M. (dpa-Infografik); **126 oben** Ernst Klett Verlag GmbH, Stuttgart; **126.Q1 re** Picture-Alliance, Frankfurt/M. (ZUMAPRESS.com); **126.Q1 li** Picture-Alliance, Frankfurt/M. (ZUMAPRESS.com/Yousef Mohammed); **126.Q2** Picture-Alliance, Frankfurt/M. (AP Photo/Dmitry Lovetsky);

Abbildungsverzeichnis

127.Q3 Picture-Alliance, Frankfurt/M. (dpa); **128.Q1** DER SPIEGEL 36/1997 http://www.spiegel.de/spiegel/; **129.Q4** Picture-Alliance, Frankfurt/M. (Olivier Douliery/ABACAPRESS.COM); **130.Q1** Picture-Alliance, Frankfurt/M. (Xinhua News Agency|Yan Yan); **131.D1** Picture-Alliance (KEYSTONE/ Christian Sprang), Frankfurt; Quelle: Merics, Council on Foreign Relations; **132.Q1** Picture-Alliance, Frankfurt/M. (SULUPRESS.DE/Marc Vorwerk); **133.D2** Schaar, Wolfgang, Grafing; **135.Q1** © Silvan Wegmann/www.swen.ch; **135.Q2** Schopf, Oliver, Wien; **136.D1** Picture-Alliance, Frankfurt/M. (dpa/Michael Bahlo); **138.D1** Bayard Media, Augsburg; **139.D2** Ernst Klett Verlag GmbH, Stuttgart; **140.D1** Museumsstiftung Post und Telekommunikation, Bonn (Entwurf: Bernd Görs, nach: Relief des Künstlers Alfred Reichel)/BMF, Berlin; **141.D2** akg-images, Berlin; **142.Q1** ullstein bild, Berlin; **143.D1** Wehner, Katja, Leipzig; **144.Q1** Getty Images, München (Bettmann); **145.Q4** Getty Images, München (Bettmann); **146.Q1** Süddeutsche Zeitung Photo, München (Stephan Rumpf); **147.D1** Ernst Klett Verlag GmbH, Stuttgart; **148.D1** Grafik: Oser, Liliane, Hamburg, nach: https://de.statista.com/statistik/daten/studie/254959/umfrage/auslaenderanteil-in-bayern/ (Zugriff: 28.04.2020); **149.D2** Oser, Liliane, Hamburg; **150.D1** Ernst Klett Verlag GmbH, Stuttgart; **150.Q1** Picture-Alliance, Frankfurt/M. (dpa); **150.Q2** Picture-Alliance, Frankfurt/M. (aurin Schmid/SOS MEDITERRANEE); **151.Q3** Picture-Alliance, Frankfurt/M. (Robert Geiss); **151.Q4** imago images, Berlin (Xinhua/ Zhang Jiancheng); **153.Q1** Plaßmann, Thomas, Essen; **154** Picture-Alliance, Frankfurt/M. (dpa/Jörg Carstensen); **156.Q1** akg-images, Berlin (Erich Lessing); **157.Q2** akg-images, Berlin; **157.Q3** akg-images, Berlin; **158.Q1** akg-images, Berlin; **159.Q4** ullstein bild, Berlin (globalmoments); **160.Q1** imago images, Berlin; **161.Q2** ShutterStock.com RF, New York (Ralph Loesche); **161.Q3** stock.adobe.com, Dublin (Volker Z); **161.Q4** ShutterStock.com RF, New York (Ralph Loesche); **162.Q1** BPK, Berlin (Hanni Umlauf); **163.Q3** ullstein bild, Berlin; **164.Q1** Picture-Alliance, Frankfurt/M. (dpa/ZB); **165.Q4** Picture-Alliance, Frankfurt/M. (dpa/ZB/Heidkamp); **166.Q1** Picture-Alliance, Frankfurt/M. (akg-images); **167.Q2** Picture-Alliance, Frankfurt/M. (dpa/Peter Endig); **168.Q1** Picture-Alliance, Frankfurt/M. (Bildagentur-online/Rossi); **169.Q3** Picture-Alliance, Frankfurt/M. (SZ Photo); **170.Q1** Picture-Alliance, Frankfurt/M. (dpa-Fotoreport/Hubert Boesl); **171.D1** Andreas Eikenroth/toonpool.com; **173.Q1** laif, Köln (Jan Peter Boening); **173.Q2** akg-images, Berlin (Gert Schuetz); **173.Q3** akg-images, Berlin; **173.Q4** ullstein bild, Berlin (Paul Langrock); **173.Q5** BPK, Berlin (Bayerische Staatsbibliothek/Heinrich Hoffmann)